高等职业教育经济管理类专业系列教材
——荣获华东地区大学出版社第七届优秀教材奖

市场营销

项目导向　任务驱动

（第3版）

主　编　印永龙　薛大年
副主编　张玉艳　任婷婷
参　编　（按姓氏笔画排序）
　　　　马云燕　刘金章　孙国忠
　　　　吕国锋　朱建莉　张　敏
　　　　周钰婷　侯玉凤

东南大学出版社
·南京·

内 容 提 要

本次再版在不改变市场营销核心理论的前提下,对原书的知识内容和框架进行了局部调整;在总体设计理念上,以"项目导向,任务驱动"为教学模式切入点,在各任务中增加了引导案例、项目训练等环节。根据"理论讲透、实务足够、案例同步、实训到位"的原则,在内容和形式上较原书都有所突破和创新,更加侧重对学生的操作能力和创新能力的培养。

全书按"营销工作过程导向"将营销理论设计为认识市场营销、分析市场、制定市场营销战略、制定市场营销策略、特殊领域营销 5 个项目,每个项目中以案例引导出若干任务,最后通过项目小结、核心概念及项目训练等一系列具有特色的设计,深入浅出地展示了市场营销学的内容体系,突出了以培养学生技术应用能力为主线的高等职业技术教育的特色。

本书为高等职业教育经济管理类专业教材,也可作为非经管类专业本科和专科学生的教材,以及营销、管理人员的培训和参考用书。

图书在版编目(CIP)数据

市场营销 / 印永龙,薛大年主编. —3 版. —南京:东南大学出版社,2020.8
 ISBN 978-7-5641-9093-4

Ⅰ. ①市… Ⅱ. ①印… ②薛… Ⅲ. ①市场营销-高等职业教育-教材 Ⅳ. ①F713.50

中国版本图书馆 CIP 数据核字(2020)第 159665 号

东南大学出版社出版发行
(南京四牌楼 2 号 邮编 210096)
出版人:江建中
江苏省新华书店经销 虎彩印艺股份有限公司印刷
开本:787mm×1 092mm 1/16 印张:18.75 字数:468 千字
2020 年 9 月第 3 版 2020 年 9 月第 15 次印刷
ISBN 978-7-5641-9093-4
印数:42 301—43 300 册 定价:48.00 元
(凡因印装质量问题,可直接与营销部调换。电话:025-83791830)

第3版前言

科学技术日新月异,知识更新日趋频繁,培养应用型技能人才是实施人才战略的重要措施。高等职业教育正是一种顺应时代发展的需要,为生产、建设、服务第一线培养应用型人才的教育模式。本书自2003年出版以来,其间经过多次修订和2014年的再版,得到了同行专家学者及广大师生的广泛认同。近年来,我国高等职业教育发展经历了数次改革。2014年,国务院印发《关于加快发展现代职业教育的决定》;2015年,教育部先后出台了《关于深化职业教育教学改革全面提高人才培养质量的若干意见》《关于建立职业院校教学工作诊断与改进制度的通知》《关于深入推进职业教育集团化办学的意见》《职业院校管理水平提升行动计划(2015—2018年)》《高等职业教育创新发展行动计划(2015—2018年)》等;2016年,教育部在原有《专业人才培养方案的指导意见》的基础上修订《关于职业院校专业人才培养方案制定与实施工作的指导意见》。

当前高等职业教育人才培养模式改革的要求是,专业课程内容要与职业标准对接,教学过程要与生产过程对接,注重理论与实践、知识传授与能力素质培养相结合,不仅要培养学生掌握必要的专业知识,更要培养学生熟练的职业技能,以提高学生的就业创业能力和职业生涯可持续发展能力。根据这一精神,针对高等职业教育的培养目标,结合编者多年的高等职业教育教学经验,本书在第2版的基础上又做了以下修改:

1) 结构体系的调整

在不改变市场营销核心理论的前提下,对第2版的结构体系进行了局部调整,采用"项目导向、任务驱动"教学设计理念,按"营销工作过程导向"将营销理论内容体系设置为五大项目,即认识市场营销、分析市场、制定市场营销战略、制定市场营销策略、特殊领域营销。

在每一项目中,简短精要地概括了本项目的主要内容,同时,为达到高等职业技术教育培养目标,从知识、技能、素质三方面提出了本项目的教学目标,并指出本项目学习的重点和难点,然后以案例导入引出本项目的各任务,最后进行本项目小结及提出本项目核心概念,并从理论和实践两方面进行项目训练。

2) 知识内容的更新

根据市场环境的改变及营销人员能力发展的需要,将市场营销职业资格证书考试内容融入营销教学过程中。为了体现国内外先进的专业技术水平、教育教学理念和课改新趋势,本次修订尤其注重中高职教材衔接,以及与企业专家共同开发教学资源的精神,注意吸收国家级精品资源共享课教材建设经验及国家级市场营销专业资源库建设成果,对第2版教材进行优化,更换了部分内容、资料、案例等,特别是增加了一些新的原创案例。

3) 职业技能的突出

第3版更好地突出了"培养学生应用技能"原则,坚持"教学内容项目化,项目内容任务化,任务内容过程化,理论实践一体化"的高职教学改革方向;为实现知识、技能、素质三个教学目标,在理论设计过程中,更多地引入案例,激发学生学习营销理论的兴趣,同时,增加项目训练以提升学生对理论知识的应用能力,强化学生职业技能的培养。

全书共 5 个项目,18 个任务。项目 1 为认识市场营销,包括 4 个任务,主要介绍市场营销学的产生与发展、市场营销核心概念、市场营销管理、市场营销道德和社会责任;项目 2 为分析市场,包括 3 个任务,主要介绍市场营销环境分析、市场购买行为分析、市场调查与预测;项目 3 为制定营销战略,包括 3 个任务,主要介绍营销战略规划、目标市场营销战略、竞争战略;项目 4 为制定营销策略,包括 4 个任务,主要介绍产品策略、价格策略、分销渠道策略、促销策略;项目 5 为特殊领域营销,包括 4 个任务,主要介绍服务营销、国际市场营销、网络营销和直销。

本书由钟山职业技术学院印永龙、薛大年进行整体设计并担任主编,由江苏开放大学张玉艳、钟山职业技术学院任婷婷担任副主编。钟山职业技术学院张敏、朱建莉,南京师范大学中北学院周钰婷,常州信息职业技术学院孙国忠,南京铁道职业技术学院吕国锋,南京化工职业技术学院侯玉凤,常州轻工业技术学院马云燕,天津天狮职业技术学院刘金章参加编写。本书稿最后由印永龙总纂定稿,赵仁康主审。

本书在修订过程中参阅了大量文献资料,吸收和借鉴了国内外同行专家、学者的一些研究成果,并得到有关院校领导、专家和教师的大力支持和指导,在此致以诚挚的谢意。

由于编者的水平有限,书中缺点、错误在所难免,敬请同行专家和广大读者提出宝贵意见,以便今后在教材修订和再版时不断加以完善。

编　者
2020 年 5 月

高等职业教育经济管理类专业教材编委会

主　任　宁宣熙

副主任　（按姓氏笔画排序）

　　　　　王传松　王树进　王维平　迟镜莹
　　　　　杭永宝　都国雄　钱廷仙　詹勇虎

秘书长　张绍来

委　员　（按姓氏笔画排序）

　　　　　丁宗红　王水华　邓　晶　华　毅　刘大纶　刘金章
　　　　　刘树密　刘葆金　祁洪祥　阮德荣　孙全治　孙　红
　　　　　孙国忠　严世英　杜学森　杨晓明　杨海清　杨湘洪
　　　　　李从如　吴玉林　邱训荣　沈　彤　张　军　张　震
　　　　　张建军　张晓莺　张维强　张景顺　周忠兴　单大明
　　　　　居长志　金锡万　洪　霄　费　俭　顾全棍　徐汉文
　　　　　徐光华　徐安喜　郭　村　常大任　梁建民　敬丽华
　　　　　蒋兰芝　缪启军　潘　丰　潘绍来

出 版 说 明

"高等职业教育经济管理类专业教材编委会"自2003年3月成立以来,每年召开一次研讨会。针对当前高等职业教育的现状、问题以及课程改革、教材编写、实验实训环境建设等相关议题进行研讨,并成功出版了"高等职业教育经济管理类专业教材"近60种,其中33种被"华东地区大学出版社工作研究会"评为优秀教材和江苏省精品教材。可以看出,完全从学校的教学需要出发,坚持走精品教材之路,紧紧抓住职业教育的特点,这样的教材是深受读者欢迎的。我们计划在"十四五"期间,对原有品种反复修订,淘汰一批不好的教材,保留一批精品教材,继续开发新的专业教材,争取出版一批高质量的和具有职业教育特色的教材,并申报教育部"十四五"规划教材。

"高等职业教育经济管理类专业建设协作网"是一个自愿的、民间的、服务型的、非营利性的组织,其目的是在各高等职业技术院校之间建立一个横向交流、协作的平台,开展专业建设、教师培训、教材编写、实验与实习基地的协作等方面的服务,以推进高等职业教育经济管理专业的教学水平的提高。

"高等职业教育经济管理类专业建设协作网"首批会员单位名单:

南京正德职业技术学院	南京工业职业技术学院
南京钟山职业技术学院	南京金肯职业技术学院
江苏经贸职业技术学院	南通纺织职业技术学院
南京应天职业技术学院	镇江市高等专科学校
无锡商业职业技术学院	常州轻工职业技术学院
南京化工职业技术学院	常州信息职业技术学院
常州建东职业技术学院	常州纺织服装职业技术学院
常州工程职业技术学院	南京铁道职业技术学院
南京交通职业技术学院	无锡南洋职业技术学院
江阴职业技术学院	南京信息职业技术学院
扬州职业大学	黄河水利职业技术学院
天津滨海职业学院	江苏农林职业技术学院
安徽新华职业技术学院	黑龙江农业经济职业学院
山东纺织职业技术学院	东南大学经济管理学院
浙江机电职业技术学院	广东番禺职业技术学院
南京商骏创业网络专修学院	苏州经贸职业技术学校
东南大学出版社	江苏海事职业技术学院

高等职业教育经济管理类专业教材编委会
2020年5月

序

  高等职业教育是整个高等教育体系中的一个重要组成部分。近几年来,我国高等职业教育进入了高速发展时期,其中经济管理类专业学生占有相当大的比例。面对当前难以预测的技术人才市场变化的严峻形势,造就大批具有技能且适应企业当前需要的生产和管理第一线岗位的合格人才,是人才市场与时代的需要。

  为培养出适应社会需求的毕业生,高等职业教育再也不能模仿、步趋本科教育的方式。要探索适合高等职业教育特点的教育方式,就要真正贯彻高等职业教育的要求,即"基础理论适度够用、加强实践环节、突出职业技能教育的方针"。为此,有计划、有组织地进行高等职业教育经济管理类专业的课程改革和教材建设工作已成为当务之急。

  本次教材编写的特点是:面向高等职业教育系统的实际情况,按需施教,讲究实效;既保持理论体系的系统性和方法的科学性,更注重教材的实用性和针对性;理论部分为实用而设、为实用而教;强调以实例为引导、以实训为手段、以实际技能为目标;深入浅出,简明扼要。为了做好教材编写工作,还要求各教材编写组组织具有高等职业教育经验的老师参加教材编写的研讨,集思广益,博采众长。

  经过多方的努力,高等职业教育经济管理类专业教材已正式出版发行。这是在几十所高等职业院校积极参与下,上百位具有高等职业教育教学经验的老师共同努力高效率工作的结果。

  值此出版之际,我们谨向所有支持过本套教材出版的各校领导、教务部门同志和广大编写教师表示诚挚的谢意。

  本次教材建设,只是我们在高等职业教育经济管理类专业教材建设上走出的第一步。我们将继续努力,跟踪教材的使用效果,不断发现新的问题;同时也希望广大教师和读者不吝赐教和批评指正。目前我们已根据新的形势变化与发展要求对教材陆续进行了修订,期望它能在几番磨炼中,成为一套真正适用于高等职业教育的优秀教材。

宁宣熙
2020 年 5 月

目 录

项目1 认识市场营销 ……………………………………………………………（1）
任务1.1 市场营销学概述 ………………………………………………………（2）
1.1.1 市场营销学的产生与发展 …………………………………………（2）
1.1.2 市场营销学的研究对象与主要内容 ………………………………（3）
任务1.2 市场与市场营销 ………………………………………………………（3）
1.2.1 市场的含义 …………………………………………………………（4）
1.2.2 市场营销的含义 ……………………………………………………（6）
1.2.3 市场营销的参与者 …………………………………………………（9）
1.2.4 市场营销的职能 ……………………………………………………（9）
任务1.3 市场营销管理 …………………………………………………………（10）
1.3.1 市场营销管理的任务 ………………………………………………（11）
1.3.2 市场营销管理观念 …………………………………………………（13）
1.3.3 市场营销管理过程 …………………………………………………（20）
任务1.4 营销道德和社会责任 …………………………………………………（22）
1.4.1 营销道德 ……………………………………………………………（23）
1.4.2 市场营销的社会责任 ………………………………………………（24）

项目2 分析市场 ……………………………………………………………………（33）
任务2.1 市场营销环境分析 ……………………………………………………（34）
2.1.1 市场营销环境概述 …………………………………………………（35）
2.1.2 市场营销宏观环境分析 ……………………………………………（37）
2.1.3 市场营销微观环境分析 ……………………………………………（43）
2.1.4 环境分析与企业对策 ………………………………………………（47）
任务2.2 市场购买行为分析 ……………………………………………………（51）
2.2.1 消费者购买行为分析 ………………………………………………（52）
2.2.2 组织市场购买行为分析 ……………………………………………（60）
任务2.3 市场调查与预测 ………………………………………………………（65）
2.3.1 市场营销信息系统 …………………………………………………（66）
2.3.2 市场调查 ……………………………………………………………（69）
2.3.3 市场预测 ……………………………………………………………（75）

项目3 制定营销战略 ………………………………………………………………（92）
任务3.1 营销战略规划 …………………………………………………………（93）

  3.1.1 营销战略规划概述 ……………………………………………（95）
  3.1.2 营销战略规划程序 ……………………………………………（96）
 任务 3.2 目标市场营销战略 …………………………………………（100）
  3.2.1 市场细分 ………………………………………………………（101）
  3.2.2 目标市场选择 …………………………………………………（105）
  3.2.3 市场定位 ………………………………………………………（109）
 任务 3.3 竞争战略 ……………………………………………………（111）
  3.3.1 分析竞争者 ……………………………………………………（112）
  3.3.2 竞争战略选择 …………………………………………………（120）

项目 4 制定营销策略 ……………………………………………………（140）
 任务 4.1 产品策略 ……………………………………………………（141）
  4.1.1 产品整体概念及分类 …………………………………………（142）
  4.1.2 产品组合策略 …………………………………………………（145）
  4.1.3 产品生命周期策略 ……………………………………………（147）
  4.1.4 产品品牌策略 …………………………………………………（152）
  4.1.5 产品包装策略 …………………………………………………（156）
  4.1.6 新产品开发策略 ………………………………………………（158）
 任务 4.2 价格策略 ……………………………………………………（160）
  4.2.1 营销定价原理 …………………………………………………（161）
  4.2.2 定价方法 ………………………………………………………（165）
  4.2.3 定价策略 ………………………………………………………（169）
  4.2.4 定价程序 ………………………………………………………（173）
 任务 4.3 分销渠道策略 ………………………………………………（174）
  4.3.1 分销渠道概述 …………………………………………………（175）
  4.3.2 中间商 …………………………………………………………（180）
  4.3.2 分销渠道的设计 ………………………………………………（185）
  4.3.3 分销渠道的管理 ………………………………………………（188）
  4.3.4 物流管理 ………………………………………………………（191）
 任务 4.4 促销策略 ……………………………………………………（195）
  4.4.1 促销组合 ………………………………………………………（195）
  4.4.2 广告策略 ………………………………………………………（198）
  4.4.3 营业推广策略 …………………………………………………（202）
  4.4.4 公共关系 ………………………………………………………（206）
  4.4.5 人员推销 ………………………………………………………（208）

项目 5 特殊领域营销 ……………………………………………………（222）
 任务 5.1 服务营销 ……………………………………………………（223）

5.1.1　服务市场营销概述 ··· (224)
　　5.1.2　服务质量管理 ··· (228)
　　5.1.3　服务有形展示 ··· (233)
　　5.1.4　服务定价、促销与分销 ··· (235)
任务5.2　国际市场营销 ··· (240)
　　5.2.1　国际市场营销概述 ··· (241)
　　5.2.2　国际市场进入决策 ··· (246)
　　5.2.3　国际市场营销组合策略 ··· (249)
任务5.3　网络营销 ··· (255)
　　5.3.1　网络营销概述 ··· (256)
　　5.3.2　网络营销常用的方法 ··· (258)
　　5.3.3　网络营销策略 ··· (260)
任务5.4　直销 ·· (265)
　　5.4.1　直销概述 ·· (266)
　　5.4.2　直销的优势与销售效率分析 ·· (272)

参考文献 ·· (286)

项目 1　认识市场营销

【教学目标】

☞ 知识目标
1) 了解市场营销的产生与发展及营销道德要求与社会责任相关内容。
2) 熟悉营销管理观念的演变及营销管理过程。
3) 掌握市场营销核心概念。

☞ 技能目标
1) 能将理论与营销实践相结合,探讨分析市场营销的内涵。
2) 能运用现代市场营销观念分析企业营销活动,善于运用新的市场营销观念进行营销活动创新。
3) 能结合营销实践提高营销道德水平和社会责任感。

☞ 素质目标
在营销工作中具有营销道德及社会责任感,树立科学营销理念,通过践行营销活动,培养塑造和健全营销职业人格。

【学习重点、难点】

☞ 学习重点
1) 市场营销的基本内涵及核心概念。
2) 营销管理观念的演变。
3) 营销管理的实质、任务及过程。
4) 营销道德和社会责任。

☞ 学习难点
1) 营销管理过程。
2) 营销道德与社会责任。

【引言】

市场营销学是一门以经济学、管理学、行为科学和现代科学技术为基础,研究以满足消费者需求为核心的企业市场营销活动及其规律性的综合性应用科学。在经济全球化的 21 世纪,企业面临着更加复杂的市场环境,竞争越发激烈,顾客越发精明。作为一名有志于从事营销工作的人来说,必须全面、系统地学习和掌握现代市场营销的理论和方法,才能真正理解营销工作,更好地胜任营销工作。本项目介绍了市场营销产生和发展历程,市场营销的核心概念,市场营销管理的实质及任务,营销观念的变革及营销管理过程,从事市场营销工作应具备的职业道德及企业应承担的社会责任。

任务1.1 市场营销学概述

"市场营销"一词源于英语的"Marketing",它有两层意思:一是指企业的市场营销活动,包含企业经营中一切与市场有关的活动;二是指以企业营销活动为研究对象的市场营销学这门经营管理学科。当"Marketing"指经济活动时,称为"市场营销"或"营销活动";当它指学科时,称为"市场营销学"。

市场营销学是一门与经济学、行为学、现代管理学、广告学、公共关系学等学科密切结合而成的综合性的经营管理学科,是现代企业经营管理实践经验总结而成的理论,对企业营销实践活动起着指导性作用。因此,市场营销学是一门实用性很强的应用学科。

1.1.1 市场营销学的产生与发展

市场营销学是在现代市场营销实践的基础上逐渐形成和发展起来的,是现代资本主义市场经济的产物,买方市场的出现是市场营销学产生的重要背景。

市场营销学产生于20世纪初商品经济最发达的美国。当时,市场由供不应求转变为供过于求,导致销售问题突出。为解决产品销售,企业研究各种推销方法、广告技巧,并对产品进行市场调查与分析,以刺激需求、扩大销路。一些大学正式开设了销售课程。美国哈佛大学的J. E. Hagertg教授于1912年出版了第一本以"Marketing"命名的教科书,被认为是市场营销学作为一门独立学科出现的标志。这本书的出现意味着市场营销学科的萌芽,它所研究的推销技巧开始受到企业的普遍重视,并得到广泛应用。

第二次世界大战后,随着市场环境的改变,市场完全变成了买方市场。企业提出创造需求的口号,从购买者的立场出发进行营销活动。在这一背景下,市场营销学的研究活动大规模地开展起来,许多市场学者认为潜在需求是消费者需求的一部分,卖方应促使买方实现现实的和潜在的需求。企业经营要以消费者为中心,营销活动应贯穿生产、流通、消费三大领域。通过市场调查分析判断消费者的需求,并将此信息传递给生产部门和其他职能部门,通过企业整体的协调活动来满足消费者需求,取得满意的利润。这种认识和实践形成了现代市场营销理论——顾客中心论,并产生了现代市场营销学。

到了20世纪60年代,市场营销学与企业管理理论密切结合起来,市场营销学作为企业经营管理的指导原则得到广泛应用。70年代以来,由于能源危机和环境污染的加剧,消费者权益运动高涨,贸易保护主义抬头,企业片面追求满足消费需求而忽视可持续发展,导致竞争能力的削弱等因素,促使人们不断加深对市场营销策略的研究,使市场营销学步入了新的发展时期,出现了大市场营销、绿色营销等新内容。在市场营销理论方面,出现了从4P[产品(Product)、价格(Price)、渠道(Place)、促销(Promotion)]向4C[顾客(Customer)、成本(Cost)、便利(Convenience)、沟通(Communication)]的转变。

进入21世纪,互联网经济已使全球经济运行在一个新的平台上。新经济产生了新营销,利用互联网创造性地开展企业营销工作,以满足不同消费者的需求,使传统的营销模式产生了变革升华,追求价值和效率最大化,实现零距离互动式的直接沟通等新的营销观念产生并发展起来。因此,网络营销为市场营销学开辟了更广阔的研究领域。

1.1.2 市场营销学的研究对象与主要内容

从市场营销学的形成和发展中可以看出，市场营销学不是推销术或广告术，也不是研究市场机制和市场体系等问题的，它是以顾客需求为中心，研究卖方的营销活动，并以此作为一条纽带贯穿于整个研究的始终。

所以，市场营销学的研究对象主要是企业的营销活动及其规律性，主要研究卖主的产品或服务如何转移到消费者和用户手中的全过程。探讨在生产领域、流通领域和消费领域内运用一整套开发原理、方法、策略，不断拓展市场的全部营销活动以及相应的科学管理。它的核心思想是：

(1) 企业必须面向市场、面向消费者，必须能适应不断变化的环境并及时做出正确的反应。

(2) 企业的存在要为消费者或用户提供令人满意的各种产品或服务，并且要用最小的费用、最快的速度将产品送达消费者或用户手中。

(3) 企业应该而且只能在消费者或用户的满足中实现自己的各项目标。

市场营销学的结构体系由以下四大块内容组成：

(1) 营销原理　包括市场分析、营销观念、市场营销信息系统与营销环境、市场购买行为、市场细分与目标市场选择等理论。

(2) 营销实务　由产品、定价、分销渠道、促销等市场营销组合策略等组成。

(3) 营销管理　包括营销规划、营销战略、营销计划、组织和控制等。

(4) 特殊市场营销　由服务市场营销、国际市场营销、直销和网络营销等组成。

总之，市场营销学的研究是以了解消费者的需求为起点，以满足消费者需求为终点，通过研究，制定出营销活动战略、策略及方法技巧，以使企业在满足消费者需求的过程中实现利润目标，在激烈竞争的市场上求得生存和发展。

任务 1.2　市场与市场营销

【引导案例】

天猫发布 2019 天猫十大势界观

天猫整合宏观经济与淘宝天猫大数据，从人群出发，聚焦 Z 世代、银发族、新中产、单身贵族和小镇青年五大人群，结合行业趋势，发布了 2019 全新消费趋势报告，即"天猫十大势界观"，形象地描绘了当前多元化消费的市场场景。

1) 以国为潮

"国潮"服饰销量同比增长 147％，并有继续攀升的趋势。天猫平台上，国潮覆盖人群达到 7 亿，有 17 万个国货品牌。当下消费者对本土文化及品牌的认同度越来越高。

2) 美无巨细

男士彩妆套装销售额增长 401％，护肤和彩妆不再是女性的专利，男士护肤和彩妆产品成为新兴趋势品类。各种养护细节产品，如头皮护理液、美白仪等销量大增。

3) 独而不孤

宠物用品近一年售出超 7 亿件。单身人群催生了近 100 亿的单身经济市场，这群人消费的目的是取悦自己，食品、宠物用品、创新高颜值小家电都是这群人青睐的趋势品类。

4) 逆龄自在

50岁以上消费者购买潮牌服饰销售额增长93%,天猫银发族用户增长达80%。面对这群"顽童",智能数码、老年妆护、旅行户外装备、定制医疗产品都有很大的发展空间。

5) 以惠为乐

近一年超165万人购买高档厨房用品的同时也购买了方便面。当下的消费者相比以往更加理性,消费观也更为成熟,更关注产品的性价比。一方面他们愿意为自己的喜好花大价钱,另一方面也会乐此不疲的等待各种打折。

6) 玩出热血

口袋相机的支付件数同比增长320%,针对偏好游戏、体育的小镇青年及一、二线城市精英男青年来说,无线耳机、无人飞机、机械键盘等黑科技,是这群年轻消费者的心头好。

7) 以颜为本

北欧设计风产品销量同比增长88%,注重生活品质和精神消费,对一、二线新中产人群来说,彰显品位的美学设计产品能够更轻易将其俘获,如高颜值数码、艺术衍生品、原创设计家居及独立设计服饰一众品类。

8) 花式养身

智能跑步机相关产品销量同比增长473%,表明大众尤其是女性用户对于健康的追求更加多样,从内到外注重养身,包括天然保健食品、养生仪器、健身装备等。

9) 以圈会友

"二次元洛丽塔"相关产品销量同比增长473%。"汉服""盲盒"等都是Z世代人的兴趣话题,他们非常了解怎样通过网络寻找到兴趣相投的圈子,由此聚集成"群",汇聚成一股消费力量,可见社群营销的价值应当被重视。

10) 以快求慢

智能擦窗机的销售额同比去年增长43%,越来越多的消费者通过购买智能家居产品,来为自己争取更多个人自由支配的时间,享受慢生活。智能家电、智慧化"带娃"产品是未来趋势。

这每一个趋势词背后,都是一股不可忽视的消费力量。从天猫大数据统计来看,2019年"双11"总成交额达到2 684亿元,超2 600亿大关,比2018年多出549亿,再创历史新高!

市场营销是企业的基本职能之一,研究市场营销学,首先要了解什么是市场,什么是市场营销。在此基础上,才能再进一步探讨市场营销学的其他基本范畴和方法。

1.2.1 市场的含义

在现代市场经济条件下,企业必须按市场需求组织生产。所谓市场,是指具有特定需要和欲望,而且愿意并能够通过交换来满足这种需要或欲望的全部现实的和潜在的顾客。因此,市场的大小,取决于那些有某种需要,并拥有使别人感兴趣的资源,同时愿意以这种资源来换取其需要的东西的人数。

1) 从多角度理解市场

市场属于商品经济的范畴,是社会分工和商品交换的必然产物。就其本来含义而言,是指买卖双方聚集在一起交换货物的场所。英国著名经济学家罗宾逊在他的《现代经济学导论》中说过:"买主和卖主的聚会称为市场。"这就是说,随着社会分工和商品生产、商品交换的产生和发展,就有了与之相适应的市场。也就是说,哪里有商品生产和商品交换的存在,哪里就有市场。而在市场营销者看来,卖主构成行业,买主则构成市场。它们之间的关系如图1.2.1所示。

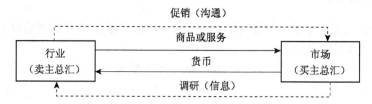

图1.2.1 简单的市场营销系统

在图1.2.1中,卖方将商品(服务)投放市场并与市场沟通,买方把货币和信息送达行业。内环表示钱物交换,外环表示信息交换。

在现代市场经济条件下,个人在从事某项生产中趋向专业化,接受报偿,并以此来购买所需物品。每个国家的经济和整个世界的经济就是由各种市场组成的复杂体系,而这些市场之间则由交换过程来连接。现实经济中的基本市场种类及其交换关系如图1.2.2所示。

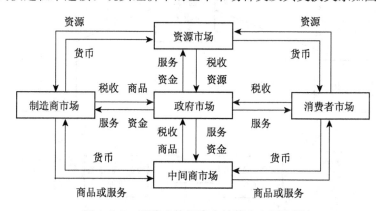

图1.2.2 现代交换经济中的基本市场流程

市场营销学主要研究作为销售者的企业的市场营销活动,即研究企业如何通过整体市场营销活动来适应并满足买方需求,以实现经营目标。因此,在这里,市场是指某种产品的现实的与潜在的购买需求的总和。站在销售者的立场上,同行供给者,即其他销售者都是竞争者,而不是市场。

2) 市场的构成要素

市场包含三个主要因素:有某种需要的人、为满足这种需要的购买能力和购买欲望。用简单的公式来表示就是:

$$市场 = 人口 + 购买力 + 购买欲望$$

市场的这三个构成要素是相互制约、缺一不可的,只有将三者结合起来才能构成现实有效的市场。其中,人口是构成市场的基本因素,哪里有人,有消费者群,哪里就有市场。一个国家或地区的人口有多少是决定市场大小的基本前提。购买力是指人们支付货币购买商品或劳务的能力。购买力的高低由购买者收入的多少决定。通常,人们收入水平高,购买力就相对而言比较高,市场和市场需求也比较大;反之,则市场也比较小。购买欲望是指消费者购买商品的动机、愿望和要求。它是消费者把潜在的购买愿望变为现实购买行为的重要条件,因而也是构成市场的基本要素。如果有人口,有购买力,而没有购买欲望,或是有人口和购买欲望而没有购买力,对卖主而言,就形成不了现实的有效市场,只能成为潜在市场。

1.2.2 市场营销的含义

市场营销部门是企业众多功能部门之一,它主要跟企业的盈利和顾客联系有关,所以在现代企业里占有非常重要的地位。

著名营销专家、美国西北大学教授菲利浦·科特勒博士在他与北卡罗来纳大学教授加利·阿姆斯特朗合著的《市场营销原理》一书中,对市场营销的定义做了这样的描述:"市场营销是通过创造和交换产品及价值,从而使个人或群体满足需要和欲望的社会活动和管理过程。"

这个定义包含了一系列市场营销的核心概念:需要(Needs)、欲望(Wants)和需求(Demands),产品(Products),价值(Values)、满意(Satisfaction)和质量(Quality),交换(Exchange)、交易(Transaction)和关系(Relationship)以及市场(Markets)。这些概念相互形成一种循环关系,如图1.2.3所示。

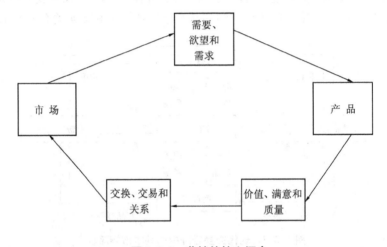

图1.2.3 营销的核心概念

1) 需要、欲望和需求

这一组概念是市场营销定义和市场营销学所要研究的最基础的概念,也是市场营销活动的前提和根据。这三个概念既密切相关又有明显的区别。

在市场营销的含义中,最基本的概念就是"需要"。需要是人们因为某种欠缺没有得到满足时的心理状态,由于感觉有所缺少,人们便要设法去弥补。这里所谓的需要,既包括人类生存的基本需要,如食物、衣服以至安全感等,也包括个人对知识、自我实现等的需要。这些需要是人类与生俱来的,而不是营销人员创造的。

有需要,自然会产生"欲望"。欲望是人们对某种需要迫切要求满足的心理状态。由于每个人的文化背景及性格的不同,满足需要的"形式"(Form)也有差异。比如饥饿时,中国人可能会选择吃米饭、馒头来解决饥饿问题,而美国人则可能会选择汉堡包。

产生欲望后,如果满足欲望的形式是需要金钱的,则个人便需要有支持他满足欲望的购买力。当他拥有这些购买力时,他的欲望就会演变成"需求"。需求是指针对特定产品与服务的具有购买能力(支付能力)的欲望。由于不同的人有不同的购买力,便产生了不同的需求。比如甲、乙两人都感到饥饿,而且两人都希望吃山珍海味来解决饥饿这一需要。但是由于只有甲有足够的购买力去满足自己的需要,结果就只是甲对山珍海味产生需求,而乙的欲望则令他对较便宜的快餐产生需求。

市场交换活动产生的基本动因就是为了满足人们的需要和欲望,这是市场营销理论提供给我们的一种观察市场活动的新的视角。例如:当我们看到一个消费者在市场上寻找钉子时,会考虑这个人的"需要"是什么呢?以一般的眼光来看,这个人的需要就是钉子,但是以市场营销者的眼光去看,这个人需要的并不是钉子,而是需要固定一样东西,他是为了满足固定一样东西这样一个需要才购买钉子的。这里面的区别就在于如果只是认为消费者需要的是钉子,那企业只能是在提供更多更好的钉子上去动脑筋,而这样并不能保证企业在市场上占有绝对的竞争优势;但是如果认为消费者的需要是固定东西,那么企业或许就能研制开发出一种比钉子钉得更牢、更美观、更方便的固定工具,这样就有可能使企业在市场上占据更为有利的竞争地位。所以从本质上讲,消费者购买的是对某种需要和欲望的满足,而不仅仅是产品本身。

2) 产品

任何需要的满足必须依靠适当的产品,产品是人们满足其需要和欲望的工具。好的产品会使满足需要的程度有很大的提高,从而也就能在市场上具有较强的竞争力,实现交换的可能性也就更大。任何能满足人类需要和欲望的东西都是产品。

产品可以分为有形和无形两种。有形产品包括所有的实物,如汽车、食物、家用电器等;无形产品包括服务、娱乐、专业建议等。在当今社会里,人们可能花几千元钱去购买一台大屏幕的彩电,也可能花费同样的代价去进行一次旅游,以达到休闲娱乐的目的。同样,一个能满足消费者需要的有价值的"主意",也可能使创意者获得相当的报酬。

正因为产品的主要作用是向顾客提供解决需要的实物或服务,所以生产商或服务提供者应该更重视产品所能带给顾客的效用和利益,而不是产品本身的特征,否则就犯了"营销近视症"(Marketing Myopia),令产品逐渐远离顾客的真正需要,无法给予顾客利益。

3) 价值、满意和质量

人们是否购买产品并不仅仅取决于产品的效用,同时也取决于人们获得这个效用的代价。人们在获得使用其需要得以满足的产品效用的同时,必须支付相应的费用(代价),这是市场交换的基本规律,也是必要的限制条件。效用是指产品满足人们欲望的能力,它来自人们的主观评价。代价,简单地讲就是为取得一定效用所支付的费用,在某种程度上,它也是主观的。

市面上有很多种类的产品能满足消费者不同的欲望,而针对同一种欲望通常也有很多相似的产品可供选择。面对各种选择,消费者一般都是以他们对这些产品的直观价值为依据,即根据他们认为哪个产品提供了最大价值而做出购买决定的。这里所谓的价值,主要就是指顾客价值(Customer Value),即指顾客所获得的利益与其所支出的成本之比。利益包括功能性利益及情感利益,而成本包括货币成本、时间成本、精力成本及体力成本。

$$价值 = 利益/成本$$

顾客在购买产品时,常常从价值和成本两个方面进行比较,总是希望以最低成本获得最高价值,即选购那些"顾客价值"最大的产品。企业要想在竞争中取胜,就必须吸引更多的潜在顾客,也就是必须提供比竞争对手具有更多顾客让渡价值的产品。这时企业可以从两方面入手：一是通过改进产品、服务、人员和形象，提高产品的总价值；二是通过降低生产和销售成本，减少购买产品所消耗的时间、精力，从而降低总成本。

满意也是指顾客满意，是指顾客对某一产品在满足其需要与欲望方面实际的与期望的程度的比较和评价，是企业赢得顾客信赖和忠诚的重要保障，它取决于消费者所理解的一件产品的性能与期望值的比较。而顾客价值和满意又与产品或服务的质量密切相关。所谓质量是指与一种产品或服务满足顾客需要的能力有关的各种特色和特征的总和。这种以顾客为中心的质量的定义说明质量以顾客需要为开始，以顾客满意为结束。当今全面质量管理行动的基本宗旨就是使顾客完全满意。

4）交换、交易和关系

一个人可以通过四种方式获得自己所需要的产品：第一种方式是自行生产；第二种方式是强制取得；第三种是乞讨；第四种是交换。市场营销就产生于交换，即当人们决定以交换方式来满足需要或欲望时，才存在市场营销。

交换是市场营销的核心，研究需求、开发产品都是为了促使市场潜在交换的实现，以提高企业的经济效益。所谓交换，是指通过提供某种东西作为回报，从别处取得所需物品的行为。交换是一个过程，包括一系列的活动。营销人员在交换过程中所要做的工作包括确认顾客的需要，寻找和开发新产品，协调生产、运输，促成交易发生以及售后服务等。

交换包括以下基本条件：

（1）最少有两方或两方以上的当事人。
（2）每一方都拥有另一方感到有价值的东西。
（3）每一方都能沟通信息和传送货物。
（4）每一方都可以自由接受或拒绝对方的产品。
（5）每一方都可以是适当的和称心如意的与另一方进行交换。

具备这些基本条件后，双方便进行协商，商讨交易条件。如果达成协议，交易就出现了。

交换是交易的基础，而交易则是一次独立的交换，是指买卖双方价值的交换。在一项交易中，一方把 X 给予另一方，并从对方那里得到 Y 作为回报。虽然如此，为长远计，现代的市场营销理念都主张企业要以公平的价格、优质的产品、良好的服务进行交易，并借此与顾客、供应商、分销商、经销商等建立起长期的互利互信的关系，通过这些关系，会使企业与他们构成一个市场营销网络，形成企业一种独特的无形资产。这称为关系市场营销(Relationship Marketing)。

所谓市场营销网络，是指企业和与之建立起牢固的互相依赖的商业关系的其他企业所构成的网络。在市场营销网络中，企业可以找到战略伙伴并与之联合，以获得一个更广泛、更有效的地理占有。从趋势上看，营销正从每一次交易的利润最大化向与顾客和其他相关各方共同获得最大利益转换。竞争也不再是公司间，而是整个营销网络的竞争，因而只有网络建设得更好公司才能获利。市场原则很简单：与利益相关者建立良好的关系就能获利。

5）市场

在现代市场活动中，关系和网络构成了市场交易的重要实现条件。生产者、中间商以及消费者之间的关系直接推动或阻碍着交换的实现和发展，而由一系列交换关系所构成的市场网络就成为市场存在的基本形态。从广义的角度看，市场实际上就是一系列交换关系的总和，而市场营销实际上就是一种积极的市场交易行为，具体从事这种交易行为的主体则为市场营销者，市场营销者的工作对象称为目标市场。

1.2.3 市场营销的参与者

市场营销的实际参与者包括公司(Company)、消费者(Consumer)、渠道成员(Channels)和竞争者(Competitors)。由于它们的英文起首字母都是C,所以又把它们简称为4C,即营销活动的4个参与者。

营销的出发点是企业,所以公司(企业)无疑是第一个参与者,但这并不是说市场营销就不适合非营利组织和政府机构。例如,学校是非营利组织,但也需要通过适当的宣传活动吸引更多、更优秀的学生前来报名,同样也需要做市场调查和市场选择。

消费者是一切营销活动的目标,这里说的消费者指的是一个购买决策单位,它可以是指一个单个的人,也可以是指一个消费者群体。同一种商品,企业需要针对不同消费者的不同需求和购买行为制定有差异的营销策略。

分销渠道是第三个参与者。因为在今天,我们接触到的绝大多数商品都要经过中间商才能最后抵达目标顾客。所以,一种产品要在市场上取得成功,首先要获得中间商的支持,也正是因为如此,企业要始终与中间商保持协调共进的关系。

最后一个营销的参与者是竞争对手。在当今市场上,很少有产品和服务能没有竞争对手。对于一个资源有限的企业来说要学会识别竞争对手:

① 同类产品的竞争　竞争有时像"海尔"和"创维"在彩电市场上的竞争那样直接。

② 替代品之间的竞争　竞争有时像航空公司与铁路部门的竞争那样不那么直接。

③ 对消费者购买力的竞争　从更广的意义上看,所有的企业,包括为社会提供服务的非营利组织在内,都是在为消费者口袋里有限的钱和时间而竞争,因此它们相互都是竞争者。

1.2.4 市场营销的职能

从职能上看,企业的营销活动包括与市场有关的一切活动,它从生产之前就已经开始。要了解消费需求,分析营销环境提供的机会和可能的威胁,分析竞争对手的战略和策略,帮助企业领导层决策本企业的整体业务战略,并制定相应的营销组合策略以实现企业既定的营销目标,包括将适当的产品,以适当的价格,送达适当的地点,使目标顾客便利地得到产品。最后还要收集和反馈顾客购买和消费后的意见。就此,菲利浦·科特勒说过,如果将市场营销比做冰山,商品销售只是这座冰山露出水面的尖端部分,冰山的顶峰无疑是辉煌和令人瞩目的,但如果没有水面下坚实而深厚的根基,就完全谈不上什么辉煌和令人瞩目的冰山之巅。这就是说,如果没有大量艰苦细致的营销工作,企业将很难实现它的销售目标。

现代市场营销学认为,市场不仅是企业生产和销售的终点,而且也应该是企业生产和销售的出发点,企业的一切经营活动都应围绕市场展开。为了保证产品的销售,企业必须在生产前就通过市场调查对顾客的需要进行分析研究。根据市场需求,结合企业具备的条件和优势,确定企业经营方向和产品构成。根据这个指导思想组织产品的设计、开发和研制,并生产出产品。在产品被生产出来之前,还要先确定产品的商标、品牌、包装,制定价格,确定销售渠道和销售方式。产品售出后,企业的市场营销活动还在继续,比如开展售后服务,听取和收集顾客使用产品后反映的意见和建议,并将这些信息反馈给企业的有关部门,作为下一步市场调查、改进和开发产品的参考,如此不断循环,向前发展。这些构成了广义市场营销的活动,如图 1.2.4 所示。

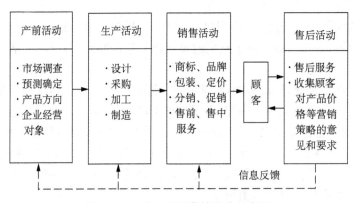

图 1.2.4　广义市场营销活动示意图

20 世纪 90 年代,随着经济的发展和市场经济体系的引入,市场营销逐渐被中国内地的广大企业接受和重视。但是有不少人将市场营销简单地理解为销售,这一点从我国许多企业对营销部门的利用就可以看出。这些企业往往只是要求营销部门通过各种努力将企业已经生产出来的产品销售出去,营销部的活动无法对企业全部经营活动发挥更大的作用和影响。然而事实上市场营销的含义是比较广泛的:它重视销售,但它更强调企业应当在对市场进行充分的分析和认识的基础上,以市场需求为导向,规划从产品设计开始的全部经营活动,以确保企业的产品和服务能够被市场所接受,从而顺利地把产品销售出去并占领市场。

任务 1.3　市场营销管理

【引导案例】

良品铺子用数字化运营开启全渠道增长

良品铺子股份有限公司是一家通过数字化技术融合供应链管理及全渠道销售体系开展高品质休闲食品业务的品牌运营企业。

良品铺子在向数字化转型时实行的策略是:单渠道—多渠道—全渠道。2015 年 9 月,良品铺子与 IBM 和 SAP 达成合作。良品铺子投入 5 000 多万元用来做后台系统,通过 IBM 来帮助良品铺子打通前中后台,整合 10 多个系统、33 个线上平台,实现全渠道会员管理。2016 年 8 月,良品铺子又与 IBM 进一步合作,基于已成功搭建的全渠道平台,聚焦优势业务领域,制定了产品差异化、围绕用户做品牌、全渠道数字化运营、平台化自组织运行的 4 大发展战略。2017 年开始,良品铺子不再局限于自己的数据,逐步走向数据开放。通过和阿里巴巴、京东、腾讯等互联网企业合作,大力推进智慧门店建设。对于做实体零售的良品铺子而言,智慧门店不仅是带来销售额的增长,还能将全渠道的 3 700 万会员数据进一步打通。2019 年,良品铺子召开发布会确立了走高端化的发展方向,力求品质升级、形象升级和体验升级,尽可能地脱离同质化。

那么,良品铺子是如何构建数字化工具,让公司 8 000 号人每一分钟、每一个动作都能获得最大产出?来自良品铺子市场营销活动的管理者莫俊向大家介绍了 5 步构建完整数字化工具:

1) 围绕一线员工构建的数字工具链路

从在线任务分发到用户是否打开营销信息、是否领券、是否核销，全链条透明形成闭环，让上班摸鱼的员工无处遁逃。

2) 在线学习培训

两三年前，我们做营销活动的流程是：发送邮件，从总公司到分公司到区域主管到店长，层层开电话宣讲会。有些员工似懂非懂，导致实际营销效果和预期差异较大。现如今，我们将流程精简到两层。由总部的市场部门直接对接所有的店长、店员，在同一时间发起直播，告诉员工活动目标、关键节点、售卖方式、话术等等。直播完成后，收集员工意见和反馈，同步给总部市场部的人改进营销方案。

3) 用户在线触达

曾经有单交易，用户在购买产品时，要求附一封道歉卡给他女朋友。由此可见，这个订单不再单纯是一次买卖关系，而是赋予更多人情味，接下来的目标就是如何持续和用户成为好朋友。很多企业都希望用户对自己忠诚，但少有企业在思考自己是否对用户忠诚。对用户忠诚，就是要了解用户偏好，进行精准营销匹配。

4) 活动效果在线

通过评估营销效果，即如何做、什么时候做、做得怎么样，促进营销转化，评估员工表现，并将优秀员工经验与其他同事分享、学习，提升员工表现。

5) 活动收益在线

通过设定目标报酬，让员工提前就知道自己能够拿到多少钱，这样他就会力争上游、越干越带劲。

综上，我们在构建数字化工具时，既要回归到一线、解决一线的问题，又要将核心任务全部在线化，提升员工效能产出，让他赚到更多的钱，让他的工作更轻松快乐、妙趣横生。当我们有了数字化工具后，我们就会发现有些工作环节冗余，通过让组织更加扁平、简化工作流程，提高沟通效率与透明度，让我们后台部门能够了解前线需求，"让听得见炮火的人呼唤炮火"。于是，我们的员工会产生满足感，因为很多徒劳无功的活，已经通过工具帮助他简化和优化。由此，他的青春和精力就可以去做一些更有价值、更有成长空间的事情。

市场营销是以满足消费者需求为目的而进行的一系列活动。只有把消费者的需求满足好了，才能最终实现企业经营目标。因此，为促进企业目标的实现，必须对市场营销活动进行有效的管理，即营销管理。换言之，市场营销管理是指为了实现企业目标，创造、建立和保持与目标市场之间的互利交换关系而进行的分析、计划、执行与控制过程。

1.3.1 市场营销管理的任务

每个企业都会对自己的产品或服务在市场上的需求进行预测，即会有一个预期需求水平，而实际上消费者对这种产品或服务的需求（即实际需求）不可能永远都和企业预期的需求水平相一致，它可能会高于企业预期的需求，也可能会低于企业的预期水平，即可能存在着没有需求、需求很小、需求很大或超量需求等不同的需求状况，而营销管理的基本任务就是对这些不同的需求状况进行调节，使市场上的实际需求与企业的供给水平保持一致，即为达到企业目标而对需求的水平、时机和性质进行管理，因此，营销管理的实质就是需求管理。

根据需求水平、时间和性质的不同，可归纳出八种不同的需求状况，在不同的需求状况下,市场营销管理的任务有所不同。

1) 负需求与扭转性营销

负需求指市场上绝大多数人不喜欢,甚至愿意花费一定代价来回避某种产品的需求状况。例如,有的人特别易晕车,有的人非常怕辣,他们对乘汽车或吃辣椒就形成了一种负需求;雇主们对不讲理的和嗜酒成性的雇员感觉到是一种负需求。针对负需求,市场营销管理的任务就是分析市场为什么不喜欢这种产品,研究是否可以经过产品重新设计,改变产品性能或功能,降低价格及积极促销等市场营销方案,来改变市场的看法和态度,将负需求转变为正需求,即实行扭转性营销。如全脂奶粉容易让消费者上火、发胖,且口感过甜——重新设计产品,生产不上火的南山奶粉、低脂奶粉、脱脂奶粉。

2) 无需求与刺激性营销

无需求指消费者对提供的产品不了解或不感兴趣而毫不关心,不予购买,无购买欲望与念头。通常,市场对下列产品无需求:

(1) 人们一般认为无价值的废旧物资。

(2) 人们一般认为有价值,但在特定市场无价值的东西。

(3) 新产品或消费者平常不熟悉的产品等。

在这种无需求情况下,市场营销管理的任务就是寻求某些把产品利益和人们的自然需求与兴趣结合起来的方法,引起消费者的注意,刺激需求,变无需求为正需求,即实行刺激性营销。例如,人们一般认为废旧包装容器没有价值,但有些收藏家对它可能感兴趣,古董商可刺激收藏家购买它;人们熟悉的益达口香糖广告词"餐后嚼两粒益达,牙齿更健康",本来人们是没有这样的需求的,但企业从牙齿健康的角度出发,给消费者创造了这样保护牙齿的需求,从而引起消费者的注意,刺激需求。

3) 潜在需求与开发性营销

潜在需求指消费者可能对某物有强烈的渴求,而现成的产品或服务却无法满足这种需求。如人们对无害香烟、安全的减肥食品、节油汽车等有一种强烈的需求,这就为经营者提供了开发产品或服务的机会。因此,市场营销的任务便是衡量潜在市场的范围,开发有效的产品和服务来满足这些需求,从而填补这个"市场空白点",变潜在需求为现实需求,这就是开发性市场营销。

4) 下降需求与恢复性营销

下降需求指消费者对某种产品或服务的需求低于正常销售水平,可能从此一蹶不振,如产品处于衰退期。由于科技发展,新产品层出不穷,市场上现存的产品因技术落后不再受用户的欢迎而进入衰退期。

一般来说,产品或服务趋于衰退是必然的。营销管理的任务就是必须分析市场衰退的原因,决定是否通过寻找新的目标市场,改变产品的特色,或者采用有效的沟通方法来重新刺激需求,通过产品的创造性再营销,即恢复性营销,把下降的需求扭转过来。如火柴随着打火机的出现和普及,市场需求量迅速萎缩,大有退出市场的趋势,大量火柴生产企业随之倒闭,但有些企业却发现了新市场,在高档酒店用火柴给人点烟比打火机点烟让对方更有面子,因此开始生产高档酒店使用的各种高档火柴。

5) 不规则需求与协调性营销

不规则需求指营销企业所面对的市场需求与企业向市场提供的产品或服务的时间与频率不能吻合的需求状况。例如,公园、度假村、旅游景点、宾馆在节假日需求量很大;公共汽车在高峰期特别拥挤,而非高峰期闲置较多;蚊香、电扇等一些季节性产品,都会产生不规则需求。

对企业而言,最理想的状态是供应与需求同步,即实行协调性营销。即使企业的供应能力与储备手段能保持供求关系的协调。市场营销管理的任务就是通过灵活定价、大力促销及其他刺激因素来改变需求的时间模式,使供、需在时间上协调一致。

6) 充分需求与维持性营销

充分需求是指某种产品或服务的现实需求水平、需求时间等于预期的需求水平和需求时间的需求状况,此时企业对其销售额感到满意,是企业最理想的一种需求状况。但是这种需求状况很难永远维持下去,因为在动态的市场上,消费者的偏好会不断发生变化,竞争也会日益激烈,于是,在这种情况下,市场营销管理的任务是维持现有的需求水平,必须保持或改进产品质量,经常测量消费者满意程度,通过降低成本来保持合理价格,并激励推销人员和经销商大力推销,尽量维持目前的需求水平。

7) 过度需求与限制性营销

过度需求指某种产品或服务的市场需求超过了企业所能供给的水平的一种需求状况。例如,收费过低的电力供应,免费范围过宽的公费医疗,使得电力部门和医院超负荷运转。

在这种需求状况下,市场营销管理的任务便是限制性营销,可以通过提高价格、减少服务和促销等措施,来暂时或永久地降低需求水平,也叫"低营销",这种做法有时是必要的,但不受消费者欢迎。

8) 有害需求与抵制性营销

有害需求指市场对某些有害物品或服务以及假冒伪劣商品的需求(迷信品,毒品,麻醉品,反动、荒诞、淫秽的书刊画报等)。对此类需求,营销管理的任务是抵制性营销,对于有社会责任感的企业来说,必须大力宣传其危害性以劝说消费者放弃这种爱好和需求,大幅度提高价格或停止生产供应,拒绝接受订货等。

1.3.2 市场营销管理观念

企业在市场上从事经营活动的指导思想我们称之为企业的市场营销管理观念,也叫市场营销管理哲学。就是说企业以什么为中心组织经营活动,如何正确处理社会、顾客和企业三者的关系来指导和开展营销活动。

营销管理观念一直是企业发展过程中的一个核心问题。它是随着生产力和科学技术的不断发展,市场供求的变化,市场竞争的激化和市场营销管理由粗到细、由低级向高级发展而相应地发展演变而来的。企业的市场营销管理观念可归纳为5种,即生产观念、产品观念、推销观念、市场营销观念和全面营销观念,其中,前三者被称为传统观念。

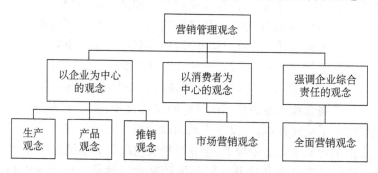

图 1.3.1　市场营销管理观念的演变

1) 传统观念

(1) 生产观念（Production Concept） 生产观念是一种以生产为中心的古老的市场营销观念。以这种经营观念为指导的企业认为，企业的任务就是生产并向市场提供顾客所买得起的产品。提高生产的效率和降低生产的成本是经营者所关心的全部问题。企业主要以提高劳动生产率、扩大生产规模，并以此降低产品价格来吸引顾客，获得自己的市场地位，很少关注除此之外的其他市场因素，甚至不注意对产品的更新和改良。

生产观念是生产力和科学技术都还比较落后，或是生产发展比较缓慢时期的产物。以生产观念为导向的企业基本上是处于三种市场环境条件之下：一是产品明显供不应求。只要企业将产品生产出来，总能销得出去。西方在20世纪20年代以前，中国在80年代以前的情况基本上都是这样。中国当时许多消费工业品，如手表、自行车、缝纫机都要凭票、凭证供应，所以生产企业只要扩大生产，提高产量，而根本没有必要去考虑市场销路的问题。二是价格竞争是市场竞争的基本形态。在这种情况下，企业竞争的主要手段是降低产品的价格，而降低价格的前提则是通过生产规模的扩大和生产成本的控制。所以企业必然以主要精力去扩大生产和降低成本。三是实行计划经济体制。在计划经济条件下，企业实际上只是政府计划的附属体，是一个严格按照计划进行生产的工作部门，资源和产品的分配不属于企业的责权范围，所以企业也没有必要去考虑生产之外的其他问题。

(2) 产品观念（Product Concept） 产品观念是在生产观念的基础上发展而来的，但仍属于一种比较陈旧的经营观念。这种观念的特征在于企业经营者不是主要靠降低成本，而是主要靠提高产品的质量来开发和占领市场。经营者认为顾客喜欢品质可靠、性能优良、有特色的产品，并且也愿意花较多的钱买这种产品，为此，企业应该致力于不断改进产品，设计和开发优良产品是企业市场竞争的主要手段。的确，产品的品质和特色是企业争取顾客的主要因素，能注意以产品质量的改变和提高去赢得企业的市场地位比只重视产量和成本的"生产观念"是前进了一步。但是问题在于进行产品设计开发的出发点在哪里？是企业还是消费者？产品观念的局限性就在于对产品的设计与开发只是从企业的角度出发，以企业为中心进行，认为"酒香不怕巷子深"，只要企业生产出优质产品，顾客自然会找上门来，而没有认识到顾客所购买的实际上是对于某种需要的满足。

(3) 推销观念（Selling Concept） 推销观念也称为销售导向。当市场经济发展到一定的阶段，推销观念就必然会成为许多企业所奉行的经营观念。随着生产的进一步发展，一方面市场上商品的花色品种增多，供应量不断增加，出现了供大于求的现象，企业间竞争开始加剧；另一方面，人民的生活水平不断提高，需求向多样化发展，顾客购买的选择性增强，为了保证产品的销路，企业不得不考虑产品的销售问题。

持推销观念的企业经营者认为，仅有优良的产品和低廉的价格并不一定能吸引消费者对产品的理解和接受，而是必须努力把产品推销给消费者。这种观念将消费者看成是被动的、迟钝的，认为只有强化刺激才能吸引消费者，顾客只有在企业促销活动的刺激下才会购买产品。企业要销售已生产出来的产品，必须大力开展推销活动，千方百计吸引顾客产生兴趣，进而使他们购买产品。因此，认为强力推销是企业扩大销售、增加利润的必由之路。

推销观念同生产观念和产品观念相比具有明显的进步，主要表现为企业经营者开始将眼光从生产领域转向了流通领域，不仅在产品的设计和开发，并且在产品的销售促进上投入精力和资本。在推销导向观念的指导下，企业特别关注产品的推销和广告，重视运用推销术或广告术刺激或诱导消费者购买产品。但是推销观念仍然是以企业为中心，认为"我卖什么,你就买什么",而并没有将消费者放在企业经营的中心地位。这一点与前面的生产导向和产品导向观念没有本质的区别,都是先有产品后有顾客,归根到底,就是"我生产什么,我就卖给什么,你就买什么",至于对产品的售后服务和顾客的满意程度则并不重视。

事实上,再好的推销手段也不能使消费者真正接受他所不需要或不喜欢的产品,特别是在市场竞争变得日益激烈的时候,推销的效应就会逐渐递减。奉行推销观念,着力于推销和广告,对企业的销售工作具有积极的促进作用。但如果生产出的产品需求已饱和或是不能满足人们多变的需求,那么即使大力推销也无济于事。

2）现代市场营销观念(Marketing Concept)

现代市场营销观念是 20 世纪 50 年代中期才正式形成的一种新的企业经营管理哲学,也称为市场营销导向或顾客导向。这种观念的产生和应用是对在这之前各种经营观念的一种质的变革,它的核心是从以企业的需要为经营出发点变为以满足消费者的需要为经营出发点,简单地说就是顾客需求导向。

二战后,随着科学技术的迅速发展,以美国为首的各主要资本主义国家的劳动生产率进一步提高,社会物质财富有了较大的增长,商品从供应量到花色品种都比较充裕,为顾客提供了更多的选择;与此同时,消费者收入水平的普遍提高一方面使消费者的购买力水平有了较大幅度的提高,另一方面也使消费者的需求更为多样化和多变化。随着市场上各种产品的供大于求,企业间的竞争进一步激化,到 50 年代以美国为首的主要资本主义国家已成为名副其实的买方市场。面对这样的市场环境,许多企业认识到:只有分析和研究市场需求,采用一切手段与方法来满足用户和消费者的需求,企业才能在激烈的市场竞争中求得生存和发展。因此不少大企业开始提出"哪里有消费者的需要,哪里就有我们的机会""顾客至上""一切为了顾客的需要""制造你所能销得出去的产品而不是销售你所能生产出来的产品"等口号,说明企业已开始运用市场营销观念来指导营销活动。推销观念与市场营销观念的区别见表 1.3.1。

表 1.3.1 推销观念与市场营销观念的区别

营销观念	出发点	中心	手段	目的
推销观念	企业	产品	推销和促销	通过扩大市场来创造利润
市场营销观念	目标市场	顾客需求	营销组合	通过满足需求来创造利润

奉行现代市场营销观念的企业必须在战略规划、企业组织、管理方法和决策程序上进行一系列的变革：

① 不是以生产为中心而是以顾客的需求为中心来确定企业的经营方向。

② 企业的宗旨是满足目标顾客的需求和欲望。

③ 企业中各部门与营销或销售部门的活动协调一致,开展整体营销活动——生产适销对路的产品;制定适宜的价格;采用适当的促销方式和手段;利用适合的分销渠道,达到在满足顾客需要和利益的基础上,获取企业的合法利润的目的。

④ 企业营销部门已不是单纯地在产品制成后从事销售性事务,而是参与到企业经营管理活动的全过程,是企业经营管理的重要组成部分。

注重长远利益和战略目标是市场营销观念的又一基本特征,它不同于推销观念只注重当前产品的销售和短期利润的获取。持营销观念的经营者认为,不顾及企业的长远发展目标而进行的盲目生产或全力推销对企业可能不仅无利而且可能是有害的。

一般来说,营销观念只有在市场经济发展比较成熟、市场竞争十分激烈的市场环境条件下,才容易被企业所接受。这是因为真正采用市场营销观念的企业会在原有的基础上增加很多新的工作和投资,比如搞市场调查和营销策划等,以营利为目的的企业只有在它认为确实有必要的情况下才会接受营销观念并相应地增加这方面的投入,并随着营销必要性的逐步增强而提高营销在企业中的地位。

我国企业的经营指导思想在改革开放后的 20 年里,也经历了逐渐从生产导向到销售导向,再到现代营销观念导向这样一个发展过程。因为在改革开放初期,市场上许多商品还处在供不应求的状况,企业很难自觉接受消费需求导向观念。而今天,当几乎所有商品都处于供大于求的状况,同时业内竞争日趋激烈时,如果企业还不接受现代营销观念作为企业经营的指导思想,可以预见它连生存都会遇到问题。

3) 全面营销观念(Holistic Marketing Concept)

菲利浦·科特勒在《营销管理》第 12 版中首次提出了"全面营销"观念,取代了先前的"社会营销"观念,并在后续的第 13 版中予以强化和提升。全面营销观念是以开发、设计和实施营销计划、过程及活动为基础的,但同时也深度地认识到上述营销计划、营销过程和营销活动的广度和保持之间的相互依赖性。企业的生存发展与它正在产生的影响息息相关,21 世纪营销的趋势促使企业接纳新的理念和实践方式,运用广泛的、整合的视角。因此,全面营销试图充分认识并努力协调市场营销活动,突出企业在更大时间范围和空间范围内的综合责任。全面营销的框架包括 4 个组成部分:内部营销、关系营销、绩效营销和整合营销,如图 1.3.2 所示。

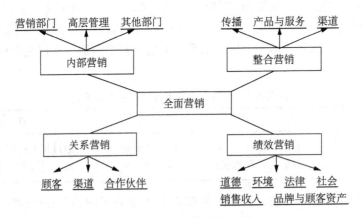

图 1.3.2　全面营销框架图

(1) 内部营销　内部营销的任务是雇用、培养、激励那些想要为顾客提供好的服务而且也有能力这样做的员工,将顾客满意作为员工的工作目标。聪明的营销者已经认识到内部营销同样重要,把产品和服务通过营销活动推向外部市场之前,应先将其对内部员工进行营销,培养员工的客户服务意识。

(2) 关系营销　关系营销要求企业不仅要与顾客建立持久的关系,还要同所有利益相关者——供应商、中间商、竞争者、政府机构及其他公众建立长期良好的相互关系。在建立的这些关系中,企业与供应商和业务合作者建立的关系将形成"营销网络"(Marketing Network)。这使得竞争从过去以企业为独立的市场竞争者之间的竞争变成营销网络的竞争。关系营销的另一个核心是使顾客的满意程度得到最大限度的提高。这就需要企业设法满足顾客对产品的个性化要求。企业只有很好地协调与这些关系者的利益,通过建立和谐的利益关系,才能赢得社会的支持和顾客的忠诚。

(3) 绩效营销 强调从"财务责任"和"社会责任"两个方面来考核企业各种营销活动的有效性和责任性。管理人员在关注营销活动和营销计划对企业收益影响的同时也要从更广泛的角度考虑法律、道德、社会和环境因素的影响。"财务责任"要求管理者重视销售收入,了解市场占有率、顾客流失率、顾客满意度、产品质量和其他绩效指标的具体水平。"社会责任"则要求管理者在营销活动中充分考虑社会与道德问题,在企业利润、满足消费者需求和社会利益这三者之间取得适当的平衡。较具代表性的观念有"社会营销观念""绿色营销观念""可持续营销观念"等。随着消费者越来越关注企业社会责任的践行,部分企业开始把社会责任作为把自己与竞争对手区分开来、影响顾客的偏好和实现销售收入与大量利润的重要手段。

① 社会营销观念(Social Marketing Concept) 社会营销观念是对市场营销观念的修改和补充。它产生于20世纪70年代西方国家出现能源短缺、环境污染、通货膨胀和失业率提高、消费者保护运动盛行的新形势下。人们发现,市场营销观念摆正了企业与顾客的关系,但在实际执行过程中,有时会出现满足消费者个人需要,却与社会公众整体利益,特别是社会公众长远利益发生矛盾的现象,如"一次性方便筷",利用氟利昂制冷的冰箱、空调等虽满足了用户生活便利的需要,却造成社会资源的浪费,危害了人类赖以生存的环境,最终影响人类的健康。针对这种状况,人们提出社会市场营销观念,以突出强调维护社会公共利益。

社会营销观念强调企业在满足顾客需要的同时,必须考虑到社会公众长远的、整体的利益,要考虑到环境的保护和资源的节约,不能人为地鼓励建立在污染环境和过度耗费资源基础上的消费。这就要求企业在进行营销决策时,必须充分考虑消费者的需求和欲望、消费者利益、企业利益以及社会长期利益这四方面的因素,正确地处理好消费者利益、企业利益与社会长期利益这三者之间的关系,以满足消费者需求、保证消费者和社会的长期利益作为企业根本目的与责任。这也就是社会营销观念与市场营销观念的区别之所在。

社会营销观念也是随着企业经营实践的发展而逐步为企业所接受的。因为如果企业在它的经营活动中不顾社会利益,造成社会利益的损害,就必然会受到社会的压力而影响企业的进一步发展。近年来社会对于环境保护和健康消费的重视,使得各国政府的政策对于有损社会利益的生产行为和消费行为的约束越来越严厉,社会舆论的压力也越来越大,从而迫使企业不得不通过树立良好的社会形象来改善自己的经营环境,社会营销观念也因此而被普遍接受。

② 绿色市场营销观念(Green Marketing Concept) 绿色市场营销观念是指在绿色消费的驱动下,企业应从保护环境、合理利用资源的角度出发,通过生产绿色产品,满足消费者的绿色需求,实现企业营销目标的一种市场营销管理哲学。其中,绿色消费是指在使用和消费商品的过程中,既有益于消费者的身心健康又不会对环境造成负面影响的消费。随着人们生活水平的提高,消费观念的转变,绿色消费已成为一种新的消费趋势,并将成为21世纪的消费主流。企业要生存和发展下去,就要向消费者提供安全、卫生的产品,企业所选择的生产技术要尽量减少生产过程对环境的不利影响,在设计和选择包装方式和材料时,要努力减少用后的残余物,对残余物进行有效处理等。

绿色市场营销观念是以消费者的绿色需求为基础,是环保意识与市场营销观念的融合,企业在注重经济效益的同时,应比以往更重视生态效益和社会效益,它是对市场营销观念的进一步补充和完善。

在这方面,海尔公司的举措颇受公众称道。该公司一向十分重视保护环境,提出了"绿色设计、绿色制造、绿色营销、绿色回收"的战略经营模式。海尔推出了多款绿色低碳产品,例如,变频空调不用氟利昂,攻占无氟变频空调能效之巅;采用"无极变频"技术的冰箱,日耗电仅为 0.78 度,被誉为最节能的多门冰箱;3D 电热水器可以按用水量多少加热;尽量降低产品包装或产品使用剩余物等。海尔力图打造整套的绿色产品理念,为消费者提供超值的绿色物联生活解决方案,全方位践行绿色营销观念。

(4) 整合营销　整合营销包括两个层次的内容:一是不同营销功能——如销售、广告、产品管理、售后服务、市场调研等必须协调;二是营销部门与企业其他部门,如生产部门、研究开发部门等职能部门之间的协同。营销者的任务就是设计营销活动和全面整合营销计划,以便为顾客创造价值。其中,营销活动可能包括多种形式,企业采用了营销组合(Marketing Mix)的概念。市场营销组合经历了 4P—4C—4R—4V 阶段,即以满足市场需求为目标的 4P 营销组合,以追求顾客满意为目标的 4C 营销组合,以建立顾客忠诚为目标的 4R 营销组合,关注社会利益和心理利益等非经济利益的 4V 营销组合。4 种营销组合如表 1.3.2 所示。

表 1.3.2　营销组合

形式	内容			
4P	产品 Product	价格 Price	分销/渠道 Place	促销 Promotion
4C	顾客 Customer	成本 Cost	便利 Convenience	沟通 Communication
4R	关联 Relevance	反应 Reaction	关系 Relationships	回报 Reward
4V	差异化 Variation	功能化 Versatility	附加价值 Value	共鸣 Vibration

① 4P 营销组合　以企业为中心,以满足市场需求为目标。麦卡锡认为,企业从事市场营销活动,一方面要考虑企业的各种外部环境,另一方面要制定市场营销组合策略,通过策略的实施,适应环境,满足目标市场的需要,实现企业的目标。

A. 产品(Product):是指企业向市场提供的"商品和服务"的综合体。要求产品有独特的卖点,把产品的功能诉求放在第一位。

B. 价格(Price):是指顾客为获得产品而必须支付的金额。企业可根据不同的市场定位,制定不同的价格策略。

C. 分销(Place):是指企业为使产品或服务到达顾客手中而进行的活动。企业并不直接面对消费者,而是注重经销商的培育和销售网络的建立,企业与消费者的联系是通过分销商来进行的。

D. 促销(Promotion):是指企业传递产品特点并说服顾客购买该产品的活动。企业注重销售行为的改变来刺激消费者购买,从而促进销售的增长。

② 4C 营销理论　强调企业应把追求顾客满意放到第一位,由美国市场营销专家劳特朋于 20 世纪 90 年代提出,用新的 4C 理论取代 4P 理论。其主要内容包括:

A. 顾客(Customer):4C理论认为,顾客是企业一切经营活动的核心,企业重视顾客应甚于重视产品。这体现在两个方面:一是创造顾客比开发产品更重要;二是消费者需求和欲望的满足比产品功能更重要。如美国最大的制鞋企业麦尔·休·高浦勒斯公司,通过设计出能够引起顾客感情共鸣的鞋子,赋予鞋子以不同的情感色彩,如男性情感、女性情感、优雅感、轻盈感、成熟感,并煞费苦心地冠之以"笑""泪""愤怒""爱情""摇摆舞"等名称,从而大受消费者青睐。

B. 成本(Cost):4C理论将营销价格因素延伸为生产经营全过程的成本,包括:

a. 企业生产成本:即企业生产适合消费者需要的产品成本。

b. 消费者购物成本:它不仅包括购物的货币支出,还包括购物的时间耗费、体力和精神耗费以及风险承担(指消费者可能承担的因购买了质价不符或假冒伪劣产品而带来的损失)。过去企业定价的常规方法是成本加成法,即成本+适当的利润=适当价格,新的模式则是以"消费者接受的价格－适当的利润=成本上限"。也就是说,企业界对于产品的价格定义已从过去由厂商的"指示"价格转换成了消费者的"接受"价格。我们可以把这看作是一场定价思维的革命,新的定价模式将消费者接受价格作为决定性因素,企业要想不断追求更高利润,就不得不想方设法去了解不同消费者的成本构成,从而推动生产技术、营销手段达到一个新的水平。

C. 便利(Convenience):便利就是方便顾客,维护顾客利益,为顾客提供全方位的服务。4C理论强调企业提供给消费者的便利比营销渠道更重要。便利原则应贯穿于营销的全过程。与传统的营销渠道战略相比,新的4C理论更重视服务环节,强调企业既出售产品,也出售服务;消费者既购买到商品,也购买到便利。因此,营销工作要了解不同类型消费者的购买方式、偏好,调整原有的销售渠道,为顾客提供实实在在的便利。

D. 沟通(Communication):传统营销中,促销是重头戏,广告成为商家喜欢的重型武器。这其实是一种典型的推销行为,是从商家向顾客的单向信息传递。4C理论用沟通取代促销,强调企业应重视与顾客的双向沟通,以积极的方式适应顾客的情感,建立基于共同利益之上新型的企业—顾客关系。也就是说,企业营销不仅仅是企业提出承诺,单向劝导消费者,更重要的是追求企业和顾客的共同利益。正如格朗普斯认为:"互利的交换与承诺的实现是同等重要的。"同时,强调双向沟通,有利于协调矛盾,融合感情,培养忠诚的顾客,而忠诚的顾客既是企业稳固的消费者,也是企业最理想的推销者。

③ 4R营销组合 以关系营销为核心,重在建立顾客忠诚。根据市场不断成熟和竞争日趋激烈的形势,着眼于企业与顾客互动与双赢,不仅积极地适应顾客的需求,而且主动地创造需求,通过关联、关系、反应等形式与客户形成独特的关系,把企业与客户联系在一起,形成竞争优势。

A. 关联(Relevance):企业与顾客在市场变化的动态中应建立长久互动的关系,即认为企业与顾客是一个命运共同体。

B. 反应(Realtion):学会倾听顾客的意见,及时寻找、发现和挖掘顾客的渴望与不满,建立快速反应机制以对市场变化快速做出反应。

C. 关系(Relationships):企业与顾客之间应建立长期而稳定的朋友关系,从实现销售转变为实现对顾客的责任与承诺,以维持顾客再次购买和顾客忠诚。与此相适应产生了5个转向:从一次性交易转向建立长期友好合作关系;从着眼于短期利益转向重视长期利益;从顾客被动适应企业单一销售转向顾客主动参与到生产过程中来;从相互的利益冲突转向共同的和谐发展;从管理营销组合转向管理企业与顾客的互动关系。

D. 回报(Reward)：追求市场回报，并将市场回报当作企业进一步发展和保持与市场建立关系的动力与源泉。

④ 4V营销组合　强调企业要实施差异化营销，重视产品或服务中无形要素，通过品牌、文化等来满足消费者的情感需求。随着高科技企业、高技术产品与服务的不断涌现，企业与消费者之间的沟通更加多元化，这就要求企业能够将产品或服务针对消费者的需求进行组合。

A. 差异化(Variation)：顾客是千差万别的，在个性化时代，这种差异更加显著。差异化营销所追求的"差异"是产品的"不完全替代性"，即在产品功能、质量、服务、营销等方面，本企业为顾客所提供的是对手不可替代的。

B. 功能化(Versatility)：是指根据消费者的需求差异，提供具有不同功能及组合的产品，以满足消费者在愿意支付一定成本水平下的需求和期望的营销策略。

C. 附加价值(Value)：当代企业通过产品或服务的营销创新、技术创新、服务创新、文化创新等途径增加产品或服务的延伸功能或附加功能，给消费者创造附加价值。产品竞争已不仅仅局限于核心产品与形式产品，而是更加强调附加产品，即产品的高附加价值。

D. 共鸣(Vibration)：是指企业通过持续占领市场并保持竞争优势的价值创新，实现顾客"效用价值最大化"和企业的"利润最大化"，达成供求双方的共鸣。

我国是一个发展中国家，商品经济的发展和市场环境的变化决定了市场营销观念的发展和变化。在改革开放政策实施以前，我国实行的是传统的计划经济体制，当时的生产力发展水平不高，市场商品匮乏，供求关系紧张，解决市场问题的根本办法就是抓生产，把工作的重心放在发展生产上，只要把产品生产出来，增加数量，提高质量，就不愁没有销路。"以产定销"是当时工商企业遵循的基本准则。20世纪70年代以来，由于把工作重点转移到经济建设上来，强调发展商品经济，强调改革开放，强调科教兴国，有力地促进了生产力的发展，市场商品日益丰富，逐渐由"卖方市场"向"买方市场"过渡，于是形成了"以销定产"的推销观念阶段。近几年来，随着我国生产力的进一步提高和科技的不断进步，市场商品，尤其是消费品普遍供过于求，企业竞争激烈，"买方市场"形成，从整体上说，市场进入微利阶段，产生了与新的市场环境相适应的市场营销观念。同时，由于国外市场营销理论的引入、经济发展的全球化趋势和借鉴国外经济发展的经验教训，尽管我国市场经济发展水平还不算高，但反映发达国家经济水平的社会营销观念、绿色营销观念、全面营销观念等，也已经在我国得到传播、研究和应用，并与市场营销观念一起，共同指导着我国市场营销活动，为有中国特色的市场营销观念体系的形成发挥着重要的作用。

1.3.3　市场营销管理过程

市场营销活动是一项系统的活动。企业进行市场营销管理的目的就是使之与复杂多变的市场营销环境相适应，从而谋得企业生存与发展。市场营销管理过程，是指为实现企业任务和目标，发现、评价、选择市场机会，使之变为企业有利可图的企业机会的过程。它包括四大步骤：

1) 发现和评价市场机会

发现和评价市场机会是企业营销管理的第一个步骤。所谓市场机会，是指市场上未被满足的需求。市场机会与企业机会是有差别的两个不同概念。所谓企业机会，是指对本企业而言，符合其目标，对本企业具有吸引力，且能够有相应的资源获得竞争优势和差别利益的市场机会。

市场竞争及消费需求的复杂性和多变性，任何企业都不可能永远依靠现有的产品和市场长久发展,必须不断去寻找新的市场机会。为寻找到更好的市场机会,企业需要建立一个可靠的市场营销信息系统,利用市场调研手段对市场营销环境进行分析和研究,对环境中存在的各种机会进行搜寻和评价,以判断其对企业是否有吸引力、是否符合企业目标、企业是否有相应资源来获得竞争优势,从而将其变为有利可图的企业机会。

2) 选择目标市场

企业发现符合其目标和资源的市场机会后,就要准备如何进入该市场。首先,企业需要将整体市场细分为多个不同的需求市场;其次,选择适合本企业资源条件的一个或多个细分市场作为自己的服务对象,即选择目标市场;最后,还需要为企业、产品及品牌树立一定的特色,以突出显示与竞争者的区别,即市场定位。

3) 确定市场营销组合

(1) 市场营销组合的定义　市场营销组合这一概念是由美国市场营销学者尼尔·鲍顿在20世纪50年代提出的。它是指企业为了满足目标市场的需要,综合运用企业可以控制的营销手段,对它们实行最优化组合,以取得最佳市场营销效果。

(2) 市场营销组合的构成　市场营销组合中所包含的可控制的变量很多,1960年,美国市场营销专家麦卡锡把它们归纳为四个基本变量,即"4P"营销组合,如图1.3.3所示。

产品 (Product)	价格 (Price)	地点 (Place)	促销 (Promotion)
有形商品 服务 特性 质量水平 附件 安装 说明书 担保 产品线 包装 品牌	目标 灵活性 产品生命周期 地理术语 折扣 津贴	目标 渠道类型 市场展示 中间商种类 商店的位置和种类 如何进行运输和储存 服务水平 招聘中间商 管理渠道	目标 广告 人员推销 销售促进 公共关系

图1.3.3　"4P"营销组合

(3) 市场营销组合的特点

① 可控性　市场营销组合因素对企业来说都是"可控因素",企业可以根据目标市场的需要,来决定自己的产品结构,制定产品价格,选择分销渠道和促销方案等,对这些市场营销手段的运用和搭配组合,企业有自主权,但这种自主权是相对的,不是随心所欲的,因为企业市场营销过程不但要受到企业自身资源和目标的制约,而且要受到各种企业不可控制的宏观环境和在一定程度上可以控制的微观环境的影响和制约。因此,市场营销管理的任务就是安排市场营销最优组合,使之与这些宏观环境和微观环境相适应。

② 复合性　市场营销组合是一个复合结构,市场营销组合当中四个"P"之中又各自包含若干个亚因素,形成各个"P"的亚组合,因此,市场营销组合是至少包括两个层次的复合结构。企业在确定市场营销组合时,不但应求得四个"P"之间的最佳组合,而且要注意安排好每个"P"内部的组合,使所有这些因素达到灵活运用和最优化组合。

③ 动态性　市场营销组合是一个动态组合,市场营销组合中的每一个因素都是不断变化的,是一个变量;同时,各因素之间又是互相影响的,每一个变量的变动,都会引起整个市

场营销组合的变化,形成一个新的组合。

④ 整体性　市场营销组合是一个有机整体,其发挥的整体效应是各因素相互配合、相互作用所共同产生的,并非是各因素简单相加或拼凑集合。

4）执行和控制市场营销计划

企业要贯彻执行市场营销计划,有效地开展各种市场营销工作,必须建立和发展市场营销组织。为发挥市场营销组织的整体效应,保证市场营销计划的有效执行,企业在设置营销组织时应该遵循协调性及有效性原则。协调性主要体现在企业设置的市场营销组织能够与外部环境、企业内部其他组织及营销组织内部之间相互协调;有效性主要体现企业设置的市场营销组织应该结构合理、完善,效率高。

企业在执行市场营销计划过程中,难免会遇到各种意外事件,所以企业要不断对市场营销活动进行监督、评价,控制发展动向,根据实际变化的环境调整市场营销计划,从而确保市场营销计划的顺利实现。市场营销控制包括年度计划控制、盈利控制、效率控制和战略控制。年度计划控制主要检查市场营销活动的结果是否达到了年度计划的要求,在必要时采取调整和纠正措施,以确保市场营销计划的实现与完成;盈利控制是为了确认在各产品、地区、顾客群和渠道等方面的实际获利能力;效率控制的目的是监督和检查企业各项营销活动的进度与效果,即效率如何;战略控制的目的是审计企业的战略、计划是否有效地抓住了市场机会,是否同市场营销环境相适应。

任务1.4　营销道德和社会责任

【引导案例】

抗击新冠肺炎,中国互联网企业社会责任报告

2019年底出现的新型冠状病毒疫情,牵动着全国人民的心。除了广大的医务人员奔赴一线外,一大批"科技铁军"也已纷纷加入抗击疫情的最前沿。互联网企业迅速行动,从最直接的捐款捐赠医疗物资到运输物资;从提供生活服务到助力疫苗研发、医疗问诊等,全面展开支援行动。互联网企业充分利用自身的平台、流量和技术优势,为抗击疫情、稳定社会秩序提供了新思路和新方法,用实际行动践行着企业的社会责任。在此,《新京报》智慧城市研究院特别推出《抗击新冠肺炎,中国互联网企业社会责任报告》,通过相关数据和案例清晰地展示出互联网企业在疫情期间,为保障人民正常生活,为维持社会秩序所做的贡献。它们用新渠道、新方法化解困难,用科技战胜病毒,助力让社会恢复稳定,让经济重新恢复活力,让人民增强信心。

通过研究分析,对于此次互联网企业参与抗疫,有以下几个特点:

1）互联网企业雪中送炭,百强企业累计捐赠达39.39亿元

据研究院统计,从2020年1月24日至2月7日,由中国互联网协会和工信部联合发布的互联网百强企业中,有42家企业进行了捐助,累计捐赠约39.39亿元,主要分为直接捐助现金、设立专项基金和捐赠医疗物资三种。

2）运输畅通无阻,保障物资供应

各大互联网公司凭借其强大完善的供应链系统,承担起医疗物资配送运输责任。阿里菜鸟、京东物流、顺丰等都开通了全国各地驰援武汉救援物资的特别通道。在日常生活所需

的物质供给方面,盒马鲜生、美团、叮咚买菜春节期间订单量比平常突增近300%,并且各大电商开启了"无接触配送"功能,保驾护航。

3) 消除恐慌,疫情信息公开透明

腾讯、百度、今日头条、新浪等互联网企业依托平台优势开启疫情信息专题,疫情地图等信息查询功能,用户可实时获取全国及各地方疫情信息和相关数据,查询患者活动场所,甚至可以普及相关预防知识,减少不必要的恐慌。

4) 安抚民心,政企合作防控疫情有成果

为了应对突发疫情,政府、社区等借助互联网平台,进行线上疫情信息采集,主动申报与提供疫情线索,这些无接触式服务更加提高政府防疫能力和效率。阿里与浙江、湖北、湖南等全国28个省区市合作,上线了"数字防疫系统"。

5) 为一线医院减负,在线问诊活跃

受医疗资源紧缺影响,大家为了避免医院内交叉感染,阿里、京东、百度、微医、平安好医生等30家企业针对此次疫情开展义诊以及健康和防护科普。为了解决企业移动办公,不少企业通过阿里钉钉、腾讯会议、华为云等办公软件,选择在家办公,进行视频会议、远程办公、健康打卡,保持高效的工作。

6) 科技助力,AI医疗助力诊断与疫苗研发

在此次疫情中,互联网企业积累的AI技术在医疗诊断、疫苗和药物研发等方面也大有作为。阿里达摩院研发了AI算法,可将原来5~6 h的疑似病例基因分析缩短至半小时,大幅缩短确诊时间,为快速隔离、诊断、治疗争取时间;百度针对新型冠状病毒的基因组,采用Linear Fold算法,只需27 s就可以预测全基因组二级结构,大大提高药物研发效率。

7) 疫情防控,北京互联网企业行动迅速

北京是拥有互联网企业最多的城市,在此次疫情中,百度、360、字节跳动、好未来等互联网企业在信息公开、检测环境、在线办公、在线教育等方面都积极承担了社会责任。

病毒无情,人间有情。通过互联网,我们仍然紧密联系在一起,社会生活仍在有序地运行,各项产业仍在有效地运转,仿佛被疫情按下暂停键的生活,又以新的方式打开了新篇章。以BATJ为首的互联网企业在这次疫情中所做的贡献,充分体现了他们的能力与价值,彰显着中国大企业的责任担当。相信,在互联网企业的帮助下,在全社会共同努力下,运用科学防疫手段,我们一定能战胜疫情。

资料来源:王春蕊. 抗击新冠肺炎,中国互联网企业社会责任报告[EB/OL]. [2020-02-14]. http://www.bjnews.com.cn/feature/2020/02/14/689456.html

现代企业生存的目的不仅是追求经济利润,还必须对顾客、企业员工、股东、供应商、中间商、竞争者、政府、社区公众等利益相关者负责,因此,现代社会要求企业在从事市场营销活动中不仅要遵守营销道德,而且还要承担一定的社会责任,这也是现代企业应有的认识和觉悟。

1.4.1 营销道德

1) 营销道德的定义

道德是社会意识形态之一,是一定社会调整人们之间以及个人和社会之间关系的行为

规范的总和。营销道德即是调整企业与所有利益相关者之间关系的行为规范的总和,它是客观经济规律和法制以外制约企业行为的另一重要因素。判断企业营销行为是否符合道德规范,其实质是看其能否给其利益相关者带来长远利益。

2) 常见的不道德的营销行为

现实市场营销活动中,常见的不道德行为有以下几类:

(1) 产品方面　不安全的产品、假冒伪劣产品、污染环境的产品、过度包装、包装与真实商品不符、滥用质量标志、强制性淘汰产品等。

(2) 价格方面　价格歧视、价格欺诈、误导性定价、垄断定价、暴利价格等。

(3) 渠道方面　操纵渠道、硬性搭售、非法传销、宴请、送礼、回扣、行贿受贿等。

(4) 促销方面　欺骗性、误导性广告,不健康的广告,利用消费者和厂家间的信息不对称进行操纵或强迫顾客购买,滥用有奖销售或虚设有奖销售欺骗顾客,广告污染,蓄意贬低竞争对手的广告宣传等。

(5) 市场调研方面　通过欺骗、贿赂、监视等不正当手段窃取竞争对手的商业机密、不尊重被调查者、泄露被调查者个人信息、误导公众、不客观的调研等。

3) 营销道德的建立

营销道德的建立意义深远,它不仅影响企业自身的信誉和可持续发展,而且影响到整个行业的信誉和可持续发展,甚至影响到整个社会的稳定。建立营销道德应从以下几方面入手:

(1) 树立全民的社会营销观念　这是建立营销道德最根本的做法。企业营销活动不仅要实现企业利益及满足消费者利益,而且还必须切实维护整个社会的长远利益。企业必须在营销过程中形成一套履行道德与社会责任的行为准则,自觉维护消费者利益和社会利益,最终实现企业自身利益。

(2) 加强法制建设,建立健全维护消费者利益的机构　加强法律、法规建设是营销道德建设的基础。只有法律、法规健全、完善,企业不正当的竞争行为才能得到约束,欺骗和损害消费者权益的行为才能得到制裁。同时,还必须建立有权威的保护消费者权益及监督、检查、仲裁机构来切实维护消费者利益。

(3) 认真解决信息不对称问题　正是因为企业和消费者之间的信息不对称,消费者对商品知识了解甚少,营销者掌握的信息较多,导致在交易中消费者处于不利地位而利益受损。因此,媒体要加大有关消费者权益保护的宣传教育、增强消费者的商品知识和自我保护意识,使其成为理智消费者。

1.4.2　市场营销的社会责任

任何企业均具有双重身份,一方面,企业是"经济人",即作为独立自主、自负盈亏的商品生产者和经营者,势必以追求利润最大化为标准衡量自己的经营成果及决定自身的价值取向;另一方面,企业又是"社会人",即作为社会经济细胞,其生存与发展所需的各种资源(包括人、财、物等)及企业所生产的产品的实现条件都有依赖于社会提供。因此,企业应当承担起一定的社会责任,其经营行为应当受到社会的约束和限制。

1) 企业社会责任的内容

企业在营销活动中承担的社会责任,可概括为三大类:即保护消费者权益、保护社会利益和发展、保护自然环境和社会生态平衡。

(1) 保护消费者权益　保护消费者权益是企业主要的社会责任。具体说,要求企业为广大消费者提供花色品种多样的、优质的产品和服务,以满足其各种不同的需求。

在保护消费者权益运动中,社会关心的焦点是要求企业承担以下社会责任:

① 使消费者获得安全产品与服务的权利。

② 使消费者获得有关产品充分信息的权利。

③ 使消费者具有自由选择产品的权利。

④ 使消费者具有申诉的权利。

(2) 保护社会利益和发展　保护社会利益和发展是企业义不容辞的社会责任。企业从事营销活动,一方面,为社会创造日益丰富的物质财富,以保证国家、各级政府、各企事业单位正常运行所需的物质条件,为保护社会利益和发展提供使用价值形态的财富;另一方面,企业为国家及各级政府提供一定的税收,即从价值形态上为国家做贡献,以增加国家累积资金,促进国家建设事业迅速发展。此外,企业还应当对社会公益事业进行支持和捐赠,帮助教育事业以及社会贫困地区的发展。这是近年来企业社会责任的延伸。

(3) 保护自然环境和社会生态平衡　保护自然环境免遭污染,实现自然生态平衡是企业直接面临的社会责任。随着市场经济的发展,企业在为社会创造巨大财富、给广大消费者提供物质福利的同时,却污染了自然环境,严重地破坏自然生态平衡,严重地威胁人类生存环境的良性循环。因此,保护自然环境,治理环境污染,解决恶劣的环境状况,实施社会可持续发展战略势在必行。通过生态营销从微观方面实施可持续发展战略是企业的社会责任,通过绿色营销来保证消费者的绿色消费也成为企业的社会责任。

2) 影响企业道德水准和社会责任感的因素

(1) 个人道德观　个人道德观是用来指导个人行为的准则。在企业营销决策中,特别是高层管理者的个人道德观必然会渗入其中。

(2) 企业价值观　企业价值观是企业员工共同拥有的价值观念。它是在企业经营哲学指导下构成企业文化的基础和核心,决定着企业经营目标、管理风格及行为规范。因此,它是决定企业营销决策是否符合道德规范的关键。

(3) 组织关系　组织关系是指在企业中,领导与员工、上级与下级及同事之间的关系。在这些关系中保持互相信任、履行相互的责任及义务至关重要。一般来说,高层管理者设计整个营销管理的道德原则;中下层领导则根据高层管理者的决策指示,结合自己的个人道德观,去影响道德性营销决策的实施;员工则在道德性决策中发生相互影响。

(4) 报酬制度　报酬制度是影响企业营销道德性决策的另一重要因素。它是指为经营者提供一些有利条件,减少障碍或提供报酬,从而促进营销决策的道德性。

3) 提高企业社会责任感

(1) 优化市场营销环境　一是迅速发展社会生产力,为企业道德营销奠定物质基础;二是转换政府职能,为企业提供更多的服务;三是不断完善立法及加强执法力度,打击非法营销行为,保护和鼓励合法营销行为。

(2) 塑造优秀企业文化　致力于培育企业与员工"遵守道德、承担责任"的共同价值观。

(3) 制定营销道德规范　企业自觉建立营销道德规范,并将其实施纳入控制系统中。

(4) 奉行社会营销观念　企业要自觉将企业利益、消费者利益、社会利益协调统一起来。

【项目小结】

（1）市场营销学是在现代市场营销实践的基础上逐渐形成和发展起来的。市场营销学的研究对象主要是企业的营销活动及其规律性，主要研究卖主的产品或服务如何转移到消费者和用户手中的全过程。

（2）市场有多种定义，营销学突出强调市场是对某种商品或劳务具有未满足需求的所有现实的和潜在的购买者的集合。

（3）市场营销是通过创造和交换产品及价值，从而使个人或群体满足需要和欲望的社会活动和管理过程。市场营销包含需要、欲望、需求、产品、交换、交易、关系、价值、满意和质量等核心概念。市场营销的参与者包括公司、消费者、分销渠道成员和竞争对手。

（4）市场营销管理的实质就是需求管理。在不同的需求状况下，市场营销管理承担的任务不同，如负需求与扭转性营销、无需求与刺激性营销、潜在需求与开发性营销、下降需求与恢复性营销、不规则需求与协调性营销、充分需求与维持性营销、过度需求与限制性营销、有害需求与抵制性营销。

（5）随着市场环境与企业经营实践的发展与变化，企业市场营销管理观念经历了由生产观念、产品观念、推销观念到市场营销观念和全面营销观念的发展与变化。而全面营销观念又包含了关系营销、整合营销、内部营销和绩效营销4个部分。

（6）市场营销管理过程，是指为实现企业任务和目标，发现、评价、选择市场机会，使之变为企业有利可图的企业机会的过程。它包括四大步骤：发现和评价市场机会；选择目标市场；确定市场营销组合；执行和控制市场营销计划。

（7）企业市场营销活动必须遵守营销道德及承担一定的社会责任。这是现代社会对企业的要求，也是企业应有的认知与觉悟。所谓营销道德，是指调整企业与所有利益相关者之间关系的行为规范的总和。现代企业应加强营销道德的建立。企业作为"经济人"和"社会人"，在追求利润最大化的同时，还必须承担相应的社会责任，包括保护消费者权益、社会利益和发展、保护自然环境和社会生态平衡。

【项目核心概念】

市场　市场营销　需要　欲望　需求　产品　交换　交易　关系　价值　满意　质量　生产观念　产品观念　推销观念　市场营销观念　全面营销观念　整合营销　关系营销　内部营销　绩效营销　营销道德　社会责任

【项目同步训练】

课堂练习

1）单项选择题

（1）市场营销学研究的企业市场营销活动的中心是（　　）。
　　A. 实现企业利润　　　　　　　　B. 满足生产者需求
　　C. 满足供应商需求　　　　　　　D. 满足消费者需求

（2）企业一切营销活动的进行都是围绕着（　　）。
　　A. 产品策略　　B. 市场环境　　C. 目标市场　　D. 企业盈利

（3）从市场营销学的角度来理解,市场是指（   ）。
    A. 买卖双方进行商品交换的场所
    B. 买卖之间商品交换关系的总和
    C. 以商品交换为内容的经济联系形式
    D. 某种商品需求的总和
（4）当人们说"南京的水果市场很大"时,这个水果市场是指（   ）。
    A. 交换的场所   B. 需求的总和   C. 供给的总和   D. 流通领域
（5）市场营销活动产生于以下（   ）获得产品的方式。
    A. 自行生产   B. 强制取得   C. 乞讨   D. 交换
（6）市场营销管理的实质是（   ）。
    A. 目标管理   B. 需求管理   C. 市场管理   D. 销售管理
（7）企业最理想的一种需求状况是（   ）。
    A. 过度需求   B. 充分需求   C. 潜在需求   D. 无需求
（8）对于不规则需求,市场营销管理的任务是（   ）。
    A. 刺激性营销   B. 开发性营销   C. 协调性营销   D. 维持性营销
（9）"皇帝的女儿不愁嫁"体现了一种（   ）。
    A. 产品观念   B. 生产观念   C. 推销观念   D. 市场营销观念
（10）生产观念强调的是（   ）。
    A. 以量取胜   B. 以廉取胜   C. 以质取胜   D. 以形象取胜
（11）"酒香不怕巷子深"是一种（   ）。
    A. 社会营销观念   B. 推销观念   C. 产品观念   D. 生产观念
（12）认为只要企业产品质量好,价格公道,便会消费者盈门,而不必讲究销售方式。这种市场观念是（   ）。
    A. 市场营销观念   B. 产品观念   C. 生产观念   D. 推销观念
（13）（   ）观念容易产生"营销近视症"。
    A. 生产观念   B. 产品观念   C. 推销观念   D. 市场营销观念
（14）市场营销观念的中心是（   ）。
    A. 推销已经生产出来的产品   B. 发现需要并设法满足他们
    C. 制造质优价廉的产品   D. 制造大量产品并推销出去
（15）"迪斯尼乐园的产品不是米老鼠,唐老鸭,而是快乐"。这种管理观念是（   ）。
    A. 推销观念   B. 产品观念   C. 社会营销观念   D. 市场营销观念
（16）海尔经营理念"顾客永远是对的"体现了一种（   ）。
    A. 产品观念   B. 推销观念   C. 市场营销观念   D. 社会营销观念
（17）（   ）强调从"财务责任"和"社会责任"两个方面来考核企业各种营销活动的有效性和责任性。
    A. 内部营销   B. 关系营销   C. 绩效营销   D. 整合营销
（18）同时兼顾消费者、企业和社会三者利益,这种市场营销观念属于（   ）。
    A. 社会营销观念   B. 推销观念   C. 生产观念   D. 市场营销观念
（19）（   ）是指调整企业与所有利益相关者之间关系的行为规范的总和。
    A. 社会责任   B. 职业道德   C. 营销道德   D. 营销观念

2）多项选择题

（1）市场包含的三个主要因素是（　　）。
　　A. 有某种需要的人　　　　　　B. 购买欲望
　　C. 有一定面积的地域　　　　　D. 某种需要
　　E. 购买能力

（2）通常情况下，市场对下列（　　）无需求。
　　A. 人们一般认为无价值的废旧物资
　　B. 有严重危害性的产品或服务
　　C. 人们一般认为有价值，但在特定市场无价值的东西
　　D. 满意度非常低的产品或服务
　　E. 新产品或消费者平常不熟悉的产品

（3）下列（　　）要加以抑制或消灭。
　　A. 不规则需求　　　　　　　　B. 充分需求
　　C. 过度需求　　　　　　　　　D. 潜在需求
　　E. 有害需求

（4）生产观念的表现是（　　）。
　　A. 企业卖什么，消费者就买什么
　　B. 企业能生产什么就卖什么
　　C. 消费者需要什么，企业就生产什么
　　D. 以生产为中心，以推销为重点
　　E. 以生产为中心，以产品为出发点

（5）在卖方市场条件下，企业一般容易产生（　　）。
　　A. 推销观念　　　　　　　　　B. 市场营销观念
　　C. 产品观念　　　　　　　　　D. 生产观念
　　E. 全面营销观念

（6）属于按需生产的营销观念有（　　）。
　　A. 生产观念　　　　　　　　　B. 产品观念
　　C. 社会营销观念　　　　　　　D. 市场营销观念
　　E. 推销观念

（7）社会营销观念兼顾了（　　）。
　　A. 消费者的利益　　　　　　　B. 社会的整体利益
　　C. 企业员工的个人利益　　　　D. 国家的利益
　　E. 企业的经济效益

（8）全面营销观念包含了（　　）。
　　A. 内部营销　　　　　　　　　B. 关系营销
　　C. 网络营销　　　　　　　　　D. 绩效营销
　　E. 整合营销

（9）企业在市场营销活动中应当承担的社会责任，包括（　　）。
　　A. 保护经济增长　　　　　　　B. 保护社会自然环境
　　C. 保护消费者权益　　　　　　D. 保护社会利益和发展

    E. 保护股东利益
(10) 影响企业道德水准和社会责任感的因素包括（   ）。
    A. 个人道德观   B. 组织关系   C. 报酬制度   D. 企业制度
    E. 企业价值观

3) 判断题
(1) 市场营销即是推销。（   ）
(2) 人的需要是由市场营销人员创造的。（   ）
(3) 人一旦有了欲望便会形成需求。（   ）
(4) 市场营销人员不仅可以影响需求，而且可以创造需求。（   ）
(5) 交换是市场营销活动的核心。（   ）
(6) 推销观念强调：企业的一切行为要以市场需求为出发点，以满足市场需求为归宿。
（   ）
(7) 生产观念、产品观念、推销观念的共同特色是以企业为中心来考虑问题。（   ）
(8) 市场营销观念认为，即使企业在无利可图的情况下，也应该全力满足顾客需求。（   ）
(9) 社会营销观念第一次摆正了企业利益、顾客利益、社会利益三者的位置。（   ）
(10) 4R 营销组合以关系营销为核心，重在建立顾客忠诚，4R 是指关联、反应、关系和回报。
（   ）

4) 简答题
(1) 市场营销涉及的核心概念有哪些？试述其含义。
(2) 试讨论顾客购买下列产品或服务时，其需要是什么：
    ① 影碟
    ② 香水
    ③ 教育
    ④ 俱乐部会员卡
(3) 交换的发生必须具备哪些条件？
(4) 讨论营销与销售的关系。
(5) 针对不同市场需求状况，市场营销管理的任务是什么？
(6) 什么是"营销近视症"？为何说顾客需要的不是"产品"而是"满足"？
(7) 传统市场观念与现代市场观念的根本区别是什么？
(8) 举一个你认为符合社会营销观念的企业经营实例。你认为社会营销观念与市场营销观念有冲突吗？为什么？
(9) 简述市场营销管理过程。
(10) 结合营销现状，谈谈企业应如何建立营销道德？

5) 案例分析题
    美国一个制鞋公司要寻找国外市场，公司派了一个业务员去非洲一个岛国，让他了解一下能否将本公司的鞋销给他们。这个业务员到非洲后待了一天发回一封电报："这里的人不穿鞋，没有市场。我即刻返回。"公司又派出了一名业务员，第二个人在非洲待了一星期，发回一封电报:"这里的人不穿鞋,鞋的市场很大,我准备把本公司生产的鞋卖给他们。"公司总裁得到两种不同的结果后,为了解到更真实的情况,于是又派去了第三个人,该人到非洲后待了三个星期,发回一封电报:"这里的人不穿鞋,原因是他们脚上长有脚疾,他们也想穿鞋,过去不需要我们公司生产的鞋,因为我们的鞋太窄。我们必须生产宽鞋,才能适合他们对鞋的需求。这里的部落首领不让我们做买卖,除非我们借助于政府的力量和公关活动搞大市场营销。我们打开这个市场需要投入大约1.5万美元。这样我们每年能卖大约2万双鞋,在这里卖鞋可以赚钱,投资收益率约为15%。"

问题: (1) 如果你是总裁,你将采纳哪一个业务员的建议?为什么?
(2) 运用你所学过的市场营销知识分析此案例。

课后实训

组织一次对校企合作单位的社会见习活动,要求学生调查了解该企业的产品、消费者需求、该企业的营销管理观念、营销策略及其运作,并进行汇报。

实训目标:通过深入企业实地,认知、体验营销,加深对本项目内容的理解。
实训组织:学生每8人一组,可选择不同的校企合作企业进行调查。
实训考核:"活动过程"考核与"实训结果"考核相结合。
实训成果:分组汇报,老师讲评并考核。

补充阅读

四季酒店的服务缘何成为世界标杆?

美国著名演员和导演摩根·弗里曼(Morgan Freeman)在形容四季酒店(Four Seasons)的入住体验时曾经说过:"四季酒店有一个与众不同之处——重力在这里好像不起作用——当你走进酒店大门的那一刻,地球加诸你身上的重量好似瞬间消失。"四季酒店从一家起源于加拿大多伦多的汽车旅馆蜕变成世界性豪华酒店管理集团,依赖的正是提供给客人的如同弗里曼所描述的那种美妙体验。

许多人好奇这种能让人感到地球重力消失的体验究竟是什么,也有许多酒店试图复制四季酒店的服务。四季酒店在行业内最先发起的诸多服务——比如在客房内配备各款浴室用品、浴袍、吹风机,以及引进健身中心和设立无烟楼层,一直在被模仿复制并最终成为行业标准。

但是在创始人伊萨多·夏普(Isadore Sharp)眼中,竞争者从未模仿出四季酒店真正的灵魂——始终如一的优质服务。这种优质服务之所以难以被模仿是因为它基于四季酒店员工长期以来的一致行动,是一种从企业内部生长出来的文化,并不像某种政策一样容易简单复制和强制执行。

1) 提供最有价值的服务

建筑商出身的伊萨多·夏普对经营酒店是位门外汉,但他一开始就坚持"我是主人,顾客是我的宾客"的信念,处处从客户角度思考问题:客户认为最重要的东西是什么?客户最认同的价值是什么?这听起来很简单,但大道至简。

这种信念促成了四季酒店很多创新理念和做法的诞生:酒店考虑到国际旅行的客人需要轻装旅行,就开始配备浴室用品;想到旅行者在长途飞行之后需要很好的休息,就在全世界寻找最舒适的床。正如茱莉亚·罗伯茨（Julia Roberts）在采访中提到，"最喜欢睡在四季酒店的床上"；浦东四季酒店想到一整天在会议中的客人可能不想通过电话订餐或者预订酒店的其他服务，就在每个房间配备了 iPad mini，客人不用多讲话就能享受酒店的各种服务。

夏普相信如果酒店给予客户最有价值的服务，他们就会毫不犹豫地掏腰包。而他从早期伦敦四季酒店的成功经验中发现客户最看重的是服务，这是他决心创建以服务著称的世界最佳酒店的核心原因。

2）践行待人如己的文化

在确定以服务作为公司的核心战略以后，夏普优先考虑的问题是如何让卓越服务理念成为全体员工的共识和行为习惯。夏普意识到客人到酒店最先接触的是门童、前台接待人员、餐厅侍者、清洁人员等，这些初级员工收入偏低，通常缺乏积极性，但他们是直接成就或者破坏一家五星级酒店服务声誉的人。

夏普的结论是：你想要员工怎样对待你的顾客，就应该怎样对待你的员工。四季酒店的一项服务传统是要求员工要以姓名来称呼客人，但如果总经理都做不到用名字称呼员工，那怎么能期待员工每次与客人接触时都亲切地称呼名字？四季酒店集团亚太区营运总裁何瑞思说："员工不会给客人他们自己都没有得到的东西。"

让管理层取悦员工并向员工赋权，激励基层员工都能发自内心、不遗余力地为客户提供周到的服务，夏普说确定这条制胜原则不难，难的是在组织内部推行这种文化。正所谓知易行难。夏普说推行过程可能是自己做过的最艰难事情。"待人如己"要求很多管理者和监督者丢掉以前发号施令、把员工当作成本而不是资产的习惯，用正直诚实和尊重的态度对待比他们职位低的人，全心全意支持他们。让每位员工觉得四季酒店是他们的家，员工们愿意邀请旅行者入住并提供最佳服务。在出现问题时，员工不会因为恐惧去掩盖而会积极主动寻求帮助和解决方法，从而把错误变成第二次服务的机会，达到酒店提供"零缺点"服务的目标。

四季酒店在 20 世纪 80 年代前半期一直在内部推行这一原则，对于不能认同它的人，不管职位有多高、能力有多强，夏普都会让他们离开。夏普称把"待人如己"奉为最高的工作指导原则是确定酒店长久发展的最重大决策。30 年后，不管是上海的总经理还是新加坡的亚太区营运总裁，都会很自然地提到这条金科玉律，认为它早已超越原则成为公司每天践行的文化规范。

3）针对性的定制服务

如果你好奇"典型"的四季酒店服务是什么，得到的回答将会是："没有'典型'的四季酒店服务。"四季酒店在各地的服务水准有一致性，但客人入住每一家酒店都会有不同体验。

这种不同体现在两个方面：一是因为文化和地域的不同，不同区域的四季酒店的设计风格都会反映当地的文化风情。这种设计是从客户角度出发的结果，四季酒店有很多每年 100 天甚至更多时间长住酒店的客人，这些人的反馈是，入住世界不同的四季酒店都能体会到当地文化的独特性，而不是无趣的、标准化的房间和设计。例如，杭州西子湖四季酒店是典雅的江南庭院式风格；上海浦东四季酒店则充满现代感，让客人充分感受到上海的发展速度；北京四季酒店又与杭州的中式风格不同，酒店内摆放了超过 5 000 件体现中国文化的艺术品。二是客人本身的不同。每一位入住的客人都有不同的入住目的，如结婚、家庭聚会、度蜜月、商务旅行、参加会议。奢华服务的定义本身要求一对一地满足每位客人的需求和偏好，比如喜欢哪种枕头、喝哪种水、是否对某些食物过敏等。四季酒店试图了解每一位客人的旅行目的和偏好,并根据这些情况提供高度定制化的个性服务。

如果你是四季酒店的常客,你在入住时会发现,房间里准备好了令你感到舒服的一切,包括床垫、枕头等。因为酒店会根据客人上次入住时的反馈更新资料,保证客人享受到及时针对性的服务。更高级的定制化服务还包括,如果客人喜欢中国当代艺术或者追捧中国本土设计,入住北京四季酒店就有机会参观私人藏品展览,或者与艺术家、设计师面对面交流。另外,各地酒店的礼宾部还可以根据要求预订热门的餐厅、会所或者仅限预约的商场。

在提供个性化定制服务方面,向员工赋权起到了巨大作用,一线员工愿意在本职工作之外向顾客提供细心服务。四季酒店的故事中充满了各种普通员工在不知道客人身份或者在非常规状态下尽力满足客户要求从而为酒店带来更大笔生意的故事。比如一个员工偶然间听到有客人在宴会前抱怨不知道需要穿燕尾服,立即叫酒店裁缝把自己身上的燕尾服改制与客人换衣服,化解了客人的着装尴尬。这位接受帮助的客人——科尔尼公司的首席执行官在后续多年把几百万美元的消费单交给了酒店。向员工授权是四季酒店服务创新的重要来源。一线员工能够从与每一次客户的接触中了解最新的消费趋势和服务需求,及时反馈给管理层,酒店管理者因此不断改进和创新服务内容。

在酒店行业,客人每入住一次都是一次体验,体验中给他们印象最深的还是服务。如果浏览一下四季酒店的客户反馈,我们发现几乎没有客人提到房间里造价不菲的各种设备,而是宾至如归的精心服务。所谓服务,不是靠一两句口号,而是像四季酒店一样,充分尊重员工和向员工赋权,激发他们的服务热情,实现最佳服务效果。

资料来源:Sunsiu 申兆. 四季酒店的服务缘何成为世界标杆?[EB/OL].[2016-11-03]. https://www.m.sohu.com/a/118062133_395910

项目 2　分析市场

【教学目标】

☞ 知识目标

1) 了解：市场营销环境的概念，市场营销信息系统的结构和内容，市场调查与市场预测的概念，市场预测的类型，消费者市场及组织市场的特征，组织市场的类型。

2) 熟悉：市场营销环境的构成及内容，市场调查的程序，市场预测的程序，市场预测的方法，影响消费者市场、产业市场及中间商市场购买行为的主要因素。

3) 掌握：市场营销环境对企业营销活动的影响，市场营销环境分析方法（SWOT 分析法）及企业相应对策，市场调查的方法及调查表的设计，市场预测的方法，消费者购买决策过程，产业市场及中间商市场购买行为的主要类型，产业市场和中间商市场购买决策过程。

☞ 技能目标

1) 能够利用 SWOT 分析法对具体的产品和企业进行营销环境分析。

2) 能够利用市场调查与预测的方法分析具体产品的消费者市场行为及各种组织市场的购买行为。

☞ 素质目标

在营销工作中能够根据企业面临的各种新环境进行分析，对消费者的消费行为重点掌握，具有顾客满意理念和为顾客服务意识。

【学习重点、难点】

☞ 学习重点

1) 各种市场营销环境分析的内容、SWOT 分析法及企业对策。

2) 市场调查的程序和方法、市场预测的程序和方法。

3) 消费者购买行为特点，影响消费者购买行为的主要因素，消费者购买决策的过程，组织市场购买行为特点，影响产业市场、中间商市场购买行为的主要因素，产业市场、中间商市场购买决策过程。

☞ 学习难点

1) SWOT 分析法。

2) 市场调查及市场预测方法。

3) 消费者购买决策过程，产业市场、中间商市场购买决策过程。

【引言】

分析市场的主要目的是研究商品的潜在销售量，开拓潜在市场，安排好商品地区之间的合理分配，以及企业经营商品的地区市场占有率。通过市场分析，可以更好地认识市场的商品供应和需求的比例关系,采取正确的业务战略,满足市场需要,提高企业经营活动的经济效益。

任务 2.1　市场营销环境分析

【引导案例】

传音手机非洲市场称王之谜

在众多手机品牌中,iPhone、三星、华为、小米、OPPO、vivo等品牌可谓家喻户晓;然而有一个国产手机品牌虽然在国内鲜为人知,却在2018年出货1.24亿部手机(包括功能机),全球市场占有率7.04%,位居全球第4,在非洲份额高达48.7%,成为中国出口手机销量之王,它就是"传音(Tecno)"!

2006年,传音成立,其创始团队均来自波导,传音凭什么在非洲迅速走红?非洲消费者为何青睐传音手机?其实是因为传音手机充分考虑了非洲消费者的需求,直击消费"痛点",专注做起了专属于非洲市场的"定制产品"。

1) 传音手机解决了非洲人民的自拍难题

非洲大陆90%以上的用户都是黑皮肤,很多手机拍照效果非常差,因为它们拍摄是通过面部进行识别,肤色较深的人种很难做到准确识别。尤其是在光线不佳的情况下,如果他们不露出眼睛和牙齿,拍出来的人像就是一团漆黑。

针对这一现象,传音采取的解决办法是,通过眼睛和牙齿来定位,在此基础上加强曝光,帮助非洲消费者拍出更加满意的照片。即使夜晚大家围坐在篝火旁欢庆,传音手机也能很好地完成拍照的任务。对于黑肤色的非洲姑娘,传音在依靠眼睛和牙齿定位的同时,对脸部皮肤进行优化,使手机拍照获得了"美颜"的功能,帮助拍出"巧克力色肌肤"。因此,它很快在非洲变成了网红手机。

这一切技术变革的实现得益于传音巨大的科研投入。传音不仅在深圳、上海、北京拥有研发中心,在法国巴黎拥有合作的设计团队,而且在非洲尼日利亚的拉各斯、肯尼亚的首都内罗毕设立了研发中心,后两个研发中心主要是进行本地化的工作,致力于改善APP功能应用等,以提升用户体验。传音控股市场总监刘俊杰认为:"传音在非洲的策略是长跑,做事业而非简单地做生意。"

2) 推出多卡多待手机,成功打开非洲市场

传音手机刚进入非洲的时候,非洲市场只有单卡手机,因为非洲通信运营商众多,跨网通信的资费高昂,当地人一般都拥有多张电话卡,但消费能力有限,只能负担一部手机,通常在同一部手机上需要用哪个通信商的网络时,则换上对应的电话卡。传音看准双卡双待手机在非洲市场上的空白,推出了Tecno T780手机,这是非洲第一款双卡双待手机。毫不意外,此款手机随后风靡尼日利亚,为传音打开了非洲市场。

2012年,在非洲人普遍使用功能机时,传音推出高端智能手机品牌Infinix,并以出色的质量征服了广大的非洲消费者,很多非洲人把传音手机误认为是德国制造。2017年3月,传音正式推出采用最新的"四像合成"成像技术的CamonCX,该机定位于年轻人,主打黑皮肤用户的自拍功能,在非洲、中东与拉丁美洲的41个国家发售。

3) 超长手机续航

传音意识到,只有不断进行手机的本土化改进,按照用户需求提供便捷的产品,才能真

正做出自己的品牌特色。针对非洲天气炎热,非洲人汗腺发达,手机经常被汗水浸湿的情况,传音改变手机表面的材质,使之防滑防汗。在非洲多个国家,政府为了在高峰时段储存电力,时常限电关闸,导致人们常常数小时无法给手机充电。在有些地区,人们甚至要到30公里外的地方进行手机付费充电。

而用户不在乎手机重量,于是传音加大电池,延长手机的续航能力,又针对性地研制了低成本高压快充技术、超长待机、环境温度检测的电流控制技术和防汗液USB端口等。在很多电力不够用的地区,传音打出的广告语为,充很短时间的电,就可以通话很长时间,传音称如果不充电,它们的手机电量可以维持一个月的使用!

非洲是个古老的大陆,国家林立,民族众多,拥有1 000多种语言,为了方便用户使用,传音开发出了本土语言的输入法,比如3 400万人口使用的豪萨语。

4) 推出各种能够迎合非洲消费者的手机功能

非洲用户对音乐的需求非常大,他们在任何场地都可能开一场舞会。传音公司顺应这个需求,生产的手机不仅开机的铃声时间长,手机喇叭音量远大于一般的手机,而且里面提前存满了各种非洲流行的歌曲。此外,手机包装中还会加赠头戴式耳机。这种投其所好的设计,让传音在非洲市场上很受欢迎。

5) 在营销渠道开发与拓展方面,采取了中国企业擅长的"农村包围城市"战略

在非洲,传音从三星和诺基亚这些大品牌关注较少的贫困落后地区入手,一线销售人员去到其他品牌都不愿意去的广大农村,在棚屋里建立线下店,在短时间内,大量的线下店就出现在了非洲各地。同时,传音的销售人员背着样机,走遍田间地头,让非洲人民亲眼看到传音手机的功能和优点,切实体会到其好处。

在了解到非洲很多地方电力不足的情况下,传音建起了大量的发光广告牌,充当路灯的作用。这样既用低廉的价格达到了营销的目的,又为当地人民切实带来了便利,这从很大程度上建立了品牌的良好形象。洞察非洲消费者的特点与需求,力求本地化和差异化,是传音在当地站得越来越稳的关键。

在非洲,传音是第一个在本地建立售后服务网络的外国手机企业。几年来,传音耗资数亿元人民币,在非洲建立了86个世界级售后服务中心和超过1 000个售后维修点,拥有超过1 100名专业的高级技术人员,是非洲最大的用户服务网络。

可以说,传音的成功并不是偶然的,对市场需求的精准把握,以及务实的产品策略、渠道策略、品牌策略使得传音在非洲市场成为销售之王。

市场营销环境对企业营销的成败有着巨大的影响力,优秀的企业能强烈地意识到企业处在不断变化的营销环境中。市场营销既要受到自身条件的限制又要受到外部环境的影响和制约。环境因素的变化,既能给企业营销带来机会,也可能形成威胁。从这个意义上说,市场营销环境等于机会加威胁。营销成败的关键就在于企业能否适应动态的营销环境。因此,营销工作的首要任务就在于了解、把握营销环境的变化趋势,适应环境的变化,提高应变市场的能力,趋利避害地开展市场营销活动,使企业更好地生存和发展。

2.1.1 市场营销环境概述

1) 市场营销环境的含义

按照美国著名市场学家菲力普·科特勒的解释,市场营销环境是影响企业的市场和营

销活动的不可控制的参与者和影响力。具体地说就是:"影响企业的市场营销管理能力,使其能否卓有成效地发展和维持与其目标顾客交易及关系的外在参与者和影响力。"因此,市场营销环境是指影响企业市场营销活动及其目标实现的各种客观因素和动向的综合。

根据营销环境中各种力量对企业市场营销活动发生影响的方式和程度,可将市场营销环境分为微观市场营销环境和宏观市场营销环境两大类。微观市场营销环境是指对企业服务其顾客的能力构成直接影响的各种力量,包括企业的供应商、营销中间商、顾客、竞争者以及社会公众和影响营销管理决策的企业内部各个部门;宏观市场营销环境是指环境中间接影响企业营销活动的不可控制的较大的社会力量,包括人口、经济、政治、法律、科学技术、社会文化及自然地理等多方面的因素。微观营销环境直接影响企业服务于目标客户的能力,而宏观营销环境主要以微观营销环境为媒介,间接影响和制约企业的市场营销活动,引导营销活动的大方向。

2) 市场营销环境分析的作用

企业加强市场营销环境的分析工作,对不断提高企业营销效果,有着直接的重要的作用:

(1) 环境分析是市场营销活动的基础性工作之一　企业营销活动要受营销环境的约束,营销成败的关键就在于企业能否适应不断变化的营销环境。成功的企业都十分重视营销环境的分析;反之,忽视营销环境分析,企业必然陷入困境。

(2) 环境分析有助于企业发现市场机会,规避环境威胁　营销环境的变化既可能帮助企业识别机会,利用机会,在不稳定的环境中谋求企业稳定发展,同时也可以帮助企业克服环境变化的不利影响,化解或消除各种威胁,采取适当的营销策略,迎接挑战。

(3) 环境分析有助于企业制定正确的营销决策,提高营销效果　环境分析是营销决策的基础和前提。它可以帮助企业对营销环境做出客观的判断,对其自身条件做出正确的分析,明确自身的优势和劣势,使企业的内部条件、营销目标与营销环境实现动态的平衡,为提高企业营销效果创造有利的条件。

3) 市场营销环境的特点

(1) 客观性　客观性是市场营销环境的首要特征。构成营销环境的因素多种多样,它们不以人们的意志为转移而客观存在着,有着自己的运行规律和发展趋势。企业的营销活动能够主动适应和利用客观环境,但不能改变或违背。主观臆断营销环境及发展趋势,必然会导致营销决策的盲目与失误,造成营销活动的失败。

(2) 关联性　关联性是指市场营销环境各因素都不是孤立的,而是相互联系、相互渗透、相互作用的。如商品价格的高低,不仅受市场供求关系的影响,而且受科技进步和财税政策的制约。因此,要综合考虑环境因素对企业营销活动的作用。

(3) 差异性　市场营销环境的差异性不仅表现在不同的企业受不同环境的影响,而且表现在同样环境因素的变化对不同企业的影响也不相同。由于外界环境因素的差异性,这就要求企业必须从实际出发,认真分析自身所处的环境特点,制定切合实际的营销策略,以取得经营上的成功。

(4) 动态性　营销环境是企业营销活动的基础和条件,但并不意味着营销环境是一成不变的。例如我们国家的产业政策,过去重点放在重工业上,现在已明显向农业、轻工业倾斜,这种产业结构的变化对企业的营销活动带来了决定性的影响。当然,市场营销环境的变化有的快有的慢。例如科技、经济等因素的变化相对较快,因而对企业营销活动的影响相对较短;而人口、社会文化、自然等因素变化相对较慢,对企业营销活动的影响相对较长。因此,企业的营销活动必须适应环境的变化,不断地调整和修正自己的营销策略,否则,将会丧失市场机会。

(5) 不可控制性　影响市场营销环境的因素是多方面的,也是复杂的,并表现出企业不可控制性。例如一个国家的政治法律制度、人口增长以及一些社会文化习俗等,企业不可能随意改变它们。

(6) 可影响性　现代营销学认为,企业经营成败的关键就在于企业能否适应不断变化着的市场营销环境。"适者生存"既是自然界演化的法则,也是企业营销活动的法则。如果企业不能很好地适应外界环境的变化,则很可能在竞争中失败,从而被市场所淘汰。强调企业对所处环境的反应和适应,并不意味着企业对环境无能为力,只能消极被动地改变自己以适应环境,而是应积极主动地去适应营销环境,运用自己的经营资源去影响和改变营销环境,为企业创造一个更有利的活动空间,然后再使营销活动与营销环境取得有效的适应。

2.1.2　市场营销宏观环境分析

宏观环境是指那些给企业造成市场机会和环境威胁的主要社会力量,包括人口、经济、自然、政治法律、技术、社会文化等因素,如图 2.1.1 所示,它引导企业营销活动的大方向。企业营销环境分析应先分析宏观环境。

1) 人口环境

人口是构成市场的第一位因素。因为市场是由那些具有购买欲望和购买力的人构成的。因此,人口的多少直接决定市场的

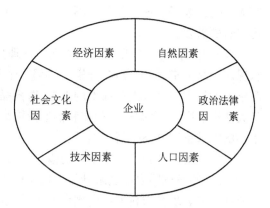

图 2.1.1　影响企业的宏观环境因素

潜在容量,人口越多,市场规模就越大。而人口的年龄结构、地理分布、婚姻状况、出生率、死亡率、人口密度、人口流动性及其文化教育等人口特性,会对市场格局产生深刻影响,并直接影响企业的市场营销活动和企业的经营管理。企业必须重视对人口环境的研究,密切注视人口特性及其发展动向,不失时机抓住市场机会,当出现威胁时,应及时、果断调整营销策略以适应人口环境的变化。

(1) 人口规模与增长速度　人口规模影响市场的容量,增长率影响未来市场的增长情况。从世界范围看,人口正呈现出"爆炸性"的增长:人口总数已经超过 75 亿(截至 2018 年),并以每年 1.11% 的速度在增加。地区发展不平衡现象突出,人口增长最快的地方恰恰是经济欠发达地区,而发达国家的人口增长近 20 年来一直保持低水平。

作为世界上人口最多的国家,我国的市场,尤其是消费品市场发展潜力巨大。但是人口多,人均资源占有率低,不利于企业发展。

(2) 人口结构　人口结构包括人口的年龄结构、性别结构及家庭结构。

① 年龄结构　人口的年龄结构决定市场需求的结构。不同年龄阶段的人对产品的需求有很大的差别:儿童需要玩具、学习用具和营养食品;青年人需要图书、电子产品和时装;老年人需要保健食品和怀旧商品。分析一定时期内人口年龄结构,能使企业发现好的市场机会。目前我国正出现人口老龄化现象,截至 2019 年,中国 65 岁及以上人口 17 603 万人,

约占总人口的12.6%。老年人口的增长,使得对老年人用品的需求不断扩大,诸如保健用品、营养品、药品等市场将会日益兴旺。据统计,2018年我国银发经济相关产业规模超过3.7万亿元,预计未来老年产品及服务市场将快速增长。同时,这种趋势也会给某些行业带来威胁,诸如摩托车等剧烈运动体育用品需求开始减少。

② 性别结构 男性和女性的差别,不仅给市场需求带来差别,而且两性的购买动机和购买行为也有所不同,反映到市场上就会出现男性用品市场和女性用品市场。由于女性多操持家务,大多数家庭生活用品、儿童用品、衣服等经常由女性采购,而男士则是汽车、人寿保险等大件物品的主要购买者。

③ 家庭结构 家庭是购买和消费的基本单位。家庭的数量直接影响到某些商品的销售数量。传统家庭由夫妻和孩子组成,然而今天非传统家庭越来越多,他们包括:单身、同居、单亲家庭、无子女家庭、空巢家庭。由于家庭趋于小型化,家庭数量迅速增加,必然会引起对炊具、家具、家用电器和住房等需求的迅速增长。研究家庭结构,还应了解谁是购买决策人,丈夫、妻子和孩子往往对不同的产品购买拥有不同的影响力。市场营销人员要充分考虑其特殊需要。

(3) 人口的地理分布及区间流动 地理分布指人口在不同地区的密集程度。人口分布状况对产品需求、促销方式、分销渠道都产生不同的影响。人口密度越大的地方,对商品的需求量就越大;相反,人口稀少的地方,对商品的需求量就少。例如,美国人口最稠密的地方是大西洋沿岸、五大湖边缘和加利福尼亚沿海地区,这些地区对汽车、贵重皮货、化妆品和艺术品的需求量明显高于其他地区。

人口的地理分布是一个动态的概念。目前世界上普遍存在着农村人口向城市集中的倾向,但在一些发达国家反过来开始出现城市人口向郊区及小城镇流动的现象。在我国,人口的流动主要表现在农村人口向城市或工矿地区流动,内地人口向沿海经济开放地区流动,从不发达地区向相对发达地区流动。另外,经商、观光旅游、学习等使人口流动速度加快。对于人口流入较多的地方而言,一方面由于劳动力增多,就业问题突出,从而加剧行业竞争;另一方面,人口增多也使当地基本需求量增加,消费结构也发生一定的变化,继而给当地企业带来较多的市场份额和营销机会。企业掌握了人口的地理分布,就可以正确地寻找自己的目标市场,同时也有助于企业对产品的流向与流量的确定。

2) 经济环境

构成市场不仅需要人口,还必须有购买力。考察市场的经济环境主要是分析影响人们购买力的各个因素。

(1) 收入水平 收入水平决定了购买力的大小。消费者的购买力来自消费者的收入,但消费者并不是把全部收入都用来购买商品或劳务,购买力只是收入的一部分。因此,在研究消费者收入时,要注意以下几点:

① 国民生产总值 它是衡量一个国家经济实力与购买力的重要指标。从国民生产总值的增长幅度,可以了解一个国家经济发展的状况和速度。一般来说,工业品的营销与这个指标有关,国民生产总值增长越快,对工业品的需求和购买力就越大,而消费品的营销则与此关系不大。

② 人均国民收入 它是用国民收入总量除以总人口的比值。这个指标大体反映了一个国家人民生活水平的高低,也在一定程度上决定商品需求的构成。一般来说,人均收入增长,对消费品的需求和购买力就大;反之就小。还要注意人均国民收入的分布情况。在具体

工作中,营销人员必须具体分析各个社会阶层的收入,不能过分依赖人均收入这个指标。

③ 个人可支配收入　这是在个人收入中扣除税款和非税性负担后所得余额,它是个人收入中可以用于消费支出或储蓄的部分,它构成实际的购买力。这部分收入主要用于购买生活必需品和其他方面的固定开支。

④ 个人可任意支配收入　这是在个人可支配收入中减去用于维持个人与家庭生存不可缺少的费用(如房租、水电、食物、燃料、衣着等项开支)后剩余的部分。这部分收入是消费需求变化中最活跃的因素,也是企业开展营销活动时所要考虑的主要对象。因为这部分收入主要用于满足人们基本生活需要之外的开支,一般用于购买高档耐用消费品、旅游和储蓄。

此外,还要区分"货币收入"和"实际收入",只有实际收入才影响实际购买力,这就要考察是否存在通货膨胀。通货膨胀意味着纸币贬值,物价上涨,货币的实际购买力下降,进而恶化企业的营销环境。一方面,它会引发恐慌心理,导致市场上出现以保值为目的的抢购风潮,这就会给企业带来大量混乱、虚假的需求信息,增加了企业未来发展的风险;另一方面,各种生产要素涨价,不仅会提高产品的成本,而且会对企业的资金周转、投资组合、营销组合等形成冲击,增加以后营销活动的难度。从更广泛的意义上讲,持续的货币贬值、物价上涨会引起价格体系、市场机制和经济秩序的错乱,破坏整个国民经济的正常运行,从而在整体的经济环境上给企业运行带来严重困难。因此,企业开展营销活动必须监测通货膨胀及其影响。

(2) 消费结构　消费结构是消费者在各种消费支出中的比例关系,主要受消费者收入的影响。随着消费者收入的变化,消费者的消费结构会发生相应的变化。

德国统计学家恩格尔在对不同收入家庭的调查基础上,提出了著名的恩格尔定律:随着家庭收入的增加,耗费在食品支出上的比例会下降;用于居住等方面的支出比例大体不变;用于服装、娱乐、保健和教育及储蓄的支出比例会上升。食品支出与家庭支出总额之比,称作恩格尔系数。恩格尔系数是衡量一个国家、地区、城市、家庭生活水平高低的重要参数。恩格尔系数越高,生活水平就越低;反之,恩格尔系数越低,生活水平就越高。欧美发达国家和中东石油富国的恩格尔系数大多降到20%以下,而发展中国家的恩格尔系数几乎都超过45%,其购买力仍集中于食物消费。一般认为,恩格尔系数达59%以上为贫困,20%~30%为富裕。根据国家统计局2019年调查资料,按全国居民平均水平计算,我国的恩格尔系数约为28.2%。2018年,我国人均国民总收入达到9 732美元,高于中等收入国家平均水平。

随着我国社会主义市场经济的发展,以及国家在住房、医疗等制度方面改革的深入,人们的消费结构都会发生明显的变化。企业从恩格尔系数可以了解目前市场的消费水平,也可以推知今后消费变化趋势及对企业营销活动的影响。企业要重视这些变化,尤其应掌握拟进入的目标市场的消费结构的情况,输送适销对路的产品和劳务,以满足消费者不断变化的需求。

(3) 消费者储蓄和信贷情况的变化　消费者的购买力除受收入及支出结构的影响外,还受储蓄和信贷的直接影响。收入的主要流向是消费和储蓄。储蓄是一个广义的概念,包括银行存款、债券、股票等。储蓄来源于消费者的货币收入,是一种推迟了的、潜在的购买力,实际上是消费者将现在的收入用于未来消费。当收入一定时,储蓄越多,现实消费量就越小,但潜在消费量越大;反之,储蓄越少,现实消费量就越大,但潜在消费量越小。所以,储蓄的增减变动会引起市场需求规模和结构的变动,对企业的营销活动也会产生或近或远的影响。

消费者信贷是消费者凭信用先取得商品使用权,然后按期归还贷款以购买商品。消费信贷的实质是把未来的收入提前用于消费。信贷消费允许人们购买超过自己现实购买力的商品,从而创造出更多的需求和就业机会;同时,消费者信贷还是一种经济杠杆,它可以调节积累与消费、供给与需求的矛盾。当市场供大于求时,可以发放消费信贷,刺激需求;当市场供不应求时,必须收缩信贷,适当抑制、减少需求。消费信贷把资金投向需要发展的产业,刺激这些产业的生产,带动相关产业和产品的发展。

近年来,我国的消费信贷发展很快。如在住房、家用汽车、教育等方面可提供多种形式的赊账、分期付款,其他产品的相关业务也正在积极开发之中。消费信贷已经成为国家经济增长的重要拉动力。

3) 自然环境

自然环境是人类最基本的活动空间和物质来源。任何企业的生产经营活动都与自然环境息息相关,无论制造什么产品都需要原材料、能源和水等自然资源的供给。同时,企业的经营活动也影响自然环境的发展和再生过程。在今天,自然环境变化最主要的趋势是:自然资源日益短缺,能源成本趋于提高,环境污染日益严重,一些对环境造成危害的企业承受着政府和环境保护主义者的巨大压力,而绿色产业却显露出勃勃生机。随着人类生存环境的恶化,最终每一个人都将变成环境保护主义者。企业的营销活动要更有效、更合理地使用自然资源,尽量减少生产经营对环境的破坏和影响。只有同环境和谐发展的企业才能生存发展。近年来有一些值得注意的绿色营销的成功案例。雪佛龙公司(Chevron)的"人们做"(People-Do)广告改变了顾客对石油公司的负面印象,使顾客认识到雪佛龙公司实施了很多改善环境的计划,比如拯救野生动物、保护海滨计划等。

4) 技术环境

今天,技术已经成为决定人类命运和社会进步的关键性因素。技术是一种带有破坏性的创造力量,这种破坏性表现在当一项新技术给一些行业和企业带来增长机会的同时,可能严重威胁另一些行业和企业的生存。例如,电视技术的突破性进展带动了电视业的发展,却对收音机制造业是个威胁,对电影院的冲击则更为明显。现在,互联网的发展又在威胁只能单向传播信息、观众被动接受的电视等行业。所以,每一种新技术都是一种"创造性的破坏"因素,一种新技术的出现,并非对所有企业都是福音,反而会使许多企业受到冲击。

技术革命带来技术创新,改变企业生产、经营和管理组织模式,同时也改变了市场运行模式和机制。近年来的信息技术革命带来全球经济一体化,促进了知识经济的发展,改变了传统工业经济时代的营销模式和竞争策略。因此企业在制定营销策略时,必须注意到技术革命特别是信息技术发展带来的变化。以信息技术革命为中心的知识经济,作为一种新型经济形式对企业营销的影响是多方面的:

(1) 对顾客需求的影响 由于技术革命推动世界经济飞速发展,人民生活水平迅速提高,消费需求由低层次的生理需求向高层次的满足转变,从物质需求向精神需求转变;消费需求日益趋向个性化;对服务水平和产品的质量有更高需求;信息技术革命使得一对一服务成为可能。

(2) 对营销组合策略的影响 知识经济时代,知识成为经济的核心要素,产品的价值由传统上以物质价值为基础变为以知识含量为基础进行衡量。因此,利用技术革命对产品实行技术创新、提高产品的技术含量是企业的重要竞争策略。技术发展日新月异,产品的设计、开发和使用周期缩短,时间成为产品策略成败的关键。由于科学技术的迅速发展,营销机构的不断变化,大量的特色商店和自我服务的商店不断出现,同时也引起分销实体的变化。运输实体的多样化,提高了运输速度,增加了运输容量及货物储存量,使现代企业的实体分配出发点由工厂变成了市场。科学技术的发展及应用,一方面降低了产品成本,使价格下降;另一方面使企业能够通过信息技术加强信息反馈,正确应用价值规律、供求规律、竞争规律来制定和修改价格策略。广告媒体的多样化,广告宣传方式的复杂化,促销成本的降低,新的广告手段及方式将成为今后促销研究的主要内容。

(3) 对交易方式的影响　技术革命特别是信息技术革命,使得全球经济呈现出网络化、数字化特征,传统的以实物交换为基础的交易方式被以数字交换为基础的无形交易所代替。网络化和数字化技术使得世界各地市场被无形地连接在一起,通过网络与国外市场交易如同在国内市场交易一样便捷。在不同地区市场之间进行交换是透明的,不受地理位置和时间的约束,信息的交换变得非常容易且成本低廉,通过网络获取市场信息和开展营销变得异常简捷,同时营销中的交易活动也变得更加灵活、直接。信息技术发展推动交易的全球化、直接化和便捷化,开展国际营销必须充分利用世界性网络进行信息交流和沟通,降低国际交易的费用和交易风险。

(4) 对营销管理的影响　信息技术革命带来全球通信便捷,使得远程办公、远程会议和远程管理成为可能。随着信息成本的不断下降,这种现代化的管理模式和方式越来越易于操作,而且可以大幅度压缩传统的旅行费用和额外开支,可见国际营销的迅猛发展与信息技术革命是紧密相连的。同时,知识经济的兴起,促使企业从传统的侧重机构组织等硬管理,向教育、培训和提高员工的归属感等软管理转变,而培养国际员工的归属感和提高素质与企业国际营销战略是紧密相连的。

(5) 对竞争战略的影响　技术革命的加速发展,使企业在获取巨大利润的同时,需要大量的投入和承担巨大的风险。因此,采用高技术开拓市场的企业,一般都注重与相关企业建立战略合作联盟,使传统的单纯竞争形式变成既是竞争对手又是合作伙伴、相互依赖、相互竞争的形式,如美国的英特尔公司为开拓存储器市场就与日本的富士通公司联合开发研制,共同享受成果。同时,由于知识经济的发展,竞争由传统的对资本等低层次资源占有的竞争,转变为对知识生产、占有和利用能力的竞争。

5) 政治与法律环境

企业营销活动受政治和法律环境的强制影响。政治法律环境是由与企业活动相关的法律、政府管理机构以及社会中对企业起制约作用的压力集团构成。

(1) 政治环境因素　政治环境主要指影响企业市场营销活动的一些政治因素。如国家的政治局势、方针政策、政治体制、经济管理体制、政府和其他国家的外交关系、政府和企业的关系、区域政治状况等。一个国家的政局稳定与否会给企业营销活动带来重大的影响。如果政局稳定,生产发展,人民安居乐业,就会给企业创造良好的营销环境。相反,政局不稳,社会矛盾尖锐,秩序混乱,这不仅会影响经济发展和人民的购买力,而且对企业的营销心理也有重大影响。战争、暴乱、罢工、政权更替等政治事件都可能对企业营销活动产生不利影响,能迅速改变企业环境。特别是在国际营销活动中,一定要考虑东道国政局变动和社会稳定情况可能造成的影响。

国与国之间的关系对企业的国际营销有很大的影响。友好的国家,政府通过优惠关税促进贸易往来,所以企业之间的商务往来也很频繁;关系紧张或敌对的国家,企业之间的贸易就非常困难,甚至根本无法进行直接贸易。

(2) 法律环境因素　法律环境因素是指国家所颁布的与经济相关的法令和法规等。我国目前与企业活动相关的立法主要有:

《中华人民共和国经济合同法》

《中华人民共和国公司法》

《中华人民共和国商标法》

《中华人民共和国专利法》

《中华人民共和国食品卫生法》

《中华人民共和国产品质量法》

《中华人民共和国广告法》

《中华人民共和国反不正当竞争法》

《中华人民共和国消费者权益保护法》

《中华人民共和国劳动法》

《中华人民共和国企业所得税暂行条例》

……

我国的市场管理机构比较多,主要有工商行政管理局、技术监督局、物价局、医药管理局、环境保护局、卫生防疫部门等机构,分别从不同方面对企业的营销活动进行监督和控制,在保护合法经营,保护正当交易和公平竞争,维护消费者利益,促进市场有序运行和经济健康发展等方面,发挥了重要作用。因此,企业必须知法守法,自觉用法律来规范自己的营销行为并自觉接受执法部门的管理和监督。同时,还要善于运用法律武器维护自己的合法权益。

对企业有监督、制约作用的压力集团主要是保护消费者利益的群众团体和保护环境的群众团体。这些团体对企业行为虽然没有强制作用,但是它们能影响社会舆论,给企业施加压力。同压力集团保持良好的关系是树立企业形象的必备条件。

6) 社会文化环境

社会文化是人类在社会历史发展过程中所创造的精神财富的总和,它体现着一个国家或地区的社会文明程度。社会文化包括价值观、伦理道德、宗教信仰、审美观、风俗习惯等社会所公认的各种行为规范。这些因素深刻地影响着人们的欲望和行为(包括企业的顾客的欲望和购买行为)。企业的市场营销人员应分析、研究和了解社会文化环境,以针对不同的文化环境制定不同的营销策略。

(1) 价值观　作为文化核心内容的价值观念,是影响消费行为选择的重要因素。价值观就是人们对社会生活中各种事物的态度和看法。不同国家、不同民族和宗教信仰的人,在价值观上有明显的差异,消费者对商品的需求和购买行为深受价值观念的影响。例如,德国人的严谨使其产品赢得了世界范围认可的"高质量";而日本人的节俭为日本产品贴上了"节能环保"的标签。在时间观念上,发达国家往往比某些发展中国家更具有时间意识,"时间即金钱",因此快餐食品、速溶饮料、半成品食品往往容易在发达国家受到欢迎。

(2) 宗教信仰　宗教属于文化中深层的东西,对于人的信仰、价值观和生活方式的形成有深刻影响。宗教在营销中的重要作用首先表现为宗教节日往往是最好的消费品的销售季节,如圣诞节在欧美国家也意味着购物节,许多厂商借此机会竞相促销。其次,宗教上的禁忌制约着人们的消费选择,企业必须了解市场上喜欢什么,忌讳什么,如果能迎合需要,就能占领市场,否则会触犯宗教禁忌,失去市场。例如穆斯林禁饮烈性酒,这对烈性酒是一个威胁,但它却帮助可口可乐成为阿拉伯国家的畅销品。第三,宗教组织也是不可忽视的消费力量,其本身是重要的团体购买者,同时也对其教徒的购买决策起着指导作用。所以企业要把影响大的宗教组织作为自己的重要公共关系对象,处理好和宗教组织的关系,尽量争取宗教组织的支持,至少要设法使他们不要反对自己的营销活动。

许多企业根据宗教习俗发展的需要,制造出了适应这些需要的畅销产品,受到人们的欢迎并取得了极大的成功。例如,比利时有个地毯商人根据穆斯林朝拜麦加这一宗教习俗,聪明地将一种扁平的指南针嵌入祈祷地毯。这种特殊的指南针不是指南或指北,而是直指圣城麦加。这样,伊斯兰教徒不管走到哪里,只要把地毯往地上一铺,麦加方向立刻就能找到。这种地毯一推出,在穆斯林地区立即成了抢手货,从而获得了极大的经济效益。

（3）民族传统　民族传统是指一个国家整个民族的文化传统和风俗习惯,对人们的消费嗜好、消费方式起着决定性作用。消费者对图案、颜色、花卉、动物、食品等的偏好常常制约着其对产品的选择,由此在不同国家销售产品、设计品种及其图案、选择促销工具等都要充分考虑该国特殊的风俗习惯。中国人有赏菊之好,认为荷花出淤泥而不染,梅花高洁,而意大利人却认为菊花是不祥之兆,日本人忌讳荷花和梅花。企业进行市场营销必须尊重各个国家和地区人民的传统习惯,否则就会给企业营销带来障碍。了解各民族消费者的禁忌、习俗、避讳等,做到入境随俗,这是企业进行市场营销的重要前提。

（4）审美观　人们在市场上挑选、购买商品的过程,实际上也就是一次审美活动。近年来,我国人民的审美观念随着物质水平的提高发生了以下变化：一是追求健康的美,体现在对体育用品和运动服装的需求消费呈上升趋势；二是追求形式的美,服装市场的异军突起,不仅美化了人们的生活,更重要的是迎合了消费者的求美心愿；三是追求环境美,消费者对环境的美感体验,在购买活动中表现得最为明显。因此,企业营销人员应注意以上三方面审美观的变化,把消费者对商品的评价作为重要的反馈信息,使商品的艺术功能与经营场所的美化效果融为一体,更好地满足消费者的审美要求。

上述宏观环境对企业来说都是不可控制的因素,企业只有设法适应这些环境,才能不断壮大发展。当然,企业更应该积极地去影响宏观环境,使外部环境变得有利于企业目标的实现。

2.1.3　市场营销微观环境分析

微观营销环境是指对企业服务其顾客的能力构成直接影响的各种力量。如图2.1.2所示,一个企业市场营销的微观环境包括五个层次：第一个层次是企业本身,它处于企业市场营销环境的中心；第二个层次是市场营销渠道企业,包括供应商和营销中间商,它们参与企业产品的生产和分配活动；第三个层次是企业所服务的顾客；第四个层次是企业的竞争者,他们也向企业所服务的市场提供产品；第五个层次是公众,企业及竞争者都处在公众的监督之下。

1) 企业自身

企业的市场营销,起主动作用的是企业自身,它处于市场营销的指挥中心位置。因此,企业不仅要分析外部环境,还要分析企业自身。企业自身包括市场营销管理部门、等其他职能部门和最高管理层。企业内部各个管理层次、各个部门、各个员工之间分工是否明确,协

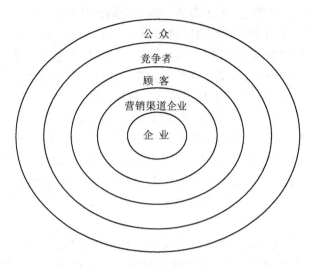

图 2.1.2　企业市场营销微观环境的五个层次

作是否有效,能否目标一致相互配合,直接关系到营销活动的效率和实施效果。

首先要考虑业务部门,如生产部门、采购部门、研究开发部门的情况,营销部门要与这些部门密切合作,共同制定营销计划。其次要考虑企业最高管理层的意图,以最高管理层制定的企业任务、目标、战略为出发点制定营销活动计划,并报最高管理层批准后执行。

现代企业的每一个部门都可以直接与顾客取得联系,营销部门不再是唯一与顾客打交道的部门。因此,营销部门的一个主要职责是整合所有针对顾客的工作,使这些工作成为一个整体。这样,当顾客与企业打交道时,他们所见到的是同一张面孔,听到的是同一种声音。

2) 市场营销渠道企业

市场营销的渠道企业包括供应商和营销中介单位。

(1) 供应商　供应商是向企业供应各种资源的工商企业和个人,供应商所提供的资源主要包括原材料、零部件、设备、能源、劳务、资金等等。供应商供应的原材料价格的高低和交货是否及时,数量是否充足等,都会影响产品的成本、售价、利润和交货期。因此,营销人员必须对供应商的情况有比较全面的了解和透彻的分析。一般说来,可以把供应商分为两类:一是作为竞争对手的供应商(寄生关系);二是作为合作伙伴的供应商(共生关系)。

企业在寻找和选择供应商时,应特别注意两点:第一,企业必须充分考虑供应商的资信状况,对供应商进行分类管理。这是为了使企业抓住重点,合理协调。对于一个企业来说,供应商的数量可能非常多,企业不可能均衡地予以协调。因此,根据其所供应的货物在企业营销活动中的重要地位,对供应商划分等级,确保重点,兼顾一般,这是一个比较合理的办法。比如,企业对于主要的原材料、零部件及能源供应商应予以重点协调,对于办公用品的供应商一般处理就可以了。第二,企业必须使自己的供应商多样化。企业过分依赖一家或少数几家供应商,受到供应变化的影响和打击的可能性就大。为了减少对企业的影响和制约,企业就要尽可能联系多个供应商,向多个供应商采购,尽量注意避免过于依靠单一的供应商,以免当与供应商的关系发生变化时,使企业陷入困境。要注意的是,使供应商多样化,并不排斥与一些主要的供应商保持长期良好的特殊关系。要选择那些能够提供品质优良、价格合理的资源,交货及时,有良好信用,在质量和效率方面都信得过的供应商,并且要与他们建立长期稳定的合作关系,保证企业生产资源供应的稳定性,特别是在原料短缺时,可以得到优先供应。

(2)营销中介机构　　营销中介机构是协助企业推广、销售和分配产品给最终买主的企业和个人,包括中间商、实体分配公司、营销服务机构及金融机构等。正因为有了营销中介机构所提供的服务,才使企业的产品能够顺利地到达顾客手中。

① 中间商　　中间商是协助企业寻找顾客或直接与顾客进行交易的商业企业,主要包括各类批发商和零售商。除非企业建立自己的销售渠道,否则的话,中间商对企业产品从生产领域流向消费领域具有极其重要的影响。中间商的作用是利用本身已经建立的销售机制,向制造商取货,以较制造商直接销售产品较低的成本,向顾客提供利益,使顾客可以在方便的时间和地点购买齐备所需的东西,即所谓的"时间效用""地点效用"和"配合效用"。此外,顾客还可以在中间商处购买极少数量的产品,如一包饮料,这就是"数量效用"。由于与顾客直接打交道,因而他们的销售效率、服务质量就直接影响到企业的产品销售。

② 实体分配公司　　包括各种运输公司、仓储公司和配送中心等。他们协助企业进行产品保管、储存,并把产品从原产地运往销售目的地。实体分配公司提供的服务可以针对生产出来的产品,也可以针对原材料和零部件。实体分配公司的作用在于为企业创造时空效益提供帮助。

③ 市场营销服务机构　　市场营销服务机构指市场调研公司、广告公司、各种广告媒介及市场营销咨询公司,他们协助企业选择最恰当的市场,并帮助企业向选定的市场推销产品。

④ 金融机构　　包括银行、财务公司、保险公司以及其他对货物购销提供融资或保险的各种机构。企业的信贷资金来源、替顾客安排分期付款、银行的贷款利率和保险公司保费的变化等,都会使企业的营销活动受到直接影响。因此,企业应该与金融机构建立起良好的合作关系。

在市场经济条件下,中介机构是企业营销活动不可缺少的中间环节,企业的大多数营销活动,都需要他们的协助才能顺利进行。市场经济越发达,社会分工越细,这些机构的作用就越大。企业要善于运用一切可以利用的中介机构进行市场调研、市场开拓、产品促销、资金融通、风险承担、仓储运输等工作,最大可能地把本企业的产品或服务以适当的方式、适宜的价格,并在适当的地点和时间销售出去。如何在动态变化中与这些力量建立起稳定、有效的合作关系,对于企业服务于目标顾客能力的最终形成,具有重要影响。

3)顾客

顾客组成企业的目标市场。企业与供应商和中间商保持密切关系的最终目的是为了有效地向目标市场提供商品与劳务。企业的生存依赖市场,企业的发展也依赖市场。找不到市场的企业是没有生命力的,找到市场后,还要从量和质两个方面进行分析和了解,市场规模是量的指标,顾客需求是质的指标。一般而言,市场规模主要由人口与收入所决定;顾客需求千差万别,具体内容在本项目任务2中进行叙述。

市场营销学根据购买者及其购买目的进行市场划分,包括:

(1)消费者市场　　由那些为满足自身及家庭成员的生活消费需要而购买的顾客组成。

(2)生产者市场　　由那些为了再生产,取得利润而购买的个人和企业构成。

(3)中间商市场　　购买产品和劳务用以转售并从中赢利的市场。

(4) 政府市场　即为履行职责而购买的政府机构所构成的市场。

(5) 国际市场　即由国外的消费者、生产者、中间商、政府机构等所构成的市场。

企业的目标市场可以是上述五种市场中的一种或几种。每一种类型的市场都各有其特点。企业营销人员必须认真研究目标市场的购买能力、购买方式及其购买欲望，并对目标顾客进行细分，在细分的基础上，制定企业的营销方式和策略。

4) 竞争者

企业在某一顾客市场上的营销努力总会遇到其他企业类似行为的包围和影响，这些和企业争夺同一目标顾客的力量就是企业的竞争者。市场营销观念告诉我们，企业要在激烈的市场竞争中获得成功，就必须比竞争对手更有效地满足目标顾客的需要。因此，除了发现和迎合消费者的需求之外，识别和分析自己的竞争对手、时刻关注他们并随时做出相应的对策和反应是企业成功开展市场营销活动的一个重要方面。

如上所述，企业的竞争者是所有与其争夺相同顾客以及他们手中货币的其他企业。企业在向目标市场提供服务时，从消费需求的角度划分，每个企业在其营销活动中，都面临以下四种类型的竞争者：

(1) 愿望竞争者　当消费者想要满足各种愿望时，企业面临的是愿望竞争者。这时能满足消费者不同愿望的不同生产者，都是企业的愿望竞争者。比如，你是电视机制造商，那么生产洗衣机、冰箱、家具等不同的厂家就是你的愿望竞争者。如何使消费者更多地首先购买电视机，而不是首先购买其他商品，这就是一种竞争关系。

(2) 普通竞争者　这是指能提供满足同一需要的不同类别产品的竞争者。如自行车、摩托车和小轿车都可作为交通工具，这三种商品的经营者之间形成一种竞争关系，他们也就相互成为各自的普通竞争者。

(3) 产品形式竞争者　产品形式竞争者是指生产经营同种商品，但规格、型号、款式、档次不同的竞争者。如自行车有28英寸、26英寸、24英寸等型号和山地车、赛车等不同形式。

(4) 品牌竞争者　品牌竞争者是指商品相同，规格、型号也相同，但品牌不同的竞争者。智能手机有"iPhone""华为""OPPO""小米""vivo"等品牌。

每一个企业在参与市场竞争的过程中，都会由于经营目标、资源条件、技术水平、市场开发能力的不同而具有不同的竞争地位。根据企业在竞争中的地位又可以把企业分为以下四种类型：

(1) 市场领先者　市场领先者是指在相关产品的市场上占有率最高的企业，一般来说，绝大多数行业都有一个公认的市场领先者，它在价格变化、新产品引进、分销和促销等方面都处于主宰地位。它是市场竞争的导向者，也是其他企业挑战、效法或躲避的对象。如日用消费品市场的宝洁公司和软饮料市场的可口可乐公司等。

(2) 市场挑战者　在相关产品的市场上处于次要地位的企业，如果要向市场领先者和其他竞争者挑战，争夺市场主导地位，一般称之为市场挑战者。

(3) 市场追随者　市场追随者与市场挑战者的区别就在于，他不是向市场领先者发动进攻并图谋取而代之，而是跟随在市场领先者之后自觉维持共处局面。

(4) 市场补缺者　几乎每个行业都有一些小企业精心服务于被大公司所忽略的市场的细小部分。这些企业避免和大公司竞争，而只是通过专业化的方针去填补市场的空缺。这些企业被称之为市场补缺者。

企业在营销中应充分了解目标市场上谁是潜在竞争者,谁是现实竞争者,竞争者的目标和策略是什么,自己同竞争者的力量对比如何,以及他们在市场上的竞争地位等。在竞争中威胁最大的是同行业之间的竞争。竞争取胜的关键在于知己知彼,扬长避短,发挥自己的优势。

5) 公众

公众就是对企业实现其营销目标构成实际或潜在影响的社会公众组织和群体。公众不是企业的目标顾客,但是可以影响企业的利益。大多数企业都建立了公共关系部门,专门筹划与各类公众的建设性关系。公共关系部门负责收集与企业有关的公众的意见和态度,发布消息、沟通信息,以建立信誉。如果出现不利于公司的反面宣传,公共关系部门就会成为排解纠纷者。但公共关系事务不是公共关系部门一个部门的事情,企业的全部人员,上至最高管理者,下至基层工作人员,都应该积极参与公共关系的事务。

企业所面临的公众主要有:

(1) 传媒　报纸、杂志、电台、电视台等具有广泛影响的大众媒体,是企业形象宣传和广告宣传的主要渠道,对企业树立形象起到举足轻重的作用。

(2) 政府　是指负责管理企业经营活动的相关政府部门,如工商、税务、法律、物价、环保以及商检等部门。

(3) 群众团体　这里是指各种消费者权益保护组织、环境保护组织以及少数民族团体等。

(4) 地方公众　这里是指企业所在地的居民和社区组织、地方官员等。

(5) 一般公众　一般公众是指除了有组织的公众和地方公众以外的公众。企业需要关注一般公众对企业产品及经营活动的态度。虽然一般公众并不会有组织地对企业采取行动,然而一般公众对企业的印象却影响着消费者对该企业及其产品的看法。企业在公众中的形象对企业的经营和发展非常重要,因此企业要在一般公众面前树立良好的企业形象。

(6) 内部公众　内部公众是指企业内部的所有员工。企业应采取措施,经常向内部公众通报信息并激励他们的积极性。当企业内部公众对自己的企业感到满意的时候,他们的态度也会感染企业的外部公众。

2.1.4　环境分析与企业对策

1) 环境分析技术——SWOT 分析技术

来自麦肯锡咨询公司的 SWOT 分析,包括分析企业的优势(Strength)、劣势(Weakness)、机会(Opportunity)和威胁(Threats)。因此,SWOT 分析实际上是将对企业内外部条件各方面内容进行综合和概括,进而分析组织的优劣势、面临的机会和威胁的一种方法。

(1) 环境威胁与市场机会的含义　环境发展趋势基本上分为两大类:一类是环境威胁;另一类是市场营销机会。所谓环境威胁,是指环境中一种不利的发展趋势所形成的挑战,如果不采取果断的措施,这种不利趋势将损害到企业的市场地位。高明的市场营销者应善于识别所面临的威胁,按其严重性和出现的可能性进行分类,并采取相应行动,以避开威胁或把威胁造成的损失降低到最低限度。

市场机会是指对企业市场营销富有吸引力的领域。在该领域内,企业将拥有竞争优势。企业要学会能够寻找和识别市场机会,判断其大小,并把握住机会,从而使企业不断壮大发展。市场机会具有公开性和时间性的特点。公开性是指市场机会的客观存在都是公开的,每个行业和企业都有可能发现它,并随时可以利用它。时间性是指在一定时间内,你不去利用它,则它所具有的机会效益会减弱,甚至消失。因此,一旦发现市场机会,就要迅速分析评估,并抓住不放。企业在每一特定机会中成功的概率取决于其业务实力是否与该行业所需要的成功条件相符合。

企业分析市场营销环境的目的就在于:
① 把握市场环境变化发展的趋势。
② 发掘新的市场机会,捕捉市场机遇。
③ 及时发现环境威胁,为企业采取积极措施避免或减轻风险赢得时间。

假设某烟草公司通过其市场营销信息系统和市场营销研究,了解到以下可能会影响其业务经营的动向:
① 许多国家政府颁布了法令,规定所有的香烟广告、包装上都必须印上关于吸烟危害健康的严重警告。
② 有些国家的某些地方政府禁止在公共场所吸烟。
③ 发达国家吸烟人数下降。
④ 本公司的研究实验室即将发明用莴苣叶制造无害烟叶的方法。
⑤ 发展中国家的吸烟人数迅速增加。据估计,我国目前有占总人口近 1/3 的人吸烟,青年人中吸烟者所占比例最高。

显然,上述动向中,①、②、③项给这家烟草公司造成了环境威胁;④、⑤项造成了使公司可能享有差别利益的市场机会。

(2) 环境威胁与市场机会分析 在现实生活中,威胁和机会往往是同时存在的,当然,不是所有的威胁都一样大,也不是所有的机会都有同样的吸引力。企业应该对环境威胁与市场机会进行分析评价。

① 环境威胁的分析评价 企业可以通过环境威胁矩阵图来分析评价环境威胁。图 2.1.3 中,横向表示出现威胁的可能性有大小两种情况;纵向表示潜在威胁的严重性,即威胁一旦出现,将要使企业的赢利减少,减少的程度也有大、小两种情况。企业可以根据环境的变化,把将要对企业造成的威胁描绘在环境威胁矩阵图上,然后根据不同情况采取不同对策。

图 2.1.3 环境威胁矩阵图

图 2.1.3 中的四个象限中,第 Ⅰ 象限表示威胁出现的可能性小,潜在的严重性也小;第 Ⅱ 象限表示威胁出现的可能性较大,但潜在的严重性较小;第 Ⅲ 象限表示威胁出现的可能性小,但潜在的严重性较大;第 Ⅳ 象限表示威胁出现的可能性大,潜在的严重性也大。

对于第 Ⅰ 象限,企业主要是注意观察其发展变化,是否有向其他象限发展的可能;企业应对位于第Ⅱ、Ⅲ象限的威胁给予一定的重视,因为它们的威胁性适中,要防止威胁出现的可能性由小变大,潜在的严重性也由小变大;企业应高度重视第Ⅳ象限中的威胁,因为它不仅出现的可能性最大,而且一旦出现,其潜在的严重性也最大。

上例中所述烟草公司有三个环境威胁,即动向①、②、③,放在环境威胁矩阵图上可以看出,动向②和动向③都属于潜在严重性大,出现威胁的可能性也大,所以,这两个环境威胁都是主要威胁,公司对这两个主要动向都应十分重视;动向①的潜在严重性大,但出现的可能性小,所以这个动向不是主要威胁。

② 市场机会的分析评价 企业可以通过市场机会矩阵图来分析评价市场机会。图2.1.4中,横向表示市场机会成功的可能性有大小两种情况;纵向表示市场机会潜在的吸引力也有大小两种情况。第Ⅰ象限表示机会成功的可能性小,潜在的吸引力也小,企业主要是观察其发展变化,并根据变化情况及时采取相应措施;第Ⅱ象限属于机会成功的可能性较大,但潜在的吸引力较小;第Ⅲ象限属于机会成功的可能性小,但潜在的吸引力较大,企业应重视处在Ⅱ和Ⅲ的机会;第Ⅳ象限表示机会出现的可能性大,潜在的吸引力也大,企业应高度重视。

上述烟草公司在市场机会矩阵图上有两个市场机会,即动向④和⑤。其中最好的市场机会是⑤,其潜在的吸引力和成功的可能性都大;动向④的潜在吸引力虽然大,但其成功的可能性小。

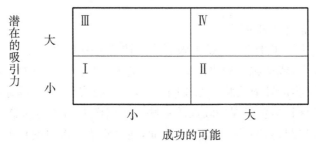

图 2.1.4 市场机会矩阵图

(3) 环境威胁与市场机会的分析评价 用上述方法来分析和评价企业所经营的业务,可能出现四种不同的结果,如图 2.1.5 所示。

图 2.1.5 机会—威胁矩阵图

理想业务是高机会和低威胁的业务;冒险业务是高机会和高威胁的业务;成熟业务是低机会和低威胁的业务;困难业务是低机会和高威胁的业务。

上例中,烟草公司共有两个主要威胁,即动向②和③,以及一个最好的机会,即动向⑤。这就是说,该公司的业务属冒险业务。

2) 企业对策

(1) 企业对环境机会的对策　企业面对市场营销机会,首先要慎重地评价其质量。当企业通过分析、评估,确认市场对某种商品有某种需要,又有顾客购买,企业也有营销能力时,应积极地创造和适时地利用市场机会。如企业可利用社会上出现的"时尚热"机会去发展营销活动;利用体育热创造商品销售机会;利用影响较大的政治事件和社会事件创造企业的营销机会。常言说"机不可失,时不再来",要把握好时机,既不能盲目冒进,也不要因循守旧、畏缩不前。

企业对环境机会一般可选择以下四种对策:

① 抢先策略　企业在经过机会分析后,认为该机会有较大的潜在发展能力,应尽量抓住这一机会,及早进行产品开发,抢先进入市场,在竞争中取得领先地位。

② 紧跟策略　企业在机会分析时,认为风险较大,但吸引力也很大,在市场已有企业进入的情况下,采取紧跟策略,既可避免抢先开发的危险,又可在该产品处于引入期提早进入市场,取得有利的竞争地位。

③ 维持策略　对于发现的市场机会,采取维持策略可使企业有较大的回旋余地。当这种机会发展到一定时机,即已进入成长期,企业可迅速进入市场。对中小企业来说,维持策略虽不能获得很高的市场占有率,但仍可获得可观的利润,且可避免风险。

④ 观望策略　对发现的市场机会采取搁置的办法,等待这一机会由潜在发展成为现实之后才加以利用。

(2) 企业对环境威胁的对策

① 反对策略　即积极地抵制,试图限制或扭转不利因素的发展。一般通过各种方式促使政府颁布某项法令,或达成某种协议来改变环境的威胁。采取反对策略,通常是针对那些不合理的、不应该发生的环境威胁。如长期以来,日本的汽车、家电源源不断地进入美国,而美国的农产品却遭到日本贸易保护政策的威胁。美国政府为了对付这一严重威胁,一方面向世界贸易组织提出起诉,要求仲裁;另一方面,通过双边谈判迫使日本开放农产品市场,从而扭转了不利的局面。

② 减轻策略　即通过调整市场营销组合等对环境威胁加以削弱和修正,以减轻环境威胁的程度。例如,烟草公司大力宣传在公共场所设立单独的吸烟区,开发研制焦油含量低的无烟香烟等。又如美国的列维斯特劳斯公司于20世纪70年代末花费了约1 200万美元,想通过奥运会把列维服装作为"美国的国服",并做了大量的宣传。后来美国因前苏联出兵阿富汗而拒绝参加在莫斯科举行的1980年夏季奥运会,这对该公司造成了一种环境威胁。在此恶劣境下,该公司立即改变了其营销策略,把很多费用转移到美国的电视广告上,改变广告宣传内容,鼓励人们购买其服装作为圣诞节的礼物,结果该企业将环境威胁转为有利的营销机会。

③ 转移策略　即将产品转移到其他赢利更多的行业或市场,实行多角化经营。例如,原来以生产剃须刀和刀片为主的吉列公司,当国内剃须刀和刀片市场趋于饱和时,一方面及时推出女性健美产品和书写用具等新产品;另一方面大力开拓发展中国家市场,从而进入新一轮的快速发展时期。

企业对于环境威胁所采取的对策,从总体上来说,不应该停留在被动的防御上,等环境威胁来了再去采取对策。企业要做到防患于未然,增强自身的生存能力,以更为积极的姿态,运用"进攻是最好的防御"这一原则,积极地寻找和识别市场机会,并采用相应的措施避开威胁,才不致为环境威胁所困扰。

任务 2.2　市场购买行为分析

【引导案例】

把梳子卖给和尚

　　一家大公司决定进一步扩大经营规模,高薪招聘营销主管。广告一打出来,报名者云集。

　　面对众多应聘者,招聘工作的负责人说:"相马不如赛马。为了能选拔出高素质的营销人员,我们出一道实践性的试题:就是想办法把木梳尽量多地卖给一个特别指定的人群:和尚。"

　　把梳子卖给和尚,天方夜谭,正如把冰卖给爱斯基摩人,把防毒面具卖给森林中的马鹿一样,推销的都是客户并不需要的产品,看上去都是不可能完成的任务,对大多数推销员而言,是不可能有结果的结果。绝大多数应聘者感到困惑不解,都表示怀疑,甚至愤怒:出家人剃度为僧,要木梳有何用?岂不是神经错乱,这怎么可能呢?搞错没有?拿人开涮?许多人都打了退堂鼓,应聘者接连拂袖而去,几乎散尽。最后只剩下三个应聘者:小伊、小石和小钱勇敢地接受了挑战……

　　一个星期的期限到了,三个人回公司汇报各自销售实践成果。

　　负责人问小伊:"卖出多少?"答:"一把。""怎么卖的?"小伊讲述了历尽的辛苦,他跑了三座寺院,以及受到众和尚的指责和追打的委屈。但仍然不屈不挠,好在下山途中遇到一个小和尚一边晒太阳,一边使劲挠着头皮。他灵机一动,递上木梳,小和尚用后满心欢喜,于是买下了一把。

　　负责人又问小石:"卖出多少?"答:"10把。""怎么卖的?"小石说他去了一座名山古寺。由于山高风大,把前来进香的善男信女的头发都吹乱了。小石找到了寺院的方丈说:"蓬头垢面是对佛的不敬。应在每座庙的香案前放把木梳,供善男信女梳理鬓发。"方丈认为有理,采纳了小石的建议。那山共有10座庙,10座香案,于是买下了10把木梳。

　　负责人又问小钱:"卖出多少?"答:"1 000把。"负责人惊问:"怎么卖的?"

　　小钱说他到一个颇具盛名、香火极旺的深山宝刹,朝圣者如云,施主络绎不绝。小钱对方丈说:"凡来进香朝拜者,多有一颗虔诚之心,宝刹应有所回赠,以做纪念,保护其平安吉祥,鼓励其多做善事。我有一批木梳,您的书法超群,可刻上'积善梳'三个字,然后便可做赠品。"方丈听罢大喜,立即买下1 000把木梳,并请小钱小住几天,共同出席了首次赠送"积善梳"的仪式。得到"积善梳"的施主与香客,很是高兴,一传十,十传百,朝拜者更多,香火也更旺。于是,方丈再次向小钱订货。同时方丈希望小钱再多卖一些不同档次的木梳,以便分层次地赠给各类型的施主与香客。

　　这样,小钱不但一次卖出1 000把梳子,而且获得长期订货。

　　由于小钱过人的智慧,公司决定聘请他为市场部主管。

　　市场是企业营销活动的出发点和归宿点,企业市场营销活动的目的就在于通过满足购买者现实的和潜在的需求,来实现企业盈利的目标。因此,企业开展市场营销活动时,首先要了解和分析购买者的各种需求。这就要求对市场做进一步的分类,针对不同市场需求和购买行为上的差异制定不同的营销策略。

市场营销学根据购买者的不同,将市场分为两大类:消费者市场和组织市场。其中,消费者市场由那些为满足自身及家庭成员的生活消费需要而购买的顾客组成;组织市场则由那些为从事经营活动,对产品进行再加工、转售,或向社会提供服务的工商企业、政府机构及各种社会团体组成。从社会再生产的角度看,它们购买后的消费属于中间消费或生产性消费,构成社会再生产的一个新起点。

组织市场又进一步分为产业市场、中间商市场、政府市场与非营利组织市场四类。产业市场是其中最常见且非常重要的一部分,它包括各种生产和服务行业的企业,如农业、林业、矿产业、制造业、建筑业、通信业、公用事业、银行、保险和其他服务性产业。

2.2.1 消费者购买行为分析

消费者市场是指所有为了个人消费而购买物品或服务的个人和家庭所构成的市场,它是现代市场营销理论研究的主要对象。研究影响消费者购买行为的主要因素及其购买决策过程,对于开展有效的市场营销活动至关重要。

1) 消费者市场的特点

(1) 非营利性　消费者购买商品是为了获得某种使用价值,满足自身的生活消费的需要,而不是为了盈利去转手销售。

(2) 非专业性　消费者一般缺乏专门的商品知识和市场知识。消费者在购买商品时,往往容易受厂家、商家广告宣传、促销方式、商品包装和服务态度的影响。

(3) 层次性　由于消费者的收入水平不同,所处社会阶层不同,消费者的需求会表现出一定的层次性。一般来说,消费者总是先满足最基本的生存需要和安全需要,购买衣、食、住、行等生活必需品,而后才能视情况逐步满足较高层次的需要,购买享受型和发展型商品。

(4) 替代性　消费品中除了少数商品不可替代外,大多数商品都可找到替代品或可以互换使用的商品。因此,消费者市场中的商品有较强的替代性。

(5) 广泛性　消费者市场上,不仅购买者人数众多,而且购买者地域分布广。从城市到乡村,从国内到国外,消费者市场无处不在。

(6) 流行性　消费需求不仅受消费者内在因素的影响,还会受环境、时尚、价值观等外在因素的影响。时代不同,消费者的需求也会随之不同,消费者市场中的商品具有一定的流行性。

2) 影响消费者购买行为的主要因素

消费者不可能在真空里做出自己的购买决策,其购买决策在很大程度上受到文化、社会、个人和心理等因素的影响,如图2.2.1所示。

(1) 文化因素　文化,是指人类在社会发展过程中所创造的物质财富和精神财富的总和,是在一定的物质、社会、历史传统基础上形成的特定价值观念、信仰、思维方式、宗教、习俗的综合体。每个人都生活在一定的文化氛围中,并深受这一文化所含价值观念、行为准则和风俗习惯的影响,这一影响也延伸到了他们的购买行为。如在中国的传统文化里,老年人受到尊重,逢年过节大量适合老年人用的保健品被年轻人买去赠送长辈,而如果仅考察老年人的收入水平,这些保健品的市场恐怕不会有这么大。

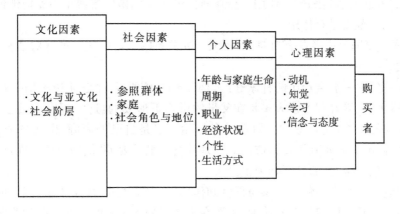

图 2.2.1 影响消费者行为的主要因素

每一种文化内部又包含若干亚文化群。所谓亚文化是指存在于一个较大的社会群体中的一些较小的社会群体所具有的特色文化,这种特色表现为语言、信念、价值观、风俗习惯的不同。例如,由于地理位置、气候、出产、经济发展水平、风俗习惯的差异,我国可明显地分出南方、北方,或东部沿海、中部、西部内陆区等亚文化群。不同地区人们的生活习惯有差异,消费自然有别,例如在中国人传统上最隆重的节日——春节,北方人习惯吃饺子,南方人却习惯吃元宵和糯米年糕。年轻人也形成他们独特的亚文化群,追求不同于年长者的音乐、服饰、书籍和娱乐方式。

社会阶层是指在一个社会中具有相对同质性和持久性的群体,可依据职业、收入、受教育程度、社会地位以及居住区域等因素的综合来划分。同一阶层的成员具有相似的社会经济地位、利益、价值观取向和地位,因此,他们的消费行为也大致相似。如在服装、娱乐活动和高档商品的消费中,同一社会阶层往往会显示出相似的产品偏好和品牌偏好。

根据中国社会科学院社会学研究所的调查分析,将当代中国社会阶层划分为:国家与社会管理者阶层,经理人员阶层,私营企业主阶层,专业技术人员阶层,办事人员阶层,个体工商户阶层,商业服务人员阶层,产业工人阶层,农业劳动者阶层及城乡无业、失业人员阶层。

(2) 社会因素　消费者在特定的社会中工作和生活,其购买行为也会受参照群体、家庭、社会角色与地位等一系列社会因素的影响。

① 参照群体　参照群体是指那些对个体的态度、偏好和行为有直接或间接影响的群体。参照群体有两种基本类型:一种是具有成员资格并因而受到直接影响的群体。其中又分为主要群体和次要群体。主要群体是给个人以最大影响的群体,如家庭、亲戚、朋友、邻居、同事,次要群体则给人较次要的影响,如各种社会团体、协会、学会、商会和宗教组织等。另一种是个人并不具有正式成员资格,而是期望成为其中一员的群体。典型的如青少年对明星的崇拜,故也称为崇拜性群体。参照群体影响消费者购买行为的表现包括:为消费者提供一定的消费行为模式和生活模式;使消费者改变原来的购买方式或产生新的购买行为;影响人们对某种事物或商品的态度,导致消费者价值观和审美观的变化;通过潜移默化,影响消费者对商品品种、商标牌号和使用方式的选择,引起人们的仿效和购买行为的一致化等。

从企业营销的角度来看,企业应设法影响相关群体中的意见领袖。意见领袖既可以是主要群体中在某方面有专长的人,也可以是次要群体中的领导者,还可以是期望群体中人们效仿的对象。意见领袖的建议和行为往往被追随者接受和效仿,因此,他们一旦使用了某种产品，就会起有效的宣传和推广作用。企业首先针对他们做广告或干脆就请他们做代言，以对追随者起到示范或号召作用。

② 家庭　家庭是由彼此有血缘、婚姻或抚养关系的人群组成。家庭对消费者的购买行为影响最大。

一个人一生中一般会经历两种家庭：一是父母的家庭，也就是与生俱来的家庭。每个人的价值观、审美观、爱好和习惯大多是在父母的影响下形成的，这一家庭成员会对消费者产生种种倾向性的影响，这种影响力可能伴其一生。二是自己的家庭，也就是个人的衍生家庭。一般来说，由夫妻及其子女组成的家庭是社会上最重要的"消费单位"，在这一家庭中成员间的影响是最直接的，而且影响力也最大。

根据家庭成员对商品购买的参与程度和作用的不同，可分为各自做主型、丈夫支配型、妻子支配型和共同支配型。一般认为，主要在丈夫影响下决定购买的产品和服务包括电视、汽车等，主要在妻子影响下决定购买的产品和服务包括洗衣机、地毯、厨房用具等，双方影响均等的产品和服务包括家具、住房等。丈夫一般在决定是否购买和在何时、何处购买等方面有较大的影响，妻子则一般在决定所购商品的颜色等外观特征方面有较大影响。

③ 社会角色与地位　不同社会角色和地位的人，会有不同的需求和购买行为。一个人一生中会加入许多团体并担任很多角色，如在家庭里担任父亲、丈夫或儿子的角色，在公司担任职员角色，在同学会担任会长角色等。角色是指一个人所期望做的活动内容，每一个角色都伴随着一种相应的地位，它反映社会对一个人的总体评价和尊敬程度。一个人所充当的每一个角色都要顾及周围人的要求和在各种场合中所期望的表现。因此，人们在购买商品时，常常会考虑到自己在社会中的角色与地位。比如好莱坞的明星都希望在比弗利山庄拥有一栋房子；成功的商人会去购买名贵的汽车、高档的服装，出入奢华的酒店等。

(3) 个人因素　个人因素是指消费者的生理、职业、经济状况、个性、生活方式等对购买行为的影响因素。

① 生理因素　包括年龄、性别、健康状况和嗜好等生理特征。

A. 消费者的年龄会对购买行为产生明显的影响：处于不同年龄段的消费者有着不同的需求心理和行为，而产品和服务通常只吸引某个特定年龄段的人群。比如玩具和图书的主要目标顾客是少年儿童，体育用品的消费者主要是青少年，老年消费者则一般偏好购买保健品和居住楼层较低的房屋。需要注意的是，现代社会不同年龄段的人群在信息获取、心态和行为上趋同，所以营销人员不仅要注意消费者的生理年龄，还应关注其心理年龄。

B. 性别：由于生理上的差别和后天社会化过程的区别，男性和女性在消费对象及购买决策过程方面有明显的差异。一般情况下，多数男性顾客购买商品时果断迅速，而女性顾客则往往仔细挑选。他们观看的电视节目亦有不同，如足球、拳击等体育节目常常吸引大量男性观众，连续剧则女性观众较多。不过，现代社会中，性别间的消费差异越来越小，所以许多企业开始研究如何把与性别有关的产品扩展为对两性同样适用，以扩大市场容量。如老牌的男性剃须刀生产者吉利公司，除了开发出女用剃刀及相关产品外，还致力于文具用品的开发及生产。

② 职业　不同职业的消费者扮演着不同的社会角色，承担、履行着不同的责任和义务，有着不同的价值观和行为准则，对商品的需求和兴趣也各不相同。例如教师需要购买专业书籍，演员需要购买演出服装和化妆品等。

③ 经济状况　经济状况的好坏、收入水平的高低对消费者的购买行为有着更直接的影

响。一般人们的消费心理和购买模式会随其经济状况的变化而变化。不同的收入水平决定了不同的购买能力,决定了需求的不同层次和倾向。中国的消费者一般都在可支配收入的范围内考虑以最合理的方式安排支出,以便更有效地满足自己的需要。收入较低的顾客往往比收入较高的顾客更关心价格的高低。如果企业经营与居民购买力密切相关的产品,就应特别注意居民个人收入、储蓄率的变化及消费者对未来经济形势、收入和商品价格变化的预期。

④ 个性 个性是一个人所特有的心理特征,它导致一个人对其所处环境的相对一致和持续不断的反应。例如,喜欢冒险的消费者容易受广告的影响,成为新产品的早期使用者;自信的或急躁的人购买决策过程较短,缺乏自信的人购买决策过程较长。

⑤ 生活方式 生活方式是指人们的生活形态,集中表现在他们的行动、兴趣和见解、看法上。生活方式比社会阶层、个性能更深刻、更全面地反映出一个人在态度、行为、心理需要方面的特点,所以通过分析消费者的生活方式来了解其消费需要和购买行为,往往更有效。目前,较为完善的生活方式细分方法有两种:AIO 模式(Activity,Interest,Opinion——消费者的活动、兴趣、态度结构模式)和 VALS 分类方法(Values and Lifestyle——消费者价值观念和生活方式结构法)。AIO 模式通过描述消费者的活动、兴趣和态度来衡量生活方式的实际形式;而 VALS 分类方法按照自我导向和资源丰缺这两个标准,定义了八个类别的生活方式,将消费者细分为现实者、满足者、信念者、成就者、奋斗者、经历者、工作者和挣扎者,这种细分有助于企业选择目标顾客、明确产品定位、进行有效的营销沟通,如表 2.2.1 所示。

表 2.2.1　VALS 分类方法对消费者生活方式的细分

分　类	含义及特点
现实者	指那些自尊心较强且个人资源丰富的消费者。他们的收入高,注重个人形象,对产品要求高
满足者	指那些以自我为导向的消费者中个人资源较丰富者。他们受过良好的教育,责任心强,收入高,休闲活动主要以家庭为中心,对身边发生的事情很了解,也乐意接受新事物,但对消费讲求务实
自信者	指那些以自我为导向的消费者中个人资源较少者。他们收入一般,消费观念比较保守和理性,青睐本国产品和品牌,生活以家庭、社区、教堂和国家为中心
成就者	指那些以身份为导向的消费者中个人资源较丰富的群体,属于以工作为中心的成功人士。他们的成就感主要来自工作和家庭,在政治上比较保守,注重权力和身份。偏爱本国产品和品牌
奋斗者	指那些以身份为导向的消费者中个人资源较少者。他们的价值观与成就者类似,消费时很注重个人风格,总是试图赶超自己所崇拜的成功人士
经历者	指那些个人资源较丰富的行动导向型消费者。他们都很年轻,精力充沛,积极参与体育和社会活动。他们的消费以服装、快餐和音乐为主,热衷于新鲜事物
工作者	指那些个人资源较少的行动导向型消费者。他们讲究实际,自我满足感强,对产品的功效十分关注,生活范围局限于家庭和工作,不关心外部世界
挣扎者	指那些收入最低,不可能以自我为导向的消费者。他们往往家境贫寒,年岁较高,健康不佳,购买力非常有限,但对产品的忠诚度很高

(4) 心理因素　随着经济的发展和消费者收入的增加,市场上商品日益多样化和消费需求的多样化,心理因素对消费者购买行为的影响越来越大。心理因素主要包括动机、知觉、学习以及信念和态度等四个方面。

① 动机　心理学认为,人的行为由动机引起,购买行为也不例外。需要是指人感到缺少些什么从而想获得它们的状态。一种尚未满足的需要,会产生内心的紧张或不适,当它达到迫切的程度,便成为一种驱使人行动的强烈的内在刺激,成为驱策力。这种驱策力被引向一种可以减弱或消除它的刺激物,如某种产品或服务时,便成为一种动机。因此,

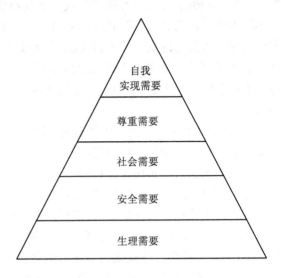

图 2.2.2　马斯洛的需要层次

动机是一种推动人们未达到某种特定目的而采取行动的迫切需要,是行为的直接原因。在一定时期,人们有许多需要,只有其中一些比较迫切的需要才能发展成为动机;同样,人们的动机中,往往也是那些最强烈的"优势动机"才能引发行为。

关于动机对人们消费需求的影响,用得最多的是马斯洛的需求层次理论,如图 2.2.2 所示。该理论认为:人的需要从低级到高级分为生理需要、安全需要、社会需要、尊重需要和自我实现需要几个层次,只有未满足的需要才形成动机。当低层次的需要基本得到满足后,人就开始追求更高一层次的需要。

按照这一理论,市场营销人员必须充分了解目标顾客尚未满足的需要是属于哪一层次,在商品设计、销售方式、广告宣传等方面采取针对性的营销手段和策略,更好地适应消费者的需要。

② 知觉　知觉是指人脑通过自己的五官感觉(视觉、听觉、嗅觉、味觉、触觉)对外界刺激形成的反应。现代社会,人们每天面对大量的刺激,但同样的刺激对不同人却可能引起不同的感觉。例如,两位消费者都想买同一种商品,受到同一个售货员的接待,一个消费者认为售货员介绍商品全面、仔细,对选购商品有帮助,考虑马上购买;另一个消费者认为售货员说话快言快语,言语夸张,不够诚实,决定放弃购买。两个消费者的行为大不一样,原因在于两位消费者对购买过程的感觉不同。

心理学认为,对同一事物会因人而异产生不同的感知,其原因是人的感知是一个有选择性的心理活动过程。它表现在三个方面:一是选择性注意。因为人的感知能力有限,大部分外界刺激物都被忽略掉,引起注意的只是与其目前需求有关的、较为特殊的和反复出现的刺激物。例如,消费者对自己想购买的商品广告较为注意,对大幅度降价的商品广告也较为注意。二是选择性理解。人们接受外界信息的刺激,并非一定会像信息发布者预期的那样去理解或客观地解释这些信息,而是按照自己的想法、偏见或先入之见来曲解这些信息。例如,厂商认为很成功的营销创意,有时却起不到好的效果,其原因是消费者在感知过程中发生了选择性理解,甚至发生了选择性扭曲。三是选择性记忆。人们对感知到的信息大部分都会很快忘掉,只有少数的信息能被记住,一般会去选择记忆一些符合自己信念、态度的信

息。例如，消费者往往能记住自己所喜欢品牌商品的特征和优点，而想不起其他品牌商品的优点。

③ 学习　学习是指由于经验积累而引起的个人行为的改变。消费者购买决策过程本身就是一个学习的过程。

④ 信念与态度　通过行为和学习，人们获得了自己的信念和态度，而信念和态度又反过来影响人们的购买行为。所谓信念是指人们对事物所持有的认识。消费者对产品的信念实际上就是产品在消费者心目中的形象。消费者对产品的信念一旦建立，往往很难改变。因此，企业在创业期或推出一种新产品时，要注重设计好企业和产品的形象。

态度是指人们对事物所持有的一种具有持久性和一致性的行为倾向。消费者一旦形成对某种产品或品牌的态度，以后就倾向于根据态度做出重复的购买决策，不愿费心去进行比较、分析、判断。因此，企业应当通过调查研究，了解不同消费者对商品的态度，生产与消费者既有的态度相一致的产品，更好地满足消费者的需求。

综上所述，一个人的购买行为是文化、社会、个人和心理因素之间相互影响和作用的结果。这些因素中，有些因素是难以控制的，而有些因素是可以加以利用的。企业营销人员应深入地分析这些影响因素，针对不同的消费群体采取相应的营销策略、方法和手段，使营销更有成效。

3) 消费者购买行为类型

企业的营销人员在分析消费者影响购买行为的各种因素之后，还需进一步研究消费者购买行为的类型。消费者购买不同种类的商品，其购买行为有简单的，也有复杂的，如购买一支牙膏与购买一辆汽车之间存在很大的购买决策差异。越昂贵的商品，购买过程越复杂，消费者考虑得越慎重，所涉及的参与者也越多。根据商品品牌的差异程度和消费者的参与程度，可将消费者购买行为划分为四种类型，如表 2.2.2 所示。

表 2.2.2　消费者购买行为类型

品牌差异度	高度介入	低度介入
品牌差异大	复杂的购买行为	寻求变化的购买行为
品牌差异小	寻求平衡的购买行为	习惯性的购买行为

（1）复杂的购买行为　这种购买行为发生在购买价格比较昂贵的、不经常性购买的且品牌差异较大的商品时。例如，消费者在购买汽车、住房等商品时会高度参与，全身心地投入购买。在购买这类商品时，由于消费者缺乏相关的商品知识，需要有一个学习过程。消费者首先会广泛收集商品的信息资料，详细了解各品牌商品之间的差异，分析比较不同品牌商品的优缺点，然后形成对某品牌商品的信念和态度，最后做出慎重的购买选择。

对这类购买行为，营销人员要了解消费者获取信息资料的途径，通过多种媒介及时地向消费者传递商品信息，同时，还要帮助消费者来辨别各品牌间的差异以及本企业产品的优势，以影响消费者的品牌选择。

（2）寻求平衡的购买行为　这种购买行为发生在购买价格比较高、品牌差异不大的商品时。例如，消费者在购买彩电、空调等商品时也会高度参与，但因各品牌之间差异不明显，消费者往往只在价格、售后服务等方面进行比较，很快就会做出购买决策。

消费者购买商品以后，使用过程中可能会发现商品的某些缺陷，或者会了解到某种品牌商品的品质更好，此时，消费者会感到自己的这次购买不够满意，心理会产生不平衡。出现这类情况后,消费者一般会主动收集与自己购买的商品有关的信息,试图证明自己当初的购买决策是正确的,以减轻、化解自己内心的不平衡。

对这类购买行为,营销人员在营销沟通时,不仅要以各种方式与购买者取得联系,及时提供商品的相关信息,还要及时提供政府相关部门及老顾客等对商品的评价信息,增强消费者对商品品牌的信念,使消费者在购买商品后相信自己的购买决策是正确的。

(3) 寻求变化的购买行为　这种购买行为发生在购买价格低、品牌差异大的商品时。例如,消费者在购买方便面、饮料等商品时,可能会经常变换品牌,以尝试各种不同品牌的商品。消费者变换品牌是由于商品品种的多样化,只是为了寻求口味上的变化,尝尝新鲜,而并非对原商品不满意。

对这类购买行为,营销人员应采取保证货源以及经常做反复提醒式的广告,促使消费者形成习惯性的购买行为。对推出新产品的企业,其营销的重点是做强调新产品特色的广告、采取低价策略以及各种营业推广活动,来鼓励消费者选择新牌商品。

(4) 习惯性的购买行为　这种购买行为发生在购买价格低、经常购买、品牌差异不大的商品时。例如,消费者在购买食盐、味精等调味品时,因商品价格低,消费者购买时参与程度也低,又因商品品牌之间差异不大,品牌间不需多做比较,购买只是出于一种习惯。

对这类购买行为,营销人员的主要任务是促使消费者长期使用本企业的产品,保持消费者的购买习惯。为此,可采取低价、折扣等有效的营销手段;可在广告中突出商品的商标标志,每次持续时间短,重复次数多,使用容易记忆、能与品牌相联系的视觉象征和比喻,给消费者留下深刻的品牌印象。

4) 消费者购买决策

(1) 参与购买决策的角色　人们在购买决策过程中可能扮演不同的角色,包括:

① 倡议者　即首先提议或先有意向购买某种商品和服务的人。

② 影响者　其意见或建议对最终购买决策有一定影响的人。

③ 决策者　对部分或整个购买决策(如是否买、买什么、何处买、何时买、如何买)做出最后决定的人。

④ 购买者　即执行购买的人。

⑤ 使用者　即实际使用或消费产品的人。

每一个购买角色,在购买过程中都会发挥各自的作用,对企业的产品设计、广告宣传、营销活动都有一定的影响。营销人员应分析、研究每一个购买角色的特点,有的放矢地采取各种诱导措施。例如,以家用汽车的购买来看,丈夫可能会扮演倡议者、决策者、购买者和使用者的角色,汽车企业应将大部分的广告针对丈夫来宣传;妻子可能会扮演影响者和使用者的角色,汽车企业也应做一些汽车特征的广告来取悦妻子。了解和掌握每一个购买角色所起的作用,会有助于企业制定正确的营销方案。

(2) 消费者购买决策过程

在复杂的购买行为中,消费者购买决策过程由引起需求、搜集信息、比较评价、购买决策、购后感受五个阶段构成,如图 2.2.3 所示。

① 引起需求　引起需求是消费者购买决策过程的起点,这种需求,可能源于内在刺激,如消费者生理上感到饥饿和口渴等,就会刺激消费者想要食物和饮料;也可能源于外部刺激,如消费者看到亲戚、朋友购买了某一商品,自己也想购买,或者消费者看到一则商品推销广告,唤起了购买的欲望等。

图 2.2.3　购买决策过程的五个阶段

企业营销应注重唤起消费者的需求,这是促使消费者购买商品的前提,可在商品的花色、品种、式样、包装等方面刺激消费者,引起购买需求。

② 搜集信息　消费者的需求被唤起以后,有的不一定能立刻得到满足。这种尚未满足的需求会造成一种心理的紧张感,促使消费者乐于接受想要商品的信息,甚至会促使消费者主动地搜集相关信息。

消费者的信息来源主要有以下四种:

A. 个人来源:来自家庭、朋友、邻居、同事等。
B. 商业来源:来自广告、推销员、经销商、商品包装、展销会等。
C. 公共来源:来自大众传播媒介、消费者团体组织等。
D. 经验来源:来自购买、使用、维护产品的经验等。

由于商品种类和消费者个人特征的不同,各类信息来源的影响力也不同。一般来说,商业来源通常起告知的作用,个人来源和公共来源则具有评价的作用,经验来源往往能起评判商品是否有价值的作用。

经过信息收集阶段,消费者逐步缩小了对将要购买的商品进行品牌选择的范围。余下的供选择的品牌,就是消费者在下个阶段评价的对象。

企业营销应及时掌握消费者搜集信息的过程和动向,了解各类信息源对消费者的影响力,了解现有信息对企业和产品的评价,并设法扩大对企业和产品有利信息的传播。

③ 比较评价　消费者从各种信息来源获取资料后,将会进行整理、分析,对各种可能选择的商品和品牌进行比较、评价,从而确定自己所偏好的品牌。

消费者进行比较评价的一般步骤:一是分析商品的性能和特点,特别是与其消费需要密切相关的各种属性;二是根据自己的需求,分析各种属性的重要性,排定考虑顺序;三是根据自己的偏好提出品牌选择方案。

营销人员应了解消费者对资料的处理过程和评价标准,以便掌握消费者的购买意向。同时,营销人员可帮助消费者比较评价各品牌之间的差异,发挥必要的参谋作用。

④ 购买决策　消费者通过对商品反复的比较评价后,已形成指向某品牌的购买意向,但从购买意向到购买决策之间,还会受两个因素的影响,如图 2.2.4 所示。

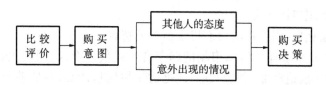

图 2.2.4　介于购买意图与购买决策之间的两个影响因素

A. 其他人的态度:即消费者周围的人对消费者偏好的品牌所持的意见和看法。其他人的态度会影响消费者的购买决策,其影响的程度取决于所持态度的强度及与消费者之间关系的密切程度。一般说来,反对的态度越强烈,或与消费者的关系越密切,其影响力就越大,消费者改变购买意图的可能性也越大。

B. 意外出现的情况:消费者购买意图是在预期的家庭收入、预期的商品价格和预期的购买满足感等基础上形成的,如果出现了失业、涨价及听到该产品令人失望的信息等意外情况,则消费者很可能会改变购买意图。

消费者的购买意向是否能转化为购买决策,还受所购商品价格的高低、购买风险的大小和消费者自信心的强弱等因素影响。

营销人员要向消费者提供详尽的有关商品的信息,以消除消费者的顾虑,促使消费者坚定地实施购买意向。

⑤ 购后感受　消费者购买商品以后,会根据实际使用情况和他人的评判来考虑自己的购买行为是否明智,商品的效用是否理想,从而形成购后感受。

消费者购后感受一般会有三种:

A. 满意的感受:消费者对所购商品感到满意。这种感受会强化消费者对所购品牌的信念,增加其重复购买的可能性,还会促使其向他人进行宣传。

B. 不满意的感受:消费者对所购商品,通过使用而感到失望。这种感受可能导致消费者要求退货,以后不再购买这一品牌的商品。

C. 不安的感受:这种感受是介于满意与不满意之间,往往是在使用过程中遇到一些问题时,会怀疑自己的选择是否明智,如果改买其他品牌的商品会不会使自己更满意,于是产生一种不安的感受。这种不安的感受,可能会引起消费者对该品牌作反宣传。这种反宣传对其他消费者的影响相当大。

营销人员要充分重视消费者的购后感受,因为它不仅会影响到消费者重复购买,还会影响到其他消费者购买。对企业来说经常征求顾客意见,要加强售后服务工作,同购买者保持联系,如建立消费者热线为顾客发泄不满提供适当的渠道,以便迅速采取补救措施。

2.2.2　组织市场购买行为分析

企业的市场营销对象不仅包括广大消费者,也包括生产企业、商业企业、政府机构等各类组织机构,这些机构构成了原材料、零部件、机器设备、供给品和企业服务的庞大市场。为了提高企业产品的市场占有率,扩大产品的销售,满足组织市场的需要,企业必须了解组织市场的购买行为特征及其购买决策过程。

1) 组织市场的特点

组织市场由那些为维持经营活动,对产品进行再加工、转售,或向社会提供服务的工商企业、政府机构及各种社会团体组成。组织市场可进一步分为产业市场、中间商市场和政府市场与非营利性组织市场四类。

与消费者市场相比,组织市场具有以下显著的特点:

(1) 购买目的复杂多样　组织市场的购买者不是代表个人,而是代表各自的组织。其购买目的,或是为了制造产品,创造利润;或是为了再销售产品,获取差价;或是为了执行政府、组织的职能,服务社会。

(2) 购买决策参与者多　各类企业或组织都下设有采购部门,有一批从事物资采购的专业人员,对一些重大的采购项目,还会成立由技术专家和相关部门负责人组成的专门采购机构,负责整个采购工作。因此,组织市场的购买行为较为理性。

(3) 需求具有派生性　组织市场的需求是由消费者市场的需求派生出来的,如消费者对全棉服装的需求增加,会导致服装加工企业大量购买棉花和棉布制品,也会导致经销商大量采购全棉服装,如果这些消费品的需求减少,那么生产和经销这类消费品的市场需求也会随之下降。

(4) 需求波动性大　组织市场上对新增设备、原材料等的需求波动很大。这是因为消费者市场需求的小量波动会引起集团市场需求的巨大波动,这种现象在经济学中称为"加速原理"。例如,个人购买住房的需求上升10%,就可能导致房地产投资规模扩大200%,从而导致房地产开发与建设所需的设备、建筑材料的需求急剧增加,还会导致由此而引起的建筑设计、评估、公证等方面的需求也大幅度增加。

(5) 需求弹性小　组织市场的总需求一般不会因价格的影响而大起大落。如石油价格下跌,企业未必会多买入石油,同样,石油价格上涨,企业也未必会减少石油的购买,这是因为企业不可能在生产工艺上做出迅速的变动,因此,这类需求是缺乏弹性的。

(6) 购买次数少,购买量大　组织市场的购买一般都是成批的、集中性购买。相对于消费者市场,其购买交易的次数要少得多,但其购买的数量和金额却要大得多。

2) **产业市场的购买行为**

产业市场又称生产者市场,它由所有购买产品和服务,并用来生产其他产品和服务,以供出售或出租,从中获取营利的个人和组织所构成。组成产业市场的主要产业有农业、林业、渔业、矿业、制造业、建筑业、交通运输业、通讯业、公用事业、金融业和服务业等。产业市场购买者的采购目的是为了通过进一步的加工来营利,而不是为了个人消费。因此,产业市场的购买行为与消费者市场的购买行为存在着显著的差异。

(1) 产业市场的购买类型　产业市场的购买决策要比消费者市场的购买决策复杂,其复杂程度取决于购买活动的类型。产业市场的购买类型主要有以下三种:

① 直接重购　是指采购部门根据以前的采购情况,向原供应商订购同类产品。它是利用现有的供货关系,是一种程序化的购买决策。一旦供应商的供货能满足采购方的需求,能使采购方满意,这种交易关系就可能持续下去。对原供应商来说,关键是要以高质量的产品和服务保住现有顾客。新的供应商想夺取这个市场比较困难。但仍可以从提供新产品或消除买方的不满入手,设法先获得少量订单,逐渐扩大战果。

② 修正重购　是指采购部门想改变采购品的规格、价格、交易条件及供应商等,其目的是为了寻求更低的价格、更好的服务及更有利的交易条件。这种类型的购买决策要比直接重购复杂得多,会有更多的人参与购买决策。修正重购会给原供应商带来威胁,原供应商需采取最有效的措施维护原有的地位;同时,也给其他供应商提供机会,其他供应商可采取提供新产品、提出更优惠的交易条件等方法来争得一席之地。

③ 新购　是指采购部门为企业新增的生产项目或更新设备而首次购买某种产品和服务。新购的成本费用或购买风险越大,参与决策的人数和所需的信息也越多,购买决策所需的时间就越长。这类购买最为复杂。企业的新购活动构成了一个新的市场,对供应商来说,是一个最好的机会,营销人员要主动接近尽可能多的对新购有影响的决策人,并向企业提供市场信息,帮助解决企业遇到的疑难问题,以争取早日获得订单。由于在新购状态下营销工作的复杂性,供应商有必要成立一支由高素质营销人员组成的专门营销队伍,运用整套的营销手段来争夺这一新市场。

(2) 产业市场购买决策的参与者　企业要加工产品和提供服务,首先需要大量采购原料及设备。由于产业市场上的采购是企业经营活动的一部分,事关重大,因此决策过程远比消费者市场更为复杂和正规。企业采购人员大多受过专门训练,富有经验,采购就是他们的工作。参与购买决策的人员较多,客观上形成一个正式或非正式的"购买决策中心",集体做出决策,并分担决策风险。一般来说,所购物品价值越高,对企业经营成败就越重要;性能、结构越复杂,参与购买决策的人就越多;决策程序越正规,决策就越理性。

根据所扮演的角色的不同,"购买决策中心"的成员可分为:

① 实际使用者　使用者是企业中将要使用所购产品或服务的人员。一般采购建议首先是由使用者提出的,他们在确定购买产品规格的决策上有较大的影响力。

② 影响者　是指直接或间接影响采购决策的人员。影响者通常协助决定采购产品的规格,并提供采购活动所需的评价信息,帮助决策者做出正确的购买决定。如使用者、技术人员均可能是影响者。

③ 决策者　是指有权决定产品需求量和供应商的人员。决策者一般是部门主管等中层管理人员,他们对整个采购活动有较大的影响力。

④ 批准者　是指有权批准决策者或采购者所提购买方案的人员。批准者一般是企业高层管理者,他们对是否最终购买产品具有较强的影响力。

⑤ 采购者　是指有正式的权力来选择供应商并商定购买条款的人员。采购者一般是企业的采购人员或采购部门的主管等,在复杂的采购活动中,企业的高层管理者也会参与具体的谈判事项。他们对供应商的选择和条款谈判有较大的影响力。

⑥ 把关者　是指有权阻止供应商或产品供应信息与企业采购相关部门接触的人员。把关者一般是企业的接待人员,如门卫、电话总机接线员等。他们往往是推销过程所面对的第一个关口。

任何企业的采购部门,其规模、人员组成及机构设置都会因企业类型的不同而不同。因此,营销人员必须分析购买决策参与者的情况,弄清谁是主要的决策参与者,他们影响哪些决策环节,他们的影响程度有多大,他们在决策时所使用的评价标准又是什么,这样才能确定推销的具体对象,并针对不同购买决策参与者的地位和权力以及其个人特征,制定出具体的推销方案。

(3) 影响产业市场购买决策的主要因素　因产业市场购买决策过程复杂,而且参与购买决策的人员较多,因此,影响产业市场购买决策的因素众多,可将影响因素归纳为四大类:环境因素、组织因素、人际因素和个人因素,如图 2.2.5 所示。

① 环境因素　是指企业外部环境的因素。它包括政治法律环境、经济环境、技术环境和竞争环境等。这些因素中,最主要的是经济因素。例如,当经济前景看好、市场需求水平上升时,产业者的购买量会增加;当经济萧条时,产业者的购买量就会减少。

② 组织因素　是指企业内部的因素。它包括企业的目标、政策、组织机构和制度等。这些因素中,最主要的是机构设置和采购制度。营销人员必须了解企业的机构是如何设置的,决策的审批程序是如何进行的,企业对采购人员的活动有何约束等情况,才能采取相应的营销措施。

③ 人际因素　是指企业内部的人事关系。它主要是企业购买决策六类参与者之间复杂的人际关系。这六类参与者由于在企业中的地位、职权和个人说服力的不同,各自起着不同的作用。营销人员必须分析各类参与者的影响力,找对主要决策者,做到有的放矢。

④ 个人因素　是指每个参与者的个人动机、感受和偏好。这些个人感情因素又受年

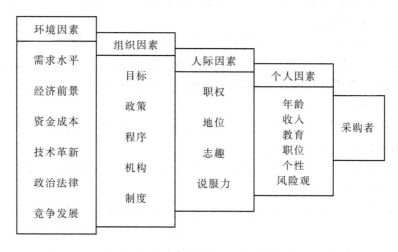

图 2.2.5　影响产业市场购买行为的主要因素

龄、收入、教育程度、职位、个性以及对风险的态度等因素的影响。不同的购买者会有不同的购买风格。营销人员必须熟悉购买参与者的个人情况,采取人性化的营销策略。

(4) 产业市场购买决策过程　产业市场购买决策过程可分为八个阶段,如表 2.2.3 所示。由于购买类型不一样,购买决策过程会有很大差异,对新购的情况,所有这八个阶段都适用,对直接重购和修正重购,八个阶段中只有部分是适用的。下面以新购为例来介绍这八个阶段。

表 2.2.3　产业市场购买决策过程的八个阶段

购买阶段	购买类型		
	直接重购	修正重购	新购
①认识需求	不适用	可能适用	适用
②确定购买要求	不适用	可能适用	适用
③确定产品规格	适用	适用	适用
④寻找供应商	不适用	可能适用	适用
⑤征求报价	不适用	可能适用	适用
⑥选择供应商	不适用	可能适用	适用
⑦正式采购	不适用	可能适用	适用
⑧绩效评估	适用	适用	适用

① 认识需求　是指企业在某些内部或外部因素的刺激下,认识到需要购买某种产品或服务,以解决某一问题或满足某一需求。内部因素主要包括:一是企业开发新产品,需要新设备和原材料;二是更新设备,需要替换或增加新部件;三是想购买物美价廉的商品,需要寻找新的供应商。外部因素主要是指供应商的广告宣传、上门推销等。

营销人员一方面要及时了解买方内部存在哪些问题,有哪些购买需求;另一方面要通过广告或上门访问等方法来刺激买方认识需求。

② 确定购买要求　是指确定所需产品的性能和数量。对标准化的产品比较容易确定,

但对复杂的产品,往往要由技术人员、使用者和采购者等相关人员来共同确定产品的可靠性、耐用度、价格及其他属性。

营销人员应主动向买方介绍产品的特性,协助买方确定购买要求。

③ 确定产品规格　是指确定所需产品具体的品种、型号和规格等,以作为采购的依据。这一阶段多采用价值分析的方法,对所需产品做进一步的分析,将产品应具有的各种属性变成详细的技术说明。

营销人员也应采用价值分析的方法,向买方强调本企业的产品品质、特性优良,价格便宜,从产品的优越性方面来说服买方。

④ 寻找供应商　是指寻找可能提供所需产品的供应商。这可通过工商企业名录、广告和展销会等各种途径来寻找。

营销人员应通过各种途径宣传介绍产品,扩大企业的知名度,并要注意发现正在寻找供应商的买方。

⑤ 征求报价　是指请供应商提供产品说明书和报价单。这一过程中,买方会剔除一些报价不当的供应商,然后请余下的供应商做进一步的说明。

营销人员必须重视说明书的编写和报价单的填写工作,准确地把企业形象和产品的优点表达出来,力求有较强的说服力,使买方接受本企业的报价。

⑥ 选择供应商　是指通过审查报价单,选出几个有吸引力的供应商,再通过谈判,最终确定供应商。在考察供应商时,不仅要考察供应商的技术能力,还要考虑供应商能否及时交货,能否提供售后服务,企业信誉及历来履行合同的情况等方面的因素。

营销人员应主动配合买方的考察,在谈判中灵活运用营销策略,并做出有诚意的承诺,使自己成为最具吸引力的供应商。

⑦ 正式采购　是指向最终选定的供应商发出采购订单。采购订单详细列出所购产品的规格、数量、交货时间、退货办法及售后服务条款等。

营销人员可与买方签订长期供货合同,建立起稳定的供货关系,阻止竞争者加入其中。

⑧ 绩效评估　是指对所购产品的使用情况和供应商履行合同情况进行检查和评估。评估的结果会导致买方是继续重购还是重新选择供应商。

营销人员要密切注视采购者和使用者的评价,并了解两者的评价标准是否一致,以确保本企业提供的产品能使买方更满意。

3) 中间商市场的购买行为

中间商市场由所有为了转卖或出租给别人以获取利润而购买商品的个人和组织构成。它包括各类批发商和零售商。

中间商在地理分布上比产业购买者分散,比消费者较为集中,产业市场的大部分特征中间商也具备。中间商的购买行为与购买决策,同样受到环境因素、组织因素、人际因素和个人因素的影响。尽管如此,中间商购买行为与决策仍有一些独特之处。

(1) 中间商购买行为的主要类型　中间商的购买行为可分为以下三种主要类型:

① 购买全新品种　即中间商第一次购买某种从未采购过的新品种。在这种购买情况下,可根据其市场前景的好坏、买主需求强度、产品获利的可能性等多方面因素,决定是否购买。购买决策过程的主要步骤与产业购买者大致相同,即也是由认识需求、确定购买需求、确定产品规格、寻找供应商、征求报价、选择供应商、正式采购和绩效评估等八个阶段构成。

② 选择最佳卖主　即中间商对将要购买的品种已经确定,但需要考虑选择最佳的供应

商,确定从哪家卖主进货。当中间商打算用中间商品牌销售产品时,或由于自身条件限制,只能进一部分供应商的产品时,就需要从众多的供应商中选择最优者。

③ 寻求更佳条件　即中间商并不想更换供应商,但试图从原有供应商那里获得更为有利的供货条件,如更及时的供货、更合适的价格、更积极的促销合作等。

(2) 中间商的主要购买决策　中间商的主要购买决策包括配货决策、供应商组合决策和供货条件决策。配货决策是指确定拟经营的花色品种,即中间商的产品组合。供应商组合决策是指确定打算与之从事交换活动的各有关供应商。供货条件决策是指确定具体采购时所要求的价格、交货期、相关服务及其他交易条件。

在以上所有决策中,最基本、最重要的购买决策是配货决策。因为中间商经营的货色会影响到从哪家供应商进货,即中间商的供应商组合,影响到中间商的市场营销组合和顾客组合。中间商的配货战略主要有四种:

① 独家配货　指中间商决定只经营某一家制造商的产品。
② 专深配货　指中间商决定经营许多家制造商生产的同类产品的各种型号规格。
③ 广泛配货　指中间商决定经营种类繁多、范围广泛但尚未超出行业界限的产品。
④ 杂乱配货　即中间商决定经营范围广泛且没有关联的多种产品。

4) 政府与非营利组织市场

(1) 政府市场　政府市场由所有为行使政府职能而购买商品和服务的各级政府构成。政府市场的购买是指各级国家机关、事业单位和团体组织使用财政性资金采购货物、工程和服务的行为,采购的对象必须在依法制定的集中采购目录之内,或符合采购限额标准。对任何一个生产者或中间商来说,政府市场的需求是巨大的。

政府购买决策会受政府现行政策的影响,如在购买商品时,会对国有企业和当地企业给予照顾;采购审批制度比较严格,购买决策的程序比较复杂,如在购买商品的方式上,通常采用公开招标或议价的方式。政府的购买行为还会受社会公众和一些专门管理机构的监督。

政府经费的支出往往受其开支范围的限制,在购买商品时,更注重价格因素,因此,企业应将重点放在努力降低成本上,以提供价廉物美的商品,在招标中取胜。

(2) 非营利性组织市场　非营利性组织泛指所有不以营利为目的,不从事营利性活动的组织。非营利性组织市场,指为了维持正常运行和履行职能而购买产品和服务的各类非营利性组织所构成的市场。

非营利性组织的经费主要来自政府的拨款、社会捐赠以及为社会提供服务取得的收入等。由于这类组织经费有限,对所购的商品,质量要求不高,价格要低廉。这类组织的购买行为也在一定程度上受政府政策和公众舆论的监督和控制。

任务 2.3　市场调查与预测

【引导案例】

吉列:向女人推销刮胡刀

男人要刮胡子,而女人绝少刮胡子。美国的吉列公司却向女人推销刮胡刀,而且取得了巨大成功。20 世纪 70 年代,吉列公司的刮胡刀已经风靡全球,吉列成为世界著名的跨国公司。然而吉列没有满足于此,经过系列调查发现新的女性市场。当时美国 8 360 万 30 岁以上的女性中,大约有6 490万人为了形象要定期刮除腿毛和腋毛,其中2 300万人使用的是男用刮胡刀。如果能够将刮胡刀加以改进,更好地满足女性这一特殊需要,定能获得丰厚利润。吉列正是在营销调研的基础上选择进入女性市场,设计专门的女性刮毛刀,推出"不伤玉腿"的广告主题,获得了巨大成功。

著名营销大师科特勒说过:"营销环境一直不断地创造新机会和涌现威胁……持续地监视和适应环境对企业的命运至关重要……许多公司并没把环境变化作为机会……或由于长期忽视宏观的变化而遭受挫折。"

为了在瞬息万变的市场上求生存、求发展,寻找新的市场机会,避开风险,企业必须具有较强的应变能力,能够及时做出正确的决策。然而,正确的决策来自全面、可靠的市场营销信息。企业必须重视对市场营销信息的搜集、处理及分析,为企业决策提供依据。

2.3.1 市场营销信息系统

1) 市场营销信息的内容

市场营销信息属于经济范畴,是指在一定的时间和条件下,同企业营销活动及与之相联系的服务有关的各种消息、情况、数据、资料的总称,是对市场各种经济关系和营销活动的客观描述与真实反映。

企业在经营活动中不断接收信息,同时也产生新的信息。信息有的来自外部环境,有的来自企业内部。企业经营活动中涉及的信息量是巨大的,不是每一个信息都很重要,收集尽可能多的信息不合理也不现实。大量的、无关紧要的信息往往会分散决策者的注意力,甚至迷惑他们,影响决策的准确性和及时性。营销信息工作的目的就在于从纷繁芜杂的数据中提炼出营销决策需要的有用信息。

企业营销决策需要哪些信息呢?

(1) 宏观市场环境发展状况　企业跟踪最新的政治、经济、社会、文化发展动态,如人口增长率、消费支出数量、收入增长情况等数据。

(2) 市场需求　某种产品的市场需求是指在特定的地理区域、特定的时间、特定的营销环境中,特定的顾客愿意购买的总量。市场需求是企业营销人员最关心的信息。因为需求是营销管理的核心,企业只有在确定和捕捉到顾客需要之后,才有可能采取适当的营销组合,满足需求,最终实现企业目标。与市场需求有关的数据主要包括:

① 市场需求总量。
② 企业的市场占有率。
③ 企业销售额。
④ 市场需求增长率。
⑥ 企业市场占有率的增长率。

(3) 竞争状况　了解竞争对手的状况有助于企业制定竞争战略,在市场竞争中争取主动,"知己知彼,百战不殆"。表明市场中各个企业竞争状况的数据主要有:

① 竞争企业的数量。
② 竞争企业产品的市场占有率、相对市场占有率。
③ 竞争企业的产品价格。
④ 竞争企业的生产效率和成本费用。

（4）企业内部营销信息　企业内部生产、销售、财务等部门会产生大量的有关企业营销活动状况的信息，即内部营销信息。企业内部营销信息对于营销活动的计划、管理和控制具有重要意义，其作用相当于人体的本位感觉器，时刻反映企业的情况。内部营销信息数据主要有：

① 订单数量。
② 销售量。
③ 存货水平。
④ 生产成本费用。
⑤ 生产进度。
⑥ 现金流量。
⑦ 应收和应付账款。

2）市场营销信息的管理

当今社会被称为"信息爆炸"的时代。美国学者马里恩·哈珀曾经说过："管理好一个企业，就是管理它的将来，而管理将来，就是管理信息。"信息数量剧增，尤其是市场营销信息，通过现代通信技术与传播媒体，广泛地传递于社会经济生活的各个层面。一方面促进企业进行营销管理，为其发展提供条件；另一方面对企业经营管理人员的时间、接受能力、理解能力及运用能力提出了严峻的挑战。因此，为了更好地利用营销信息，必须建立健全信息管理系统，加强市场营销信息管理。

（1）市场营销信息的收集　市场营销信息的收集就是运用常规的调查方法，进行系统、科学的营销信息积累过程。营销信息收集是营销信息管理的基础环节。营销信息能否为营销决策提供依据，关键在于信息收集的质量及其系统、完整、真实的程度。因此，收集营销信息必须坚持针对性、准确性、系统性、时效性和预见性的原则。

企业所需要的各种市场营销信息，可以通过下列渠道获得：政府主管部门、新闻媒介、中介机构、商业销售部门、消费者或用户、企业维修服务网点、市场调查咨询公司。

市场营销信息收集的过程一般分为以下四个步骤：

① 制定收集计划　制定收集计划是为了使市场营销信息的收集工作能有条不紊地进行。

② 收集市场营销信息　按照收集计划确定的内容、信息源和方法收集市场营销信息。

③ 初步分析　将收集到的各种信息资料做初步的分析，避免信息收集过程中发生遗漏。

④ 提供资料　把获得的市场营销信息以调查报告、资料摘编、统计报表等形式整理出来，提供给相关决策部门。

在初步分析和提供资料的过程中，如发现收集到的资料有不符合收集计划要求的，还需进行必要的补充收集。

（2）市场营销信息的加工　收集市场营销信息的最终目的是为了更好地利用信息。然而并非所有收集来的信息都是有用的。在实际工作中，要获得有针对性的、能反映出实际情况的必要的市场信息，就必须对已获得的原始信息进行加工处理。

市场营销信息的加工也是信息管理的主要环节，它是指将收集到的信息资源按照一定的程序和方法进行分类、计算、分析、判断、编写，使之成为一种真实准确的信息资料，以便使用、传递和存储。市场营销信息的加工必须符合完备、及时、适用、经济、简练的基本要求。

（3）市场营销信息的传递　市场营销信息的收集、加工和使用有时不在同一个时空，而市场营销信息只有从信息源传到使用者那里，才能起到应有的作用。对市场营销信息的管理，必须加强其传递的功能，建立起自己的传递渠道系统，形成科学的信息网和有效的信息流。

市场营销信息传递的基本要求是速度快、质量高、费用省。

目前可供使用的信息传递工具有：信函、电话、传真、电子邮件等。这些传递工具各有其优缺点，企业应根据自己的需要与可能，选择合适的工具来传递市场营销信息，使市场营销信息的传递更加有效。

（4）建立企业营销信息系统　为了在激烈的市场竞争中获胜，企业必须建立一个能快速、高效、系统地收集信息并且能对信息进行及时加工处理的市场营销信息系统。

市场营销信息系统（MIS）是由人、计算机设备和程序构成的一个集合体，它为营销决策者收集、整理、分析、评价并提供及时、准确、有用的信息。营销部门所需要的信息可通过该系统来获得，根据不同的信息，该系统还能做出相应的辅助决策，利用该系统可提高企业营销活动的快速反应能力。

市场营销信息系统一般由四个子系统构成，如图2.3.1所示。

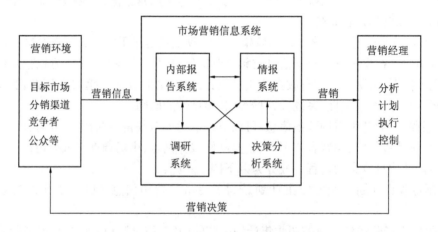

图2.3.1　市场营销信息系统

① 内部报告系统　企业内部报告系统是使用最频繁的信息系统，企业营销决策部门使用的最基本的信息大多来源于该系统。内部报告系统的信息采集来自企业内部的生产、销售、财务等部门，它的主要作用是向管理人员提供有关销售、成本、存货、应收应付账款等各种反映企业经营状况的信息。

内容报告系统的核心是订单至收款的循环，即销售人员把接收到的订单及时上传给公司，公司将各类订单汇总后迅速分送相关部门，有库存的立即发货，库存不足的马上组织生产或重新订货，仓库将发货单的副本分送各有关部门，财务部门根据相关票据及时回收货款。

内容报告系统每天都提供大量的信息，通过分析这些信息，营销决策部门能正确认识营销活动的现状，发现新的市场机会和面临的危机。

② 营销情报系统　内部报告系统提供的是企业内部生产经营活动的各种数据，而情报

系统提供的是有关企业外部环境发展变化的情报。借助该系统,将环境最新发展的信息传递给有关的管理人员。

情报收集人员获取情报的途径主要是通过阅读各类书刊,收听、收看各类新闻,与顾客、中间商交流,参加各种展销会等。为了能及时收集到全面的情报,可以采取下列方法来弥补情报收集人员在收集情报过程中的不足:

A. 鼓励销售人员主动去发现市场变化的情报。
B. 奖励中间商向企业通报重要的情报。
C. 向咨询公司购买有价值的情报。
D. 派出"特殊购买者"刺探竞争对手动向的情报。

③ 营销调研系统　营销调研系统是设计、收集、分析和提供与特定的营销问题相关的数据资料和信息系统。其主要任务是收集、评估、传递管理人员制定决策所必需的各种信息。市场需求调查、销售研究、广告评估等活动都属于营销调研系统的范畴。

营销调研可以由企业自己的调研部门来完成,也可以委托市场调查公司,这主要取决于企业自己是否有足够的调研技术和资源。

④ 营销决策分析系统　随着信息技术的迅速发展和计算机应用的普及,越来越多的企业建立了营销决策分析系统来帮助营销决策部门进行科学的决策。

决策分析系统是指从改善经营或取得最佳经营效益的目的出发,在计算机硬件和软件支持下的,借助各种数理分析模型和信息处理技术,帮助营销决策者分析复杂营销问题的信息系统。该系统包括一些先进的统计程序和模型,借此可以从信息中得出更有价值的启示和结论。

假定营销决策者要分析一个问题并采取行动,决策者可根据问题的性质,将问题输入到决策分析系统相应的模型中,此模型会调用相应的统计分析方法,得出一组数据,接着决策者可以使用某个程序来优化行动方案,然后实施这个行动。

决策分析系统的作用就像汽车仪表台对驾驶员的作用一样,它可使决策者"驾驶"企业沿着正确的方向前进。

2.3.2　市场调查

市场调查是获取市场营销信息的重要方法之一,是市场营销活动的出发点,是了解市场、认识市场的一种行之有效的方法和手段,目前已逐步形成为一门相对独立的学科。

1) 市场调查的概念

市场调查是针对特定的营销问题,运用科学的方法和手段,系统地、有目的地收集、整理和分析与市场有关的信息,提出结论和建议,为营销决策和市场预测提供依据和参考。

市场调查对于企业的营销活动至关重要。通过市场调查,获取准确、充分的市场信息,有助于企业分析和研究营销环境的变化,从而有预见地安排市场营销活动,减少营销决策风险;有助于企业进行市场预测,从而掌握市场动向和发展趋势,把握营销机会。因此,搞好市场调查,对于企业进行科学预测,制定正确的营销策略,提高经济效益,求得企业的进一步发展,具有十分重要的作用。

2) 市场调查的程序

市场调查的程序如图2.3.2所示,包括四个步骤,即确定调查的问题和调查目标、制定调查方案、实施调查及调查结果处理。

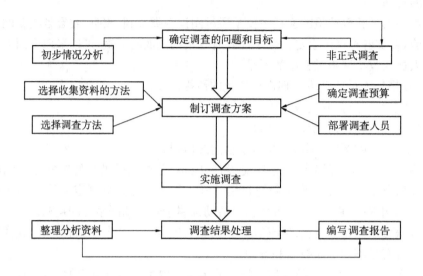

图 2.3.2 市场调查的步骤

(1) 确定调查的问题和目标　市场调查是为了探测市场营销活动中存在的问题,寻求解决问题的方法和途径,因此,市场调查的第一步是进行初步情况分析,确定调查的问题和范围,并提出调查目标。

初步分析应在掌握企业内外部相关资料的基础上进行,着重分析以下问题:
① 企业当前面临的营销问题是什么?
② 在众多影响营销的因素中,哪些应作为调查的重点?
③ 未来的市场如何变化?

在明确营销问题的基础上,提出希望通过市场调查来分析研究的问题,进而明确市场调查应达到什么目标。

调查目标可分为三类:一是试探性的,即收集初步信息,分析出问题的性质,从而提出推测或假设。二是描述性的,即通过调查,对某一问题做一个详细的说明。三是因果性的,即通过调查,检验推测和假设的正确性。

确定问题和调查目标往往是整个市场调查过程中最难的一步,正确地确定要调查的问题,明确调查的目标,可以大大节省用于调查的时间和费用。

(2) 制定调查方案　市场调查的第二阶段是制定出最有效的收集信息的计划。它包括以下几个方面:

① 选择收集资料的方法　市场调查的资料来源可分为原始资料和二手资料。原始资料(也称一手资料)是指调查人员通过亲身实地调查所获取的资料。收集一手资料的工具有仪器设备和问卷两种。二手资料是指调查人员通过查阅、索取、交换、购买等方式获得的,由他人搜集整理的现成资料。如公司内部资料、政府出版物、杂志和书籍、咨询公司出售的商业性资料等都是二手资料的来源。对调查人员来说,首先要考虑能获得多少与调查相关的二手资料,因为二手资料的获得要比原始资料来得快而且成本低,然后再决定哪些是需通过调查来获取的原始资料。这样就可以避免不必要的重复和浪费,减少实地调查的范围和工作量。

② 选择调查方法　调查方法是指搜集原始资料的具体方式和方法。包括问卷调查表的设计方式、实地调查的具体方法、调查资料的整理分析方法等。

③ 制定调查方案　调查方案是指对调查的各项内容做出细致的安排，为市场调查提供行动纲要。包括调查的组织、调查的工作进度、调查的经费预算等内容。周密的调查方案可以保证市场调查工作正常地、有序地开展。

(3) 实施调查　市场调查的第三阶段是实施调查，就是到现场实地收集资料。现场调查工作的好坏，直接影响到调查结果的正确性。在整个市场调查过程中，这一阶段是成本最高也是最容易出错的阶段。因此，调查人员应密切关注调查现场的情况，尽量避免类似于调查对象提供不诚实或有偏见的信息等现象出现，以保证调查的正确执行。

(4) 调查结果处理　市场调查的第四阶段是整理分析资料，并编写调查报告。

① 整理分析资料　即指对现场实地调查所获得的资料进行筛选、分类、统计和分析。

A. 筛选：是指将调查资料中一些不完整的、前后相矛盾的资料剔除，以保证资料的真实性。

B. 分类：是指把筛选过的资料根据其内容进行归类并编号，以便于下一步的统计与分析。

C. 统计：是指对经过分类的资料进行统计计算，并制成各种统计图表，以便更直观地反映问题。

D. 分析：是指从统计所得的数据中分离出重要的、适用的信息，并得出结论。

② 编写调查报告　市场调查的最后一步是根据所得出的结论编写调查报告。调查报告的主要内容一般包括调查过程概述，调查的目的，调查资料的来源和收集方法，调查的结论和建议。

调查报告提交以后，调查人员还应注意追踪了解决策部门是否接受了调查报告的结论，是否采纳了调查报告中提出的建议，并进一步了解这些建议被采纳以后的效果，以便总结经验，不断提高市场调查的质量。

3) 市场调查的方法

市场调查的方法有很多，在实地现场调查中常用的调查方法可分为询问法、观察法和实验法三类。

(1) 询问法　询问法是由调查人员以询问的方式进行调查，从被调查者的回答中获取所需资料。按调查人员与被调查者之间的接触方式的不同，询问法可分为访谈调查、信函调查、电话调查和网上调查四种形式。

① 访谈调查　访谈调查是调查人员通过走访被调查者，用事先拟定的调查提纲或调查问卷，当面向被调查者询问有关问题，以获得所需资料。根据被调查者人数的多少，访谈法可采用个别访谈和小组座谈等形式。

② 信函调查　信函调查是调查人员将所拟定的调查问卷邮寄给被调查者，请被调查者填妥问卷后寄回，从而获取调查资料。

为了弥补信函调查的缺点，可采用留置问卷调查的方法。留置问卷调查是调查人员将调查问卷当面交给被调查者，经说明和解释后留给被调查者，由其自行填写，再由调查人员按约定的时间上门收回，从而获取调查资料。

③ 电话调查　电话调查是调查人员依照调查提纲或调查问卷，用电话与选定的被调查者交谈，从而获取调查资料。

④ 网上调查　网上调查是调查人员将调查问卷放在网页上，由上网者自己填写，从而

获取调查资料。但是,网络调查不需要访问员对被访对象一对一地进行访问,对调研样本的真实性和答题环境无法控制,因而调研质量相对较低。但网上调查成本较低且不受空间的限制,是目前较受欢迎的调查方法。

(2) 观察法　观察法是调查人员用自己的眼睛或借助于器材,在调查现场直接观察和记录被调查者的行动,以获取所需调查资料。

采用观察法调查有多种形式,按调查人员在观察过程中是否暴露身份,可分为公开观察和隐蔽观察;按事先是否有目的、有计划、有安排,可分为结构性观察和非结构性观察;按是否借助于器材,可分为用设备观察和人工观察等。不同形式的观察,对调查人员和被调查者的要求不同,其调查结果的真实性也会不同。应根据调查的内容和调查现场的情况,采取相应的观察形式。

(3) 实验法　实验法是调查人员根据调查的目的,选择一两个实验因素,将它们置于一定的市场条件下进行小规模的实验,通过对实验结果的分析来获取调查资料。如选择对商品销售量有明显影响的价格和包装两个因素作为实验因素,在其他因素不变的情况下,进行销售实验,从销售量的变化中,便可表明价格和包装对销售量的影响。像一些企业早已采用的商品试销、试用、展销等都属于实验法。

实验法的应用范围很广,当某种商品的品种、设计、价格、包装、商标、广告、陈列方式及某种营销活动等因素改变时,都可以用实验法进行小规模和小范围的销售实验,以分析某一实验因素变化与销售量变化之间的关系。

上述三种市场调查方法,在应用时应视调查的问题和调查目标而定。一般要调查消费者的态度,可采用询问法;要调查消费者的注意点,可采用观察法;要调查某一营销因素对消费者的影响力度,可采用实验法。三种调查方法的优缺点及适用情况如表 2.3.1 所示。

表 2.3.1　市场调查方法比较

方法		优　点	缺　点	适用情况
询问法	访谈调查	① 灵活;② 真实;③ 深入	① 调查费用高;② 易受调查人员的影响	调查范围较小而调查项目较复杂的调查
	信函调查	① 调查区域广;② 调查费用低;③ 被调查者回答问题时不受调查人员的影响,并且有充分的时间思考问题,答卷质量较高	① 调查时间较长;② 回收率低;③ 答卷者可能不是被调查者本人,影响调查的代表性	较大范围和较复杂问题的调查
	电话调查	① 快速;② 对有些不便面谈的问题,在电话访谈中可能得到回答	① 调查面受到限制,只能限于有电话用户;② 调查时间不可能太长,难以询问比较复杂的问题	调查项目单一,问题相对简单,并需要及时得到结果的调查
	网上调查	① 区域广,不受地域限制;② 真实	① 时间长;② 因经常上网的大多是年轻人,所以调查样本的代表性不全面	对一些较为流行、热门、敏感等问题的调查

(续表)

方法	优点	缺点	适用情况
观察法	① 准确性较高；② 较为客观真实；③ 时效性较高	一般只能获取被调查者的外部特征,无法观察到被调查者的态度、动机、成因等内在因素	广泛
实验法	调查方法较为科学,实验数据能真实地反映情况	会受当地当时市场条件的影响,实验结果缺乏纵向可比性	广泛

4) 调查表设计

调查表也称为问卷,是市场调查的一种常用的调查工具。调查表应根据调查目来设计具体的调查内容。调查表设计的是否科学、合理,直接关系到调查结果的质量,决定着市场调查的成效。

(1) 调查表设计的基本要求　调查表设计总的要求是"四易",即易于回答、易于记录、易于整理、易于辨别真伪。具体要求如下：

① 主题突出,紧凑关联　调查表涉及的问题必须密切围绕调查的目的,并与调查目标紧密关联。因此,在设计调查表之前,应把调查目标分解为详细的调查项目,形成具体的细目,再根据细目设计问题,要做到重点突出、紧凑,没有多余的问题。

② 形式多样,易读易懂　调查表中所提的问题要有趣味,采取图文并茂的提问方式,问题要清楚、明了,列出完备的可能答案。这样,既可提高答题者的兴趣,又可提高调查效率。

③ 设计严密,用语标准　调查表中问题的排列顺序要先易后难,并尽量符合答题者的思维习惯。调查表的措辞要亲切,态度要诚恳,提法要有礼貌,提出的问题要注意被调查者的心理影响,这样可使被调查者采取合作的态度。

④ 编码规范,便于整理　在设计调查表时,应采用统一的编码技术,问题设计与编码同步进行,这样便于借助于计算机来统计和分析通过调查所获取的数据。

(2) 调查表中问题的题型　问题是调查表的核心,在设计调查表时,必须对问题做精心的设计。问题设计包含两个方面：一是内容,主要是围绕调查目标；二是题型,应针对调查内容选择合适的题型。按问题的格式,调查表中的问题可分为以下两类：

① 封闭式问题　封闭式问题是指调查表上事先给定了备选答案的问题,答题者只能在所给定的答案范围内做选择。封闭式问题不仅方便被调查者答题,而且便于调查人员整理统计调查结果。但封闭式问题有可能给草率应付的被调查者提供了乱答一气的条件。

② 开放式问题　开放式问题是指由答题者自由回答的问题。之所以设计成开放式,是为了让答题者充分发挥想象,畅所欲言,以期获取意想不到的答案。开放式问题设计容易,答案能反映被调查者的真实想法。但开放式问题一般答题者不乐意作答,并且对答案的整理分析比较困难。

按问题询问现象的特征,调查表中的问题还可分为以下四类：

① 事实性问题：用来了解被调查者过去和现在有关的事实情况,如"你的年龄?""你的年收入?"等。

② 行为性问题：用来了解被调查者的行为特征,如"你是否参加过某项活动?""你是否

购买过某种商品?"等。

③ 动机性问题:用来了解被调查者的行为起因,如"你为何要参加这项活动?""你为什么要购买这种商品?"等。

④ 态度性问题:用来了解被调查者对有关事物的看法、评价或意见,如"参加这项活动对你来说是:有益、无益,还是有害?""你购买的这种商品质量较好,还是一般,还是较差?"等。

(3) 调查表中的提问和作答方式　在调查表中,同样一个问题,因提问的角度或作答的方式不同,其所表达的含义相差甚远。因此,提问和作答方式的设计,关系到调查人员与被调查者之间信息的相互传递是否明确。

对封闭式问题,常用的提问和作答方式有以下几类:

① 二项选择法　二项选择法是在调查表上提供的两种备选答案中,请被调查者选择其中的一种作答。

例如:你家有平板电脑吗?

　　A. 有　　　　　　　　B. 没有

二项选择法的优点是答案明确,方便回答,便于统计。但是,这种方法不能表示意见程度的差别。

② 多项选择法　多项选择法是在调查表上提供两种以上备选答案,请被调查者选择其中的一种或几种作答。

例如:你曾喝过可口可乐公司的哪几种饮料?

　　A. 可乐　　B. 雪碧　　C. 芬达　　D. 醒目　　E. 天与地

采用多项选择法时,应注意备选答案的设计,不要遗漏可能的答案,答案之间不能重复,且备选答案不宜过多。

③ 顺位法　顺位法是指在提问时给出多个提示答案,请被调查者根据自己的认识确定提示答案的顺序。

例如:请写出你在购买平板电脑时考虑下列因素的先后顺序(请将顺序号填写在答案前面的□内)。

□品牌　□外观　□价格　□电池　□音质效果　□售后服务

采用顺位法能获得被调查者行为的动机、目的等资料,对调查结果的统计分析也较为方便。在设计顺位法问题时,应注意提示答案不宜过多,提示答案的位置排列不要有暗示性,最好将提示答案印刷成多种排列次序。

④ 评判法　评判法是在调查表上提供多个备选答案,请被调查者选择其中的一种作答。

例如:请问你是否想购买平板电脑(请在□内打√)?

□肯定会买　□可能会买　□不知道　□可能不买　□肯定不买

评判法便于获取被调查者对某个问题的态度、看法等资料,一般用于对同质问题的程度进行研究分析。在设计评判法问题时,应注意提示答案不能重复,界线要分明,应有四个以上的提示答案。

对开放式问题,常用的提问和作答方式有以下几种:

① 自由回答法　自由回答法是在调查表上不设备选答案,允许答题者对所提问题自由发表意见。

例如:你对某一品牌平板电脑的售后服务有何意见和建议?

自由回答法能获取一些建设性的意见和看法。但其答案众多,难以整理分析。

② 完成句子法　完成句子法是在调查表上给出不完整的句子,请被调查者把句子写完整。

例如:在购买平板电脑时,我最重要的考虑是＿＿＿＿＿＿＿＿＿＿＿＿＿＿＿＿。

③ 词组联想　词组联想是在调查表上列出几个词组,请被调查者回答看到词组后的联想。

例如:你在准备旅游时,听到下列词组最先想到的是什么?

飞机:＿＿＿＿＿＿＿＿＿＿＿＿＿＿＿＿＿＿＿＿＿＿＿＿＿＿＿＿＿＿＿＿＿＿

火车:＿＿＿＿＿＿＿＿＿＿＿＿＿＿＿＿＿＿＿＿＿＿＿＿＿＿＿＿＿＿＿＿＿＿

汽车:＿＿＿＿＿＿＿＿＿＿＿＿＿＿＿＿＿＿＿＿＿＿＿＿＿＿＿＿＿＿＿＿＿＿

④ 完成图画法　完成图画法是在调查表上给出有两个人的图画,其中一人说了一句话,请被调查者以另外一人的身份完成图中的对话。

完成句子法、词组联想法和完成图画法都能提高答题者的答题兴趣,但由于答案可能各不相同,资料的整理分析较为困难。

(4) 调查表设计应注意的几个问题

① 提问要具体　如"你认为某品牌的平板电脑怎么样?"这样的问题过于笼统,答题者难以回答。应把这一类问题分解为几个方面,可具体提问某品牌的平板电脑的图像、音质、外形等方面的问题。

② 提问要客观　如"你是否也和大多数人一样,认为某品牌的平板电脑质量最好?"这样的问题带有明显的暗示性或倾向性,会使答题者反感,造成拒答或给予相反的回答。应把这一问题改为"你认为哪种品牌的平板电脑质量最好?"

③ 提问要准确　如"你的收入是多少?"这样的问题概念不准确,这里的"收入"是指月收入,还是年收入;是个人收入,还是家庭总收入。使答题者很难回答。应对提问中涉及的概念作明确的界定。

④ 备选答案要完整并互斥　如"你认为一袋某品牌的营养保健品值多少钱? A. 5～10元 B. 10～15元 C. 15～20元 D. 20～25元"这样的问题备选答案给得不全,缺少5元以下和25元以上的答案,而且备选答案不互斥,若有答题者认为值15元,不知道该选哪一个答案。

2.3.3　市场预测

市场预测是在市场调查的基础上,运用逻辑推理、统计分析和数学模型等科学方法,对影响市场需求的各种因素的变化,进行测算、预见和推断,掌握市场变化的发展趋势,对市场需求量做出估算,从而为企业经营决策提供科学的依据。市场预测是经济预测的重要组成部分,它对企业的市场营销活动有着重要的作用。

1) 市场需求的有关概念

市场预测主要是对市场需求量做出预测。为此,必须弄清有关市场需求的几个基本概念。

(1) 市场需求　产品的市场需求是指在特定的地理区域中,特定的时期内,特定的营销环境影响下,特定的营销努力下,特定消费者群体可能购买该产品的总量。

市场需求受产品、消费者群体、地理区域、时期、营销环境和营销努力六个因素的影响，无论哪一个因素发生变化，都会导致市场需求发生变化。市场需求不是固定的数学方程式，而是给定条件下的函数，所以又被称为市场需求函数或市场反应函数。

(2) 市场潜量　在影响市场需求的六个因素中，营销努力是最重要的因素，市场需求与营销努力成正比关系。随着营销努力的加强，市场需求会随之增加，先是加速递增，然后是减速递增。当营销努力程度达到较高水平时，即使再做进一步的营销努力，也无助于促进市场需求的增加。因此，市场需求有一个上限，称之为市场潜量。市场潜量是指在一定的条件下，随着营销努力程度的不断提高，市场需求所能达到的极限值。或者说，市场潜量就是某种产品最大可能的销售量。

(3) 企业需求　企业需求是指企业在市场需求上的份额，即为市场总需求与企业所占市场份额之积。用公式表示如下：

$$企业需求 = 市场需求总量 \times 企业市场占有率$$

企业需求类似于市场需求，也是一个函数，称之为企业需求函数。它是所有影响市场需求的因素与影响企业市场占有率的因素的函数。

(4) 企业销售潜量　企业销售潜量是当企业相对于竞争者的营销努力增大时，企业需求所能达到的极限值。

企业销售潜量一般总是小于市场潜量，即使企业的营销努力比竞争对手大量增加时也是如此。因为每个竞争对手都会有一些忠诚的顾客群，这些顾客对其他企业的营销努力往往反应冷漠。只有当企业占据了整个市场时，两者才有可能会相等。

弄清有关市场需求的上述几个基本概念，有助于把握市场预测的内容和层面等关键之处。

2) 市场预测的类型

市场预测的种类较多，可按不同的标准进行分类。

(1) 按市场预测的时间长短分类

① 短期预测　一年之内的预测为短期预测，主要用于制定年度、季度和月度工作计划。

② 中期预测　一年至四年之内的预测为中期预测，主要用于安排跨年度工作和修订长期计划。

③ 长期预测　五年或五年以上的预测为长期预测，主要用于长期规划工作。

(2) 按预测的商品层次分类

① 单项商品预测　是对某一种具体品牌商品的市场前景进行分析和判断。

② 同类商品预测　是对某一类商品的市场需求变化趋势进行分析判断。

③ 商品总量预测　是对各种商品需求变动趋势进行总量分析和判断。

(3) 按预测的内容分类

① 市场需求预测　预测某一商品的市场总需求和市场潜量。

② 市场占有率预测　预测本企业商品在同类商品市场销售中所占的比率及其变化趋势。

③ 销售量预测　预测本企业某一商品的可能销售量。

④ 产品生命周期预测　预测本企业产品生命周期的长度，目前处于产品生命周期中的哪个阶段。

⑤ 产品开发预测 预测新产品的发展趋势，本企业应开发哪种新产品等。
（4）按预测的地区范围分类
① 地区性预测 预测某一范围内市场需求的变化趋势。
② 全国性预测 预测整个国内市场需求的变化趋势。
③ 国际性预测 分析和判断国外市场的变动趋势。

3）市场预测的程序

市场预测的一般程序如图 2.3.3 所示。

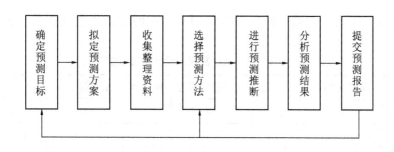

图 2.3.3　市场预测的程序

（1）确定预测目标 进行市场预测，首先要确定预测目标，即预测的内容、范围、期限和要求等。预测目标不同，所需的预测资料和采取的预测方法也不同，所以，确定正确的预测目标是预测取得成功的关键。

（2）拟定预测方案 根据预测目标的内容和要求，拟定预测方案，即预测的时间安排、阶段要求、人员和经费保障等，为全面展开预测工作做好组织上、行动上的准备。

（3）收集整理资料 围绕预测目标，收集相关资料。对收集的资料须进行审核、整理和分析，使预测所需的资料具有针对性、准确性、系统性和可比性，从而尽量减少因资料引起的预测误差。

（4）选择预测方法 根据预测资料的内容和性质，选择合适的预测方法。同时，在分析数据变化趋势的基础上，建立与之相应的预测模型。预测方法选择是否恰当，预测模型建立是否科学，对预测结果影响很大。

（5）进行预测推断 在大量预测资料和数据的基础上，根据建立的预测模型，采用相应的预测方法，即可进行定性和定量预测，推断未来市场的发展方向和趋势。

（6）分析预测结果 初步预测完成后，须对预测结果进行分析，是否达到预测目标的要求，预测误差是否在允许的范围之内，预测结果是否合理。如果预测分析达不到上述要求，需要回到前面的步骤，重新进行预测。

（7）提交预测报告 对预测结果进行评估、修正之后，确定最终的预测值，以书面报告的形式提交预测结果，供相关部门决策时参考。预测报告的主要内容包括预测目标、预测范围、资料来源、预测方法、参加人员、经费使用、预测结果、分析评价等。

4）市场预测的方法

市场预测的方法按其性质可分为定性预测和定量预测。

（1）定性预测 定性预测是依靠个人的经验和知识，通过对有关资料进行分析研究来判断未来市场的发展趋势和状态。定性预测方法适用于预测对象受不可控因素影响较大，而又缺乏详细可靠的统计数据的情况下所需进行的预测。

常用的定性预测方法有以下几种：

① 销售人员意见调查法　企业的销售人员长期从事产品的销售工作，经常直接接触消费者，对产品销售情况和消费者的需求非常了解。因此，凭借销售人员的经验，可以对企业产品未来的需求做出比较准确的预测。

该方法的具体做法是：邀请一些有经验的销售人员和销售经理，对企业某一产品的未来销售量及其概率做出判断，然后由预测人员对他们的预测结果进行统计分析，最后得出综合的预测结果。

例：某企业三位销售人员和两位销售经理对企业明年销售量的相关预测如表2.3.2所示。

表2.3.2　某产品明年的销售预测值

人　员	最高销售量	概　率	最可能销售量	概　率	最低销售量	概　率	期望值
甲销售员	70	0.2	60	0.6	55	0.2	61
乙销售员	80	0.3	74	0.5	70	0.2	75
丙销售员	75	0.2	70	0.5	60	0.3	68
甲销售经理	78	0.2	70	0.6	57	0.2	69
乙销售经理	68	0.3	62	0.5	58	0.2	63

三位销售人员的平均预测值为

$$(61+75+68)\div 3 = 68$$

两位销售经理的平均预测值为

$$(69+63)\div 2 = 66$$

若考虑到销售经理的预测能力要强于销售人员，给予销售人员的权数为1，给予销售经理的权数为2，求加权平均值，可得出两类人员的综合预测值为

$$(68\times 1+66\times 2)\div 3 = 66.7$$

② 消费者购买意向调查法　市场需求是由消费者购买引起的，通过对消费者购买意向的调查，可以推断出未来的市场需求。

该方法的具体做法是：通过抽样调查，掌握某类产品的社会拥有量情况、消费者的购买意向以及某一品牌的喜爱程度等资料，在对调查资料整理分析的基础上，推算出某一品牌未来的需求量。

例：IRobot牌扫地机器人生产厂商要预测某地今年的扫地机器人需求量，从当地100万名居民中随机抽取一个2 000户的样本进行调查，了解消费者购买扫地机器人的意向。调查结果如下：

A. 拥有扫地机器人的家庭200户，无扫地机器人的家庭1 800户。

B. 无扫地机器人家庭今年的购买意向如表2.3.3所示。

表2.3.3　无扫地机器人家庭的购买意向

购买概率	0(不买)	0.5(犹豫)	1(肯定买)
户数	1 200	500	100

C. 无扫地机器人家庭,若购买扫地机器人,会选择各品牌的数据资料如表2.3.4所示。

表2.3.4　购买扫地机器人的品牌选择意向

品牌	IRobot	科沃斯	米家	其他
户数	600	600	400	200

根据上述数据可以推算出:

该地目前扫地机器人的拥有率=(200/2 000)×100%=10%

该地目前扫地机器人的保有量=100×10%=10(万户)

该地没有扫地机器人的户数=100-10=90(万户)

该地今年扫地机器人的购买概率=(1 200×0+500×0.5+100×1)/1 800=0.19

该地今年扫地机器人的总需求量=90×0.19=17.1(万台)

该地IRobot牌扫地机器人的偏好率=(600/1 800)×100%=33%

该地今年IRobot牌扫地机器人的需求量=17.1×33%≈5.6(万台)

③ 专家调查法　专家调查法也称德尔菲法,它是以通讯的方式向有关专家进行咨询来预测市场需求的方法。

该方法的具体做法是:第一步,拟定课题。由调查人员事先拟定出需要预测的课题,准备所需的背景材料,设计专用的调查表。第二步,选定专家。根据预测课题的内容,选聘10~15名专家,所选的专家应具有与预测课题有关的专业知识和工作经历,并有广泛的代表性。第三步,通信调查。调查人员将预先设计好的调查表邮寄给选定的专家,请专家们凭各自的经验、知识做出预测,在规定的时间内填好调查表并寄回。调查人员对回收的调查表进行整理、综合,将结果寄给各位专家再次征询意见,请各位专家再次做出预测,重新填写调查表并寄回。经过多次反复征询,直到专家们不再改变自己的意见或专家们的意见趋于一致为止。

专家调查法由于调查是以通讯的方式进行,具有匿名的性质,专家们在预测时不受资历、权威等因素的影响,避免了面对面预测的心理干扰;由于调查过程要反复进行多次,可以促使专家们进行反复思考,进而完善或改变自己的观点,最终做出准确的判断;由于预测结果是综合了全体专家的意见,因而最终的预测值具有较大的可靠性和权威性。因此,专家调查法是被实践证明了的比较有效的一种定性预测方法。

(2) 定量预测　定量预测是根据市场调查取得的数据资料和经济信息,运用统计方法和数学模型,对市场未来发展的规模、水平、速度和比例关系的测定。

定量预测方法主要包括时间序列预测和回归预测两大类。

① 时间序列预测　时间序列预测方法是收集与整理预测事物的过去资料,将历史数据按照时间的顺序排列为时间序列,分析其随时间的变化趋势,并利用趋势外延的方法来估计和推断预测对象未来的变动。

时间序列预测常用的方法有以下几种:

A. 移动平均法:移动平均法是在预测对象的时间序列中,选取固定个数的观察值进行平均,并依次移动,得到一个平均数序列,且以最后一期观察值的平均数作为下期的预测值。

例:某企业2018年12个月的销售额如表2.3.5所示。

表 2.3.5　某企业 2018 年销售额

月　份	销售额(万元)	三个月移动平均数(万元)
1	100	
2	110	
3	120	110
4	115	115
5	110	115
6	115	113.3
7	120	115
8	125	120
9	130	125
10	135	130
11	140	135
12	135	136.7

取三个月的观察值进行平均,则第一个三个月观察值的平均数为

$$(100+110+120)\div 3 = 110$$

第二个三个月观察值的平均数为

$$(110+120+115)\div 3 = 115$$

依次类推,最后一个三个月观察值的平均数为

$$(135+140+135)\div 3 = 136.7$$

该企业 2019 年 1 月份的销售额预测值为 136.7(万元)。

一般来说,移动平均的观察值个数不同,预测值也不相同,移动平均的观察值个数越多,对数据修匀的效果就越显著。移动平均的观察值个数多少,可以根据经验确定,也可以比较不同移动平均的观察值个数所得预测值的误差情况,选取误差较小者。

B. 趋势延伸法:趋势延伸法是根据预测对象的历史时间序列揭示出的变动趋势延伸到未来,以确定预测值的预测方法。采用趋势延伸法预测时,需分析预测对象的趋势变动倾向,并根据其趋势变动倾向,选择能够反映其变化趋势的相应函数形式作拟合曲线,以建立能描述趋势变动的数学模型。根据其需要建立模型的不同,趋势预测法可分为直线趋势法、曲线趋势法和指数趋势法。这里主要介绍直线趋势法。

直线趋势法的要点是根据预测对象的历史资料分布状况,求出一条倾向变动直线。该直线上各点至历史资料线上对应的各点之间的距离为最小,从而,该直线最能代表预测对象的变动趋势。

倾向变动直线方程为

$$y = a + bt$$

式中：y——预测值；

t——资料期的时间序数；

a、b——系数。

用最小二乘法，可求出该倾向变动直线方程的系数：

$$a = \frac{\sum y_i \sum t_i^2 - \sum y_i t_i \sum t_i}{n \sum t_i^2 - (\sum t_i)^2}$$

$$b = \frac{n \sum y_i t_i - \sum y_i \sum t_i}{n \sum t_i^2 - (\sum t_i)^2}$$ 为简化计算，令 $\sum t_i = 0$，则

$$a = \frac{\sum y_i}{n} \qquad b = \frac{\sum y_i t_i}{\sum t_i^2}$$

要使 $\sum t_i = 0$，需对资料期的时间序列做如下变动。即当资料期为奇数时，将 $t=0$ 置于资料期的中间项，间隔期为 1；当资料期为偶数时，将 $t=-1$ 和 $t=1$ 分别置于资料期中间的上下两项，间隔期为 2。

例：某企业 2018 年 1～7 月的销售额如表 2.3.6 所示。

表 2.3.6　某企业 2018 年 1～7 月销售额

月份	销售额(y_i)(万元)	月份时间序列(t_i)	$y_i t_i$	t_i^2
1	42	−3	−126	9
2	48	−2	−96	4
3	61	−1	−61	1
4	72	0	0	0
5	78	1	78	1
6	87	2	174	4
7	92	3	276	9
合计	480	0	245	28

倾向变动直线方程的系数为

$$a = \frac{\sum y_i}{n} = \frac{480}{7} = 68.57 \qquad b = \frac{\sum y_i t_i}{\sum t_i^2} = \frac{245}{28} = 8.75$$

倾向变动直线方程为

$$y_i = a + bt = 68.57 + 8.75t$$

则 2018 年 8 月份（$t=4$）销售额的预测值为

$$y_8 = 68.57 + 8.75 \times 4 = 103.57 (万元)$$

C. 季节指数法：季节指数法是根据预测对象各个日历年度按月或按季编制的时间序列资料，以统计分析方法计算出反映季节变动规律的季节指数，并利用季节指数进行

预测。

季节指数的计算方法很多，这里介绍一种简单的方法。

首先，计算不同年度同一季度的平均值和年度平均值；然后，计算季节指数，即计算每个季度的平均值与年度平均值的比值；最后，预测某一季度的预测值，即用某一季节指数乘以年度预测值。

例：某企业 2016—2018 年三年各季度的销售额如表 2.3.7 所示。

表 2.3.7　某企业 2016、2017、2018 年三年销售额　　　　　　单位：万元

季度	2016 年	2017 年	2018 年	各季平均值	季节指数
一季度	50	58	65	58	0.21
二季度	60	65	72	66	0.25
三季度	70	78	90	79	0.30
四季度	55	60	75	63	0.24
全年合计	235	261	302	266（三年平均值）	

若 2019 年全年销售额的预测值为 350 万元，则 2019 年一季度销售额的预测值为 $350 \times 0.21 = 73.5$ 万元。

② 回归预测　回归预测又称因果预测，它是依据数理统计的回归分析理论和方法，找出因变量和自变量之间的依存关系，建立起一个回归方程，通过输入自变量数据，以预测因变量的发展趋势。

回归预测按自变量的多少分为一元回归和多元回归，而按自变量与因变量的关系又分为线性回归和非线性回归。这里仅介绍一元线性回归预测方法。

一元线性回归预测法是利用已有统计资料，建立起只含一个自变量的回归方程，并以这个自变量的一个已知值代入该方程来预测因变量变动趋势的方法。

一元线性回归方程为

$$y = a + bx$$

式中：y——因变量；

　　　x——自变量；

　　　a、b——回归系数。

运用一元线性回归预测法进行预测的主要步骤如下：

A. 选定自变量。在选定自变量时，要选择与市场需求关系最为密切的主要影响因素作为自变量。从预测的角度考虑，选择自变量的基本原则是自变量的未来值比较容易估计。

B. 分析因变量与自变量是否相关，建立回归方程。

C. 根据统计数据，用最小二乘法求出 a、b 回归系数，确定回归方程。

D. 用回归方程，求出预测值。

E. 计算置信区间，预报预测值的范围。

例：一般产品的销售额与当地居民的人均收入密切相关，如已知近几年某企业产品的销售额和当地居民的人均年收入资料（如表 2.3.8 所示）。若 2018 年当地居民的人均收入预计比 2017 年增长 20%，用一元线性回归预测法预测 2018 年该企业的销售额。

表 2.3.8　2013—2017 年某企业产品的销售额与当地居民的年人均收入情况一览表

年　份	2013 年	2014 年	2015 年	2016 年	2017 年
居民人均年收入（万元）	1	1.2	1.5	1.9	2.5
销售额（百万元）	2	2.5	3.1	4	5.2

用一元线性回归预测法的计算过程如下：

第一步，根据已知资料，在平面直角坐标系上绘制散点图。从散点图可知销售量随居民人均年收入而变，其变动趋势大致成一直线，可用线性回归方程计算：

$$y = a + bx$$

第二步，列出计算表如表 2.3.9 所示。

表 2.3.9　对 2013—2017 年某企业产品的销售额与当地居民的年人均收入的计算表

年　份	销售额 y（百万元）	居民人均年收入 x（万元）	xy	x^2
2013	2	1	2	1
2014	2.5	1.2	3	1.44
2015	3.1	1.5	4.65	2.25
2016	4	1.9	7.6	3.61
2017	5.2	2.5	13	6.25
合计	16.8	8.1	30.25	14.55

第三步，求出回归系数 a、b，建立方程。

用最小二乘法，求回归系数

$$a = \frac{\sum y_i \sum x_i^2 - \sum y_i x_i \sum x_i}{n \sum x_i^2 - (\sum x_i)^2} = \frac{16.8 \times 14.55 - 30.25 \times 8.1}{5 \times 14.55 - 8.1^2} = -0.0819$$

$$\frac{n \sum y_i x_i - \sum y_i \sum x_i}{n \sum x_i^2 - (\sum x_i)^2} = \frac{5 \times 30.25 - 16.8 \times 8.1}{5 \times 14.55 - 8.1^2} = 2.1246$$

则一元线性回归方程

$$y = -0.0819 + 2.1246x$$

最后，预测销售额

2018 年当地居民的人均收入比 2017 年增长 20%，即

$$2.5 \times (1 + 20\%) = 3(万元)$$

代入方程，可得 2018 年该企业产品的销售额为

$$y = -0.0819 + 2.1246 \times 3 = 6.29(万元)$$

【项目小结】

(1) 市场营销环境是影响企业市场营销活动及其目标实现的各种客观因素和动向的综合。企业必须了解目前环境中的各种趋势和变化。

(2) 市场营销环境可以分为宏观环境和微观环境。宏观环境主要包括人口、经济、自

然、政治法律、技术、社会文化等。人口环境分析揭示了人口规模和增长速度、人口结构、人口的地理分布和区间流动等对营销活动的影响。经济环境着重于对消费者收入及消费者支出模式变化的分析、消费者储蓄和信贷的分析。自然环境以自然资源日益短缺、污染程度不断增加、政府在自然资源管理方面的干预趋于加强为主要特征,政治法律环境分析了外部政治形势和状况以及国家立法、方针政策的变化对营销活动的制约。社会文化环境分析了人们在价值观念、宗教信仰、风俗习惯等方面的差异对营销活动的影响。微观环境主要包括企业和企业的供应商、营销中间商、顾客、竞争对手、社会公众等。

（3）环境的变化对企业的影响有两类：市场机会与环境威胁。企业要对相关的环境因素做出判断分析,从而有针对性地采取适当措施,消除或减轻威胁,抓住并利用市场机会,使企业不断发展壮大。

（4）从购买者的需求和行为动机来分析,可将购买者分为个人购买者（消费者）和组织购买者,由他们所构成的市场分别称为消费者市场和组织市场。

（5）消费者市场是指为满足个人或家庭生活消费需要而购买商品或劳务所形成的市场,也称最终消费市场。影响消费者购买行为的因素除了消费者本身的需求和由此而引起的动机等因素外,还有来自文化的、社会的、个人的和心理的等因素,这些因素对营销人员来说是难以控制的,但必须充分估计到它们对消费者购买行为的影响力。消费者购买不同种类的商品,其购买行为有简单的,也有复杂的,可分为复杂的购买行为、寻求平衡的购买行为、寻求变化的购买行为、习惯性的购买行为四种。消费者的购买决策往往是一个非常复杂的心理活动过程,尤其是在购买比较重要的商品时。购买决策过程在购买行为发生之前就已经开始,在购买行为之后也并未结束。它一般分为引起需求、搜集信息、比较评价、购买决策、购后感受等五个阶段。

（6）组织市场包括产业市场、中间商市场和政府市场及非营利性组织市场。产业市场又称生产者市场,它由所有购买产品和服务,并用来生产其他产品和服务,以供出售或出租,从中获取营利的个人和组织所构成。产业市场的购买决策要比消费者市场的购买决策复杂,其复杂程度取决于购买活动的类型。产业市场的购买类型主要有直接重购、修正重购和新购三种。影响产业市场购买决策的因素众多,可将影响因素归纳为四大类：环境因素、组织因素、人际因素和个人因素。

（7）企业为适应信息时代到来,必须及时掌握信息资源,应该建立起市场营销信息系统。市场营销信息系统由内部报告系统、情报系统、调研系统和决策分析系统四个子系统构成。

（8）市场调查是获取市场营销信息的重要方法之一,是市场营销活动的出发点,是了解市场、认识市场的一种行之有效的方法和手段。常用的调查方法可分为询问法、观察法和实验法三类。

（9）市场预测是经济预测的重要组成部分,它对企业的市场营销活动有着重要的作用。定性预测方法有销售人员意见调查法、消费者购买意向调查法和专家调查法（德尔菲法）等。定量预测方法有时间序列预测和回归预测等。

【项目核心概念】

营销环境　宏观环境　微观环境　恩格尔系数　市场机会　环境威胁
消费者市场　组织市场　产业市场　购买决策中心　市场营销信息系统
市场调查　市场预测

【项目同步训练】

课 堂 练 习

1)单项选择题

(1)根据恩格尔定律,随着家庭收入增加,用于购买食品的支出占家庭收入的比重会( )。
  A. 上升   B. 下降   C. 大体不变   D. 时升时降

(2)消费者支出模式主要受( )影响。
  A. 消费者收入   B. 通货膨胀
  C. 消费者储蓄和信用   D. 消费者家庭

(3)下列属于有限但可以更新的资源的是( )。
  A. 水   B. 森林   C. 石油   D. 煤

(4)市场营销环境中的( )被称为一种"创造性的毁灭力量"。
  A. 新技术 B. 自然资源 C. 社会文化 D. 政治法律

(5)下列哪项因素不属于文化环境的组成要素( )。
  A. 人们的审美观念   B. 人们交流沟通的语言
  C. 人们的宗教信仰   D. 人们的平均受教育水平

(6)( )主要包括知识、信仰、艺术、道德、法律、风俗及作为社会成员而获得的其他方面的能力和习惯。
  A. 社会文化 B. 政治法律 C. 科学技术 D. 自然资源

(7)与企业紧密相连,直接影响企业营销能力的各种参与者,被称为( )。
  A. 营销环境 B. 宏观营销环境 C. 微观营销环境 D. 营销组合

(8)能满足购买者某种愿望的同种产品的各种品牌是( )。
  A. 愿望竞争者 B. 普通竞争者 C. 产品形式竞争者 D. 品牌竞争者

(9)代理中间商是属于市场营销环境的( )因素。
  A. 内部环境 B. 竞争者 C. 市场营销中介 D. 公众环境

(10)( )是向企业及其竞争者提供生产经营所需资源的企业或个人。
  A. 供应商 B. 中间商 C. 广告商 D. 经销商

(11)冒险业务的特点是( )。
  A. 高机会、高威胁 B. 高机会、低威胁 C. 低机会、低威胁 D. 低机会、高威胁

(12)社会阶层属于影响消费者行为的( )。
  A. 文化因素 B. 社会因素 C. 心理因素 D. 个人因素

(13)参照群体属于影响消费者购买行为的( )。
  A. 文化因素 B. 个人因素 C. 社会因素 D. 心理因素

(14)群体成员之间具有经常性的面对面接触和交往,从而形成亲密人际关系的参照群体是( )。
  A. 主要群体 B. 次要群体 C. 非正式群体 D. 正式群体

(15)希望给予或接受他人的友谊、关怀和爱护,得到某些群体的承认、接纳和重视的需求是( )。

A. 安全需求　　　B. 社会的需求　　　C. 自尊的需求　　　D. 自我实现的需求

(16) 消费者购买汽车、保险这类商品和服务的行为,一般可以被视为是一种(　　)。
  A. 多样性的购买行为　　　　　　B. 习惯性的购买行为
  C. 复杂的购买行为　　　　　　　D. 减少失调的购买行为

(17) 购买者介入程度低而品牌的差异程度大的购买行为属于(　　)。
  A. 复杂的购买行为　　　　　　　B. 寻求平衡的购买行为
  C. 习惯性的购买行为　　　　　　D. 寻求变化的购买行为

(18) 购买者介入程度高而品牌差异程度小的消费者购买行为可以认为是(　　)。
  A. 复杂的购买行为　　　　　　　B. 寻求变化的购买行为
  C. 寻求平衡的购买行为　　　　　D. 习惯性的购买行为

(19) 市场营销信息系统中最基本的子系统是(　　)。
  A. 营销情报系统　　　　　　　　B. 营销调研系统
  C. 内部报告系统　　　　　　　　D. 决策支持系统

(20) 市场营销人员用以获得日常有关企业外部营销环境发展趋势的恰当信息的一整套程序和来源属于市场营销信息系统中的(　　)。
  A. 营销情报系统　　　　　　　　B. 营销决策支持系统
  C. 营销调研系统　　　　　　　　D. 内部报告系统

(21) 某企业管理层需要了解近来销售额大幅下降的原因,他将主要依赖市场营销信息系统中的(　　)。
  A. 内部报告系统　　　　　　　　B. 营销情报系统
  C. 营销调研系统　　　　　　　　D. 营销决策支持系统

(22) 能够系统、客观地识别、收集、分析和传递有关市场营销活动各方面的信息,提出与企业所面临的特定营销问题有关的研究报告,以帮助营销管理者制定有效的营销决策的市场营销信息系统是(　　)。
  A. 内部报告系统　　　　　　　　B. 营销情报系统
  C. 营销调研系统　　　　　　　　D. 营销决策支持系统

(23) 进行营销调研的首要任务是(　　)。
  A. 确定调研主题　　　　　　　　B. 确定资料来源
  C. 拟订实施计划　　　　　　　　D. 选择调研方法

(24) 为了收集第一手资料,某市场调研人员通过面谈、电话、邮件等方式收集被访问者的社会经济条件、态度、意见、动机以及外在行为等方面的信息。该调研方法属于(　　)
  A. 观察法　　　B. 访问法　　　C. 实验法　　　D. 专家意见法

2) 多项选择题

(1) 分析营销环境的根本目的是(　　)。
  A. 扩大销售　　B. 对抗竞争　　C. 寻求营销机会　　D. 避免环境威胁
  E. 树立企业形象

(2) 政治法律环境是由那些影响社会上各种组织和个人的(　　)组成。
  A. 法律　　　B. 政府机构　　　C. 群体规范　　　D. 传统习惯
  E. 压力集团

（3）企业微观环境包括（　　　）。
　　A. 企业的供应商　　　　　　　B. 企业的营销中介
　　C. 顾客　　　　　　　　　　　D. 社会公众
　　E. 竞争者
（4）环境的发展趋势基本分为（　　　）。
　　A. 宏观环境　　B. 微观环境　　C. 环境威胁　　D. 市场营销机会
　　E. 威胁与机会并存
（5）面对威胁企业可选择的对策有（　　　）。
　　A. 反抗　　　　B. 减轻　　　　C. 转移　　　　D. 观察
　　E. 挑战
（6）消费者购买行为的特点有（　　　）。
　　A. 购买者的广泛性　　　　　　B. 需求的差异性
　　C. 非专业性　　　　　　　　　D. 需求波动性较大
　　E. 需求波动性较小
（7）影响消费者购买行为的主要因素有（　　　）。
　　A. 文化因素　　B. 社会因素　　C. 个人因素　　D. 政治因素
　　E. 心理因素
（8）市场营销信息系统包括（　　　）。
　　A. 内部报告系统　　　　　　　B. 营销情报系统
　　C. 营销调研系统　　　　　　　D. 营销预测系统
　　E. 营销决策系统

3）简答题
（1）什么是企业市场营销环境？它具有哪些特点？
（2）简述企业营销宏观环境和微观环境的构成。
（3）什么是环境威胁？企业如何分析评价环境威胁？
（4）企业面对环境威胁，应采取哪些对策？
（5）什么是市场机会？市场机会如何分类？
（6）企业应该如何寻找和发现市场机会？
（7）消费者市场有何特点？
（8）影响消费者购买行为的因素主要有哪些？
（9）消费者购买行为有哪些不同的类型？
（10）简述消费者购买决策过程。
（11）简述组织市场的特点。
（12）简述组织市场的类型。
（13）产业市场的购买类型有哪些？
（14）简述影响产业购买决策的主要因素。
（15）简述产业市场购买决策过程。
（16）市场调查有哪些主要内容？
（17）市场调查有哪些主要方法？

(18) 设计一张某品牌商品的调查问卷。
(19) 市场预测有哪些定性预测方法？
(20) 市场预测有哪些定量预测方法？

4）案例分析题

中国消费者多样化"脸谱"

根据全球管理咨询公司麦肯锡2019年发布的《2020年中国消费者调查报告》，中国消费者行为正在分化，由过去那种各消费群"普涨"的态势转变为不同消费群体"个性化"和"差异化"的消费行为。

1）二线及以下城市消费新生代成为增长新引擎

对于中国消费支出的持续大幅增长，居住在生活成本较低的二线及以下城市的"年轻购物达人"贡献巨大。他们仅占调研对象的1/4，却为2018年消费支出增长贡献了近60%。在知名度不高的三、四线城市，中产阶级消费者数量快速增长。2010年至2018年，三、四线城市中，年可支配收入达到14万至30万元人民币的家庭年复合增长率达到38%，高于一、二线城市的23%，这些较富裕家庭占到三、四线城市人口的34%以上。电商平台的崛起也推动了二线及以下城市中富裕年轻人增加消费支出。

2）多数消费者出现消费分级，在升级的同时有的更关注品质、有的更关注性价比等

绝大多数受访者在支出方面都表现得更加谨慎。60%的受访者表示，即使自己感觉比较富有，但仍希望把钱花在"刀刃上"。在生活成本高昂的大城市，不同消费群体则表现各异，应对经济紧缩的方式不尽相同，在较为谨慎的三类消费者群体中，以忙碌而富有的中年人为代表的"品位中产"群体，更加看重品质，他们愿意为高品质商品付出昂贵的价钱，而不是单单为社会认同而买单；而以一线城市中年女性为代表的"精明买家"更注重最高性价比，2018年她们减少支出的品类已经超过增加支出的品类；新观察到的节俭型消费群体"奋斗青年"则全面缩减了非必需消费品方面的开支。

3）健康生活理念继续升温

更多消费者表示会有意识地选择健康食品，这一情况在城市更为明显。大城市中，60%的消费者表示会经常查看包装食品的成分表；55%的受访者表示"健康和天然原料"是他们购买产品时的首选因素，此外"无糖""有机"等概念也比较重要。二线及以下城市消费者也崇尚健康生活方式，但他们支出增长最多的品类却包括碳酸饮料和果汁，可见他们对健康生活方式的理解和一线城市消费者有着微妙差别。

4）旅游消费更注重体验

中国消费者旅行热情非常高。2014年至2018年，中国城市消费者旅行支出的年复合增长率为14%。80%的一线城市受访者更青睐自助游，如果选择团队游，越来越多的中国旅行者会选择小型、高端旅行团，中国消费者出行时仍以国内游为主。云南和四川是最受欢迎的两大旅游胜地。相比二线及以下城市消费者，一线城市旅行者出境游和长线游的比例更高。消费者不只是寻找高价值的产品和服务，还在寻找新奇的体验。为了响应这一需求，商家需创造独特而令人难忘的体验，为更成熟的中国消费者带来惊喜和愉悦。

5）本土高端品牌崛起

近几年，很多中国企业不再着眼于生产低价产品，而是努力升级产品的品质、性能和价

值。中国消费者对国产品牌认可度在提高,会在高端产品上选择本土品牌,对制作精良的本土服装品牌感兴趣,这也给跨国企业带来了新的挑战。与此同时,中国消费者依然容易混淆品牌原产地,许多人会把很早以前进入中国市场的国际品牌误当成本土品牌。

中国经济增速放缓且面临着不确定性,对此,中国消费者的反应各不相同。有的仍然购买意愿强劲,渴望更昂贵的商品;有的则更加谨慎,并缩减了支出。但是,从接受调研的绝大多数消费者来看,中国市场的消费增长趋势依然在继续。中国消费者仍然信心十足,在可预见的未来,他们仍是拉动中国经济增长的引擎。

(资料来源:By Johnny Ho, Felix Poh, Jia Zhou, and Daniel Zipser,麦肯锡2020年中国消费者调查报告. https://www.mckinsey.com/featured-insights/china/china-consumer-report-2020-the-many-faces-of-the-chinese-consumer)

根据以上资料回答下列问题:
① 如何解读当前我国消费者出现的诸多新特征?
② 这些未来的消费趋势给哪些行业孕育了机遇,又给哪些行业带来了挑战?

课后实训

某职业技术学院有几位毕业生打算自主创业,欲在学院附近开办一个文印店,请你帮助评价分析文印店经营环境以及应采取的相应策略。

实训目标:从影响文印店经营的宏观环境、微观环境的主要因素入手进行分析,根据校园周边环境情况进行经营环境评价分析。利用市场调查手段,学会运用市场营销环境分析方法对具体的产品及市场进行分析。

实训组织:学生每8人一组,对文印店进行营销环境分析。

实训考核:"活动过程"考核与"实训结果"考核相结合。

实训成果:分组汇报,老师讲评并考核。

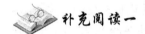
补充阅读一

如果地球只是一个村庄

如果从世界人口中按比例采样,得到1 000名代表组成的一个村庄,就可以从中看到以下情况:

● 我们的村庄里有520名女性和480名男性,330名儿童和60个年龄在65岁以上的人,10个大学生和335个文盲。

● 有52个北美人,55个俄罗斯人,84个拉丁美洲人,95个欧洲人,124个非洲人和584个亚洲人。

● 交流非常困难:165个人说中国话,86个人讲英语,83个人讲北印度语,64个人讲拉丁语,58个人讲俄语,37个人讲阿拉伯语。还有一半人分别说其他200多种语言中的某一种。

● 当中有329名基督教徒,178名伊斯兰教徒,132名印度教徒,62名佛教徒,3名犹太教徒,167名无宗教信仰者,45名无神论者,以及84名其他教派的人。

● 大约有1/3的人能够接触到清洁、安全的饮用水,大约有一半的儿童能对各类感染免疫。

● 村庄里的森林面积正在急剧减小，而荒漠地带在不断扩张。村庄中40%的土地使用了83%的肥料，产出所有食物中的72%供给270个富有的人。剩下60%的地和17%的肥料产出28%的食物，供给剩下的730个人。村庄中有500个人营养不足。

● 1 000人中仅200人就占有了全村75%的财富，另外200人仅有2%的财富。有70个人有车，一个人有电脑，并且那台电脑可能还没有与互联网相连。

[资料来源：Philip Kotler, Gary Armstrong. 市场营销管理. 第9版. 北京：清华大学出版社，2003]

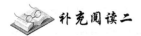补充阅读二

哈雷·戴维森——花岗石般的品牌忠诚度

很少有品牌能像哈雷·戴维森一样在顾客心目中产生如此强烈的忠诚感。其竞争对手雅马哈的销售副总裁曾感叹："哈雷车迷对它的忠诚度像花岗岩般坚定。"每年的三月，都会有40多万哈雷车迷驾着心爱的哈雷车来到佛罗里达州的代托纳比奇，参加"哈雷·戴维森摩托车周"庆典活动。各地的哈雷骑手云集于此，各式各样的哈雷摩托车构成了特有的风景。车迷们交换着彼此的传奇故事，炫耀着各自身上的哈雷T恤，宣称："我们宁愿推着哈雷，也不愿骑着本田！"

现在，哈雷·戴维森在它隆隆的摩托车声中已经爬上了快速成长的重型摩托车市场的顶峰，占据了超过1/5的美国摩托车市场和一半以上的重型摩托车市场。伴随着快速成长的市场份额和销量的是几乎供不应求的市场景象。为了买到心爱的机型，持币待购的顾客甚至可以排队等上三年，并且市场价格已远远超过了建议价格。一位经销商说，他曾亲眼看到有人买到新车后，转手在停车场卖掉就能赚上四五千美元甚至更多。哈雷股票自1986年上市以来，已经4次配股，股价上涨了70多倍。

哈雷·戴维森的营销人员花了很大精力来研究消费者及其购买行为。结果惊奇地发现，如果说哈雷摩托车曾经的核心顾客群体是那些穿着黑色皮夹克的地狱天使和嬉皮士，那么如今，哈雷摩托对富有的城市骑手更具有吸引力。这类顾客的平均年龄在43岁，平均家庭收入在6.64万美元左右。舒适的大型哈雷摩托车在易于驾驶、超强动力、崇高名望等方面满足了他们的需要，从而促使他们购买。

为了更好地理解顾客的购买动机，哈雷公司先后以小组深度访谈、邮寄问卷的方式在顾客中进行了广泛的调查，结果显示，所有的被调查者都是因为同一原因欣赏哈雷·戴维森摩托——它是独立、自由和权力的象征。

这项研究更进一步验证了哈雷的顾客所购买的不仅仅是一辆摩托车，通过购买表现的实际上是一种生活态度和方式。正如哈雷公司主页上所说的那样："当你踩上油门的时候，你不只是点燃了发动机，还点燃了你的梦想。"一位经销商补充说："我们在这里销售的是梦想。无论我们的顾客是职业工人还是IT精英，拥有哈雷摩托消除了他们之间沟通的障碍，因为它给你以最充分的表达能力。"分析家则说："拥有哈雷摩托，使你感到自己是人群中最坚强、最叛逆的一员，当跨上那辆权力的象征时，你可能会感到一丝邪恶。哈雷洗涤了你的灵魂，宣布了你的独立。"

哈雷摩托车以其一流的外观、喑哑的声音和独特的思想，给人以神秘感。拥有这辆"美国传奇"会使你感到更为强大，有一种哈雷家族成员的感觉，尤其是在等待购买时，这种感觉

会更加深刻。事实上,哈雷公司的确是在刻意限制产量,一位主管说:"我们的目标是始终保持还有一辆摩托车缺货的状态。"

[资料来源:Philip Kotler,Gary Armstrong. 市场营销管理. 第9版. 北京:清华大学出版社,2003]

项目 3　制定营销战略

【教学目标】

☞ 知识目标

1) 了解：市场营销战略的概念、特征及层次结构，市场细分的概念和作用，市场定位的概念，竞争的内涵和分类。
2) 熟悉：营销战略规划的程序，市场细分的依据，有效市场细分的要求，目标市场覆盖策略，市场定位的策略，三种通用的竞争战略，不同市场地位企业的竞争战略。
3) 掌握：市场细分的程序，评价细分市场的标准，三种目标市场营销战略，市场定位的步骤，竞争者分析的内容。

☞ 技能目标

1) 能够分析和判断企业的战略经营业务单位。
2) 能够选择细分标准对具体产品进行市场细分，并根据目标市场进行准确的市场定位分析。
3) 能够对企业及产品进行竞争分析。

☞ 素质目标

在营销工作中具备战略意识、市场意识和竞争意识。

【学习重点、难点】

☞ 学习重点

1) 市场营销战略规划的程序。
2) 企业市场细分标准、细分市场评价、目标市场营销战略选择及市场定位步骤。
3) 竞争者分析、竞争战略的选择。

☞ 学习难点

1) 营销战略规划的程序。
2) 细分市场评价、目标市场营销战略选择。
3) 竞争者分析及竞争战略选择。

【引言】

在管理经典畅销书《CEO 必读 12 篇》中，市场营销战略被分成了四个组成要素及变量——即产品(Product)、渠道(Place)、价格(Price)、促销(Promotion)，此四者也是常见营销变量——4P。战略营销遵循市场导向的战略发展过程，考虑不断变化的经营环境和不断传送顾客满意的要求，是一种关于营销的思维和实践方式。战略营销强调竞争与环境的影响，它要求营销人员有效地进行企业营销战略规划，以实现企业的目标与任务。

任务 3.1 营销战略规划

【引导案例】

行业被颠覆下的转型:柯达与富士

1888年,伴随着"您只需按一下按钮,其余的我们来做"的口号,乔治·伊士曼为消费者带来了第一部简易相机,从此让影像走进了人们的日常生活,柯达品牌也随之几乎传遍了世界每一个角落。

而到 2009 年 6 月,美国柯达公司宣布,将停止生产拥有 74 年历史的 Kodachrome 品牌胶卷。"这意味着一个时代的结束。"24 年前曾使用柯达克罗姆反转片拍摄《阿富汗少女》的著名摄影师史蒂夫·麦凯瑞公开表示。

但这也意味着另一个时代的如日中天——数码技术,它颠覆了传统的胶片业务,并将柯达、富士等胶片行业的巨头送入水深火热之中。

1) 柯达的悲壮大转型

2001 年,传统的影像行业遭遇了前所未有的生存危机,数字技术革命摧毁了传统胶片行业得以安身立命的产业基础,全球胶卷的需求出现拐点,消费市场以每年 10% 的速度急速萎缩,靠胶片为生的柯达面临着抉择。

是放弃传统胶卷市场进军数码领域还是坚守?

柯达一方面开始探索数码市场;另一方面依然不舍老本行,费尽周折擒获中国最后一个胶卷自主品牌——乐凯。2003 年 10 月,乐凯与柯达达成一项为期二十年的合作协议,柯达将以总额约为 1 亿美元的现金和其他资产换取乐凯胶片 20% 的股份。柯达决定通过置换乐凯股权合作,完成其在中国胶卷市场的最后布局。

但数码时代的产业竞争效率与胶片时代完全不可同日而语,柯达在传统业务上的优势,在数码市场上一夜尽失。数码市场发展速度之迅猛,完全超出了柯达的预期。就在柯达中国以 4 500 万美元获得 13% 乐凯股份后,剩下 70% 的股份转让双方迟迟未能如约履行。

2005 年年底,柯达宣布实施一项重大的战略性转变:放弃传统的胶卷业务,重心向新兴的数码产品转移。整个重组计划一是要通过收购,促进数码业务的发展;二是要削减传统胶卷业务的规模,并在必要时关闭工厂。柯达给自己的定位是成为数码时代的新宠,尤其是在图文影像上能够有所斩获。转型后的柯达分为胶片产品集团、消费数码影像集团、图文影像集团三大块。

紧接着,柯达开始了转型后的第一次战略重组,在全球花了约 25 亿美元巨资并购了 6 家数码印刷巨头,包括对克里奥、柯达保丽光等印刷业内品牌的重组。此举气势磅礴,可圈可点。

可惜,就在此间,三星、索尼、佳能、尼康等数码企业纷纷进入相机领域,赢得先机,柯达错失了数码业务发展的黄金时期。

没有狠下心把传统业务抛开,使柯达最终付出了不菲的代价。2007 年,柯达中国公司将持有的乐凯股份以 3 700 万美元低价转让给广州诚信创业投资有限公司(诚信创投),至此,柯达不再持有乐凯股份。据柯达内部人士透露,当时,即使在充当传统胶卷和冲印业务缓冲区的中国市场,其传统影像业务也在以超过 40% 的速度下滑。

2007年12月,柯达决定实施第二次战略重组——时间长达4年、耗资34亿美元的庞大计划。该重组过程中裁员2.8万人,裁员幅度高达50%。重组的目标,是把公司的业务重点从传统的胶片业务转向数码产品。气势同样恢宏,令人鼓舞。

然而,裁员并未改写柯达继续亏损的尴尬。

2) 缘何不敌富士

有关部门曾做过这样一个调查,在消费者未来购买数码相机选择品牌的前五名中,根本找不到柯达的身影。佳能排名第一,索尼、尼康并列第二,富士、三星分别排在第四和第五位。对于柯达而言,这样的排名结果颇有些讽刺意味。世界上第一台数码相机就是柯达在1975年研发成功的,如今,柯达在数码相机领域却无法引领潮流。

更讽刺的是,富士向数码领域的尽早转型,相当程度上也是拜柯达所赐。

20世纪末,中国市场占有率一度高达70%的富士胶卷,却在与柯达公司对中国市场的争夺中败下阵下。1998年,柯达与中国政府达成了"全行业合资计划"(俗称"98协议"),将富士结结实实地关在了中国胶卷行业大门之外。柯达胶卷的销量随之直线上升,柯达胶卷冲印店逐渐取代富士,富士胶卷的市场一落千丈。

这是无奈之举,富士却因祸得福。在中国市场惨败的富士胶片先于柯达,开始向数码领域进军。2000财年,胶片事业还占富士集团60%的收益,但到2004财年,在富士236亿美元的总销售额中,胶卷的比重已下降到6%左右。与此同时,富士数码关联产品的销售收入却上升至总销售收入的70%。

而此时,柯达还在转型路上煎熬。在数字化大潮中,它起了个大早,赶了个晚集。虽然早在1975年就研制出了世界上第一台数码相机,但柯达直到2003年才下决定追赶数码影像快车。而此时,索尼、佳能、富士、奥林巴斯、尼康等厂商,已牢牢把持了数码相机的绝大部分市场份额。在数字冲印市场,富士这个老对手则占据了上风。

在拍照从"胶卷时代"进入"数字时代"之后,昔日柯达影像王国的辉煌已随着胶卷的失宠挂冠而去。这时的柯达才警醒起来。

柯达守着数码相机的高端技术"秘而不宣",指望通过这种消极的做法来延长传统胶卷的生命,结果是搬起石头砸了自己的脚。

柯达管理层作风保守,长期以来对传统领域的利润过于眷恋,满足于胶片产品的市场份额和垄断地位,缺乏对市场的前瞻性分析,对于数字科技的冲击反应迟钝,没能及时调整公司战略重心和部门结构,决策犹豫不决,导致错失良机。

这也体现在公司高层决策上,其中包括柯达公司股东对公司愿景的不一致。2003年,当时的CEO邓凯达曾宣布柯达全面向数码转型,柯达要削减72%的红利派发额度并向新兴的数码技术投资30亿美元,这遭到了部分股东的强烈抵抗。之后的几年,柯达的数码相机在美国本土市场的占有率曾一度达到20%。但终因未能狠心甩掉传统业务,止住业绩下滑。

这是柯达的病根所在,也是它不敌富士之处。

相比之下,柯达在胶片行业的老对手富士在"做事"上就要"激进"得多。在它们意识到胶片行业已经是一个末路行业后,迅速关掉了其胶片生产的绝大多数生产线,转投与之前业务毫不相干的医药甚至化妆品。

战略规划是企业面对激烈变化、严峻挑战的市场环境,为长期生存和发展进行的谋划和思考,是事关企业大局的科学规划,是市场营销管理的指导方针。

3.1.1 营销战略规划概述

1) 战略的概念与特征

菲利普·科特勒的观点是,当一个组织清楚其目的和目标时,它就知道今后要往何处去。问题是如何通过最好的路线到达那里。公司需要有一个实现其目标的全盘的、总体的计划,这叫作战略。我们可将市场营销战略定义为企业的营销部门在市场经济体制下,在竞争激烈的环境中,在总结历史经验、调查现状、预测未来的基础上,为谋求生存和发展所做出的带有长远性、全局性的营销谋划或方案。它是企业营销活动思想的体现,是企业营销活动的指导思想。

营销战略具有如下特性:

(1) 全局性　市场营销战略是把企业整体营销活动作为对象,根据企业总体发展的需要而制定的。它规定的是企业的总体营销行动,追求的是企业的总体营销效果。虽然市场营销战略也包括企业的局部活动,但是这些局部活动是作为总体行动的有机组成部分在企业战略中出现的。

(2) 长远性　市场营销战略的制定要以外部环境和内部条件的当前情况为出发点,并对企业当前运行有指导、限制作用,但是这都是为了更长远的发展,是长远发展的起步。可以说,凡是为适应环境、条件的变化所确定的长期基本不变的目标和实现目标的方案,都属于战略的范畴。针对当前形势,灵活地适应短期变化、解决局部问题的方法,是战术的范畴。

(3) 抗争性　市场营销战略是关于企业在激烈竞争中如何与对手抗衡的行动方案,也是针对来自各方的冲击、压力、威胁和困难,迎接这些挑战的基本安排。它与那些不考虑竞争、挑战,而单纯为了改善企业现状、增加经济效益、提高管理水平等为目的的行动方案不同。只有当这些营销工作与强化企业营销竞争力和迎接挑战直接相关、具有战略意义时,才能构成市场营销战略的内容。

(4) 纲领性　市场营销战略规定的是企业营销的长远目标、发展的方向和重点、前进的道路,以及所采取的基本行动方针、重大措施和基本步骤,都是原则性、概括性的规定,具有行动纲领的意义。它必须通过展开、分解和落实等过程,才能变为具体的行动计划。

2) 企业战略的层次结构

(1) 总体战略　又称公司战略。在大企业,特别是多种经营的企业,总体战略是最高层次战略。它需要根据企业使命,选择企业参与竞争的业务领域,合理配置企业资源,使各项经营业务相互支持、相互协调。总体战略的任务,主要是回答企业应在哪些领域进行活动,经营范围选择和资源合理配置是其中的重要内容。通常,总体战略是企业高层负责制定、落实的基本战略。

(2) 业务战略　又称经营单位战略、竞争战略。在大企业,特别是企业集团,往往从组织形态上,把一些具有共同战略因素的二级单位(如事业部、子公司等),或其中的某些部分组合成一个战略业务单位(Strategic Business Units, SBU)。因此,业务战略是各个战略业务单位或者有关的事业部、子公司的战略。

(3) 职能战略　即职能部门战略,又称职能层战略,是企业各个职能部门的短期性战略。职能战略可以使职能部门及其管理人员更加清楚地认识本部门在实施总体战略、业务战略过程中的任务、责任和要求,有效地运用有关的管理职能,保证企业目标的实现。

通常需要的职能战略,包括研究与开发管理、生产管理、营销管理、财务管理和人力资源管理等。每一种职能战略,都要服从于所在战略业务单位的业务战略以及为整个企业制定的总体战略。

3) 战略规划的一般过程

(1) 判定问题　通常经过三种基本的信息来源,判定在企业运行中即将发生的战略问题:企业外部环境的变化趋势,内部条件的演变趋势,经济效益的发展趋势。企业可以从相互依存、彼此影响的环境因素与各个职能领域之间的变化上寻找问题,并分析它对整个发展的影响程度。

(2) 评估问题的重要性　就是将战略问题整理、分类,依据轻重缓急的不同加以排序。最重要的战略问题,应由企业最高层详尽分析;一般重要的战略问题,可由战略经营单位研究分析;而一般性问题,只需加以注意,不一定详加分析。

(3) 分析问题　排序以后,应对重要问题进行分析。例如从过去、现在和将来等多个方面,分析问题的发展趋势,全面、综合地描述较大的问题;将战略问题逐层分解,针对性更强的收集有助于做出判断的数据,研究各个层次的问题以及它们对企业战略的影响,系统、深入地掌握战略问题;从相关利益群体的角度,对战略问题从正反方面提出种种假设,评定假设的重要性和可靠程度,将注意力集中在最为重要、可靠的假设上,供制定战略时参考。

(4) 提出与问题相关的战略。

(5) 制定战略计划和形成行动方案。

3.1.2　营销战略规划程序

1) 认识企业使命

企业使命反映企业的目的、特征和性质。它涵盖了一些有关企业的根本性问题,如企业是干什么的,顾客是谁,对顾客的价值是什么,企业的业务有哪些等。思考企业使命的结果,最后应当形成文字——撰写企业使命说明书。主要包括以下基本要素:

(1) 活动领域　说明企业拟在哪些领域发挥作用、参与竞争。一般可以从产业(行业)范围、市场范围(企业拟为哪些顾客提供服务)、纵向范围(企业内部自给自足生产的程度)及地理范围等方面加以说明。

(2) 主要政策　用以指导组成企业的各个单位和员工,应当如何对待顾客、供应商、经销商、竞争者和一般公众,使整个企业在重大问题或原则上步调一致,在行动上有共同标准可供参照、遵循。有关政策规定要尽量缩小个人发挥和任意解释的空间。

(3) 愿景和方向　以揭示、指明今后若干年,如未来10年、20年的企业发展。企业使命既是全局性的,又是长远性的,要有一定弹性和预见性。

2) 区分战略经营单位

大多数的企业,包括规模较小的企业,都有可能同时或准备经营若干项业务。例如,一家公司原来从事公路汽车运输,后来又经营房地产,现在还生产医药用品。即使只是从事汽车运输,也有客运、货运、长途运输、短途运输等多种类型。每项业务都会有自己的特性,面对的市场、环境也完全不一样。界定企业的活动领域,只是在大范围上说明了企业经营的总体范围。为了便于从战略上进行管理,有必要对组成企业活动领域的各项业务,从性质上区别开来,划分为若干个战略经营单位。战略经营单位就是企业值得为其专门制定一种业务战略的最小经营单位。有的时候,一个战略经营单位会是企业的一个部门,或一个部门中的某类产品,甚至某种产品;有的时候,又可能包括几个部门、几类产品。

战略经营单位通常具有这样一些特征：

(1) 有自己的业务,可能是一项独立的业务,也可能是一组互相联系,但在性质上可与企业其他业务分开的业务。因为它们有着共同的任务,所以有必要作为一个单位进行管理。

(2) 有共同的性质和要求,不论是一项业务还是一组业务,都有他们共同的经营性质和要求,否则无法为其专门制定业务战略。

(3) 掌握一定的资源,能够相对独立或有区别地开展业务活动。

(4) 有其竞争对手,这样的战略经营单位才有其存在的意义。

(5) 有相应的管理班子从事业务战略管理工作。否则,这样的战略经营单位便形同虚设,没有实际作用。

区分战略经营单位的主要依据,是各项业务之间是否存在共同的经营主线。所谓"共同的经营主线",是指目前的产品、市场与未来的产品、市场之间的一种内在联系。

3) 规划投资组合

如何把有限的人力、物力,尤其是财力资源,合理分配给现状、前景不同的各个战略经营单位,是总体战略必须考虑的主要内容。企业高层必须对各个经营单位及其业务进行评估和分类,确认它们的发展潜力,决定投资结构。在规划投资组合方面,有两种模式广为应用。

(1) 波士顿矩阵——"市场增长率/相对市场占有率"矩阵 该矩阵是由美国波士顿咨询公司率先提出,对企业当前的业务组合进行分析、评价的一种分析模式。如图3.1.1所示。

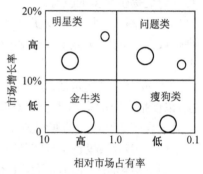

图 3.1.1 波士顿矩阵

在矩阵中,纵坐标代表市场增长率,其高低可以视具体情况而定。假设以10%为分界线,则高于10%为高增长率,低于10%则为低增长率。横坐标为相对市场占有率,表示各经营单位与其最大的竞争者之间,在市场占有率方面的相对差异,例如,某个经营单位的相对市场占有率为0.4,说明它的市场占有率为最大竞争者的40%;相对市场占有率为2.0,说明比最大的竞争对数的市场占有率多一倍,自己才是市场的"老大"。矩阵中的圆圈,代表企业所有的战略经营单位。圆圈的位置表示各单位在市场增长率及相对占有率方面的现状。圆圈的面积,表示各单位销售额的大小。该矩阵有四个象限,经营单位因而可划分为不同类型。

一般来说,市场占有率越高,这个单位的盈利能力就越强,利润水平似乎与市场占有率同向增长;另一方面,市场增长率越高,经营单位的资源需要量也越大,因为它要继续发展和巩固市场地位。

① 问题类 有较高增长率、较低占有率的经营单位或业务。大多数经营单位最初都处于这一象限。这一类经营单位需要较多的资源投入,以赶上最大的竞争者和适应迅速增长的市场。但是它们又都前程未卜,难以确定远景。企业必须考虑,继续增加投入还是维持现状,或减少投入,精简、淘汰。

② 明星类 市场增长率和市场占有率都很高的经营单位或业务,需要大量投入资源,以保证跟上市场的扩大,并击退竞争者,因此短时期内未必给企业带来可观的收益。但是,

它们是企业未来的"财源"。企业一般应该有两个或两个以上的明星类业务,如果一个没有,则将是危险的信号。

③ 金牛类　由于市场增长率降低,不再需要大量资源投入,又由于相对市场占有率较高,这些经营单位可以产生较高的收益,支援问题类、明星类或瘦狗类单位。如果企业只有一个金牛类单位,说明它的财务状况比较脆弱。如果该单位的市场占有率突然下降,企业就不得不从其他单位抽回资源,以帮助其巩固市场领先地位;要是把它的收益全部用于支持其他单位,这个强壮的金牛就会日趋瘦弱。

④ 瘦狗类　市场增长率和市场占有率都较低的经营单位。它们或许还能提供一些收益,但盈利甚少或有亏损,一般难以再度成为"财源"。

企业要看到现状,又要分析前景,将目前的矩阵与未来的矩阵两相比较,考虑主要的战略行动,并依据资源有效分配的原则,决定各单位将来应该扮演的角色,从整体角度规划投入的适当比例和数量并采取如下战略:

① 发展　以提高经营单位的相对市场占有率为目标,甚至不惜放弃短期收益。比如对问题类单位,使其尽快成为"明星",就要增加投入。

② 保持　投资维持现状,目标是保持业务单位现有的市场份额。比如对金牛类单位,可让它们提供更多的收益。

③ 收割　这种战略以获取短期收益为目标,目标是在短期内尽可能地得到最大限度的现金收入,不顾长期效益。比如较弱小的金牛类单位,也可用于"问题类"业务及"瘦狗类"业务。

④ 放弃　目标是清理、撤销某些经营单位,减轻负担,以便把有限的资源用于效益较高的业务。这种战略尤其适合于无利可图的瘦狗类和问题类业务。

(2) "多因素投资组合"矩阵——通用电气公司方法

通过对影响行业市场吸引力和企业业务实力的众多因素的量化分析,来对企业的业务进行分类,以指定企业的业务构成战略。"多因素投资组合"矩阵,较"市场增长率/市场占有率"矩阵有所发展,如图 3.1.2 所示。

依据这种方法,企业对每个战略业务单位,都从市场吸引力和竞争能力两个方面进行评估。只有进入有吸引力的市场,又拥有竞争的相对优势,业务才能成功。市场

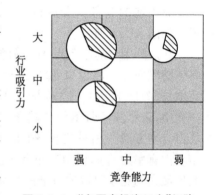

图 3.1.2　"多因素投资组合"矩阵

吸引力取决于市场的大小、年市场增长率、历史的利润率等一系列因素;竞争能力由该单位的市场占有率、产品质量、分销能力等一系列因素决定。对每个因素,分别依据等级打分(最低分 1 分,最高分 5 分),并依据权数计算其加权值。将加权值累计起来,得出该单位的市场吸引力及竞争能力总分。每个战略经营单位,都可以两个分数提供的坐标为圆心,画出与其市场成正比的圆圈,并勾出其市场占有率。其中,图中圆圈的大小表示业务单位所在行业市场的大小,阴影部分表示业务单位的市场占有率。

多因素投资组合矩阵依据市场吸引力的大、中、小,竞争能力的强、中、弱,分为九个区域。它们组成了不同的战略地带。

① 左上角的大强、大中、中强三个区域　这个地带的市场吸引力和经营单位的竞争能力都最为有利。要"开绿灯",采取增加资源投入和发展扩大的战略。

② 左下角至右上角对角线贯穿的三个区域,即小强、中中、大弱 这个地带的市场吸引力和经营单位的竞争能力,总的说来都是中等水平。一般来说,对这个地带的经营单位应当"开黄灯",即采取维持原投入水平和市场占有率的战略。

③ 右下角的小弱、小中、中弱三个区域 这里的市场吸引力偏小,经营单位的竞争能力偏弱。因此,企业多是"开红灯",采用收割或放弃战略。

4) 规划成长战略

投资组合战略决定的是哪些经营单位需要发展、扩大,哪些应当收割、放弃。企业需要建立一些新的业务,代替被淘汰的旧业务,否则就不能实现预定的利润目标。

一般可以遵循这样一种系统的思路规划新增业务。首先,在现有业务范围内,寻找进一步发展的机会;然后,分析建立和从事某些与目前业务有关的新业务的可能性;最后,考虑开发与目前业务无关、但是有较强吸引力的业务。这样就形成了三种成长战略。

(1) 密集式成长战略 当公司现有经营领域还存在发展潜力时,一般应采用密集式成长战略。其形式主要有以下几种,如图 3.1.3 所示。

① 市场渗透 设法在现有市场扩大销售,提高市场占有率,如刺激现有顾客更多地使用、购买本企业的产品,吸引竞争对手的顾客购买本企业的产品,或是劝说原来不使用、购买该种产品的顾客产生购买欲望,并成为现实的购买者。

② 市场开发 将现有产品销往新的地区或开辟新的分销渠道,扩大产品的销售量。

③ 产品开发 考虑对现有产品做某些改进,如增加花色品种、规格档次,改进包装和服务等,进而扩大在现有市场上的销售量。

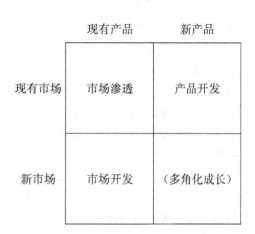

图 3.1.3 产品/市场发展矩阵

(2) 一体化成长战略 该战略是指企业以某一战略业务单位为中心,通过把自己的经营范围向前、向后,或横向延伸、扩展,能够减少摩擦、提高效率、获得规模效益。其形式主要有以下几种:

① 后向一体化 即收购、兼并原材料供应商,拥有或控制其市场供应系统。

② 前向一体化 收购、兼并批发商、零售商,通过增强销售力量来求发展。

③ 水平一体化 也就是争取对同类企业的所有权或控制权,或实行各种形式的联合经营。

(3) 多角化成长战略 如果在原来市场营销系统框架之内已经无法发展,或之外有更好的机会,可以考虑多角化成长战略。

① 同心多角化 开发那些能充分利用现有技术和生产设备的产品。例如,一家公司以生产电视机的技术为基础,开发生产计算机显示器。这时,公司已进入一个新行业,面对不同的顾客群,但所使用的技术或设备却相近。

② 水平多角化 开发一些与现有产品在技术上不同,但同样能吸引现有客户群的产品,如生产胶卷的公司生产照相机,经营百货的零售商同时开办快餐厅、酒吧、美容店等。

③ 综合多角化 开发与现有技术、产品和顾客群均无关系的产品。例如,钢铁公司开发计算机软件就是综合多角化。综合多角化发展的风险最大,一般适用于财力、技术和管理

能力雄厚的大型企业。

任务 3.2　目标市场营销战略

【引导案例】

　　南京山西路的"金陵人"饭店，刚过下午6点，600个座位全部爆满，门外排队发号已经发到19号，这种排队现象在南京已经久违了。近年来，南京餐饮市场成为各大菜系竞争的热点。恶性竞争的直接结果就是大多数餐饮店效益下滑，难以生存，餐饮店纷纷关闭。自2019年下半年以来，一批特色鲜明、立足于"平民消费"定位的餐馆、饭店纷纷登场，对近年来处于"温吞水"状态的南京餐饮业形成冲击，从而在一定程度上启动了消费。更重要的是，透过这些餐馆成功的现象，业内人士对南京餐饮市场的定位进行了认真的反思。连南京金陵饭店开办的中餐厅也放下了五星级的架子，推出了多种低价菜肴，引来众多消费客。蓝鸟酒店以不变应万变，菜肴年年创新，但定位始终未变，所以这几年只要开门，蓝鸟天天爆满。京华大酒店的总经理说："要形成稳定的消费市场，要经过成长期、成熟期，要保持长期旺盛的市场，特色是最关键的。"夫子庙平江大酒店前几年一直不太景气，今年引来洪泽名店周四鱼馆的小鱼锅贴，生意立刻转旺。一些新开的酒家、餐馆实行"明档点菜"。"农贸食街""海南人""金陵人"等饭店向顾客展示各种原料，使顾客像进超市购物那样点菜。"海南人"以斤论价，海鲜、野味当面称，加工费、服务费、调料、佐料统统在内，上桌一价见底。餐饮界权威人士认为，南京餐饮业现在是几家欢乐几家愁，而其中的秘诀并不多。这两年一味跟风的餐馆，很多做不出特色，硬件改造投入很大，一旦客源减少便难以为继。眼下，经历了几年震荡的南京餐饮市场逐渐走稳，消费在慢慢回升，市场复苏有望，关键看餐饮业本身如何走出一条良性循环的路子。

　　今天，越来越多的企业已经认识到，他们不可能为市场中所有的消费者服务，至少不能用一种方法为所有的消费者服务。任何一种产品或服务的市场都包含着不可胜数的消费者，他们不仅分布分散，而且他们的需求和购买行为也有很大的差异。面对日益激烈的竞争，企业需要确定自己能够提供有效服务并获取最大利润的市场，而不是试图在整个市场上进行竞争。

　　于是，大部分企业对他们希望沟通的消费者越来越有选择性。为了充分利用本身可获得的有限资金和资源，充分发挥自己的优势，提供适合购买者需要的产品和服务，大多数企业都实行目标市场营销，即选择与本企业营销宗旨最相适应、销售潜力最大、获利最丰厚的那一部分市场作为自己争取的目标，然后采取相应的市场营销手段，打入或占领这部分市场。

　　为了有效地实行目标市场营销，企业必须相应地采取五个重要的步骤：

　　1) 企业情况分析

　　即分析企业现有的地位、能力、目标和制约因素，以作为市场细分、选择目标市场和市场定位这三大后续行动的根据。

　　2) 市场细分

　　即将整个市场区分为若干不同的购买者群体，他们各自需要不同的产品或是需要对他们采取不同的市场营销手段。这一步骤的主要任务是，企业必须确定各种区分市场的方法，描绘出这些有实际意义的细分市场的轮廓,并最后衡量每个细分市场对企业的吸引力。

3) 选择目标市场

即筛选出一个或几个细分的子市场作为企业工作的目标。

4) 市场定位

即为本企业的产品确定一个有利的竞争位置和制定一套详细的市场营销策略。

5) 制定相应的市场营销组合策略

即根据产品的市场定位,在产品、分销渠道、价格和促销等方面制定相应的策略,以突出产品的差异化,强化产品的独特形象,实现营销战略目标。

在这五大步骤中,目标市场营销的核心是市场细分、选择目标市场和市场定位,因此,在营销学理论中,把目标市场营销称为STP营销,并将其称为策略性营销的灵魂。

3.2.1 市场细分

1) 市场细分的概念与作用

从企业营销的角度看,某一产品的市场是该产品的全体消费者,任何企业都会面对成百上千个消费者。但是,不同的消费者受各种条件的影响,对产品的具体需求往往并不相同,甚至差异很大。比如,购买音响的顾客,其购买目的可能是:作为家庭摆设;发烧级音乐欣赏;娱乐;显示主人的品位和地位。

虽然购买的物品相同,但由于购买行为背后的购买目的有很大区别,相应地,对产品的具体要求也就不同。为娱乐目的的顾客往往要求音响价格适中,质量稳定;为发烧级音乐欣赏的顾客则需要品质卓越的产品;为显示主人品位和地位的购买通常要求产品有突出的品牌形象,价格不会成为影响购买决策的主要因素。

可以看出,市场上的需求是形形色色的,企业凭借有限的资源要满足所有的需求是不切实际的。最佳的选择是为某一部分市场服务,这部分市场需求有相似性,企业就可以提供有针对性、有特色的产品和服务以满足需求了。将某一产品的市场按需求特点不同划分为不同的子市场的活动就是市场细分。

(1) 市场细分的概念　市场细分理论是20世纪50年代中期美国市场营销学家温德尔·史密斯在总结西方企业市场营销实践经验的基础上提出的。所谓市场细分,是指根据整体市场上顾客需求的差异性,以影响顾客需求和欲望的某些因素为依据,将一个整体市场划分为两个或两个以上的顾客群体,每一个需求特点相类似的顾客群就构成一个细分市场或子市场。在各个不同的细分市场上,顾客的需求有较明显的差异;而在同一细分市场上需求基本相似。

所以,市场细分不是通过产品分类来细分市场,如汽车市场、服装市场、粮食市场等,它是按照顾客需求爱好的差别,求大同存小异来划分市场。市场细分是识别具有不同需求和欲望的购买者或用户群并加以分类的活动过程,目的在于帮助企业从中选择经营对象和目标市场。

市场细分理论的提出被视为是营销学的第二次革命,是继以消费者为中心的观念提出后对营销理论的又一次质的发展,它的出现使营销学理论更趋于完整和成熟。

(2) 市场细分的作用

① 市场细分有助于企业发掘新的市场机会,提高市场占有率　企业通过市场营销研究和市场细分,可以了解不同购买者的需要情况和目前满足情况,在满足程度较低的子市场

上,就可能存在着最好的市场机会。正因为消费者的需求是没有穷尽的,总会存在尚未满足的需求,所以,只要善于市场细分,就能找到市场需求的空隙。有时候,一次独到的市场细分能为企业创造一个崭新的市场,这对小企业尤其重要。因为小企业资金薄弱,在整个市场或较大的子市场上竞争不过大公司。小企业通过市场细分,可以发现某些尚未满足的需要,找到自己力所能及的良机,然后见缝插针、拾遗补阙,从而在激烈的市场竞争中得以生存和发展。

② 市场细分还可以使企业用最少的经营费用取得最大的经营效益　通过市场细分和目标市场选择,企业可以根据目标市场需求变化,及时地、正确地调整产品结构和市场营销组合,使产品适销对路,扩大销售,增强市场竞争力,提高经济效益。通过市场细分,企业把市场分解开来,经过仔细地分析和比较,及时发现竞争动态,避免将生产经营过度集中在某种畅销品上而与竞争者一团混战。可以选择既有潜力又符合本企业资源范围的理想顾客群作为目标,有的放矢地进行营销活动,集中使用人力、物力和财力,将有限的资金用在刀刃上,从而以最少的经营费用取得最大的经营成果。

2) 市场细分的依据

一个整体市场之所以可能细分为若干子市场,主要是由于消费需求存在着差异性,凡是构成消费需求特征多样化的因素都可以作为市场细分的依据。

(1) 消费者市场细分的依据

① 地理因素　是指按照消费者所处的地理位置、自然环境来细分市场。这些地理因素包括洲际、国别、区域、城乡、气候、城镇规模、交通运输条件、人口密度等一系列具体变量。地理因素细分市场的主要理论根据是:处在不同地理位置的消费者对企业的产品会有不同的需要和偏好。正所谓"一方水土养一方人",由于地理环境、气候条件、社会风俗和文化传统的影响,同一地区的消费者往往具有相似的消费需求,而不同地区的消费者在需求的内容和特点上都有着明显的差异。不仅如此,处于不同地理环境中的消费者对企业所采取的营销策略,如产品的设计、价格、分销方式、广告宣传等也会有不同的反应。企业应选择那些自己能为之提供最好服务的、效益高的地理市场为目标市场。

② 人口因素　是指各种人口统计变量,主要包括职业、性别、收入、年龄、婚姻、受教育程度、家庭生命周期、民族、宗教、社会阶层等。人口变量长期以来一直是细分消费者市场的重要变量,这主要是因为人口变量比其他变量更容易测量。

传统上,企业通常用某一项人口变量来细分市场。例如,性别细分一直运用于服装、化妆品和杂志等领域,以收入水平细分市场是汽车、旅游和服装等行业的长期做法,按年龄细分市场在食品行业和娱乐行业很普遍。现在,越来越多的企业采用"多变量细分",即综合多项人口变量来进行市场细分,以解决单一变量无法准确划分市场的问题。比如,服装公司可以性别、年龄和收入三个变量将市场划分为多个细分层面,家具公司可根据顾客年龄、家庭人数和收入水平这三个变量来细分市场。

消费者的欲望和需求并不仅仅受到人口因素的影响,有时候单单用人口因素细分并不可靠。比如,福特公司曾按购买者的年龄来细分汽车市场,针对想买便宜跑车的年轻人推出了该公司的"野马"牌汽车。令人惊讶的是,许多中、老年人也争相购买这款汽车。经调查得知,原来许多年纪大的人认为驾驶这款跑车可以使他们显得年轻。可见,"野马"牌跑车细分市场的划分不应以生理年龄,而应以心理年龄为依据。

③ 心理因素　是指按照消费者的心理特征细分市场。消费者的心理因素主要包括消

费者的生活方式、个性和购买动机等。心理因素对消费者的爱好、购买动机、购买行为有很大的影响。同样性别、年龄,相同收入的消费者,由于其所处的社会阶层、生活方式或性格不同,往往表现出不同的心理特征,对同一种产品会有不同的需求和购买动机。人们总是通过消费特定的商品来表现他们的个性和生活方式。时尚型购买者喜欢时髦和享受性的物品;名士型购买者愿意购买体现自己身份和地位的商品;平淡型购买者追求普通、实用的东西。分析消费者的心理因素,有利于企业发现新的市场机会和目标市场。

④ 购买行为因素 即根据消费者的不同购买行为来进行市场细分。所谓购买行为包括消费者对产品的品牌的忠诚度、追求利益、购买时机以及使用情况等。购买行为因素是细分消费者市场的重要依据。越是高度发达的商品经济,广大消费者的收入水平越高,这一细分依据就越显得重要。企业可以根据消费者购买行为因素细分市场,推出适合不同细分市场的产品。

在现代市场营销实践中,许多企业往往通过时机细分,试图扩大消费者使用本企业产品的范围。比如航空公司专门为度假的顾客提供特别服务,糖果公司利用某些节日来增加糖果的销量。时机细分可以帮助企业拓展产品的使用范围。

按消费者对产品所追求的不同利益为标准,是另一种卓有成效的市场细分方式。消费者对产品和品牌的选择出于不同的动机,比如每个人都需要牙膏,但希望获得的利益却各有不同:有人是为了洁白牙齿,有人是为了口气清新,还有人是为了防治牙病。企业针对不同消费者的不同动机,设计开发不同的产品和品牌,研究制定不同的促销方式方法,有的成为专为某一动机服务的市场专家。比如,同样是生产经营洗发香波,宝洁公司却为不同动机的消费者开发了多个品牌,每一个品牌提供不同的利益:"海飞丝"重在去头屑,"潘婷"强调对头发的营养保健,而"飘柔"则侧重使头发光滑柔顺。

使用情况是指消费者从前是否使用过某种产品或服务的经历,可细分为未使用者、曾使用者、潜在使用者、初次使用者和经常使用者。通常小企业重视老顾客,大企业重视潜在顾客。对不同使用状态者应采用不同的营销策略,如对老顾客一般无须多做广告宣传,对新顾客和潜在顾客就需要采取必要的促销手段。

企业还可以按照消费者对品牌的忠诚度来细分消费者市场。所谓品牌忠诚,是指由于价格、质量等诸多因素的引力,使消费者对某一品牌的产品情有独钟,形成偏爱并长期地购买这一品牌产品的行为。提高品牌忠诚度,对于一个企业的生存与发展、扩大市场占有率极其重要。

(2)产业市场细分的依据 许多用于细分消费者市场的标准也同样适用于产业市场,如追求利益、使用者情况、品牌忠诚度等购买行为方面的因素,但产业市场购买者的购买目的是为了再生产,并从中谋求利润,它与消费者市场中消费者的购买目的不同、需求不同。根据其特点,产业市场的细分依据主要有:

① 最终用户 在产业市场上,不同的最终用户所追求的利益不同,即使是对同一产品,不同用户在对质量、性能和用途上的要求都有不同。比如同样是购买轮胎,飞机制造商对它的安全性要求必定会比农用拖拉机制造商高得多;同样,汽车制造商在生产比赛用车和标准车时,对轮胎的质量等级也有不同的要求。最终用户的每一种要求就可以是企业的一个细分市场,企业为满足最终用户的不同需求,就要相应地运用不同的营销组合,提供他们真正追求的利益。

② 用户规模 在产业市场上,大用户、中用户、小用户的区别要比消费者市场更为普遍

和明显。用户规模是决定其采购活动的一个重要因素。不同规模的用户，其购买力、购买批量、购买频率、购买行为和购买方式都会有所不同。大用户单位数量虽然少，但购买力大，小用户单位则相反。企业对大用户市场和小用户市场应分别采取不同的营销组合。现在，许多企业为不同规模的用户分别建立了专门的服务系统，以便更好地适应各种规模的用户的特点和要求。比如办公家具制造商将其用户分为两类：一类是像银行这样的大顾客，由公司的全国性用户经理与地区经理一起管理，其他较小的用户则通过地区推销人员联系。

③ 用户的地理位置　用户的地理位置涉及当地的资源条件、自然环境、交通运输条件、生产力布局等因素。用户所处的地理位置不同，其需求会有很大的差异。产业用户的地理分布往往受一个国家的资源分布、地形气候和经济布局的影响和制约。比如我国钢铁业主要集中在东北钢铁工业区和上海钢铁工业区等；轻工业区主要分布在东部和东南沿海地区，如珠江三角洲和长江三角洲等；制糖业主要集中在广东、广西、云南、福建等省区。这些不同的产业地区对不同的生产资料有相对集中的需求。工商企业按用户的地理位置来细分市场，选择用户较为集中的地区作为自己的目标市场，不仅联系方便，信息反馈快，而且可以更有效地规划运输路线，节省运力与运费，同时，也能更加充分地利用销售力量，降低营销成本。

3) 有效市场细分的要求

很明显，市场细分的方法有很多种，但并不是所有的细分都有效，例如，食盐的购买者可以分为左撇子和习惯用右手的人，但是不是左撇子显然不会影响食盐的购买。同样，对某种产品有意义的细分标准可能对另一些产品毫无意义。例如，以性别来细分服装市场是非常普遍的，但对电视消费者的分析，性别因素则不起作用。有效的市场细分应遵循以下四项原则：

（1）不同的企业在市场细分时，应采用不同的标准，要根据企业的实力和产品的特征来确定自己的细分标准。

（2）尽量少用或不用那些难以度量测定的细分因素。选用细分标准时，要求以这些细分因素划分后的各个子市场的规模、购买力等基本情况是可以测量的，并同其他子市场有明显差异，各个细分市场都是无可替代的客观存在、各具特征的。

（3）细分后的各个子市场是企业的营销辐射能力能够到达的，消费者能接触到企业的产品和营销努力。

（4）市场细分不是分得越细越好，市场分得太细，不适合大量生产，影响规模的经济性。细分后的各个子市场拥有足够的潜在需求，能使企业有利可图，实现其利润目标。也就是说，子市场应该是值得企业为之设计专门的有效规划方案的尽可能大的同质消费者群体。

此外，企业在运用细分标准时，还必须注意以下几个问题：

（1）市场调查是市场细分的基础。在市场细分前，营销人员必须经过市场调查，掌握顾客需求和欲望、市场需求量等有关信息，才能据此正确选择市场细分标准，进行市场细分，并具体确定企业为之服务的经营对象——目标市场，制定有效的市场营销组合策略。

（2）顾客的需求、爱好和购买行为都是由多种因素决定的。市场营销人员可运用多重标准来细分市场，但选用的标准不能过多，应确定少数主要标准和若干次要标准，否则既不实用，也不经济。

（3）市场是动态的、不断变化的，细分标准也不能一成不变，应经常根据市场的变化，研究分析及调整。

（4）预期市场细分所得收益将大于因细分市场而增加的生产成本和销售费用时，可进行市场细分,否则没有细分的必要。

4) 市场细分的程序

(1) 依据需求选定产品市场范围　每个企业都要有自己的业务和追求的目标,因此企业应根据自己的需求选定产品市场范围,即确定进入什么样的市场、提供什么样的服务。

(2) 列举潜在顾客的基本需求　在选定市场范围以后,企业从地理因素、心理因素、行为因素等几方面大体估计一下潜在顾客对产品有哪些基本需求。这一步列举的顾客需求应尽可能全面,以便为今后的深入分析提供基本资料和依据。

(3) 分析潜在顾客的不同需求　企业依据人口因素做抽样调查,向不同的潜在顾客了解哪些需求对他们更重要,初步形成几个消费者需求相近的子市场。如由于家庭居住面积大小不同,需要功率不同的空调机;由于家庭收入不同,需要价格不同的空调机等。

(4) 剔除潜在顾客的共同需求　检验各个细分市场的需求,剔除其中的共同需求,以他们之间需求的差异作为市场细分的依据。比如,一般都希望空调机的噪音小,耗电量低,这是共同的需求,但不能作为市场细分的依据,而不同的家庭需要功率大小不同的空调机,这种需求的差异就可以作为市场细分的依据。

(5) 为子市场暂时取名　根据不同消费者的特征,划分为相应的细分市场,并赋予一定的名称,从名称上可以联想该细分市场消费者群的特征,如商用空调机、汽车用空调机及家用空调机等。

(6) 进一步认识各细分市场的特点,做进一步的细分或合并　由于市场因素呈现出动态性,因此需要进一步分析每一细分市场的不同需求与购买行为及其原因,了解进入细分市场的新因素,重新划分和重新命名细分市场,以使企业不断地适应市场变化。

(7) 选择和确定目标市场　测量各细分市场的大小及顾客群的潜力,估算可能获利水平,从中选择使企业获得有利机会的目标市场。通过分析,企业可能发现若干个有利可图的细分市场,应将这些细分市场按盈利程度排列,依次选择,直至企业的能力不能再顾及为止,最终确定目标市场。

3.2.2　目标市场选择

市场细分的目的在于有效地选择并进入目标市场。所谓目标市场,是企业决定要进入的那个市场,也就是企业在市场细分的基础上,根据自身特长想要为之服务的那部分顾客群体。通过市场细分,企业将整体市场划分为在需求上具有相似性的许多细分市场,企业要结合自身的优势和特点选择适当的细分市场作为本企业的目标市场。目标市场可以是市场细分后的某一个细分市场,也可以是多个、甚至是所有的细分市场。

如果说市场细分显示了企业所面临的市场机会,那么目标市场选择则是企业通过评价各种市场机会,决定为多少个细分市场服务的重要营销策略。

1) 细分市场评价

细分市场评价是进行目标市场选择的基础。企业在评估不同的细分市场时,必须考虑以下四个因素:

(1) 细分市场的潜力　细分市场潜力是指一定时期内,各细分市场中的消费者对某种产品的最大需求量。首先,细分市场应该有足够大的市场需求潜力。如果某一细分市场的潜力太小,就意味着该市场狭小,没有足够的发掘潜力,企业进入后发展前景暗淡;其次,细分市场需求潜力的规模应恰当。规模大、增长快的细分市场并不是对每个企业都有吸引力。

所谓适当的规模是相对于企业实力而言的。大型企业可以选择销售量大的细分市场,以发挥其生产能力,而对小型企业来说,需求潜力规模过大并不利:一是需要大量的投入;二是对大企业的吸引力强烈,导致这些细分市场竞争过于激烈。只有对企业发展有利的潜力规模才是具有吸引力的细分市场。要正确评估一个市场的需求潜力,不可忽视消费者(用户)数量及其购买力水平这两个因素中的任何一个。市场调查是细分市场的基础工作,必须认真对待。

(2) 细分市场内的竞争状况　　对于某一细分市场,进入的企业可能会有很多,从而就可能导致市场内的竞争。这种竞争可能来自市场中已有的同类企业,也可能来自即将进入市场的其他企业。企业在市场中可能占据的竞争地位是评价各个细分市场的主要因素之一。很显然,竞争对手实力越雄厚,企业进入的成本和风险就越大。而那些竞争者数量较少、竞争者实力较弱或市场地位不稳固的细分市场更有吸引力。可能加入的新竞争者是企业的潜在对手,他们会增加生产能力并争夺市场份额。问题的关键是新的竞争者能否轻易地进入这个细分市场。根据行业利润的观点,最有吸引力的细分市场是进入壁垒高、退出壁垒低的市场。此外,是否存在具有竞争力的替代品也是评价细分市场的因素之一。替代品的存在会限制细分市场内价格和利润的增长,所以已存在替代品或即将出现替代品的细分市场吸引力会降低。当然,企业自身的竞争实力最终也决定了其对细分市场的选择。竞争实力强,对细分市场选择的自由度就大一些;反之,受到的制约程度就高一些。

(3) 细分市场所具有的特征与本企业资源优势的吻合程度　　企业进行市场细分的根本目的就是要发现与自己的资源优势能够达到最佳结合的市场需求。企业的资源优势表现在其资金实力、技术开发能力、生产规模、经营管理能力、交通地理位置等方面。既然是优势,必须是胜过竞争者的。消费需求的特点如能促进企业资源优势的发挥将是企业的良机,否则,会出现事倍功半的情况,对企业是资源的浪费,甚至可能造成很大的损失。

2) 目标市场选择策略

市场经过细分、评估后,企业可能会发现许多值得进入的细分市场,这时企业就要进一步做出抉择,考虑从中选取哪些及选择多少细分市场作为目标市场,这就是目标市场覆盖策略。通常有五种模式供选择:

(1)市场集中化　　企业只选取一个细分市场,只生产一类产品,供应某一单一的顾客群,进行集中营销。市场集中化营销使企业深刻了解该细分市场的需求特点,能采用针对性的产品、价格、渠道和促销策略,从而获得强有力的市场地位和良好的声誉,但另一方面,采用这种目标市场覆盖策略隐含较大的经营风险,见图 3.2.1(a)。

(2) 产品专业化　　企业集中生产一种产品,并向所有顾客销售这种产品。如空调厂商只生产空调这一种产品,而同时向家庭、机关、学校等各类用户销售。这种模式的优点是企业专注于一种产品的生产,有利于形成和发展生产和技术上的优势,在该专业化产品领域树立很高的声誉;缺点是一旦出现其他品牌的替代品或消费者的需求偏好转移,企业将面临严重的威胁,见图 3.2.1(b)。

(3) 市场专业化　　企业专门服务于某一特定顾客群,尽力满足他们的各种需求。如企业专门为老年消费者提供各种档次的服装。企业专门为这个顾客群服务,能建立良好的声誉,但一旦这个顾客群的需求潜力和特点发生突然的变化,企业要承担较大的风险,见图3.2.1(c)。

(4) 选择性专业化　　企业选择几个细分市场,每一个对企业的目标和资源利用都有一定的吸引力,但各细分市场彼此之间很少或根本没有任何联系。这种策略能分散企业经营风险,即使其中某个细分市场失去了吸引力,企业还能在其他细分市场上盈利,见图3.2.1(d)。

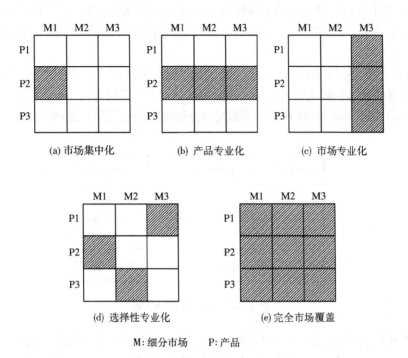

图 3.2.1 市场覆盖的五种模式

(5) **完全市场覆盖** 企业力图用各种产品满足各种顾客群体的需求,即以所有的细分市场作为目标市场。只有国际性的大型企业才有能力选用这种全面覆盖的模式。如可口可乐公司在饮料市场上开发众多产品来满足各种消费需求就是采用这种策略,见图 3.2.1(e)。

3) 目标市场营销策略

在目标市场覆盖策略确定好之后,企业必须决定如何为已确定的目标市场设计营销组合,即采取什么方式,将自己的营销力量投入目标市场。目标市场覆盖范围大小不同,所能采取的市场营销策略也不相同。归结起来有三种:无差异性市场营销策略、差异性市场营销策略和集中性市场营销策略。

(1) **无差异性市场营销策略** 所谓无差异性市场营销策略,就是企业将整个市场视作一个整体,不考虑消费者对某种产品需求的差别,它致力于顾客需求的相同之处而忽略不同之处,如图 3.2.2 所示。为此,企业设计一种产品,实行一种营销策略来迎合绝大多数的购买者。它凭借单一的产品,统一的包装、价格、品牌,广泛的销售渠道和大规模的广告宣传,树立该产品长期稳定的市场形象。

图 3.2.2 无差异性市场营销

无差异性市场营销策略最大的优点在于成本的经济性。单一的产品降低了生产、储存和运输的成本,统一的广告促销节约了市场开发费用。另一方面,这种目标市场营销策略的缺点也十分明显:它无法满足消费者各种不同的需要,面对市场的频繁变化显得缺乏弹性(图 3.2.2)。

无差异性市场营销策略适用于资源雄厚的企业和通用性、适应性较强、差异性小、具广泛市场需求的产品,如通用设备,通用的量具、刃具、标准件以及不受季节、生活习惯影响的日用消费品。

(2) 差异性市场营销策略　差异性市场营销策略与无差异性市场营销策略截然相反,它充分肯定消费者需求的不同,并针对不同的细分市场分别从事营销活动。企业根据不同的消费者推出多种产品并配合多种促销手段,力图满足各种消费者不同的偏好和需要,如图 3.2.3 所示。

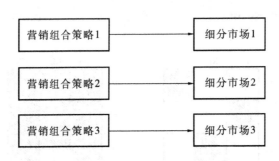

图 3.2.3　差异性市场营销

差异性市场营销策略的优点很明显,企业同时为多个细分市场服务,不依赖于一个市场、一种产品,使企业有较高的适应能力和应变能力,经营风险也得到分散和减少。同时,由于针对消费者的特色开展营销,能够更好地满足市场深层次的需求,从而有利于市场的发掘,提高销售量。这种策略的不足在于目标市场多,经营品种多,管理复杂,成本大,还可能引起企业经营资源和注意力的分散,造成顾此失彼。

(3) 集中性市场营销策略　集中性市场营销策略又称"密集性营销",是指企业集中所有力量,在某一细分市场上实行专业生产和销售,力图在这个细分市场上拥有较大的市场占有率。企业运用这个策略是遵循"与其四面出击,不如一点突破"的原则,如大众公司集中于小型汽车市场的开拓和经营,美国的惠普公司专攻高价的计算机市场,都是集中市场营销的成功范例。集中市场营销因为服务对象比较专一,企业对其特定的目标市场有较深刻的了解,可以深入地发掘消费者的潜在需要;企业将其资源集中于较小的范围,进行精耕细作,有利于集中力量建立竞争优势,获得较高的投资收益率。但这种策略风险较大,一旦企业选择的细分市场发生突然变化,比如消费者偏好转移或竞争者策略的改变等,企业将缺少回旋的余地,如图 3.2.4 所示。

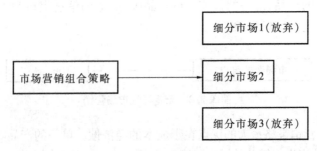

图 3.2.4　集中性市场营销

上述三种策略各有利弊,企业在进行决策时要具体分析产品和市场的状况以及本企业的自身特点。影响企业目标市场策略的因素主要有：

① 市场类似性　所谓市场类似性是指顾客在需求、偏好、购买行为上是否大致相近，对产品供应和销售的要求是否有较大的差别。在市场类似性高，也就是市场需求类似程度高的情况下，宜采取无差异性市场策略。

② 产品的同质性　产品的同质性是指产品在性能、特点等方面的差异性的大小。一般对于同质性高的产品，如食盐等，宜采用无差异性市场营销策略。而对于同质性低或异质性的产品，如家用电器等，差异性市场营销策略或集中性市场营销策略是恰当的选择。

③ 企业的实力　如果资源雄厚的企业，拥有大规模的生产能力、广泛的分销渠道、程度很高的产品标准化、好的内在质量和品牌信誉等，可以考虑实行无差异性市场策略；如果企业拥有雄厚的设计能力和优秀的管理水平，则可以考虑采取差异性市场策略；而对于实力较弱的中小企业而言，集中力量进行集中性营销策略将是适当的选择。

④ 产品的生命周期　当产品处于投入期和成长初期时，消费者刚刚开始接触这种新产品，对它的了解还停留在较为粗浅的层次，竞争尚不激烈，这时企业的营销重点是挖掘市场对产品的基本需求，往往采用无差异性市场策略，以探知市场和潜在顾客的需求；也可以采取集中性市场策略，集中力量于某个细分市场上。等产品进入成长后期和成熟期时，消费者已经熟悉产品的特性，需求也开始向深层次发展，表现出多样性和个性化来，竞争日趋激烈，企业应及时地调整营销策略，以便开拓新的市场，不断刺激新的需求，延长产品的生命周期。

⑤ 竞争者的市场策略　企业可以与竞争对手选择不同的目标市场覆盖策略。例如，竞争对手采用无差异性市场策略时，你选用差异性市场策略或集中性市场策略则更容易发挥优势。

3.2.3　市场定位

1) 市场定位的含义

目标市场确定后，企业为了能与竞争产品有所区别，开拓和进占目标市场，取得产品在目标市场上的竞争地位和优势，更好地为目标市场服务，还要在目标市场上给本企业产品做出具体的市场定位决策。

所谓市场定位就是企业根据竞争者现有产品在细分市场上所处的地位和顾客对产品某些属性的重视程度，塑造出本企业产品与众不同的鲜明个性或形象，并传递给目标客户，使该产品在细分市场上处于强有力的竞争位置的过程。这里的"位"，不是地理位置，而是产品在消费者感觉中所处的地位，是一个抽象的心理位置的概念。市场定位是树立企业形象、品牌形象、产品形象的基础。

定位这个词是由艾尔·里斯和杰克·屈劳特于1972年提出来的，他们说："定位并不是你对一件产品本身做什么，而是你在有可能成为你的顾客的人的心目中做些什么。也就是说，你得给你的产品在他们的心中定一个适当的位置。"

不管企业是否意识到产品的定位问题，对于消费者来说，不同商标的产品在他们心目中会占据不同的位置，他们会在内心按自己认为重要的产品属性将市场上他们所知的产品进行排序。随着市场上商品越来越丰富，与竞争者雷同的产品，通常无法吸引消费者的注意。因此，企业应该根据竞争者现有产品的特色以及在市场上所处的地位，针对顾客对产品特征或属性的重视程度，强有力地塑造本企业产品与众不同的、形象鲜明的个性或特征，并把这种形象生动地传递给顾客。从这个意义上来说，目标市场定位是一种竞争性定位。

市场定位的实质就在于取得目标市场的竞争优势，确定产品在顾客心目中的适当位置并留下深刻的印象,以便吸引更多的顾客。因此,市场定位是市场营销战略体系中的重要组成部分,它对于树立企业及产品的鲜明特色,满足顾客的需求偏好,从而提高企业竞争实力具有重要的意义。

2) 市场定位的步骤

市场定位的关键是企业要设法在自己的产品上找出比竞争者更具有竞争优势的特性。竞争优势一般有两种基本类型:一是价格竞争优势,就是在同样的条件下比竞争者定出更低的价格。这就要求企业采取一切努力来降低单位成本。二是偏好竞争优势,即能提供确定的特色来满足顾客的特定偏好。这就要求企业采取一切努力在产品特色上下功夫。因此,企业市场定位的全过程可以通过以下三大步骤来完成:

(1) 分析目标市场的现状,确认本企业潜在的竞争优势　识别潜在竞争优势是市场定位的基础。通常企业的竞争优势表现在两个方面:成本优势和产品差别化优势。成本优势是指企业能够以比竞争者更低的价格销售相同质量的产品,或以相同的价格销售更高一级质量水平的产品。产品差别化优势是指产品独具特色的功能和利益与顾客需求相适应的优势,即企业能向市场提供在质量、功能、品种、规格、外观等方面比竞争者更好的产品。为实现此目标,企业市场营销人员必须通过一切调研手段,系统地设计、搜索、分析并报告有关此目标的资料和研究结果。实现此目标,企业就可以从中把握和确定自己的潜在竞争优势在哪里。

(2) 准确选择竞争优势,对目标市场初步定位　竞争优势表明企业能够胜过竞争对手的能力。这种能力既可以是现有的,也可以是潜在的。选择竞争优势实际上就是一个企业与竞争者各方面实力相比较的过程。比较的指标应是一个完整的体系,只有这样,才能准确地选择相对竞争优势。通常的方法是分析、比较企业与竞争者在经营管理、技术开发、采购、生产、市场营销、财务和产品等七个方面究竟哪些是强项,哪些是弱项。借此选出最适合本企业的优势项目,以初步确定企业在目标市场上所处的位置。

(3) 显示独特的竞争优势和重新定位　这一步骤的主要任务是企业要通过一系列的宣传促销活动,将其独特的竞争优势准确传播给潜在顾客,并在顾客心目中留下深刻印象。为此,企业首先应使目标顾客了解、知道、熟悉、认同、喜欢和偏爱本企业的市场定位,在顾客心目中建立与该定位相一致的形象。其次,企业通过各种努力强化目标顾客形象,保持目标顾客的了解,稳定目标顾客的态度和加深目标顾客的感情来巩固与市场相一致的形象。最后,企业应注意目标顾客对其市场定位理解出现的偏差或由于企业市场定位宣传上的失误而造成的目标顾客模糊、混乱和误会,及时纠正与市场定位不一致的形象。

企业的产品在市场上定位即使很恰当,但在下列情况下,还应考虑重新定位:

① 竞争者推出的新产品定位于本企业产品附近,侵占了本企业产品的部分市场,使本企业产品的市场占有率下降。

② 消费者的需求或偏好发生了变化,使本企业产品销售量骤减。

重新定位是指企业为已在某市场销售的产品重新确定某种形象,以改变消费者原有的认识,争取有利的市场地位的活动。如某日化厂生产婴儿洗发剂,以强调该洗发剂不刺激眼睛来吸引有婴儿的家庭。但随着出生率的下降,销售量减少。为了增加销售,该企业将产品重新定位,强调使用该洗发剂能使头发松软有光泽,以吸引更多、更广泛的购买者。

重新定位对于企业适应市场环境、调整市场营销战略是必不可少的,可以视为企业的战略转移。重新定位可能导致产品的名称、价格、包装和品牌的更改,也可能导致产品用途和功能上的变动,企业必须考虑定位转移的成本和新定位的收益问题。

3)市场定位的策略

企业目标市场定位的最终确定,必须是经过对企业自身、竞争对手做出客观评价和对消费者的需求有了全面分析后的抉择。从理论上讲,企业可选择的目标市场定位策略主要有以下三种:

(1)填补策略　填补策略是企业将自己的产品定位在目标市场目前的空白部分,也就是市场上尚未被竞争者发觉或占领的那一部分需求空档。企业选择这种策略大都因为这个策略能避开竞争,获得进入某一市场的先机,先入为主地建立起对自己有利的市场地位。

但在决定采取填补策略之前必须仔细分析"空白"的性质和大小,以及企业自身的实力特点。首先,这一空缺为什么存在,是因为竞争对手没有发觉、无暇顾及还是因为这里根本就没有潜在的需求。任何时候都不要低估了你的竞争者,轻易地以为空缺的存在是前两种原因。其次,如果确实存在潜在的需求,那么要考虑这一空缺是否有足够的空间。也就是说,这些尚未满足的需求是否有一定的规模足以使企业有利可图。在得到肯定的答案后,企业要思考的第三个问题是自己是否有足够的技术开发能力去为这一市场的空白区域提供适当的产品。最后,企业还要判断填补这个空位在经济上是否合算。企业是追求利润的经济组织,即使前面几个问题都有令人满意的答案,但如果获利情况不佳,如因开发产品和启动市场的成本太高等,企业收益无法弥补或几乎没有收益时,企业是不应选择填补策略的。

(2)并存策略　所谓并存策略,是指企业将自己的产品定位在现有的竞争者的产品附近,力争与竞争者满足同一个目标市场部分,即服务于相近的顾客群,相互并存和对峙。一些实力不太雄厚的中小企业大都采用这种策略。

采用这种策略,企业无须开发新产品,可以仿制现有的产品,免去了大量的研究开发费用;同时,因为现有的产品已经畅销于市场,企业也不必承担产品不为市场所接受的风险,这样企业可以在树立自己的品牌上多投入精力。

企业决定采用并存策略的前提是:首先,该市场的需求潜力还很大,还有很大的未被满足的需求,并足以吸纳新进入的产品;其次,企业推出的产品要有自己的特色,能与竞争产品媲美,只有这样才能立足于该市场。

(3)取代策略　顾名思义,取代策略就是要将竞争对手赶出原来的位置,自己取而代之。这是一种竞争性最强的目标市场定位策略。企业这样定位是准备挑战现有的竞争者,力图从他们手中抢夺市场份额。选用这一策略的企业一般实力比较雄厚,为扩大自己的市场份额,决心并有能力击败竞争者;也可能是企业所选择的目标市场区域已经被竞争者占领,而且不存在与之并存的可能,企业只好勇敢地出击。

除了对竞争者有全面、清晰的了解以外,采取这种定位策略的企业还需要具备三个条件:一是必须比竞争对手有明显的优势,能提供比竞争者更加优越和有特色的产品;二是企业能借助自己强有力的营销力量使消费者认同这些优越之处;三是企业拥有足够的实力,其资源足以支持这种较量。

任务3.3　竞争战略

【引导案例】

识别竞争者的关键是,从产业和市场两方面将产品细分和市场细分结合起来,综合考虑。若干年前，派克制笔公司来了一位董事总经理，他到任的第一件事就是召集所有董事，站在他们面前，手里握着当时派克系列中最高端的一支钢笔，问道："谁是我们最大的竞争对手？"董事当中最先给出的答案是 Sheaffer。Sheaffer 钢笔在外观上与派克笔十分相似，质量好、口碑佳，包装风格和派克笔非常类似，在钢笔高端市场上的价格也与派克笔接近。然而，新来的董事总经理对这个回答并不满意，他说："Sheaffer 钢笔当然是我们的竞争对手，但绝不是我们最大的竞争对手。"随后，董事会的一位新成员提出，他们主要的竞争对手可能是生产和销售各式圆珠笔的 Biro-Swan 公司。在这个提议的启发下，竞争的定义由原来的钢笔扩展到了书写工具，因此铅笔同样也可以被视为竞争对手。"这种思维方式比刚才的好了很多"，这位董事总经理说道，"但是还不完全正确"。

紧接着，另外一名董事提议，主要竞争对手可能是如今使用越来越频繁的电话。他把钢笔视为一种沟通工具，在这种市场观点的引领下派克钢笔的竞争对手延伸至文字沟通方式和其他的语言沟通方式。"这种思维更具有创新性，"这位董事总经理说道，"但是还没有找到真正的主要竞争对手。"最后，这位新来的董事总经理给出了他的答案："我们主要的竞争对手是 Ronson 打火机"，这个回答让所有在场的董事大吃一惊。他解释说，公司目前所在的市场可界定为高端礼品市场。对派克钢笔市场销售情况进行分析可以发现，大部分派克钢笔是个人购买用来赠送给他人的，当消费者考虑购买何种礼物时，他们往往会在派克钢笔和优质打火机之间做出选择。这一市场竞争定义给该产品的营销带来了深刻启示。

人们常用"没有硝烟的战争"来比喻企业的市场营销活动，这是因为有竞争存在。除了没有流血以外，市场竞争的激烈程度是可与任何流血战争相比！无论一个企业经理人员如何看待竞争，他和他所领导的企业都必须面对竞争，在竞争中求得生存与发展。出色的营销管理者，必须具有高超的竞争技能和战略组织能力，这是营销管理的精髓所在。

市场营销，不仅提供能满足顾客需要的产品或服务，而且，还要求比竞争对手做得更好。因此，竞争是进行营销活动的前提条件。如何制定正确的竞争战略，如何战胜竞争对手来达到企业预定的营销目标，就是营销管理的最重要的内容之一。本任务将围绕竞争这个营销与营销管理的关键问题展开。

3.3.1 分析竞争者

1）竞争的内涵和分类

（1）竞争的内涵　竞争（Competition）或称为市场竞争。在同一市场上如果存在两个以上的企业生产同一性的或可替代产品，就会存在竞争。在有多个厂家生产同一性产品的时候，购买者在市场上就可以有多种选择，这就迫使竞争者为了自己的生存和发展进行较量和争夺顾客，市场就进入不断"优化"的过程，这是市场经济活力的来源。

市场竞争的概念包含 3 层基本含义：

第一，市场竞争是指在同一目标市场范围内，能对其他企业的营销活动发生影响的一种市场行为。

第二，市场竞争中，这些企业的产品相互具有替代性。所谓替代性，有两种情况：一是完全替代，即各竞争对手之间的产品基本没有差异，如钢材、煤炭、民用石化燃料等。二是不完全替代，即各竞争对手的产品之间具有差异，但在满足需要方面，具有一定的相似性，因此可以替代。不完全替代的结果是，市场对一个企业所在行业产品的需求，被另一行业提供的另一种类的产品满足,因而一个企业所在行业产品的市场总需求被抵消。

第三,市场竞争指所有参与方都在争取市场需求的变化,是朝有利于本企业的交换目标实现转化。即市场竞争指的是在同一个目标市场中,参与竞争的每一方都希望目标市场能为自己所有或所用,使本企业的产品能顺利交换出去。

(2) 市场竞争的分类　对市场竞争,可用两种分类标志进行分类。

① 按参与竞争的企业数量分类　该分类方法主要是理论经济学采用的,用以建立相应的经济分析模型。在市场营销管理的研究范围里,可借用来把握一个行业竞争所具有的一般特性。

A. 完全竞争(Pure Competition):也称自由竞争或纯粹竞争,是指在某一个行业里,存在许多独立决策经营的企业,这些企业都没有或不可能进行任何"契约性结盟"。这些企业生产同一性的产品,各企业之间的产品具有很好的替代性甚至是完全替代性。

完全竞争所指的"许多",是指企业的数量达到其中任何一个企业的行为都不会对市场主要经济变量发生影响的程度。即当某个企业减少产出量时,不会使市场感到供应量减少因而使价格升高;或者,任何一家企业提高其产品销售价格,都对顾客没有任何强制性约束力(即顾客不会不得已而接受之)。因为企业数量足够时,顾客就可以自由转向别的企业购买其所需要的产品。所以,在完全竞争行业,任何一个企业只能是价格的"接受者"而不是价格的"制定者"。

B. 不完全竞争(Imprecate Competition):也称不充分竞争,凡是一个行业中企业的数量达不到完全竞争的"许多"时,或者是行业中企业的产品替代性非常不完全或很差,该行业就处于不完全竞争状态。

不完全竞争有两种形态:

a. 垄断竞争(Monopolistic Competition):指在一个行业中有许多企业生产和销售有差别的产品,不同企业之间的产品可以相互替代又不能完全替代。

在垄断竞争中,企业既非完全的"价格接受者",也非完全的"价格制定者"。任何一个企业的产品,在产品同质部分是价格接受者;在产品异质部分则是价格制定者。当产品具有的异质部分,竞争者不能模仿且受消费者喜爱,就可能获取成本溢价,直到顾客认为这个产品的差异部分支付价格过高为止。和充分竞争不同的是,垄断竞争的行业需求曲线和企业的需求曲线都是向右下方倾斜的。且在垄断竞争中,行业的需求曲线一定比充分竞争行业的需求曲线更富有弹性。因产品之间很容易替代,而这种替代对购买者来说,又是具有实质意义。

b. 寡头竞争(Oligopoly Competition):如果在一个行业中,只有很少的企业供应产品,即为寡头竞争。

"很少"是指在这样的行业中,任何一个企业的市场行为均会明显影响市场经济变量发生变化。如其中任何一个企业减少产品供给量,就可能造成市场供给量短缺,从而导致价格上升。具有资源垄断性的行业,如石油行业与石油制品行业,企业如果提高产品价格,顾客就没有可能转向其他企业寻求供应,因其他企业没有资源生产这种产品。不仅自然资源可以造成垄断,如地理位置的限制、政府禁令、资金数量、技术独占等,也是在市场中形成寡头垄断的原因。在寡头竞争行业中,企业的产品可能具有完全替代性也可能只具有部分替代性。

② 按竞争对顾客(市场)需要的影响分类　这是营销学中所提出的对竞争的分类方法。

即指在市场竞争中,各参与竞争的企业对顾客的需要会产生什么影响来对竞争进行分类,如图 3.3.1 所示。

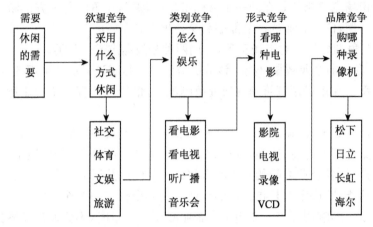

图 3.3.1　竞争的四种类型

在上图中,假定一个人在学习或是工作以后会劳累,因而有休闲的需要。这种休闲的需要指向了具体能够满足物(方式)时,就是欲望。而休闲可用多种方式满足——可以和朋友相聚(社交活动),可以玩一场球(体育活动),可以出去远足(旅游)……就是说,在同样一种需要下,可以有多种欲望产生。但一经选定某种方式,就会放弃其他满足方式。在这里,企业首先碰到的是欲望竞争。如果企业提供的产品,不属于该人所选定的用来满足需要的方式,就根本不可能为该人所购买。现在我们假定此人选定了"文娱活动",接下来,他就要考虑"我怎么娱乐?",这就是类别竞争;假定他选择了看电影,其他的娱乐形式就放弃了。同样,企业的产品如果不属于该类别,也不会被此人购买。再接下去,这位人士就要考虑"我看何种电影",这就是形式竞争,即以哪种产品形式来满足需要。再假定他选择了录像机,则其他产品就被放弃了。再接下去,他该面临选择哪家企业的产品,这就进入了品牌竞争。

根据对市场竞争的这种分类方法,营销管理中,需要明确一个重要的竞争观点——欲望竞争观念。所谓欲望竞争观念,是指营销企业通过促销使消费者在选择满足其需要和欲望的方式上,能选择本行业的产品或服务,这样来扩大市场对本企业所在行业产品的需求,就是将"蛋糕"做大。通过争取到更多的消费者消费这种产品,来取得更大的营销成果。

传统的竞争,主要表现在品牌竞争形式上。就是说,企业主要是将"品牌竞争者"视为竞争对手。很显然,由于品牌竞争是完全相似产品的竞争,竞争对手之间就只能为既定市场份额进行争夺,故竞争表现为"你死我活"或"大鱼吃小鱼"的"零和博弈"竞争;而欲望竞争则是对产品的基本需要市场进行开发和扩大,因此是一种"非零和博弈"的竞争。当基本市场被营销者成功扩大后,整个行业中的所有企业都会由于基本市场的扩大而受益,即所谓"我活你也活"或"各得其所"。如日本雅马哈公司,为了扩大其主要产品"电子琴"的基本市场,长期以"音乐教室"的方式,对潜在购买者免费进行音乐教育来促使电子琴基本市场需要的扩大。这样不仅扩大了自己公司产品的市场销量,其他竞争对手也因基本市场需求的扩大而受益。

2) 竞争者识别

公司的现实和潜在竞争者的范围是很广泛的,如果不能正确地识别竞争者,就会患上

"竞争者近视症"。在动态的竞争环境中,目前不起眼的对手或者有进入本行业企图的大公司,说不定就是未来强劲的竞争者。所以,公司被潜在竞争者击败的可能性往往大于现实的竞争者。公司应当从行业竞争和业务范围的角度来识别竞争者。

(1) 现代竞争观念与竞争者识别　竞争观念就是指企业需要从顾客观点来看待竞争,因此,应该将所有能够满足顾客某种真正需要的企业都看成是竞争对手。

具备这种竞争观念,可以使企业真正把握竞争的本质——竞争真正目的是为了不断促进社会进步,提高社会成员福利水平。同时,也能使企业具有广阔的竞争视野,能够始终从顾客要求出发来确定竞争战略,把握市场竞争的主动权。

如洗衣机生产企业,提供顾客的产品是满足顾客"清洁"的需要,因此,洗衣机的清洁功能就可以不仅限于衣服类用品,还可以包括对食品、物品的清洁。这样,任何提供给消费者清洁食品、其他家庭用品产品的企业,都是洗衣机企业的竞争对手。

如果洗衣机企业能够增加洗衣机这类功能,则企业不仅为产品找到了更广阔的市场,同时也使消费者需要满足水平被极大提高。海尔集团就是按照这样的竞争思路设计出为顾客需要的、功能更多的洗衣机产品的。

辨别竞争者的关键是通过对产品/市场竞争形势图进行分析,把对行业和对市场的分析结合起来进行。图3.3.2中,对影视播放类产品市场,按产品类型和消费者收入两个变量进行分析。其中企业是假设的,可以看到,市场中还有三个空白,是没有产品的。因此,如果有一个X企业准备进入的话,就是面对中低收入家庭消费者,向他们提供现在市场上认为是高档产品的"家庭影院系统"。X企业需要分析为什么现有各竞争对手没有提供给这些细分市场产品的原因,并且估计自己提供产品的话,有否可能克服这些困难;同时,还需要分析如果开辟这些市场,竞争对手会有什么反应。如果竞争对手也向低端市场扩展,对自己形成的威胁如何?可能战胜他们吗?

企业A	企业A 企业B	企业A 企业C
企业A 企业B	企业A 企业B 企业C	企业A 企业B 企业C
	企业B 企业C	企业B 企业C
		企业B 企业C
低收入	中等收入	高收入

顾客细分

图 3.3.2　影视播放产品/市场竞争分析

(2) 业务范围导向与竞争者识别　企业在确定和扩大业务范围时都自觉或不自觉地受到导向性思维的支配,导向不同,竞争者识别和竞争战略就不同。

① 产品导向与竞争者识别　产品导向指企业业务范围限定为经营某种定型产品,在不进行或很少进行产品更新的前提下设法寻找和扩大该产品的市场。

企业的每项业务包括四个方面的内容:要服务的顾客群;要迎合的顾客需求;满足这些需求的技术;运用这些技术生产出的产品。根据这些内容可知,产品导向指企业的产品和技术都是既定的,而购买这种产品的顾客群体和所要迎合的顾客需求却是未定的,有待于寻找和发掘。在产品导向下,企业业务范围扩大指市场扩大,即顾客增多和所迎合的需求增多,而不是指产品种类或花色品种增多。例如,铅笔公司"产品导向"下的业务范围是:我们生产学生铅笔。自行车公司"产品导向"下的业务范围定义为:我们生产加重自行车。

实行产品导向的企业仅仅把生产同一品种或规格产品的企业视为竞争对手。

产品导向的适用条件是:现有产品不愁销路;企业实力薄弱,无力从事产品更新。当原有产品供过于求而企业又无力开发新产品时,主要营销战略是市场渗透和市场开发。市场渗透是设法增加现有产品在现有市场的销售量,提高市场占有率。市场开发是寻找新的目标市场,用现有产品满足新市场的需求。

② 技术导向与竞争者识别　技术导向指企业业务范围限定为经营用现有设备或技术生产出来的产品。业务范围扩大指运用现有设备和技术或对现有设备和技术加以改进而生产出新的花色品种。对照企业业务的四项内容看,技术导向指企业的生产技术类型是确定的,而用这种技术生产出何种产品、服务于哪些顾客群体、满足顾客的何种需求却是未定的,有待于根据市场变化去寻找和发掘。比如,铅笔公司"技术导向"的业务范围定义是:我们生产铅笔。铅笔种类包括学生铅笔、绘画铅笔、绘图铅笔、办公铅笔、彩色铅笔等各式各样的铅笔。凡是铅笔都在生产经营之列,而不局限于学生铅笔或某种铅笔。自行车公司"技术导向"的业务范围定义为:我们生产自行车。产品种类包括加重车、轻便车、山地车、赛车等,而不局限于某种类型的自行车。

技术导向把所有使用同一技术、生产同类产品的企业视为竞争对手。适用条件是某具体品种已供过于求,但不同花色品种的同类产品仍然有良好前景。与技术导向相适应的营销战略是产品改革和一体化发展,即对产品的质量、样式、功能和用途加以改革,并利用原有技术生产与原产品处于同一领域不同阶段的产品。

③ 需要导向与竞争者识别　需要导向指企业业务范围确定为满足顾客的某一需求,并运用可能互不相关的多种技术生产出分属不同大类的产品去满足这一需求。

需要导向避免了技术导向可能产生的"竞争者近视症"。技术导向未把满足同一需要的其他大类产品的生产企业视为竞争对手。例如,铅笔的竞争者包括钢笔、圆珠笔、墨水笔、毛笔和电脑等;激光照排的普及淘汰了铅字印刷业;高速公路的广泛铺设减少了铁路的乘客。当满足同一需要的其他行业迅猛发展时,本行业产品就会被淘汰或严重供过于求,继续实行技术导向就难以维持企业生存。

对照业务范围的四项内容来看,需要导向指所迎合的需要是既定的,而满足这种需要的技术、产品和所服务的顾客群体却随着技术的发展和市场的变化而变化。比如,书写用品公司(可由铅笔公司、钢笔公司等发展而来)"需要导向"下的业务范围定义为:我们满足书写需要。产品种类包括铅笔、钢笔、圆珠笔、墨水笔、毛笔、掌上电脑、电脑等。短程交通公司(可由原自行车公司、摩托车公司等发展而来)"需要导向"下的业务范围定义为:我们满足短程交通需要。

实行需要导向的企业把满足顾客同一需要的企业都视为竞争者,而不论他们采用何种技术、提供何种产品。适用条件是市场商品供过于求,企业具有强大的投资能力、运用多种不同技术的能力和经营促销各类产品的能力。如果企业受到自身实力的限制而无法按照需要导向确定业务范围,也要在需要导向指导下密切注视需求变化和来自其他行业的可能竞争者,在更高的视野上发现机会和避免危险。

需要导向的竞争战略是新产业开发,进入与现有产品和技术无关但满足顾客同一需要的行业。根据需要导向确定业务范围时,应考虑市场需求和企业实力,避免过窄或过宽。过窄则市场太小,无利可图;过宽则力不能及。例如,铅笔公司若将自身业务范围定义为满足低年级学生练习硬笔字的需要则太窄,其他的铅笔市场被忽视;若定义为满足人们记录信息的需要则太宽,衍生出许多力不能及的产品,如电脑、录音机等。

④ 顾客导向和多元导向　顾客导向指企业业务范围确定为满足某一群体的需要。业务范围扩大指发展与原顾客群体有关但与原有产品、技术和需要可能无关的新业务。对照企业业务的四项内容看,顾客导向指企业要服务的顾客群体是既定的,但此群体的需要有哪些?满足这些需要的技术和产品是什么?则要根据内部和外部条件加以确定。例如,学生用品公司(可由原铅笔公司发展而来),"顾客导向"下的业务范围定义为:我们满足中小学生学习需要。产品种类可包括铅笔、钢笔、圆珠笔、墨水笔、毛笔、学生电脑、联系簿、书包、绘图尺、笔盒、实验用品、其他用具等。

顾客导向的适用条件是企业在某类顾客群体中享有盛誉和销售网络等优势并且能够转移到公司的新增业务上。换句话说,该顾客群体出于对公司的信任和好感而乐于购买公司增加经营的、与原产品生产技术上有关或无关的其他产品,公司也能够利用原有的销售渠道促销新产品。当前许多企业采用"品牌延伸"策略,将已经成名的品牌用到与原产品技术上或需要上都不相关的其他产品上,就属此类。例如,百事公司生产百事牌运动鞋,与原已成名的产品百事可乐在技术上、需要上都不相同,但是所销售的顾客群体相同。

顾客导向的优点是能够充分利用企业在原顾客群体的信誉、业务关系或渠道销售其他类型产品,减少进入市场的障碍,增加企业销售和利润总量。缺点是要求企业有丰厚的资金和运用多种技术的能力,并且新增业务若未能获得顾客信任和满意将损害原有产品的声誉和销售。

3) 竞争者的战略和目标

(1) 竞争者的战略　战略群体指在某特定行业内推行相同战略的一组公司。战略的差别表现在产品线、目标市场、产品档次、技能、技术水平、价格、服务、销售范围等方面。公司最直接的竞争者是那些处于同一行业同一战略群体的公司。各企业采取的战略越相似,它们之间的竞争就越激烈。在多数行业中,根据所采取的主要战略的不同,可将竞争者划分为不同的战略群体。例如,在家电行业,通用电气、三星、LG、惠尔浦、博世和松下等公司都提供中等价格的各种电器,因此可将它们划归同一战略群体。

根据战略群体的划分,可以归纳出两点:

① 进入各个战略群体的难易程度不同。一般小型企业适于进入投资和声誉较低的群体,因为这类群体较易打入;而实力雄厚的大型企业则可考虑进入竞争性强的群体。

② 当企业决定进入某一战略群体时,首先要明确谁是主要的竞争对手,然后决定自己的竞争战略。假如某公司要进入上述电气公司的战略群体,就必须有战略上的优势,否则很难吸引相同的目标客户。

除了在同一战略群体内存在激烈竞争外,在不同战略群体之间也存在竞争。这是因为:

① 某些战略群体可能具有相同的目标顾客。

② 顾客可能分不清不同战略群体的产品的区别,如分不清高档货和与中档货的区别。

③ 属于某个战略群体的企业可能改变战略,进入另外一个战略群体,如提供中档货的企业可能转成高档货。

(2) 竞争者的目标　竞争者的最终目标当然是追逐利润,但是每个公司对长期利润和短期利润的重视程度不同,对利润满意水平的看法不同。有的企业追求利润"最大化"目标,不达最大,决不罢休;有的企业追求利润"满足"目标,达到预期水平就不会再付出更多努力。具体的战略目标多种多样,如获利能力、市场占有率、现金流量、成本降低、技术领先、服务领先等,每个企业都有不同的侧重点和目标组合。了解竞争者的战略目标及其组合可以判断他们对不同竞争行为的反应。比如,一个以低成本领先为目标的企业对竞争企业在制造过程中的技术突破会做出强烈反应,而对竞争企业增加广告投入则不太在意。美国企业多数按照最大限度扩大短期利润的模式经营,因为当前经营绩效决定着股东满意度和股票价值。日本公司则主要按照最大限度扩大市场占有率的模式经营,由于贷款利率低、资金成本低,所以对利润的要求也较低,在市场渗透方面显示出更大的耐心。

竞争者的目标由多种因素确定,包括企业的规模、历史、经营管理状况、经济状况等。

4) 评估竞争者

(1) 评估竞争者的优势与劣势　竞争者能否执行和实现战略目标,取决于其资源和能力。阿瑟·D. 利特尔咨询公司把企业在目标市场的竞争地位分为以下六种:

① 主宰型　这类公司控制着其他竞争者的行为,有广泛的战略选择余地。

② 强壮型　这类公司可以采取不会危及其长期地位的独立行动,竞争者的行为难以撼动其长期地位。

③ 优势型　这类公司在特定战略中有较多的力量可以利用,有较多机会改善其战略地位。

④ 防守型　这类公司的经营状况令人满意,但它在主宰型企业的控制下生存,改善其地位的机会很少。

⑤ 虚弱型　这类公司的经营状况不能令人满意,但仍然有改善的机会,不改变就会被迫退出市场。

⑥ 难以生存型　这类公司经营状况很差且没有改善的机会。

评估竞争者可分为三步:

第一步,收集信息。收集竞争者业务上最新的关键数据,主要有销售量、市场份额心理份额、情感份额、毛利、投资报酬率、现金流量、新投资、设备利用能力等。其中,"心理份额"指回答"举出这个行业中你首先想到的一家公司"这个问题时提名竞争者的顾客在全部顾客中的比例。"情感份额"指回答"举出你最喜欢购买其产品的一家公司"这一问题时提名竞争者的顾客在全部顾客中的比例。收集信息的方法是查找第二手资料和向顾客、供应商及中间商调研得到第一手资料。

第二步,分析评价。根据所得资料综合分析竞争者的优势与劣势,如表 3.3.1 所示。表中,5、4、3、2、1 分别表示优秀、良好、中等、较差和差。

表 3.3.1　竞争者优势与劣势分析

品牌	顾客对竞争者的评价				
	顾客知晓度	产品质量	情感份额	技术服务	企业形象
A	5	5	4	2	3
B	4	4	5	5	5
C	2	3	2	1	2

上表中,公司要求顾客在五个属性上对三家主要竞争者做出评价。评价结果是:竞争者A的产品知名度和质量都是最好的,但是在技术服务和企业形象方面逊色一些,导致情感份额下降。竞争者B的产品知名度和质量都不及A,但是在技术服务和企业形象方面优于A,使情感份额达到最大。公司在技术服务和企业形象方面可以攻击品牌A,在许多方面都可以进攻品牌C。

第三步,定点超越。找出竞争者在管理和营销方面的最好做法作为基准,然后加以模仿、组合和改进,力争超过竞争者。

定点超越的步骤为:a. 确定定点超越项目;b. 确定衡量关键绩效的变量;c. 确定最佳级别的竞争者;d. 衡量最佳级别竞争者的绩效;e. 衡量公司绩效;f. 制定缩小差距的计划和行动;g. 执行和监测结果。

在定点超越中,公司必须确定定点超越的对象,即评价最好的公司。方法是调查顾客、供应商和分销商,请他们对本行业主要的公司加以排序;也可询问咨询公司,他们可能有本行业主要公司各项业绩的档案。公司定点超越应当集中在影响顾客满意和成本的关键项目上。

(2) 评估竞争者的反应模式　了解竞争者的经营哲学、内在文化、主导信念和心理状态,可以预测它对各种竞争行为的反应。竞争中常见的反应类型有以下4种:

① 从容型竞争者　指对某些特定的攻击行为没有迅速反应或强烈反应。可能原因是:认为顾客忠诚度高,不会转移购买;认为该攻击行为不会产生大的效果;它们的业务需要收割;反应迟钝;缺乏做出反应所必需的条件等。

② 选择型竞争者　指只对某些类型的攻击做出反应,而对其他类型的攻击无动于衷。比如,对降价行为做出针锋相对的回击,而对竞争者增加广告费用则不做反应。了解竞争者在哪些方面做出反应有利于企业选择最为可行的攻击类型。

③ 凶狠型竞争者　指对所有的攻击行为都做出迅速而强烈的反应。这类竞争者意在警告其他企业最好停止任何攻击。

④ 随机型竞争者　指对竞争攻击的反应具有随机性,有无反应和反应强弱无法根据其以往的情况加以预测。许多小公司属于此类竞争者。

(3) 竞争平衡的影响因素　竞争平衡状态指同行业竞争的激烈程度,即各企业是和平共处还是激烈争斗。如果相对和平共处,则视为竞争的相对平衡;反之视为相对不平衡。布鲁斯·亨德森认为,竞争平衡状态取决于影响因素的状况。

① 如果竞争者的产品、经营条件几乎相同,竞争能力处于均势,竞争就是不平衡的,易于发生无休止的冲突。如果有一家公司首先降低了价格,竞争平衡就会打破,价格战就会经常爆发。

② 如果决定竞争胜负的关键因素只有一个,就不易实现竞争平衡。产品成本的差异由规模效益、先进技术和其他因素造成,首先取得成本突破的公司会降价竞争,夺取其他公司的市场份额。在这些行业中,成本突破易于经常性地引发价格战。

③ 如果决定竞争胜负的关键因素有多个,就比较容易实现竞争平衡。在这种情况下,各个竞争者都有自己的细分市场,在产品质量、性能、款式、档次、服务等方面都具有某些优势,与竞争者形成差异以吸引特定顾客,易于和平共处。

决定竞争胜负的关键因素越多,能够共存的竞争者数量就越多;决定竞争胜负的关键因素越少,共存的竞争者数目就越少。如果决定因素只有一个,能够共存的竞争者也不过两三个。

5) 选择要攻击和回避的竞争者

企业明确了谁是主要竞争者并分析了竞争者的优势、劣势和反应模式之后,就要决定自己的对策:进攻谁、回避谁,可根据以下几种情况做出决定:

(1) 竞争者的强弱 多数企业以较弱的竞争者为进攻目标,认为这可以节省时间和资源,事半功倍,但实际上获利较少。反之,有些企业以较强的竞争者为进攻目标,认为这可以提高自己的竞争能力并且获利较大,因为即使强者也总会有劣势。

(2) 竞争者与本企业相似程度 多数企业主张与相近的竞争者展开竞争,但同时又认为应避免摧毁相近的竞争者,因为其结果可能对自己不利。例如,美国博士伦眼镜公司在与其他同样生产隐形眼镜公司的竞争中大获全胜,导致竞争者完全失败而将企业卖给了竞争力更强的大公司,结果使博士伦公司要面对更强大的竞争者,处境更艰难。

(3) 竞争者表现得好坏 波特认为,每个行业都有"好的"与"坏的"竞争者,一个公司应当明智地去支持好的竞争者并攻击坏的竞争者。好的竞争者有一系列特征:它们遵守行业规则;它们对行业的增长潜力所提出的设想切合实际;它们制定的价格与成本相符;它们喜欢一个健全的行业;它们将自己限定在行业的某一部分或细分市场中;它们推动其他企业降低成本或提高差异化;它们接受正常水平的市场份额和利润。坏的竞争者违反规则:它们企图花钱购买而不是赢得市场份额;它们冒着极大风险;它们在生产能力过剩时仍继续投资;通常,它们打破了行业均衡。例如,IBM 公司发现克雷公司(Cray Research)是一个好的竞争者,因为它遵守规则,经营范围严格限定在细分市场内,并且不侵犯 IBM 公司的核心市场。但 IBM 公司发现富士通公司是一个坏的竞争者,因为该公司对价格实行补贴,产品差异性小,并攻击 IBM 公司的核心市场。这就说明"好的"竞争者应当努力形成一个只有好的竞争者组成的行业,通过谨慎的许可证贸易,有选择的报复行动和联合,它们能形成一个行业,因此竞争者并不谋求相互倾轧也不胡作非为;它们遵守规则;各自之间都存在某种程度的差异;它们力争赢得而不是购得市场份额。

3.3.2 竞争战略选择

分析了竞争者,企业必须结合环境与自身现状选择适合本企业的竞争战略。

1) 通用竞争战略

根据所涉及的营销组合因素分类,有三种不同的竞争战略,一般称为通用竞争战略。

(1) 总成本领先战略 总成本领先战略指企业尽可能降低自己的生产和经营成本,在同行业中取得最低的成本生产和营销成本的做法。

实现的途径主要是改进生产制造工艺技术,设计合理的产品结构,扩大生产规模,提高劳动生产率等。总成本领先战略可以说是比较传统的竞争战略,但仍是现代市场营销活动中比较常见的竞争战略。

要想实现总成本领先,一般要求取得比较大的市场占有份额,因此低成本和低价策略需要结合使用。企业在考虑采用这种竞争战略的时候,需考察行业的经验曲线形状,如果没有成本经济性上的好处,那么,企业的营销利润会受到大量侵蚀。

① 总成本领先战略需要的基本条件

A. 持续的资本投资和良好的融资能力。

B. 较高的工艺加工能力。

C. 对工人严格的监督与管理。

D. 产品的制造工艺设计领先,从而易于用经济的方法制造。

E. 有低成本的分销系统。

② 总成本领先战略的优势

A. 即使处于竞争激烈的市场环境中,处于低成本地位的企业仍可获得高于行业平均水平的收益。成本优势可以使企业在与竞争对手的争斗中受到保护,低成本意味着当别的企业在竞争过程中已失去利润时,这个企业仍然可以获取利润。

B. 低成本地位有利于企业在强大的买方压力中保护自己,考虑到需有多种选择及降低购买风险的要求,购买方最多只能将价格压到效率居于其次的竞争对手的水平。

C. 低成本也有利于企业抵御来自供应商的威胁,它使企业应对供应商产品涨价时具有较高的灵活性。

D. 导致低成本地位的各种因素通常也以规模经济或成本优势的形式产生进入障碍,提高了进入壁垒,削弱了新进入者的竞争力。

E. 低成本企业可以采取降低价格的办法保持、维护现有消费者,提高消费者转向使用替代品的转换成本,降低替代品对企业的冲击,为企业赢得反应时间。

因此,总成本领先战略可以使企业在面临竞争者的威胁时处于相对主动的地位,有效地保护企业。

③ 总成本领先战略具有的风险

A. 经过多年积累得到降低成本的方法、制度、技术等可能因为新技术的出现而变得毫无用处。

B. 后来的加入者或竞争追随者可能通过模仿或其他廉价的学习途径掌握到降低成本的方法;或者没有经过挫折与风险就掌握到降低成本的方法,因此,后来者可能具有更大的成本竞争力而抵消率先实行这种战略的企业的竞争优势。

C. 过于注重成本的结果往往导致对市场需求变化反应迟钝;因而产品落后或不能适应需求。

D. 往往因为定价是处于成本的最低界限边缘,因此当竞争对手发动进攻时,缺少回旋余地。

(2) 差异竞争战略　　差异竞争战略是指从产品定位因素、价格因素、渠道因素、促销因素及其他营销因素上造就差异,形成企业对于整个产业或主要的竞争对手的"独特性"。

差异竞争是当前在市场营销活动中占主流的竞争做法。因为该种竞争战略不仅适应目标市场营销,更重要的是,它是最符合"营销观念"的做法。

① 差异性竞争战略具有的竞争特点

A. 构筑企业在市场竞争中的特定的进入障碍,有效地抵御其他的竞争对手的攻击。因为一旦企业在营销中形成了差别,如品牌的高知名度和特色,产品独特的功能,专有的销售渠道和分销方式,顾客熟悉的广告刺激及营销沟通方式等,就很难为其他的竞争对手模仿,因而也就很难有其他的竞争对手能轻易打入本企业所占据的目标市场。

B. 减弱顾客和供应商议价能力。顾客从接受"差异"中形成了某种或某些方面的偏好,顾客购买"喜欢的品牌"而不是购买"便宜的品牌"的行为一旦确立,就不会更多地转换购买其他的品牌。甚至到了顾客依赖于特定的品牌时,企业绝对市场地位确立了,顾客的议价能力被大大减弱。而企业一经在行业中确立了这样的营销优势或"独占"地位,也会使某些供应商更难在市场中寻找到其他更好的交易对象,供应商的议价能力也就被大大削弱。而且,供应商甚至会受到社会公众压力,使其不能轻易地拒绝为公众所喜欢的品牌产品提供资源,供应商的议价能力在这种情况下更被削弱。20世纪90年代,像Intel公司的CPU与微软公司的DOS、Windows操作系统软件产品,就具有了这样的特点。

C. 企业可希望获取超额利润。虽然这可能不是差异竞争的必然结果,但是,采用这种做法的企业往往希望获取到超额利润,也有获取到超额利润的可能。原因在于,品牌差异增大时,顾客转换品牌困难,议价能力低,这就使得不少在差异竞争中得到成功的企业,可以为其产品向顾客索取较高的溢价。如日本索尼公司,在创业之初,就是把其全部经营所获利润用于树立品牌市场形象和开发新产品,取得成功以后,索尼的产品在国际市场上,几乎都可以用比竞争对手高5%～10%定价销售。

差异竞争也有竞争对手模仿难易的问题。有些非常受顾客欢迎的产品差异与营销差异,如果没有技术壁垒的话,竞争对手将很快"克隆",从而使这些差异消失,因差异可能带来的利润上的好处也就消失。虽然某些没有技术壁垒的差异可以通过申请"专利"来进行保护,但是专利的申请时间较长,保护时间有限。因此,差异竞争战略成功的基础应是不断通过技术突破和保持技术领先。

② 差异竞争战略需要的一般条件

A. 企业拥有强大的生产经营能力。
B. 有独特的具有明显优势的产品加工技术。
C. 对创新与创造有鉴别与敏感的接受能力。
D. 有很强的基础研究能力。
E. 有质量与技术领先的企业声誉。
F. 拥有产业公认的独特的资源优势或能够创造这样的优势。
G. 能得到渠道成员的高度合作。

③ 差异竞争战略的优势

差异竞争战略利用顾客对产品特色的偏爱和忠诚,降低了产品价格的敏感性,从而使企业可以避开价格竞争,在相关领域获得持续经营优势,使利润增加却不必追求低成本。顾客的偏爱和忠诚构成了较高的进入壁垒,竞争对手要战胜这种"独特性"需付出很大的代价。产品差异给企业带来了较高的边际收益,企业可以用来应付供方威胁,顾客缺乏选择余地使其价格敏感度下降,差异化也缓解了来自买方的压力。最后,采取差异竞争战略而赢得顾客忠诚的企业,在面对替代品威胁时,其所处地位比其他竞争对手更为有利。

④ 差异竞争战略具有的主要风险

A. 与低成本的竞争对手比较,甚至与普通的竞争对手比较,可能成本太高,以至于差异对顾客的吸引力丧失。
B. 顾客偏好变化,导致差异不能对顾客再有吸引力。
C. 竞争对手对于顾客特别喜欢的差异的模仿。

(3) 目标集中战略 目标集中竞争战略是指主攻某个特定顾客群、产品系列的一个细分区段或某个地区市场。

目标集中竞争战略可能涉及少数几个营销组合因素,也可能涉及多个营销组合因素。其主要特点是,所涉及的细分市场都是特定的或是专一的。也就是说,集中竞争战略是指针对一组特定顾客的,即企业集中力量,以更好的效果,更高的效率为某一狭窄范围的服务对象提供产品或服务。

目标集中竞争战略需要的市场条件与组织条件,随集中的目标不同而变化。

目标集中竞争战略主要风险是：

A. 当覆盖整个市场的那些竞争对手因为规模经济的好处大幅度降低成本，或者积极细分市场增加产品组合或产品线长度，可能导致采用集中竞争战略的企业经营缺少特色或成本优势不再存在。

B. 集中目标指向的特定细分市场的需求变得太小，因为是采用了集中的做法，因此，转移产品到其他的细分市场相当困难。

C. 在过度细分的市场上，因为市场容量很小，采用目标集中战略的企业是没有明显的好处的。问题是从一般细分市场到过度细分市场的时间是否会太短。

2）不同市场地位企业的竞争战略

（1）市场领先者的竞争战略　市场领先者是在行业中处于领先地位的营销者，占有最大市场份额，一般是该行业的领导者。这类企业更关心的是自己市场地位的稳固性和能否有效保持已有的市场份额。作为市场领先者，需要对自身的弱点经常地进行检讨，并正确地选择竞争战略。

市场领先者要保持自己的市场占有额和在行业中的经营优势，有三种主要的战略可供选择：

① 扩大市场总规模战略　此战略属于发展战略类型，企业需要找到扩大市场总规模的方法，一般地，在同行业产品结构基本不变时，当市场总规模扩大，市场领先者得到的好处会大于同行业中其他企业。因此，市场领先者总是首先考虑扩大现有市场规模。

市场领先者可以通过以下途径扩大市场的总规模：

A. 寻找新用户：每种产品都有吸引新用户、增加用户数量的潜力。一个制造商可从多个方面找到新用户，例如，香水企业可设法说服不用香水的女性使用香水（市场渗透战略）；说服男性使用香水（市场开发战略）；向其他国家推销香水（地理扩展战略）。

B. 寻找新用途：设法找出产品的新用法和新用途以增加销售。比如，食品生产者常常在包装上印制多种食用或烹制方法，有冷食、热食、浸泡、炸炒、干食等。产品的许多新用途往往是顾客在使用中发现的，企业应及时了解和推广这些发现。

C. 增加使用量

a. 提高使用频率：企业应设法使顾客更频繁地使用产品。例如，果汁营销人员应说服人们不仅在待客时才饮用果汁，平时也要饮用果汁以增加维生素。

b. 增加每次使用量：例如，洗发剂生产企业可提示顾客，每次洗发时，洗发剂涂抹两次、冲洗两次比只用一次效果更好。洗衣粉营销人员可说明增加洗衣粉用量则衣服更洁净。有的调味品制造商将调味品瓶盖上的小孔略微扩大，销售量就明显增加。

c. 增加使用场所：电视机生产企业可以宣传在卧室和客厅等不同房间分别摆放电视机的好处，如观看方便、避免家庭成员选择频道的冲突等，宣传这是美好生活的需要，是生活水平提高的表现而不是奢侈或浪费，打破原先只买一台的习惯和"节俭"思想，使有条件的家庭乐于购买两台以上的电视机。

② 保持现有市场份额的战略　此战略属于维持性战略，市场领先企业应采取较好的防御措施和有针对性的进攻，来保持自己的市场地位。尤其需强调的是，市场领先者绝不能一味地采取"防御"，或说是单纯消极的防御。如同军事上所奉行的"最好的防御是进攻"的原则一样，市场领先者也应该使自己具有竞争的主动性和应变能力。

保持现有市场份额的战略是市场领导者经常要实行的战略。一般有如下几种：

A. 阵地防御：是指在现有市场四周构筑起相应的"防御工事"。典型的做法是企业向市场提供较多的产品品种和采用较大分销覆盖面，并尽可能地在同行业中采用低的定价策略。这是一种最为保守的竞争做法，因缺少主动进攻，长期实行，会使企业滋生不思进取的思想和习惯。美国的福特汽车公司和克勒斯勒汽车公司都曾由于采取过这种做法而先后从顶峰上跌下来；而美国可口可乐公司，在不同的时期，都积极地向市场提供消费者喜欢的产品，而不是据守于单品种的可乐饮料市场，公司不仅开发了各种非可乐饮料得以在软饮料市场上不断进取，而且在酒精饮料市场上也大肆图谋。这就没有给竞争对手更多的可乘之机。作为世界饮料业的巨子，可口可乐公司的市场领先地位长期得以稳固。

B. 侧翼防御：是指市场领先者对在市场上最易受攻击处，设法建立较大的业务经营实力或显示出更大的进取意向，借以向竞争对手表明：在这一方面或领域内，本企业是有所防备的。比如，80年代中期，当IBM公司在美国连续丢失个人计算机市场和计算机软件市场份额后，对行业或是组织市场的用户所使用的小型计算机加强了营销力度，率先采用改良机型、降低产品销售价格的办法来顶住日本和原西德几家计算机公司在这一细分市场上的进攻。

C. 先发制人的防御：这是一个以进攻的姿态进行积极防御的做法，即在竞争对手欲发动进攻的领域内，或是在其可能的进攻方向上，首先挫伤它，使其无法进攻或不敢再轻举妄动。例如日本精工公司在世界各地市场分销达2 300种钟表产品，使竞争对手很难找到其没有涉足的领域。日本本田公司，素以生产摩托车闻名，该公司从20世纪80年代中期开始进入轿车生产领域，但仍然保持每年推出几款新型摩托车产品。每当有竞争对手生产同样摩托车产品时，本田公司就采取首先降价的防御措施，因此该公司在摩托车市场的领先地位得以长久保持。

D. 反击式防御：当市场领先者已经受到竞争对手攻击时，采取主动的、甚至是大规模的进攻，而不是仅仅采取单纯防御做法，就是反击式防御。如日本的松下公司，每当发现竞争对手意欲采取新促销措施或是降价销售时，总是采取增强广告力度或是更大幅度降价的做法，以保持该公司在电视、录像机、洗衣机等主要家电产品的市场领先地位。

E. 运动防御：运动防御指市场领先者将其业务活动范围扩大到其他领域中，一般是扩大到和现有业务相关的领域中。如美国施乐公司为保持其在复印机产品市场的领先地位，从1994年开始，积极开发电脑复印技术和相应软件，并重新定义本公司是"文件处理公司"而不再是"文件复制公司"，以防止随着计算机技术对办公商业文件处理领域的渗入而使公司市场地位被削弱。

F. 收缩防御：当市场领先者的市场地位已经受到来自多个方面的竞争对手的攻击时，企业自己可能受到短期资源不足与竞争能力限制，只好采取放弃较弱业务领域或业务范围、收缩到企业应该主要保持的市场范围或业务领域内，就是收缩防御。收缩防御并不放弃企业现有细分市场，只是在特定时期，集中企业优势，应付来自各方面竞争的威胁和压力。可口可乐公司在80年代放弃了公司曾经新进入的房地产业和电影娱乐业，以收缩公司力量对付饮料业80年代中越来越激烈的竞争。

③ 扩大市场份额的战略　此战略属于用进攻方法达到防御目的的战略。在市场需求总规模还能有效扩大的情况下，市场领先者也应随市场情况变化调整自己的营销组合，努力在现有市场规模下扩大自己的市场份额。

市场领先者也可以在有需求增长潜力的市场中，通过进一步地扩大市场占有份额来寻求发展。据有关的研究认为,"市场份额在10%以下的企业,其投资报酬率在9%左右……而市场份额超过40%的企业将得到30%的平均投资报酬率,或者是市场份额在10%以下的企业的平均投资报酬率的3倍"。

对于市场领先者来说,实行扩大市场份额的战略能取得有效结果的条件:一是具有较陡峭行业经验曲线,这样通过扩大市场占有份额可以取得成本经济性;二是使顾客对产品具有"质量响应"特点。所谓"质量响应"是指随产品质量提高,顾客愿意为之支付更高的产品售价。这样,企业就可能为质量的提高而获取质量溢价。

扩大市场份额战略的主要做法有:

A. 产品创新:产品创新是市场领先者主要应该采取的能有效保持现有市场地位的竞争策略。20世纪80年代中期,日本松下公司平均每6个月对其录像机产品进行更新,Intel公司每6个月会更新其CPU产品。

B. 质量策略:质量策略也是市场领先企业采用较多的市场竞争策略,即不断向市场提供超出平均质量水平的产品。这种竞争做法,或者是为了直接从高质量产品中得到超过平均投资报酬率的收入;或者是在高质量产品的市场容量过小时,不是依靠其获得主要营销收入,而仅仅是为了维持品牌声誉或保持企业产品的市场号召力,从而能为企业的一般产品保持较大市场销售量。

C. 多品牌策略:此策略为美国的P&G(宝洁)公司首创,即在企业销路较大的产品项目中,采用多品牌营销,使品牌转换者在转换品牌时,也是在购买本企业的产品。

D. 增加或大量广告策略:市场领先企业,往往可以在一定的时期,采用高强度多频度的广告来促使消费者经常保持对自己的品牌印象,增加其对品牌熟悉的程度或产生较强的品牌偏好。

E. 有效或较强力度销售促进:通过更多销售改进工作来维持市场份额,如不断加强售后服务、提供更多质量保证,建立更多的销售和顾客服务网点。

(2) 市场挑战者的竞争战略　市场挑战者是市场占有率位居市场领先者之后而在其他的竞争对手之上的企业。并不能完全把挑战者看成是竞争实力一定次于市场领先者的。因为有时很可能它们是一些很有实力的企业,因为暂时对某项业务还没有投入更多精力或还没有将其作为主要业务来发展。市场挑战者往往可以采取两种竞争战略:一是向市场领先者发起进攻,夺取更多的市场份额;二是固守已有的市场地位,使自己成为不容易受到其他竞争者攻击的对象。

市场挑战者的战略目标一般有两类,即进攻目标和固守目标。

① 进攻目标　市场挑战者在市场上发起进攻,或是攻击市场领先者较弱的细分市场;或是攻击比自己更小的企业。当市场挑战者具有如下的条件时,就可以考虑选取进攻目标:

A. 当企业在行业中具有一定的市场声望,并且可以利用已有声望来扩大现有的市场份额,而又难以寻找到新的市场时。

B. 当企业财力较强,有充足的资金积累,却还没有更为适宜的新投资领域时。

C. 当主要的竞争者——它们可能是一个市场领先者,也可能是一个和自己的地位相差不多的挑战者——转换了战略目标,而竞争对手所实行的新的营销战略和本企业已经实行的营销战略很类似时。

D. 主要的竞争者如果正在犯某种营销错误,留下可乘之机时。

② 固守目标　市场挑战者在下列情况或有下列条件时,可采取固守战略:

A. 当所在行业市场需求处于总体性缩小或衰退时。

B. 估计竞争对手会对所遭受的进攻做出激烈反应,而本企业缺乏后继财力予以支撑可能出现的长期竞争消耗战时。

C. 企业虽找到了更好的新的投资发展领域,但对新领域的发展风险不能准确估计,因而需要在现有的市场中维持一段时间时。

D. 主要的竞争对手调整了竞争战略或采用了新的营销战略目标,本企业一时还不能摸清对手意图时。

市场挑战者在本行业中要寻求进一步的发展,一般要靠采取进攻战略。因此,进攻战略是市场挑战者主要奉行的竞争战略。

市场挑战者的进攻战略主要有以下5种:

① 正面进攻 该战略是正面地向对手发起进攻,攻击对手真正实力所在,而不是它的弱点。即便不能一役以毙之,也可极大消耗对手实力。进攻的结果,取决于谁的实力更强或更有持久力,即正面进攻采取的是实力原则。

正面进攻的常用做法有以下几种:

A. 产品对比:将自己的产品和竞争对手的产品用合法形式进行特点对比,使竞争者的顾客相信应重新考虑是否有必要更换品牌。比如百事可乐公司就曾利用可口可乐公司产品配方保密的特点,在伊斯兰国家散布可口可乐是由犹太血统的人领导的,并说可口可乐中掺有猪油,曾使许多阿拉伯国家听而信之,禁止进口"可口可乐"。

B. 采用攻击性广告:即使用同竞争者相同的广告媒介,拟定有对比性的广告文稿,针对竞争者的每种广告或广告中体现的其他营销定位因素进行攻击。如在巴西占市场份额第二的剃须刀片制造商,向占市场第一位的美国吉利公司发动进攻时,用了这样的广告:"'它的价格是最低的吗?''不!''它的包装是最好的吗?''不!''它是最耐用的吗?''不!''它给经销商最优惠的折扣吗?''不!'"表现出咄咄逼人的攻势。

C. 价格战:价格战既是传统竞争手法,也是今天的市场挑战者在比较极端的情况下仍会考虑采用的竞争战略。价格战的后果是难以预料的,尤其是可能使参战的每一方都受到损失,甚至损失严重。所以,在现代营销活动中,价格战并不是市场挑战者所首选的战略。价格战有两种做法:一是将产品的价格定得比竞争者价格更低,或是调整到低于竞争者的价格。如果竞争者没有采取降价措施,而且消费者相信本企业所提供的产品在价值上和其他竞争者尤其和市场领先者的产品相当,则此种方法会奏效。二是采用相对降低价格的做法。即企业通过改进产品的质量或提供更多的服务,明显提高产品可觉察价值,但保持原销售价格。这要求企业做到:必须在提高质量的同时,采取了降低成本的方法,以能够保持原来赢利水平;必须能使顾客相信或有相应的价值感觉,使顾客能认为本企业的产品质量高于竞争者;必须是为"反倾销"立法所允许的,即在法律许可的范围内。

② 侧翼进攻 侧翼进攻采取的是"集中优势兵力攻击对方弱点"的战略原则。当市场挑战者难以采取正面进攻时,或者是使用正面进攻风险太大时,往往会考虑采用侧翼进攻。侧翼进攻包括两个战略方向——地理市场或细分市场,来向一个对手发动攻击。

A. 地理市场战略方向:指向同一地理区域市场范围竞争对手发起进攻。常用的做法主要有两种:一是在竞争对手所经营的相同市场范围内,建立比竞争对手更强有力的分销网点,以"拦截"竞争对手的顾客;二是在同一地理区域内,寻找到竞争对手产品没有覆盖的市场片,即"空白区",占领这些区域并组织营销。

B. 细分市场的战略方向:指利用竞争对手产品线的空缺或是营销组合定位的单一而留下的空缺,冲入这些细分市场,迅速地用竞争对手所缺乏的产品品种加以填补。美国微软公司的比尔·盖茨,当年就是利用了各个大型电脑公司DOS操作系统互不兼容的特点,创立出通用性很好的个人微机DOS操作系统而发展起来的。实际上,当年微软公司的DOS产品,是向所有市场领先者发动攻击。但盖茨并没有专门针对任何特定竞争对手产品,而攻击的是这些对手的共同弱点所在。因此使这些各自为政的大公司都"束手无策",以致使微软公司"坐大"为世界电脑软件产品的领袖地位。

③ 包围进攻 是在对方市场领域内,同时在两个或两个以上的方面发动进攻的做法。用来对付如果只在单一方面进攻,会迅速采取反应的竞争对手,使被攻击者首尾难顾。该战略要求具有的条件是:

第一,竞争对手留下的市场空白不止一处,因而提供比竞争对手更多的东西,使消费者愿意接受或是迅速采用;

第二,本企业确实具有比竞争对手更大的资源优势。包围战略奉行的是"速决速胜"原则,尽快使攻击奏效,不陷入"持久战"的泥潭中。

日本索尼公司在向由美国几大公司控制的世界电视机市场进攻时,采用了此类做法。即提供的产品品种比任何一个美国公司提供的产品品种都齐全,使当时那些老牌大公司节节败退。

④ 绕道进攻 如同采用军事上的"迂回进攻"的方法,即尽量避免正面冲突,在对方所没有防备的地方或是不可能防备的地方发动进攻。对于市场挑战者来说,有三种可行方法:

第一种,多样化,即经营相互无关联的产品;

第二种,用现有的产品进入新的地区市场发展多样化;

第三种,以新技术为基础生产的产品来代替用老技术生产的产品。这种做法最容易获得进攻成功。

⑤ 游击进攻 采用"骚扰对方","拖垮对方"的战略方法。适宜实力较弱、短期内没有足够财力的企业,在向较强实力对手发起攻击时采用。此做法的特点是:进攻不是在固定的地方、固定方向上展开,而是"打一枪换一个地方"。如采用短期促销、降价,不停变换广告,进行骚扰等。

游击进攻不是企图取得直接胜利,企业不可能靠"游击方法"彻底地战胜竞争对手。所以,有时市场挑战者往往是在准备发动较大的进攻时,先依靠游击进攻作为全面进攻的战略准备,迷惑对手,干扰对手的战略决心或者是作为"火力侦察"。

(3) 市场追随者的竞争战略 市场追随者指那些在产品、技术、价格、渠道和促销等大多数营销战略上模仿或跟随市场领导者的公司。在很多情况下,追随者可让市场领导者和挑战者承担新产品开发、信息收集和市场开发所需的大量经费,自己坐享其成,减少支出和风险,并避免向市场领导者挑战可能带来的重大损失。许多居第二位及以后位次的公司往往选择追随而不是挑战。当然,追随者也应当制定有利于自身发展而不会引起竞争者报复的战略,主要有以下三种:

① 紧密追随 指在尽可能多的细分市场和营销组合中模仿市场领先者的做法。在这种情况下,市场追随者很像是一个市场挑战者。但是市场追随者采取避免直接发生冲突的做法,使市场领先者的既有利益不受妨碍或威胁。比如,在产品功能上,市场追随者可以和市场领先者一致;但是,在品牌声望上,却和市场领先者保持一定差距。

② 有距离追随　市场追随者总是和市场领先者保持一定的距离,如在产品的质量水平、功能、定价的性能价格比、促销力度、广告密度以及分销网点的密度等方面,都不使市场领先者和挑战者觉得市场追随者有侵入的态势或表示。市场领先者往往很乐意有这种追随者存在,并让它们保持相应的市场份额,以使市场领先者自己更符合"反垄断法"的规定。采取这种策略的市场追随者一般靠兼并更小的企业来获得增长。

③ 有选择追随　采取在某些方面紧跟市场领先者,而在另外一些方面又走自己的路的做法。这类企业具有创新能力,但是它在整体实力不如对方的时候,需要采用完全避免直接冲突的做法,以便企业有时间悉心培养自己的市场和竞争实力,可望在以后成长为市场挑战者。

(4) 市场补缺者的竞争战略　除了寡头竞争行业,其他行业中,都存在一些数量众多的小企业,这些小企业差不多都是为一个更小的细分市场或者是为一个细分市场中存在的空缺提供产品或服务。如台湾地区就有不少照相器材产品制造商,专为世界大公司主流产品生产配套产品,如快门线、镜头盖用的连接线、脚架套等。台湾地区也是目前世界上最大的计算机配套产品生产地。再如我国许多街道小厂,原来生产冰箱保护器这类小产品等。由于这些企业对市场的补缺,可使许多大企业集中精力生产主要产品,也使这些小企业获得很好的生存空间。

作为市场补缺者,在竞争中最关键的是应该寻找到一个或多个安全的和有利可图的补缺基点。理想的市场补缺基点应该具有以下特点：

A. 有足够的市场需求量或购买量,从而可以获利。

B. 有成长潜力。

C. 为大的竞争者所不愿经营或者是忽视了的。

D. 企业具有此方面的特长,或者可以很好地掌握补缺基点所需要的技术,为顾客提供合格的产品或服务。

E. 企业可以靠建立顾客信誉保卫自己,对抗大企业攻击。

补缺战略的关键其实是"专业化",即利用分工原理,专门生产和经营具有特色的或是拾遗补缺的、市场需要的产品或服务。由于是在一个较小的领域内追求较大市场份额,补缺也可以使那些最小的企业获得发展或者是取得较高的投资盈利。一般而言,在下列几方面可以找到专业化的竞争发展方向:

A. 最终使用者的专业化:企业专门为最终使用用户提供服务或配套产品,如一些较小的计算机软件公司专门提供防病毒软件,成为"防病毒专家"。

B. 纵向专业化:企业专门在营销链的某个环节上提供产品或服务,如专业性的设备搬运公司、清洗公司等。

C. 顾客类型专业化:市场补缺者可以集中力量专为某类顾客服务。如在产业用品的市场上,存在许多为大企业所忽视的小顾客,市场补缺企业专为这些小顾客服务。某些小型装修公司,专门承接家庭用户的住房装修业务,这些是大型装修公司所不愿意为之的。

D. 地理区域专业化:企业将营销范围集中在比较小的地理区域,这些地理区域往往具有交通不便的特点,为大企业所不愿经营。

E. 产品或产品线专业化:企业专门生产一种产品或是一条产品线。而所涉及的这些产品,是被大企业看作市场需求不够,达不到经济生产批量要求而放弃的。这就为市场补缺者留下很好的发展空缺,如家用电器维修安装业务。

F. 定制专业化:当市场领先者或是市场挑战者比较追求规模经济效益时,市场补缺者往往可以碰到许多希望接受定制业务的顾客。专门为这类顾客提供服务,构成一个很有希望的市场。近年来,我国城市中的许多家庭,在住房装修、家具等产品和服务方面,越来越倾向于定制,就为许多小企业或个体业主提供虽然分散却数量极大的营销机会。

G. 服务专业化:专门为市场提供一项或有限的几项服务。近年来我国城市中出现的许多"搬家服务公司""家教服务中心";农村中的"农技服务公司","种子服务公司"等,就是小企业采用这类专业化发展的做法和实例。

【项目小结】

（1）战略规划是企业面对激烈变化、严峻挑战的环境、市场,为长期生存和发展进行的谋划和思考,是事关企业大局的科学规划,是市场营销管理的指导方针。企业战略具有全局性、长远性、抗争性、纲领性等特征。企业战略可分为总体战略、业务战略及职能战略三个层次。营销战略规划程序如下:认识和界定企业使命、区分战略经营单位、规划投资组合、规划成长战略。

（2）目标市场营销的关键步骤是市场细分、选定目标市场和目标市场定位。市场细分是把一个整体市场划分成不同购买者群体的行为,这些购买者群体可能值得为其提供独立的产品和营销组合。消费者市场细分的依据主要有:地理、人口、心理和购买行为等,产业市场可按最终用户的行业、规模和地理分布进行细分。市场细分的有效性在于按一定标准细分的子市场具有可衡量性、可进入性、独特性和可营利性的特点。

（3）企业将最佳的细分市场挑选为其目标市场,为此要对细分市场从潜力、竞争状况、盈利能力等方面进行综合评价。当然,企业也可以不理会细分市场的差异性,采用无差异性市场策略;也可以为几个细分市场开发不同的产品,采用差异性市场策略;或者可以只追求某部分细分市场,采用集中市场策略。究竟用哪一种目标市场的营销策略,企业的决策受到诸如产品和市场的同质性、企业资源、产品的生命周期阶段和竞争者的营销策略等因素的影响。

（4）对于已确定的目标市场,企业要为自己的产品进行市场定位,其实质是在消费者心目中标明本企业产品的特色和形象。企业在明确竞争对手并研究竞争者地位的基础上做出决定:或是填补市场空白,或与竞争者并存,或者干脆取而代之。通过产品的市场定位,企业便确定了制定营销组合计划的基调。

（5）竞争者分析主要包括竞争者识别、竞争者的战略和目标、竞争者的优势与劣势、竞争者的反应模式、进攻与回避对象的选择。对于企业来说,通常有三种竞争战略可供选择:总成本领先战略、差异竞争战略、目标集中战略。每种竞争战略都有其适用的条件,企业可根据实际情况进行选择。针对市场领先者、市场挑战者、市场追随者和市场补缺者四种不同市场地位的企业,其应采用的具体竞争战略不同。

【项目核心概念】

战略　战略规划　营销战略　企业使命　战略经营单位　投资组合　波士顿矩阵
通用电气公司方法　一体化成长战略　密集式成长战略　多角化成长战略　市场细分
目标市场　目标市场覆盖策略　目标市场营销策略　市场定位　竞争者　完全竞争
不完全竞争　总成本领先战略　差异竞争战略　目标集中战略

【项目同步训练】

课堂练习

1) 单项选择题

（1）企业战略层次结构中，处于最高层战略的是（　　）。
  A. 总体战略　　B. 业务战略　　C. 经营战略　　D. 职能战略

（2）波士顿矩阵的纵向代表的是业务单位的（　　）。
  A. 市场占有率　　B. 市场吸引力　　C. 市场增长率　　D. 业务实力

（3）企业的销售额和几个最大竞争者的销售额的百分比是（　　）。
  A. 全部市场占有率　　　　　　B. 目标市场占有率
  C. 相对市场占有率　　　　　　D. 细分市场占有率

（4）某企业的某业务单位的相对市场占有率为 0.8%，市场增长率为 13%，则根据波士顿咨询集团模型，该业务单位属于（　　）。
  A. 问题类　　B. 明星类　　C. 金牛类　　D. 瘦狗类

（5）在波士顿矩阵集团模型中，市场增长率高而相对市场占有率低的企业战略业务单位被归入（　　）。
  A. 明星类　　B. 问题类　　C. 金牛类　　D. 瘦狗类

（6）需要投入大量资金的战略业务单位最可能是（　　）。
  A. 问题类　　B. 明星类　　C. 金牛类　　D. 瘦狗类

（7）高增长率和高市场占有率的战略业务单位属于（　　）。
  A. 明星类　　B. 问题类　　C. 金牛类　　D. 瘦狗类

（8）某企业利用波士顿矩阵对现有业务单位进行分析，其中一业务单位的市场增长率为 15%，相对市场占有率为 1.5，则该业务单位属于（　　）。
  A. 问题类　　B. 明星类　　C. 金牛类　　D. 瘦狗类

（9）甲公司的 A 产品所在行业去年销售总量达到 100，今年销售总量统计达 115，预计下年销售总量将达到 127，而甲公司 A 产品的相对市场份额约为 0.5。若把 A 产品作为甲公司的一个业务单位，则根据波士顿咨询集团模型，A 业务可以视为是甲公司的（　　）。
  A. 明星类业务　　B. 问题类业务　　C. 瘦狗类业务　　D. 金牛类业务

（10）波士顿咨询集团法的保持策略适合于下列业务单位中的（　　）。
  A. 问题类　　B. 明星类　　C. 金牛类　　D. 瘦狗类

（11）能够综合反映企业产品在市场上所具有的实力，表明该企业在同行业中的竞争地位的指标是（　　）。
  A. 产品的行业销售增长率　　　　B. 企业产品市场占有率
  C. 企业产品的相对市场占有率　　D. 利润率

（12）依据通用电气公司模型，如果 A 公司在具有很好市场吸引力的 B 战略业务单位上表现出极强的企业实力，那么企业对于 B 战略业务单位应该采取的最佳策略是（　　）。
  A. 维持　　B. 收割　　C. 放弃　　D. 发展

（13）在通用电气公司模型矩阵图中，处于中等位置的对角线上的三个方格所代表的战略业务单位应采取的策略是（　　）。
A. 发展　　　B. 放弃　　　C. 维持　　　D. 收割

(14) 不增加新的业务单位,在公司现有业务领域内寻找未来的发展机会的策略属于（　　）。
A. 市场开发策略　　　B. 多角化增长策略
C. 一体化增长策略　　　D. 密集式增长策略

(15) 向更广泛的领域发展,增加与公司目前业务无关的、具有发展前途的新业务的策略属于（　　）。
A. 密集式增长策略　　　B. 一体化增长策略
C. 多角化增长策略　　　D. 产品开发增长策略

(16) 企业利用原有的市场,通过从不同的角度开发新产品,达到扩大企业业务领域,稳固占有市场的目的,这种增长策略是（　　）。
A. 同心多角化　　B. 水平多角化　　C. 集团多样化　　D. 水平一体化

(17) 为了在现有市场上扩大现有产品的销售,该企业决定改进广告、宣传和推销工作,通过短期削价等措施来实现这一目的,则该企业所实施的增长策略属于（　　）。
A. 市场渗透　　B. 产品开发　　C. 市场开发　　D. 多角化经营

(18) 企业通过在新的区域或国外增加设立商业网点或利用新的销售渠道、加强广告宣传的方式,在新市场扩大现有产品销售的策略是（　　）。
A. 市场渗透　　B. 产品开发　　C. 市场开发　　D. 一体化

(19) 企业并购若干个上游企业,控制原料或供货的渠道,实现供应与生产的一体化,这是（　　）。
A. 前向一体化　　B. 后向一体化　　C. 水平一体化　　D. 多角化

(20) 某制衣企业兼并一家为它长期提供布匹的纺织企业,属于（　　）。
A. 后向一体化　　B. 前向一体化　　C. 水平一体化　　D. 纵向专业化

(21) 企业并购若干个下游企业,控制分配系统或生产系统,实现产销一体化的策略属于（　　）。
A. 后向一体化　　B. 前向一体化　　C. 水平一体化　　D. 并购一体化

(22) 企业收购和兼并若干家同种类型的企业,扩大企业生产经营规模,这种增长战略是（　　）。
A. 同心多样化　　B. 水平一体化　　C. 前向一体化　　D. 水平多角化

(23) 长虹集团利用原有的技术、经验发展并增加了彩电的种类和品种,这种做法是（　　）。
A. 水平多角化　　B. 同心多角化　　C. 集团多角化　　D. 水平一体化

(24) 下列属于消费者市场细分的依据中人口变量的是（　　）。
A. 生活方式　　B. 家庭规模　　C. 城市或农村　　D. 个性

(25) 按消费者的年龄、性别和受教育程度,进行市场细分属于（　　）。
A. 地理细分　　B. 行为细分　　C. 人口细分　　D. 心理细分

(26) 将服装市场划分为男性服装市场和女性服装市场所依据的变数是（　　）。
A. 地理变数　　B. 人口变数　　C. 心理变数　　D. 行为变数

(27) 按照消费者的生活方式、个性、购买动机、价值取向,以及对商品和服务方式的感受或偏爱,对商品价格反应的敏感程度而做出的市场细分属于（　　）。

A. 地理细分　　　B. 人口细分　　　C. 心理细分　　　D. 行为细分

(28) 某企业对 A 产品市场按照其使用状况进行市场细分,则该企业使用的细分变量"使用状况"属于(　　)。

　　A. 地理变数　　　B. 人口变数　　　C. 心理变数　　　D. 行为变数

(29) 按消费者对品牌的忠诚度来细分市场,这种方法属于(　　)。

　　A. 人口细分　　　B. 行为细分　　　C. 地理细分　　　D. 心理细分

(30) 假设有甲、乙、丙、丁、戊 5 种品牌,某消费者群忠诚于甲、甲、乙、乙、甲、乙等品牌,则这类消费者群属于(　　)。

　　A. 铁杆品牌忠诚者　　　　　　　B. 几种品牌忠诚者
　　C. 转移的忠诚者　　　　　　　　D. 非忠诚者

(31) 对于同质产品或需求上共性较大的产品,一般宜实行(　　)。

　　A. 无差异市场营销　　　　　　　B. 差异性市场营销
　　C. 集中性市场营销　　　　　　　D. 统一性市场营销

(32) 如果企业资源雄厚,且拥有大规模的生产能力,可以考虑实行(　　)。

　　A. 无差异性市场营销　　　　　　B. 差异性市场营销
　　C. 集中性市场营销　　　　　　　D. 统一性市场营销

(33) 美国的福特汽车公司在一段时间内曾奉行只生产"T"型车这样一种策略,通常我们可以把这种策略归为企业目标市场策略中的(　　)。

　　A. 无差异市场策略　　　　　　　B. 差异性市场策略
　　C. 密集型市场策略　　　　　　　D. 集中性市场策略

(34) 美国可口可乐公司拥有国际专利,在很长的时期内只生产一种口味、一种瓶装的饮料,甚至连广告语也只有一种:"请喝可乐"。请问可口可乐采用的这种目标市场策略是(　　)。

　　A. 无差异性市场策略　　　　　　B. 差异性市场策略
　　C. 密集型市场策略　　　　　　　D. 定制市场策略

(35) 美国可口可乐公司现在不仅继续生产销售可口可乐,还针对不喜欢可乐型饮料的消费者推出了芬达(Fanta)、雪碧(Sprite)、雪菲力(Chivalry)等各种口味的饮料。可口可乐采用的这种目标市场策略是(　　)。

　　A. 无差异性市场策略　　　　　　B. 差异性市场策略
　　C. 密集型市场策略　　　　　　　D. 定制营销市场策略

(36) 宝洁公司不仅生产飘柔洗发水,还针对消费者的不同发质推出了潘婷、海飞丝等其他品牌的洗发水,这种目标市场策略是(　　)。

　　A. 无差异性市场策略　　　　　　B. 差异性市场策略
　　C. 密集型市场策略　　　　　　　D. 低成本市场策略

(37) 企业在一段时间内集中企业的力量,采用一种或少数几种营销组合策略,专攻一个或几个细分市场的策略是(　　)。

　　A. 无差异性市场策略　　　　　　B. 差异性市场策略
　　C. 专业化市场策略　　　　　　　D. 密集型市场策略

(38) 某行业拥有多家参与企业,其中一些企业由于在产品上的差异或相对优势而获得了对某些市场的垄断权,则该行业的竞争结构属于(　　)。

A. 完全竞争　　B. 垄断竞争　　C. 寡头竞争　　D. 完全垄断

（39）企业有可能完全控制市场价格的竞争状况是（　　）。
A. 完全竞争　　B. 不完全竞争　　C. 寡头垄断　　D. 完全垄断

（40）某企业的竞争者对降价竞销总是强烈反击，但对其他方面却不予理会，则该竞争者属于（　　）。
A. 从容不迫型竞争者　　B. 选择型竞争者
C. 凶猛型竞争者　　D. 随机型竞争者

（41）美国保洁公司在市场上属于强劲的竞争者，一旦受到挑战，就会立即发起猛烈的全面反击。因此同行业的竞争者都避免与之正面直接交锋。因此保洁公司是（　　）。
A. 随机型竞争者　　B. 凶猛型竞争者
C. 选择型竞争者　　D. 从容不迫型竞争者

（42）在相关产品的市场上占有率最高的企业是（　　）。
A. 市场领先者　　B. 市场挑战者　　C. 市场追随者　　D. 市场补缺者

（43）时装制造商每年每季都不断推出新的流行款式，这种扩大市场需求总量的做法是（　　）。
A. 发现新用户　　B. 开辟新用途　　C. 提高市场占有率　　D. 增加使用量

（44）香水企业设法说服不用香水的妇女使用香水，这种发现新用户的做法属于（　　）。
A. 市场劝说战略　　B. 市场渗透战略　　C. 市场开发战略　　D. 地理扩展战略

（45）当富士公司在美国向柯达公司发动攻势时，柯达公司报复的手段是以牙还牙，攻入日本市场。柯达公司采取的这种防御战略是（　　）。
A. 侧翼防御　　B. 以攻为守　　C. 反击防御　　D. 运动防御

（46）在市场中最具有进攻性的竞争者是（　　）。
A. 市场领先者　　B. 产品追随者　　C. 市场挑战者　　D. 市场补缺者

（47）精心服务于市场中的某些细小部分，而不与主要的企业竞争，只是通过专业化经营来占领有利的市场地位的企业是（　　）。
A. 市场领先者　　B. 市场跟随者　　C. 市场进攻者　　D. 市场补缺者

（48）蒙牛集团早期宣传自己只做"第二"，并在各个市场及市场营销组合策略上尽量模仿伊利集团。蒙牛集团的这种战略称为（　　）。
A. 紧密追随　　B. 有距离地追随　　C. 有选择地追随　　D. 名牌的模仿者

（49）松下电器公司对索尼公司首先投放市场的各种家电产品进行分析研究，针对其缺点，采取了增加新功能、降低成本等措施。松下公司的这种战略称为（　　）。
A. 紧密跟随　　B. 有距离地跟随　　C. 有选择地跟随　　D. 名牌的模仿者

2）多项选择题

（1）在波士顿咨询集团模型法中企业明确了不同业务单位的内容之后，要综合判断企业的业务组合是否正常，并确定每一项业务单位的目标、战略和预算，可选择的方案有（　　）。
A. 发展策略　　B. 降低策略　　C. 保持策略　　D. 收割策略
E. 放弃策略

（2）制定企业投资组合计划中采用的通用电气公司模型主要考虑的因素是（　　）。

A. 市场增长率　　B. 市场占有率　　C. 市场吸引力　　D. 业务实力
E. 竞争强度

（3）企业新增业务规划主要有（　　）。
A. 密集式增长　　B. 一体化增长　　C. 风险性增长　　D. 多角化增长
E. 全方位增长

（4）密集式增长的主要方式是（　　）。
A. 产品开发　　B. 市场开发　　C. 市场渗透　　D. 水平开发
E. 同心化

（5）企业新增业务规划中的一体化增长包括以下（　　）几种方式。
A. 集团一体化　　B. 前向一体化　　C. 多元一体化　　D. 后向一体化
E. 水平一体化

（6）多角化增长的主要方式有（　　）。
A. 同心多角化　　B. 综合多角化　　C. 水平多角化　　D. 垂直多角化
E. 集团多角化

（7）消费者市场的细分变量主要有（　　）。
A. 顾客规模　　B. 地理变量　　C. 人口变量　　D. 心理变量
E. 行为变量

（8）细分市场的有效标志有（　　）。
A. 可测量性　　B. 可进入性　　C. 可选择性　　D. 可营利性
E. 可区分性

（9）下列属于产业市场特有的细分变量的是（　　）。
A. 顾客规模　　B. 地理变量　　C. 最终用户　　D. 心理变量
E. 行为变量

（10）目标市场覆盖策略类型包括（　　）。
A. 市场集中化　　　　　　B. 产品专业化
C. 市场专业化　　　　　　D. 选择性专业化
E. 完全市场覆盖

（11）目标市场策略的类型包括（　　）。
A. 无差异性市场策略　　　B. 差异性市场策略
C. 市场渗透策略　　　　　D. 密集型市场策略
E. 多角化市场策略

（12）影响企业选择目标市场策略的主要因素是（　　）。
A. 企业的特点　　　　　　B. 市场特点
C. 产品特点　　　　　　　D. 产品的生命周期
E. 竞争者的目标市场策略

（13）市场定位的主要思维方式和常用方法有（　　）。
A. 初次定位　　　　　　　B. 重新定位
C. 最终定位　　　　　　　D. 对峙定位
E. 避强定位

（14）竞争者的主要反应类型有（　　）。

A. 从容不迫的竞争者　　　　　B. 反应迟钝的竞争者
C. 选择型竞争者　　　　　　　D. 凶猛型竞争者
E. 随机型竞争者

(15) 通用竞争战略主要有（　　）。
A. 总成本领先竞争战略　　　　B. 差异化竞争战略
C. 效率最高策略　　　　　　　D. 规模最大策略
E. 集中性竞争策略

(16) 市场挑战者可选择的进攻策略主要有（　　）。
A. 正面进攻　　B. 侧翼进攻　　C. 包围进攻　　D. 迂回进攻
E. 游击进攻

(17) 一般来讲，各个竞争者对企业的举措的反应是不同的，主要的反应模式有（　　）。
A. 从容不迫型　B. 针锋相对型　C. 选择型　　　D. 随机型
E. 强烈型

(18) 市场领先者为保持自己的领导地位，可供选择的策略有（　　）。
A. 提高竞争能力　　　　　　　B. 扩大市场需求量
C. 开发新产品　　　　　　　　D. 保持市场占有率
E. 提高市场占有率

(19) 市场领先者为了维护自己的优势，保住自己的领先地位，通常可采取的战略有（　　）。
A. 击败竞争对手　　　　　　　B. 扩大市场需求总量
C. 控制竞争对手　　　　　　　D. 保持市场占有率
E. 提高市场占有率

(20) 市场跟随者的跟随战略有（　　）。
A. 主动跟随　　B. 紧密跟随　　C. 距离跟随　　D. 选择跟随
E. 仿造名牌

3) 简答题
(1) 如何划分企业的战略业务单位？
(2) 简述企业策划新增业务的主要方面。
(3) 一个标准的战略业务单位有哪些特点？
(4) 选择目标市场需考虑的因素有哪些？
(5) 简述市场定位的步骤。
(6) 分析竞争者可以从哪些方面进行？
(7) 辨别竞争者的观念有哪些？
(8) 简述三种通用竞争战略。

4) 计算题
下表是简化了的关于某企业的 A 业务单位市场吸引力和业务实力因素评价表。① 请根据下表提供的数据计算并得出 A 业务单位在通用电气公司模型矩阵中所处的方格。② 同时指出企业对处于该方格的业务单位应当采取的策略（注：矩阵以 1 分为最低分，5 分为最高分，共分 9 个区域。市场吸引力以"大、中、小"表示，业务实力以"强、中、弱"

表示）。

市场吸引力	权数	水平（1～5）	得分	业务实力	权数	水平（1～5）	得分
市场总规模	0.3	4		市场占有率	0.5	5	
年市场增长率	0.4	4		市场占有率增长	0.2	3	
历史边际利润	0.3	3		单位成本	0.3	3	
合计	1.0			合计	1.0		

5) 案例分析题

雀巢公司作为一个市场领导者，其出色表现如下（以亚洲市场为例）：

1) 战略眼光与原则

（1）长期展望与持久毅力　雀巢公司花大力气分析任何一个可能的市场机会并据此研制出最佳食品，然后努力使之成为一项成功的长期投资项目。雀巢公司为了进入中国市场，坚持与中国坚持长达13年之久的对话，才受到黑龙江省的邀请，允许装运在那里生产的奶制品，足见它的耐心程度。1990年，雀巢公司终于在我国建立了第一家奶粉及婴儿麦片厂。它不利用当地紧张的铁路和公路来取奶及传递奶制品，而是在27个村庄和工厂取奶点之间建立了自己的"奶路"。公司迅速付款给农户，以鼓励他们生产更多的牛奶和购买奶牛。于是，一个只装载雀巢产品的货车传运系统建立了。分析家认为没有哪家公司愿像雀巢那样在中国投资的。

（2）彻底了解顾客　雀巢公司坚持不懈地通过市场营销和搜集信息来研究自己的顾客，包括最终消费者和交易的情况。它拥有自己遍布全球的20家研究机构，广泛进行消费者偏好调查。例如，公司意识到亚洲人对食品有着更高的标准要求，他们不希望只图方便而降低要求（其中对方便面和速溶粥是一个例外）。因此，雀巢生产出了调味料和肉汁，可以存储起来在烹饪时拿出来使用。现在，雀巢已帮助斯里兰卡、印度、中国、印度尼西亚、马来西亚和泰国这样的发展中国家建立起了本国的乳品加工业和咖啡饮品的消费偏好。

2) 产品与品牌

（1）产品革新　雀巢公司是一位积极的产品革新者。它在亚洲地区聘用的首批食品技术专家便是当地精于家庭、餐馆烹饪的厨师，然后再将食品提高到大规模生产的水平。同时，公司对研发人员进行2～3年的培训，与其他雀巢机构互相交流提高。

（2）质量策略与生产效率　产品一经推出，公司便长期不懈地致力于改进、提高产品质量。例如，亚洲人开始逐渐反感人造调料而倾向于天然调料，因此公司便不惜花费研究预算的25%，开发出一种可通过诸如发酵这样的生物过程提取的肉类调料。公司具有生产制造方面的高超技艺，努力保持其成本在同行业中最低。

（3）产品线延伸　雀巢公司生产不同规格、不同形式的品牌来满足消费者的不同偏好。这样可以使雀巢品牌在货架上占据更多的空间，从而有力防止竞争者的入侵。

（4）多品牌策略　雀巢公司认为，一个精心策划的品牌将使公司受益终身。在每一个市场中，雀巢公司都要从其多个战略品牌组合中的8 000多个品牌中挑选出2～3个品牌。此举旨在降低风险并将攻击力集中。

3) 销售渠道

建立良好的合作关系。雀巢公司坚信贸易伙伴是在亚洲取得成功的重要因素。因此，它一贯与他们保持亲密的关系。雀巢在日本首先使用了销售网推销活动，与当地的批发零售系统完全融为一体，同时还把一部分促销活动转由一定的销售渠道和批发商来组织。在泰国，为了与当地的超级市场建立牢固的关系，雀巢向他们提供了最新的库存管理系统，并教会他们如何使用。

4) 沟通与促销组合

（1）目标沟通　雀巢咖啡进入日本市场时，针对老年人习惯饮茶、传统观念根深蒂固的状况，雀巢公司咖啡的味道极力塑造成日本风味的形象，以日本的传统文化表现咖啡的味道；对于年轻一代日本人，雀巢公司则刻意塑造欢乐的气氛，以新潮、时尚、感性和爱情为表现主题，让他们感受雀巢咖啡超国界的时代气息；对于成熟、稳重、事业有成和有社会地位的中年人，则用金牌咖啡向他们做宣传，暗示成功的人应该与金牌咖啡相匹配，与其身份才相称。尽管对上述三种不同阶层和年龄的人采用了目标沟通的策略，但雀巢公司在其品牌的塑造上，却表现出了一致的特性，那就是"高品位的格调，现代人的饮料"。

（2）大量广告　在创造消费者的强烈品牌意识和偏好方面，雀巢公司从不吝惜花钱。这使公司很快赢得较高的市场份额。例如，在韩国，雀巢仅用7年的时间夺得35%的市场份额，击败了卡夫（Kraft）通用食品公司长期以来的垄断地位，这主要靠大规模的广告战。

（3）具有进取心的销售人员　雀巢拥有一支高水平的销售队伍，他们熟练掌握英语，大学毕业（甚至是MBA），能够卓有成效地争取到货架空间，并与零售业客户在现场进行展销和促销活动。在泰国，他们被冠以"红热销售突击队"的雅号。

（4）SP与公共关系　雀巢公司因地制宜，设计促销战役。与此同时，雀巢也在试图尽量减少SP活动，而转向广告和公共关系，以建立长期的消费偏好。例如，在中国上海，雀巢公司热心资助大学社团的活动，如文艺会演、英语角等，公司还乐于在大学做专题报告，向大学生赠送资料，传播公司文化。

问题：

（1）如何识别竞争者？

（2）市场领导者为维护其地位可采取哪些策略？

（3）雀巢公司保护已有的市场采取哪些措施？

（4）雀巢咖啡进军日本市场时，对各细分市场采取不同的沟通策略，但同时为什么对雀巢品牌形象的塑造却是统一的？两者会产生矛盾吗？试举其他的例子。

（5）结合雀巢公司的例子，谈谈沟通与促销的关系。

课后实训

由于比普通人的体积大，肥胖者遇到了很多的困难。随着越来越多的品牌为瘦人而设计，身材肥胖的人不得不忍受买衣服的窘迫。随着饮食生活的西方化，人们整体上体型变大，此时专门为肥胖的人开设的大码专卖店获得了成功。他们将顾客中体型肥胖、需要穿XL尺码以上的人作为自己的目标顾客群，实施了差异化营销。在肥胖者较多的发达国家，专门为肥胖人群开设的大码服装店早已经在市场中占得一席之位。这其中，在网上作为大码服装的代表品牌而名声大噪的BIGNBIG（www.bignbig.com）以其鲜亮的颜色、顺应流行的设计，为肥胖者提供了多种选择，还赋予他们追赶潮流的自信心，可以说是成功的典型。

A公司是国内一家服装专卖店,专门为肥胖者而提供服务,根据市场需求打算在网络中开设网店。

假如你是该公司的网络营销人员,请为公司做以下工作:

(1) 对肥胖者购买衣服的市场进行市场细分,并描述其特点;
(2) 查询、登录相关的网站,列举出国内相关市场的情况;
(3) 根据各个细分市场的特点以及竞争状况对专卖店进行市场定位;
(4) 完成实训报告。

实训目标:通过该实训,了解市场细分的变量、目标市场选择的策略以及企业市场定位方法。

实训组织:学生每8人一组进行讨论。

实训考核:"活动过程"考核与"实训结果"考核相结合。

实训成果:分组汇报,老师讲评并考核。

 补充阅读

精确细分,动感地带赢得新一代

中国移动作为国内专注于移动通信发展的通信运营公司,曾成功推出了"全球通""神州行"两大子品牌,成为中国移动通信领域的市场霸主。而同其他运营商一样,中国移动旗下的全球通、神州行两大子品牌缺少差异化的市场定位,目标群体粗放,大小通吃。一方面是移动通信市场黄金时代的到来,另一方面是服务、业务内容上的同质化,面对"移动牌照"这个资源蛋糕将会被越来越多的人分食的状况,在众多的消费群体中进行窄众化细分,更有效地锁住目标顾客,以新的服务方式提升顾客品牌忠诚度,以新的业务形式吸引顾客,是运营商成功突围的关键。

根据麦肯锡对中国移动用户的调查资料表明,中国将超过美国成为世界上最大的无线市场。25岁以下的年轻新一代消费群体将成为未来移动通信市场最大的增值群体。因此,中国移动将以业务为导向的市场策略率先转向了以细分的顾客群体为导向的品牌策略,在众多的消费群体中锁住15~25岁年龄段的学生、白领,产生新的增值市场。2003年3月,中国移动推出子品牌"动感地带",宣布正式为年龄在15~25岁的年轻人提供一种特制的电信服务和区别性的资费套餐。锁定这一消费群体作为自己新品牌的顾客,是中移动"动感地带"成功的基础。

从目前的市场状况来看,15~25岁年龄段的目标人群是目前预付费用户的重要组成部分,而预付费用户已经越来越成为中国移动新增用户的主流。中国移动每月新增的预付卡用户都是当月新增签约用户的10倍左右,抓住这部分年轻顾客,也就抓住了目前移动通信市场大多数的新增用户。

从长期的市场战略来看,以大学生和公司白领为主的年轻用户,对移动数据业务的潜在需求大,且购买力会不断增长。有效锁住此部分消费群体,三五年以后将从低端顾客慢慢变成高端顾客,企业便为在未来竞争中占有优势埋下了伏笔,逐步培育了市场。

从移动的品牌策略来看,全球通定位高端市场,针对商务、成功人士,提供针对性的移动办公、商务服务功能;神州行满足中低市场普通顾客通话需要;"动感地带"有效锁住大学生

和公司白领为主的时尚用户,推出语音与数据套餐服务,全面出击移动通信市场,牵制住了竞争对手,形成预置性威胁。

"动感地带"目标顾客群体定位于15～25岁的年轻一族,从心理特征来讲,他们追求时尚,对新鲜事物感兴趣,好奇心强、渴望沟通,他们崇尚个性,思维活跃,他们有强烈的品牌意识,对品牌的忠诚度较低,是容易互相影响的消费群体;从对移动业务的需求来看,他们对数据业务的应用较多,这主要是可以满足他们通过移动通信所实现的娱乐、休闲、社交的需求。

中国移动据此建立了符合目标消费群体特征的品牌策略:

(1) 动感的品牌名称　"动感地带"突破了传统品牌名称的正、稳,以奇、特彰显,充满现代的冲击感、亲和力,同时整套VI系统简洁有力,易传播,易记忆,富有冲击力。

(2) 独特的品牌个性　"动感地带"被赋予了"时尚、好玩、探索"的品牌个性,同时提供消费群以娱乐、休闲、交流为主的内容及灵活多变的资费形式。

(3) 炫酷的品牌语言　富有叛逆的广告标语"我的地盘,听我的",及"用新奇宣泄快乐""动感地带(M-ZONE),年轻人的通讯自治区!"等流行时尚语言配合创意的广告形象,将追求独立、个性、更酷的目标消费群体的心理感受描绘得淋漓尽致,与目标消费群体产生情感共鸣。

(4) 犀利的明星代言　周杰伦,以阳光、健康的形象,同时有点放荡不羁的行为,成为流行中的"酷"明星,在年轻一族中极具号召力和影响力,与动感地带"时尚、好玩、探索"的品牌特性非常契合。可以更好地回应和传达动感地带的品牌内涵,从而形成年轻人特有的品牌文化。

"动感地带"其独特的品牌主张不仅满足了年轻人的消费需求,吻合他们的消费特点和文化,更是提出了一种独特的现代生活与文化方式,突出了"动感地带"的"价值、属性、文化、个性"。将消费群体的心理情感注入品牌内涵,是"动感地带"品牌新境界的成功所在。

[资料来源:摘自《成功营销》杂志,2004年2月,郑纪东]

项目 4　制定营销策略

【教学目标】

☞ 知识目标

1) 了解产品整体概念,产品组合的相关概念,产品生命周期概念,产品品牌的相关概念,品牌层次,品牌作用,产品包装的概念及作用,新产品概念,营销定价的内涵,分销渠道的概念及职能,物流的职能,促销及促销组合的概念。

2) 熟悉产品的分类,产品组合的测量尺度,产品生命周期分期及图形特点,新产品分类,新产品开发的程序,产品定价的影响因素,分销渠道的流程,分销渠道的基本模式,中间商的类型,影响促销组合的因素。

3) 掌握产品组合策略,产品生命周期各阶段特点及企业营销策略,产品品牌策略,产品包装策略,产品定价的方法和策略,分销策略设计及管理,物流系统,存货与运输策略,广告策略,人员推销策略,公共关系及营业推广策略。

☞ 技能目标

1) 具有针对企业制定不同生命周期阶段的产品策略,制定产品最佳组合策略,获得品牌成功的能力。

2) 具有针对企业选择合适的定价方法、制定相应的定价策略的能力。

3) 具有选择分析渠道模式、设计分销渠道的能力。

4) 具有分析以及选择合适的促销组合的能力。

☞ 素质目标

在营销实践工作中具备自主学习的意识,并具有探索创新及团队合作的精神。

【学习重点、难点】

☞ 学习重点

1) 产品整体概念、产品生命周期、产品组合、品牌决策及新产品开发。

2) 影响定价的因素、定价方法及定价策略。

3) 分销渠道类型、分销渠道的设计、批发与零售。

4) 促销组合、广告、人员推销、营业推广及公共关系。

☞ 学习难点

1) 产品生命周期及品牌决策。

2) 定价方法的选择及策略的运用。

3) 分销渠道的设计及管理。

4) 促销方式的选择及应用。

【引言】

　　市场营销的目的是为了满足消费者的各种需要。市场营销既是一种职能，又是组织为了自身及利益相关者的利益而创造、沟通、传播和传递客户价值，为顾客、客户、合作伙伴以及整个社会带来经济价值的活动、过程和体系。营销组合是企业的综合营销方案，即企业针对目标市场的需要对自己可控制的各种营销因素（产品质量、包装、服务、价格、渠道、广告等）的优化组合和综合运用，使之协调配合，扬长避短，发挥优势，以便更好地实现营销目标。市场营销组合由影响产品需求的一切措施组成。市场营销组合是企业对付竞争者强有力的手段，是合理分配企业营销预算费用的依据。

任务 4.1　产品策略

【引导案例】

三只松鼠的崛起

1）企业发展

　　三只松鼠股份有限公司成立于 2012 年，公司总部在芜湖，位于安徽省，是中国第一家定位于纯互联网食品品牌的企业，也是当前中国销售规模最大的零食电商企业，其主营业务覆盖了坚果、肉脯、果干、膨化等全品类休闲零食。"三只松鼠"品牌一经推出，立即受到了风险投资机构的青睐，先后获得 IDG 的 150 万美金 A 轮天使投资和今日资本的 600 万美元 B 轮投资。2015 年，三只松鼠获得峰瑞资本 3 亿元投资。

　　2019 年 7 月 11 日，三只松鼠在深交所创业板上市，被誉为"国民零食第一股"。2019 年其全年销售额突破百亿，成为零食行业首家迈过百亿门槛的企业。

　　三只松鼠连续 7 年"双 11"天猫食品销售额第一名，累计销售坚果零食产品超过 200 亿元，天猫店铺粉丝数第一品牌，用户数超过一亿人，线上线下同业坚果零食全行业第一名。人民日报评价三只松鼠："成功安利了消费者养成了吃坚果的好习惯，成为下一个国货领头羊"。

2）销售模式

　　三只松鼠主要是以互联网技术为依托，利用 B2C 平台实行线上销售。凭借这种销售模式，"三只松鼠"迅速开创了快速、新鲜的新型食品零售模式。这种特有的商业模式缩短了商家与客户的距离，确保让客户享受到新鲜、完美的食品。开创了中国食品利用互联网进行线上销售的先河。

　　三只松鼠积极布局线下业务：一是自营的投食店，店面超过 200 m²，主要以消费者体验以及产品展示为主。二是借助阿里巴巴的零售通道进驻到万千社区小店中。目前三只松鼠产品的店铺已达 70 万家，产品复购率 75%。三只松鼠小店，是与年轻创业者合作的店铺，依靠店主本人 IP 来动销产品，松鼠小店数量已破百家。

　　三只松鼠还朝着数字化供应链平台转型，具体的做法是通过数字化供应链平台，一方面链接大量食品生产企业，另一方面连接无数的消费者，将两者链路变得更短一些。最终将行业效率提高、成本降低、质量做好，打造出更加符合消费者需求，并且兼备风味、鲜味以及趣味的产品。

　　三只松鼠在发展的道路上，依托品牌、产品、物流及服务优势，先后被《华尔街日报》《路透社》《彭博社》等外媒称为"美国公司遭遇的强劲对手""中国品牌崛起的典范"。

企业的一切生产经营活动都是围绕着产品进行的,即通过及时、有效地提供消费者所需要的产品而实现企业的发展目标。企业生产什么产品?为谁生产产品?生产多少产品?这一似乎是经济学命题的问题,其实是企业产品策略必须回答的问题。企业如何开发满足消费者需求的产品,并将产品迅速、有效地传送到消费者手中,构成了企业营销活动的主体。产品是什么?这是一个不是问题的问题,因为企业时时刻刻都在开发、生产、销售产品,消费者时时刻刻都在使用、消费和享受产品。但随着科学技术的快速发展,社会的不断进步,消费者需求特征的日趋个性化,市场竞争程度的加深加广,导致了产品的内涵和外延也在不断扩大。产品策略是市场营销组合策略的基础,从一定意义上讲,企业成功与发展的关键在于产品满足消费者需求的程度以及产品策略正确与否。

4.1.1 产品整体概念及分类

1) 产品整体概念

什么是产品?通常人们对产品的理解是一种具有某种特定物质形状和用途的物体,如汽车、钢铁、衣服、食品等等。事实上,顾客购买一件产品并不是只要得到一个产品的有形物体,而是还要从这个产品中得到某些利益和欲望的满足。比如,工业生产者购买一台机床,他想得到的不仅是一台质量好的机床,还希望通过使用能满足获得投资收益的需要。因此,他要求卖方能及时交货,帮助安装调试,培训人员,得到维修保证等各项服务。

市场营销学认为,广义的产品是指人们通过购买而获得的能够满足某种需求和欲望的物品的总和,它既包括具有物质形态的产品实体,又包括非物质形态的利益,这就是"产品的整体概念"。

所以,从市场营销观点看,产品是指人们通过购买(或租赁)所获得的需要和满足,包括一切能满足顾客某种需求和利益的物质产品和非物质形态的服务,这就是整体产品概念。

现代市场营销理论认为,产品整体包含五个基本层次:核心产品、形式产品、期望产品、延伸产品和潜在产品如图4.1.1所示。

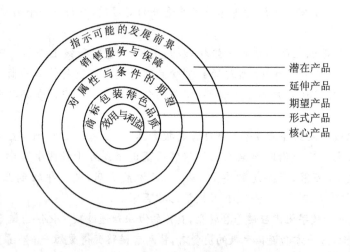

图 4.1.1 产品整体概念

(1) 核心产品　核心产品是指为顾客提供的最基本的效用或利益,是产品整体中最基本和最实质性的,也是顾客需求的中心内容。顾客购买产品不是为了购买构成产品的实体物质材料,而是为了满足自己的某种需要。产品若没有效用和使用价值,不能给人们带来利益的满足,它就丧失了存在的价值,顾客就不会购买它。例如,对于洗衣机,消费者要购买的要求是"方便、快捷、干净";对于电影院,消费者要购买的就是娱乐。

(2) 形式产品　形式产品是指产品的实体和形象,是产品呈现在市场上的具体形态。形式产品一般有五个方面的特征,即产品的品质、款式、特色、品牌与包装。产品的基本效用通过产品实体才能实现。形式产品的概念不仅适合于有形的产品,对于服务产品也同样适合。

(3) 期望产品　期望产品是指购买者在购买产品时期望得到的东西。期望产品实际上是指与产品密切相关的一整套属性和条件,如旅客对旅店服务产品的期望包括干净整洁的房间、毛巾、卧具、电话、衣橱、电视等,消费者对冰箱产品的期望包括送货上门、质量、安装与维修保证。公众的期望产品得不到满足时,会影响消费者对产品的满意程度、购后评价及重复购买率。

(4) 延伸产品　延伸产品是指产品的各种附加利益的总和。通常包括维修服务、培训服务、融资服务、送货、安装以及各种保证等。在现代市场营销环境下,企业销售给顾客的绝不只是某种单纯的具体产品,而必须是能够全面满足顾客的需求和欲望的一个系统。例如,目前各大公司面向医疗单位推销 CT 扫描仪、核磁共振仪等价格高达几十万甚至数百万美金的昂贵医疗设备,仅仅有设备是无法运转的,还必须有特殊设计的附属设备、培训优良的操作人员和其他许多内容。这些大公司已经认识到,除了产品本身的品质外,能否在激烈的竞争中获胜往往还取决于各种服务的水准,如安装、操作人员培训,24 小时的维修服务,特殊的融资安排等等。

当然,延伸产品设计也不是越多越好,而是要坚持以顾客的需求为中心,做到:第一,延伸产品所增加的成本是顾客愿意承担也承担得起的;第二,延伸产品给予顾客的利益将很快转变为顾客的期望利益,企业应根据顾客期望利益需要而不断改进延伸产品;第三,在重视延伸产品的同时,考虑顾客差异性需求,生产一些确保核心产品,减少延伸产品的廉价产品,以满足低收入消费者或实惠型消费者的需要。

(5) 潜在产品　潜在产品是指包括现有产品的延伸和演进部分在内的,最终可能发展成为未来实质产品的产品。如彩电可发展为录放影机、电脑终端机等。

产品整体概念是市场营销理论的重大发展,它的五个层次十分清晰地体现了以顾客为中心的现代营销观念。这一概念的内涵和外延都是以消费者需求为标准的,由消费者的需求来决定的。它强调企业在实现实质产品的同时,也要重视形式产品、期望产品、延伸产品和潜在产品的研究与开发,强化产品在竞争中的动态作用,以全方位地满足消费者的需要。可以说,没有产品的整体概念,就不可能真正贯彻现代营销观念。

2) 产品的分类

产品的分类,通常用以下两种分类方法来进行,如图 4.1.2 所示。

(1) 按产品的耐用性和有形性分类　按产品的耐用性和有形性可分为耐用品、非耐用品和服务三种类型。

① 耐用品　指正常情况下能多次使用的有形物品,如汽车、电冰箱、音响、电脑等。企业应采取的市场营销战略包括:A. 重视人员推销和服务;B. 追求高利润率;C. 提供销售保证。

② 非耐用品　指正常情况下一次或几次使用就被消费掉的有形物品,如啤酒、食品、汽车润滑油等。这些物品很快就被消费掉,消费者和用户购买频繁。企业应采取以下市场营销战略:A. 通过多种网点销售这种物品,以便消费者能随时随地购买;B. 只求微利;积极促销。

③ 服务　指供出售的活动、效益或满足感。服务这种产品的主要特点是基本无形、不

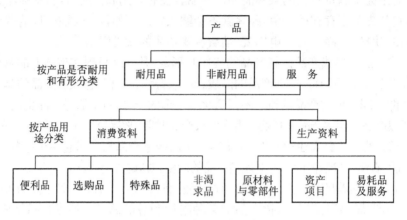

图 4.1.2 产品分类示意图

能大批量生产、生产与消费不可分割、不可存储。因此,经营服务更需要加强服务质量管理,密切购买者和经营者的关系,提高经营者的信誉及对购买者的适应性,以根据顾客的需要提供差别化的服务。

(2) 按产品的用途分类　按产品的用途,可把产品划分为消费品和产业用品两大类。

消费品是直接用于满足最终消费者生活需要的产品。根据消费者的购买习惯分类,消费品可分为便利品、选购品、特殊品和非渴求品四类。

① 便利品　是指消费者经常购买,希望一需要即可买到,并且不愿意花时间进行品牌、价格比较的货品和服务。如粮食、饮料、肥皂、洗衣粉等。

考察便利品时应注意两个问题:首先,便利品都是非耐用品,且多为消费者日常生活必需品,因而,经营便利品的零售商店一般都分散设置在居民住宅区、街头巷尾、车站、码头、工作地点和公路两旁,以便消费者随时随地购买。其次,消费者在购买前,对便利品的品牌、价格、质量和出售地点等都很熟悉,所以大多数便利品只花较少的时间与精力去购买。

② 选购品　指消费者为了物色适当的物品,在购买前往往要去许多家零售商店了解和比较商品的花色、式样、质量、价格等的消费品,如服装、皮鞋、农具、家用电器等,在服务方面,女子美容、电视节目等也属于选购品。选购品挑选性强,消费者不知道哪家的最合适,且因其耐用程度较高,不需要经常购买,所以消费者有必要和可能花较多的时间和精力去多家商店物色合适的物品。

③ 特殊品　指具有特殊效益及特定品牌,拥有一批购买者,并且愿意特别花费精力认定其品牌而购买的消费品。特殊品的显著特点就是消费者坚持认品牌购买,从而排除竞争。特殊品牌和特殊式样的花色商品如小汽车、立体声音响、摄影器材以及男士西服。

④ 非渴求品　是指消费者目前尚不知道,或虽知道而尚未有兴趣购买的产品。如一些刚开发的应用软件、刚面世的新产品、保险、百科全书等。非渴求品的性质决定了企业必须加强广告及推销工作,使消费者对这些物品有所了解,产生兴趣,千方百计地吸引潜在顾客以扩大销售。

产业用品又称生产资料,是指由企业和组织购买,用于制造其他产品或业务活动的货品和服务。按照进入生产过程的方式和产品价值,生产资料可分为原材料与零部件、资产项目、易耗品及服务等三类。

① 原材料与零部件　是指完全进入生产制造过程的产业用品,经过加工制造其价值将完全转移到新产品中去。包括原料(如农产品、自然产品等)、材料、零部件和半成品等。

② 资产项目　是指在生产过程中长期发挥作用,其价值是分期分批转移到所生产的产品中去的生产资料。包括设施(如建筑物、土地、固定设备等)和附属设备(如可移动厂房、轻型设备和办公设备等)。

③ 易耗品及服务　是指维持企业生产经营活动所必需的,但其本身完全不进入生产过程的产品。包括使用易耗品、维修易耗品和维修服务、咨询服务等。

产品除了按上述标准进行分类外,还可以进一步细分。分类的目的在于不同类型的产品由于购买对象、购买目的、购买方式和购买组织的不同,决定了购买行为、市场范围、销售渠道和促销方式的差异,因此需要制定不同的营销策略。

4.1.2　产品组合策略

1) 产品组合相关概念

产品组合是指企业生产或经营的全部产品线和产品项目的有机组合方式,又称产品结构,如图4.1.3所示。

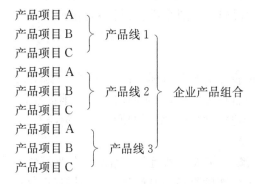

图 4.1.3　企业产品组合的构成

产品线,即产品大类,是指一组具有密切关系,能满足同类需要,使用功能相近的产品。一个企业可以生产经营一条或几条不同的产品线。

产品项目是指企业产品目录上列出的各种不同质量、品种、规格和价格的特定的具体产品。凡企业在其产品目录上列出的每一个产品,就是一个产品项目。

企业的产品组合包括四个因素:长度、宽度、深度和关联度。现以表4.1.1某厂产品组合为例来说明这些概念的含义。

表 4.1.1　某厂产品组合

	宽　　度				
	服装	皮鞋	帽子	针织品	手套
长度	西装	男皮鞋	礼帽	棉毛衫	皮手套
	中山装	女皮鞋	女帽	棉毛裤	棉手套
	青年装	男凉鞋	童帽	汗背心	单手套
	休闲装	女凉鞋	工作帽		
	儿童服装	儿童皮鞋			

(1) 产品组合的宽度 也称产品组合的广度,是指产品组合中所拥有的产品线的数目。产品组合的宽度表明了一个企业经营的产品种类的多少和经营范围的大小。表4.1.1中,该厂产品组合的宽度为5。

(2) 产品组合的长度 是指一个企业产品组合中所包含的产品项目的总数。企业生产经营的产品项目越多,其产品组合的长度就越长。以产品项目总数除以产品线数目即可得到产品线的平均长度。表4.1.1中,产品项目总数为20,即该厂产品组合的长度为20。每条产品线的平均长度为$20 \div 5 = 4$。

(3) 产品组合的深度 是指产品项目中每一品牌所含不同花色、规格、质量产品数目的多少,通过统计每一品牌的不同花色、规格、质量产品的总数目,除以品牌总数,即为企业产品组合的平均深度。如本例中,西装这个产品项目可能会有几个不同品牌,每一品牌的西装又有不同花色、规格、质量的西装。

(4) 产品组合的关联度 是指企业产品组合中的各产品项目在最终用途、生产条件、目标市场、销售方式以及其他方面相互联系的程度。本例中,该企业拥有服装、皮鞋、帽子、针织品和手套5条产品线,就分销渠道而言,产品组合的关联度强,但在最终用途方面,产品组合的关联度就很弱。一般来讲,实行多元化经营的企业,其各类产品线间的关联度较小。

2) 产品组合策略

产品组合策略是根据企业的经营目标,对产品组合的宽度、长度、深度和关联度进行最优的组合。为了使产品组合更为优化,企业通过产品线销售额和利润分析、产品项目市场定位分析,对产品组合进行调整和优化。常用的产品组合策略有扩大产品组合策略、缩减产品组合策略、产品线延伸策略。

(1) 扩大产品组合策略 扩大产品组合策略是指企业拓展产品组合的宽度和加强产品组合的深度。拓展产品组合宽度是指在原产品组合中增加产品线,扩大经营范围;加强产品组合深度是指在原有产品线内增加新的产品项目。当企业预测现有产品线的销售额和利润额在未来一段时间内有可能下降时,就应考虑在现行产品组合中增加新的产品线,或加强其中有发展潜力的产品线;当企业打算增加产品特色,或为更多细分市场提供产品时,则可选择在原有产品线内增加新的产品项目。这一策略可以充分利用企业的人力等各项资源,深挖潜力,分散风险,增强竞争能力。当然,扩大产品组合策略也往往会分散经营者的精力,增加管理困难,有时会使边际成本加大,甚至由于新产品的质量、功能等问题,影响到企业原有产品的信誉。

(2) 缩减产品组合策略 缩减产品组合策略是指降低产品组合的宽度或深度,剔除那些不获利或获利能力小的产品线或产品项目,集中力量生产经营一个系列的产品或少数产品项目,提高专业化水平,力争生产经营较少的产品获得较多的利润。当市场不景气或原料、能源供给紧张,企业费用水平太高时,缩减产品线反而能使企业的总利润增加。

(3) 产品线延伸策略 产品线延伸策略是指全部或部分地改变公司原有产品的市场定位。具体做法有向下延伸、向上延伸和双向延伸。

① 向下延伸 是指企业原来生产高档产品,后来决定增加低档产品。企业采取这种决策的主要原因可能是:

A. 利用高档名牌产品的声誉,吸引购买力水平较低的顾客慕名购买此产品线中的廉价产品；

B. 高档产品销售增长缓慢，企业的资源设备没有得到充分利用，为赢得更多的顾客，将产品线向下伸展；

C. 企业最初进入高档产品市场的目的是建立名牌信誉，然后再进入中、低档市场，以扩大市场占有率和销售增长率；

D. 补充企业的产品线空白，避免竞争者有隙可乘。

实行这种策略有一定的风险，如处理不当，会影响企业原有产品特别是名牌产品的市场形象，因此必须辅之以相应的营销组合策略。

② 向上延伸　是指企业原来生产低档产品，后来决定在原有的产品线内增加高档产品。主要原因是：

A. 高档产品市场具有较大的潜在成长率和较高利润率的吸引；

B. 企业的技术设备和营销能力已具备加入高档产品市场的条件；

C. 企业要重新进行产品线定位。

采用这一策略也要承担一定的风险，要改变产品在消费者心目中的地位是相当困难的，处理不当，还会影响原有产品的市场声誉。

③ 双向延伸　即原定位于中档产品市场的企业掌握了市场优势以后，向产品线的上下两个方向延伸，一方面增加高档产品，另一方面增加低档产品，以扩大市场，获取更大的利润。

实行产品线延伸策略可以充分利用企业资源，开发多种产品满足消费者的不同档次需求，减少经营风险。但是，产品线延伸要适度，因为随着产品线的延长，既造成产品成本增加，企业利润减少，又使消费者难以区分各种产品的独特优势，降低品牌忠诚度。

4.1.3　产品生命周期策略

1）产品生命周期概念及阶段划分

（1）产品生命周期的概念　产品生命周期是指产品从进入市场到退出市场所经历的市场生命循环。产品只有经过研究开发、试销，然后进入市场，它的市场生命周期才算开始。产品退出市场，标志着生命周期的结束。

产品生命周期与产品使用寿命是两个不同的概念。产品生命周期是指某种产品从投入市场开始到退出市场为止所经历的全部时间；而产品使用寿命是指一件产品能使用的时间。产品生命周期是无形的、抽象的，是由市场的各种营销因素所决定的；而产品使用寿命是有形的、具体的，是被消费过程中的时间、使用强度、维修保养等因素所决定的。如火柴的使用寿命是短暂的，但其生命周期经历了很长时间。

（2）产品生命周期的划分　产品生命周期各阶段的划分是以产品销售量和利润的变化为标志的。根据销售量和利润的差别，产品生命周期可以分为四个阶段，即投入期、成长期、成熟期和衰退期。在以时间为横坐标、以销售额为纵坐标的坐标图上表现出一条类似 S 形的曲线，如图 4.1.4 所示。

S 形产品市场生命周期曲线，适用于一般产品的生命周期的描述，是最典型的表现形态。并非所有产品的市场生命周期曲线都是标准的 S 形，而是多种多样的。西方市场营销学者们通过研究，确认有 6~17 种产品生命周期形态。以下简要介绍几种较为常见的不规则的产品生命周期形态，如图 4.1.5 所示。

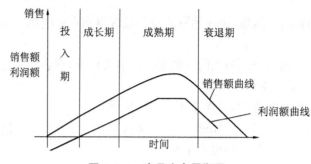

图4.1.4　产品生命周期图

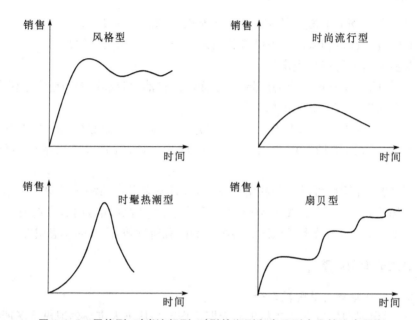

图4.1.5　风格型、时尚流行型、时髦热潮型和扇贝型产品的生命周期

① 再循环形态　又称"风格型"曲线,是指产品到达成熟期后,并未顺次进入衰退期,而是又进入第二个成长期。这种再循环生命周期形态往往是厂商成功地进行了产品的多功能开发或投入更多促销费用的结果。

② 多循环形态　又称"扇贝型"曲线,或波浪形循环形态,是指产品在市场上的销售量由一个高峰又达到另一个高峰,不断向上攀升,其生命周期持续向前。这种生命周期形态的产品往往是发现了产品的新特征、新用途或新用户。如纸的销售就具有这种扇贝型特征。随着人们要求的多样化和科学技术的发展,纸的用途越来越广泛,更多地用于日常生活,相继有了纸杯、纸桌布、纸鞋垫、纸服装等。

③ 流行形态　又有"时尚-流行型"和"时髦-热潮型"两种曲线,主要是指各种流行、热潮产品,一经投放市场便立刻掀起热销高潮,很快进入成熟期,并迅速退出市场。如万能充电器、磁带、复读机等产品的市场销售即是如此。不过"时尚-流行型"产品比"时髦-热潮型"产品的生命周期稍长一些。

产品生命周期只是一种理论上的描述,实际上,产品在市场上要受到诸多因素的影响。不同的产品、同一种产品的不同阶段所经历的时间长短是不同的。如有的产品刚刚进入市场就夭折了;有的产品进入市场后几经波折,才缓缓进入成长期;有的产品一经上市就急速成长,迅速打开销路;有的产品进入成熟后期或衰退期后,又再次出现第二个增长期。产品生命周期各阶段的判断是很困难的,在理论上尚无一定的标准,无法进行准确计算,常用的方法有以下两种:

① 定性分析法

A. 经验判断法:是依据产品进入市场后销售量的变化来判断产品所处产品周期的阶段。如销售增长率达到10%以上即判断为产品从投入期进入了成长期。这种方法经常使用,其使用效果与主管人员的专业经验、判断能力有很大关系。

B. 类比分析法:根据类似产品的发展情况作对比分析。

② 定量分析法

A. 产品的普及率法:即根据产品在某一地区人口或家庭的平均普及率来判断该产品处于生命周期的哪一个阶段。通常认为,当某种产品的普及率小于5%,该产品属于投入期;当某种产品的普及率达到5%~50%,该产品属于成长期;当某种产品的普及率达到50%~90%,该产品属于成熟期;当某种产品的普及率达到90%以上,该产品属于衰退期。

B. 销售增长率比值法:是根据产品销售量的增长率,即销售量随时间的变化率 $P=\Delta S/\Delta T$ 来判定的。ΔS 表示销售量增量,ΔT 表示时间增量,P 为销售增长率。当 $P<10\%$ 时,为投入期;当 $P>10\%$ 时,进入成长期;当 $-10\%<P<10\%$ 时,属于成熟期;当 $P<-10\%$ 时,产品进入衰退期。

2) 产品生命周期各阶段的特点及企业营销策略

(1) 投入期 投入期是新产品进入市场的最初阶段,其主要特点是:

① 生产批量小,制造成本高 因为新产品刚开始生产时,技术不够稳定,不能批量生产,次品率较高,市场反应测试、改进费用高,因此制造成本较高。

② 营销费用高 新产品刚进入市场,消费者对其性能、质量、款式、价格、优点等不了解、不认同,需要企业加大推销和宣传的力度,必然引起营销费用的提高。

③ 销售量小 新产品投入市场,由于消费者不了解,只有少数创新者、早期接受者购买产品,因而销售数量少。

④ 利润低,甚至为负值 在此阶段,产品销售呈缓慢增长状态,销售量小,同时由于投入了大量的新产品开发费用和促销费用,企业几乎无利可图甚至亏损。

⑤ 产品价格偏高。

在这一阶段,营销策略要突出一个"快"字,即千方百计缩短投入期,使之尽快进入成长期。其中关键环节是要大力宣传和促销,使新产品赢得顾客的了解和欣赏,从而尽快进入市场。具体策略如表4.1.2所示。

表4.1.2 投入期策略

价格		促销水平	
		高	低
价格水平	高	快速撇脂策略	缓慢撇脂策略
	低	快速渗透策略	缓慢渗透策略

① 快速撇脂策略　即以高价格和高促销费用推出新产品。实行高价格是为了在每一个单位销售额中获取最大利润,高促销费用是为了引起目标市场的注意,加快市场渗透。实施这一策略必须具备一定的市场环境,如大多数潜在购买者还不知道这种产品;已经知道的人急于求购,并愿意付出高价;企业面临潜在竞争者的威胁。在这种情况下,应该迅速使消费者建立对本企业产品的偏好。

② 缓慢撇脂策略　即以高价格、低促销费用将新产品推入市场,以求得更多的利润。这种策略可以在市场规模比较小,大多数购买者已经知道这种产品并愿意付出高价,潜在竞争威胁不大的市场环境下使用。

③ 快速渗透策略　即以低价格和高促销费用推出新产品。目的在于先发制人,以最快的速度打入市场,取得尽可能高的市场占有率。在产品的市场容量大,消费者对产品知晓甚少但对价格敏感,潜在竞争激烈,企业随着生产规模的扩大可以降低单位生产成本的情况下适用这种策略。

④ 缓慢渗透策略　即企业以低价格和低促销费用推出新产品。低价格是为了促使市场迅速地接受新产品,低促销费用则可以实现更多的净利。本策略适用于产品的市场容量大,消费者对产品很熟悉并对价格敏感,而且存在潜在竞争者的市场环境。

(2) 成长期　新产品经过投入期后,消费者对该产品已经熟悉,消费习惯已形成,销售量随之迅速增长,这种新产品就进入了成长期。成长期产品的特点主要表现在:

① 产品销售势头强劲,经营结果令人瞩目　由于产品已被广大消费者所接受,形成了相当大的市场需求,销售量增长很快,产品销售额迅速上升。

② 成本下降,利润增加　新产品经过投入期的不断改进和完善,产品的设计和制造工艺已确定,批量生产的条件也已具备。随着产量的扩大,单位生产成本和销售成本都相对降低,企业利润大幅增长。

③ 竞争激烈　在这一阶段,竞争者看到有利可图,纷纷介入市场参与竞争,当新产品盈利较高时更是如此。

在这一阶段,企业应尽量维持销售的增长速度,营销策略要突出一个"好"字,即把提高产品质量、建立品牌偏好、扩大企业信誉、争取新的顾客为主要目标。基于这种考虑,有如下几种策略可供企业选择:

① 改善产品品质　如增加新的用途,努力发展产品的新款式、新型号等。对产品进行改进,可以提高产品的竞争能力,满足顾客更广泛的需求,吸引更多的顾客。

② 寻找新的细分市场　通过市场细分,积极寻找和进入新的尚未满足的细分市场并开辟新的分销渠道,扩大商业网点,满足更多顾客的需求。

③ 改变广告宣传的重点　把广告宣传的重心从介绍产品转向建立产品形象上来,目的是建立品牌偏好,争取新的顾客。

④ 调整产品售价　选择适当的时机降低价格或推出折扣价格,可以吸引对价格敏感的消费者采取购买行动,还可抑制竞争。

在这一时期,企业需要在追求高市场占有率与追求眼前高额利润之间做出权衡与抉择。

(3) 成熟期　成熟期是产品生命周期的一个"鼎盛"时期,也是一个由"盛"转"弱"的转折时期。产品经过成长期的一段时间以后,销售量的增长会缓慢下来,利润开始缓慢回落,这表明产品开始走向成熟期。成熟期产品的特点集中体现在以下几个方面:

① 产品结构基本定型,工艺成熟　产品在性能及质量方面再度进行改进的余地已经

不大。

② 销售量增长缓慢,在达到顶峰后开始缓慢回落　这一阶段,由于产品已被绝大多数购买者接受,新的消费者基本上不再增加,市场需求量趋于饱和,销售额的维持主要依靠原有消费者的重复购买。

③ 竞争处于"白热化",利润开始下降　同类产品的竞争日益加剧,企业不得不投入更多的营销费用或开发新的差异性市场以维持其市场地位,由此而导致企业利润逐步下降。少数财力不足或竞争力弱的企业被迫退出市场。

这一阶段企业的主要任务是集中一切力量,尽可能延长产品生命周期。鉴于这种情况,可以采取以下三种策略:

① 市场改进　这种策略不是要调整产品本身,而是开发产品的新用途或改变推销方式等,以扩大产品销售。

② 调整产品　这种策略是通过产品自身的调整、改进来满足顾客的不同需要,吸引有不同需求的顾客。整体产品概念的任何一个层次的调整都可视为产品的再推出。

③ 营销组合改良　是指通过对产品、定价、渠道及促销四个市场营销组合因素加以综合调整,刺激销售量的回升。例如在提高产品品质、改变产品性能、增加产品花色品种的同时,通过特价、早期购买折扣、补贴运费、延期付款等方法降价让利;扩展分销渠道,广设分销网点,调整广告媒体组合,变换广告时间和频率,增加人员推销,大搞公共关系等"多管"齐下,进行市场渗透,扩大企业及产品的影响,争取更多顾客。

(4) 衰退期　在成熟期,产品的销售量从缓慢增加直到缓慢下降,如果销售量的下降速度开始加剧,利润水平很低,通常就可以认为这种产品已进入了衰退期。这个阶段的主要特点是:

① 销售量急剧下降　由于产品逐渐老化,具有类似功能的新产品开始进入市场,并逐渐代替老产品,转移了市场需求,购买者的急剧减少导致销售量的严重下滑。

② 利润明显下降,部分企业出现亏损　由于经过成熟期的激烈竞争,价格已降到极低的水平,再加上销售减少,资金周转减慢,企业从这种产品中能获得的利润很低,甚至可能出现亏损。

③ 大量竞争者退出市场。　在这一阶段,营销策略要突出一个"转"字,即除了坚守少数确实有利可图的细分市场外,迅速转入新产品或新市场。企业要有计划地"撤",有预见地"转",有目标地"攻"。具体有以下几种策略可供选择:

A. 集中策略　即把资源集中使用在最有利的细分市场、最有效的销售渠道和最易销售的产品上,为企业创造尽可能多的利润。

B. 维持策略　即继续沿用原有的营销组合策略,保持原有的细分市场,使用相同的分销渠道、定价及促销方式,直到这种产品完全退出市场为止。

C. 榨取策略　即大幅度降低销售费用,如削减广告费用、精简推销人员等,以增加眼前利润。这样可能导致产品在市场上衰退加剧,但又能从这种产品的忠实顾客中得到利润。

D. 放弃策略　对于衰落比较迅速的产品应当机立断,放弃经营。可以采取完全放弃的形式,如将产品完全撤出市场或立即停止生产;也可采取逐步放弃的方式,使其所占用的资源逐步转向其他产品。

上述关于产品生命周期各阶段的特征和策略可用表 4.1.3 来概括。

表 4.1.3 产品生命周期各阶段的特征和策略

	项目	投入期	成长期	成熟期	衰退期
特征	市场需求状况	确认对新产品的需要,新产品上市试销,其销售量非常低	需要量急剧地增加,市场规模急速地扩大,销售量快速增长	需要量横向发展,老顾客更换旧品,只有少数新的消费者,销售增长缓慢	由于新产品的出现,产品的销售每况愈下,销售量迅速下降
	市场抵抗	市场抵抗性强,开始展开试销,少数人使用	市场抵抗性弱,使用频率提高,也有再度购买的情况	无抵抗性,市场完全被开发,市场占有率呈巅峰状态	市场占有率降低,市场规模逐渐萎缩
	消费者	创新的顾客	市场大众	市场大众	延迟的顾客
	经销商	经销商虽存疑心,但开始尝试销售	经销商积极地销售,逐渐提高销售量	经销商已完全掌握市场,各自相互竞争	经销商兴趣降低,数量也剧减
	竞争者	竞争对象最少,竞争缓和	竞争对手增加,彼此竞争激烈	竞争对手最多,有的只好半途退出;非价格竞争非常激烈	竞争对手锐减,但尚有若干对手存在
	营销费用	推广费用高	推广费用低	推广费用高	推广费用低
	利润	无多少实际的收益	单位利润达到最高状态	单位利润稳定,总利润最大	总利润逐渐降低
对策	策略特点	市场扩张	市场渗透	防守占有率	酌情退出
	营销重点	产品知晓	品牌偏好	品牌忠诚	选择性
	产品	基本的	改进的	多变的	合理的
	价格	高价或低价	较低价	最低价	低价
	促销	信息培训	强调竞争差异	以提醒为导向	最小化促销
	分销	零星的	增加网点	网点最大化	尽可能减少网点

4.1.4 产品品牌策略

品牌是现代产品的重要组成部分,在企业营销活动中有着独特的魅力,是营销竞争的有力武器。品牌策略是企业产品策略的一个重要组成部分,建立一个优秀的品牌,直接关系到企业的知名度和信誉,是企业产品策略的重要内容。

1) 有关产品品牌的几个概念

(1) 品牌 品牌是一种名称、术语、标记、符号或图案,或是他们的相互组合,用以识别企业提供给某个或某群消费者的产品或服务,并使之与竞争对手的产品或服务相区别。品牌是一个集合概念,它包括品牌名称、品牌标志和商标。

(2) 品牌名称 是指品牌中可以用语言称呼的部分,也称"品名",如可口可乐、雪佛莱等。

(3) 品牌标志 是指品牌中可以被识别、认知,但不能用语言称呼的部分,如花花公子的兔小姐、米高梅的狮子等。

(4) 商标 企业在政府有关主管部门注册登记以后,就享有使用某个品牌名称和品牌标志的专用权,这个品牌名称和品牌标志受到法律保护,其他任何企业都不得仿效使用。因此,商标实际上是一个法律名词,是指已获得专用权并受法律保护的一个品牌或一个品牌的一部分。商标是企业的无形资产,驰名商标更是企业的巨大财富。

(5) 商标专用权　它是商标权(商标的注册人拥有该商标的专用、转让、继承和使用许可等权利)中最重要的一项权利。商标专用权表明了注册商标只能由商标注册人专用,他人不得仿制、伪造或使用与之相同或近似的商标,否则就侵犯了商标权,要受到法律制裁。商标专用权具有四个特点:

① 它是经批准注册而取得的特殊权利,具有独占性、排他性。
② 专用权具有时间性。
③ 商标专用权又是一种财产权,是一种工业产权。
④ 商标专用权受严格的地域限制,在某国取得商标专用权,就受到该国的法律保护。

2) 品牌层次

品牌实质上代表着卖者对交付给买者的产品特征、利益和服务的一贯性的承诺。最佳品牌就是质量的保证,但品牌还是一个更复杂的象征。品牌的含义可分为六个层次。

(1) 属性　即该品牌产品区别于其他品牌产品的最本质的特征,如功能、质量、价格等。例如奔驰汽车表现出昂贵、制造优良、工艺精湛、耐用、极高的声誉等商品属性。公司可以利用这些属性中的一个或几个方面做广告宣传。

(2) 利益　即该品牌因能帮助消费者解决问题而带来的实际利益。顾客不是购买属性,他们买的是利益。属性需要转化成功能性或情感性的利益,如奔驰汽车昂贵的属性体现了购买者的财富、身份和地位。

(3) 价值　品牌在提供属性和利益时,也包含了营销价值和顾客价值。营销价值就是市场上"名牌效应",即当一个品牌被消费者喜爱时,用它来标记任何产品,营销时非常容易,营销者不必再为此花费过多的促销费用。例如:奔驰汽车体现了高性能、安全和声望等。品牌的营销人员必须分辨出对这些价值感兴趣的购买者群体。

(4) 文化　品牌可附加象征一种文化或文化中某种令人喜欢或热衷的东西。最能使品牌得到高度市场认可和赞同的是文化中所体现的核心价值观。例如,奔驰汽车体现了有组织、有效率、高质量的德国文化。

(5) 个性　品牌所具有的人格特性。例如,奔驰可以让人想起一位严谨的老板,一头有权势的狮子和一座质朴的宫殿。

(6) 使用者　即该品牌现实中为哪种类型的消费者所购买和使用,也即该品牌的目标消费者。品牌暗示了购买或使用产品的消费者类型。例如:我们印象中坐在奔驰车后座的应该是一位50岁的经理,而非20岁的女秘书。

3) 品牌的作用

一个良好的品牌通常具有以下作用:

(1) 有利于商品的广告宣传和推销。品牌是区别产品质量和品种的特定标志,它表明商品的某种特性,不同品牌代表着不同的来源、质量、信誉和评价,因而便于企业进行推销和广告宣传,建立产品声誉,吸引顾客重复购买,提高市场占有率,推出系列新产品进入市场。

(2) 有助于树立良好的企业形象,增强竞争优势。品牌是促进企业发展的激励手段,起到监督产品质量与相关服务的作用。一个优秀的品牌会在消费者中享有很高的知名度和忠诚度。为此,无论是创名牌还是保名牌,企业都必须兢兢业业,经过长期不懈的努力,自始至终保证产品具有品牌所代表的质量水平和特色,提高企业信誉,以树立良好的企业形象。同时,由于消费者希望商店里能买到这些优秀品牌的商品,这样就增强了企业与经销商讨价还价的能力。

(3) 方便顾客识别、选购商品。品牌是区别不同商品的标记,是消费者购买商品的识别工具,面对品牌繁多的各类商品,消费者只能通过熟悉的品牌辨认和选择商品。享有盛誉的品牌、商标有助于顾客建立品牌偏好。

(4) 维护企业和消费者的利益。注册品牌受法律保护,对于任何侵权行为,企业都可以通过法律程序提起诉讼,以维护自身利益;同时,注册品牌受法律约束,品牌的注册管理起到监督生产、提高产品质量和维护消费者权益的目的。

4) 品牌策略

品牌策略是增强企业产品市场竞争力的重要策略之一,选择正确的品牌策略是搞好市场营销,提高企业经济效益的一项重要决策。

选择品牌策略首先要明确是否为该产品确定一个品牌。产品要不要品牌,主要根据产品的特点和权衡使用品牌对促进产品销售的作用大小而确定。若作用很小,甚至使用品牌所需的费用超过可能的收益,就没必要使用品牌;若是需要定一个品牌,则应进一步选择采取什么品牌策略。

为了使品牌在市场营销中更好地发挥作用,企业应进行正确的品牌决策,可供企业选择的品牌策略主要有以下几种:

(1) 品牌化策略　也叫品牌有无策略,是指企业首先要决定是否给其产品建立品牌。可以选择的策略有:

① 无品牌策略:即企业不为其产品规定品牌,以节省包装、广告、创立品牌等费用,从而降低价格,扩大销售。使用的产品包括:

A. 未经加工的原料产品、农产品,如冶炼金属的矿砂,用以纺织的棉花,制造面粉的小麦等。

B. 商品本身并不具有因制造者不同而形成不同质量特点的商品,如电力、糖等。

C. 生产简单,选择性不大,价格低廉,消费者在购买习惯上不认品牌购买的小商品。

D. 临时性或一次性生产的商品。

E. 随着商品经济的发展,越来越多的商品纷纷品牌化。

② 使用品牌策略:即企业决定为其产品建立品牌。虽然这会使企业增加成本费用,但也可以使企业得到以下好处:

A. 便于管理订货。

B. 有助于企业细分市场。

D. 有助于树立良好的企业形象。

D. 有利于吸引更多的品牌忠诚者。

E. 注册商标可使企业的产品特色受到法律保护,防止他人模仿、抄袭。

使用品牌策略同样可为购买者带来利益,如购买者可以通过品牌获取产品信息,了解各种产品的质量好坏;品牌的建立也有助于购买者提高购物效率。

(2) 品牌归属策略　即指企业决定为其产品规定品牌之后,还必须决定是用企业自己的品牌还是用中间商品牌。品牌归属策略有三种形式:

① 制造商品牌策略　制造商品牌又叫作企业品牌、生产者品牌或全国性品牌,即制造

商使用本企业自己的品牌。制造商品牌是品牌的传统形式。大部分企业在进入市场销售自己的产品之前,为维护自己的资产利益,建立自己的信誉,都会建立一定的品牌,并依法进行注册。经注册的商标是企业的一种工业产权,一笔无形资产。有些享有盛誉的企业将其著名商标租借给别人使用,收取一定的特权使用费;还有的企业将其商标作为无形资产作价投资。此外,企业的产品、零部件等全部使用制造商品牌,也有利于和购买者建立密切的关系。

② 经销商品牌策略　包括制造商采用经销商的品牌策略和经销商自己建立和发展自己的品牌策略。制造商决定使用经销商的品牌,其原因主要在于:

A. 制造商要进入一个不熟悉的新市场销售自己的产品。
B. 企业自身的商誉不及经销商的商誉。
C. 本企业品牌的价值小,设计、制作、广告宣传、注册等费用高。

而中间商发展使用自己的品牌,虽然会增加投资和费用,承担一定的风险,但仍有很多利益:

A. 可以更好地控制价格,并且在某种程度上控制供应商。
B. 进货成本较低,因而可降低销售价格,增强了市场竞争力和获利能力。
C. 可以树立自己的信誉,有利于扩大销售。

所以,有越来越多的经销商,特别是一些实力雄厚的大型零售商和批发商都建立和发展了自己的品牌和商标。著名的零售企业西尔斯公司有90%以上的商品都用自己的品牌。

③ 制造商品牌和经销商品牌混合使用策略:这种策略又有两种形式:第一种是先使用具有较高信誉的经销商品牌打入目标市场,待产品取得一定的市场占有率后再改用制造商品牌;第二种是部分产品使用制造商自己的品牌,另外部分产品使用经销商品牌,这样既可以保持本企业品牌的特色又能扩大产品的销路。

(3) 品牌统分策略　如果企业决定其大部分或全部产品都使用自己的品牌,那么还要进一步确定其产品是分别使用不同的品牌,还是统一使用一个或几个品牌。在这个问题上,企业有四种可供选择的策略。

① 统一品牌策略　是指企业所有的产品都统一使用一个品牌名称。例如,日本东芝家用电器公司,其全部的产品均采用"TOSHIBA"。企业采取统一品牌策略的好处是:企业宣传介绍新产品的费用开支较低;帮助企业推出新产品。这种策略的缺点是:任何一种产品的失败都会使整个家族品牌蒙受损失,因此企业必须对所有产品的质量严格控制。

② 个别品牌策略　是指企业各种不同的产品分别使用不同的品牌。其好处主要是:企业以各种不同的产品满足市场上不同的需要,每一个品牌和具体产品相关,易被顾客接受;各品牌产品各自发展,彼此之间不受影响;可以促进品牌之间竞争,扩大销售,提高市场占有率。例如,宝洁公司根据消费者的不同需求,洗发护发品牌有"潘婷""飘柔""海飞丝"三大品牌。上海牙膏厂有限公司有"美加净""中华""白玉"等不同品牌的牙膏。通过个别品牌策略都提高了市场占有率。

③ 分类品牌策略　是指企业的各类产品分别命名,一类产品使用一个牌子。如美国宝洁公司在中国销售其产品时,杀虫剂用的是"雷达"品牌,鞋油用的是"红鸟"品牌,而大量的化妆品用的是其他品牌。中国的海尔集团在销售其家用电器如冰箱、彩电、洗衣机等产品时使用的是"海尔"品牌,而其产品线延伸至保健品行业时,用的却是"采力"品牌。企业采取这种策略的主要原因有两种:一是企业生产或销售许多不同类型的产品,如果统一使用一个品牌名称,这些不同类型的产品就容易相互混淆;二是有些企业虽然生产或销售同一类型的产

品,但为了区别不同质量水平的产品,往往也会分别使用不同的品牌名称。

④ 统一品牌加个别品牌并用策略　是指企业决定其各种不同的产品分别使用不同的品牌名称,而且各种产品的品牌名称前面还冠以企业统一品牌名称。如美国通用汽车公司生产多种不同档次、不同类型的汽车,所有产品都采用 GM 的总商标,而对各类产品又分别使用凯迪拉克(Cadilac)、别克(Buick)、雪佛莱(Chevlet)等不同品名。每一个品名都代表一种具有某种特点的产品,如雪佛莱代表普及型的大众化轿车,凯迪拉克代表豪华型的高级轿车。

(4) 品牌扩展策略　品牌扩展策略是指企业利用其成功品牌的声誉来推出新产品。例如,柯达公司的胶卷因其性能不同,而被分别命名为"柯达万利"胶卷、"柯达金奖"胶卷、"柯达至尊"胶卷等,很显然,这些品牌中都隐含着企业的名称。采用这种策略,可以节省新产品的广告宣传费用,利用消费者对品牌的信任感,使新产品能够顺利、迅速地进入市场。

(5) 多品牌策略　多品牌策略是指企业在同类产品中同时使用两种或两种以上互相竞争的品牌的策略。这种策略由宝洁公司首创。其好处是:A 牌产品推销一段时期获得成功后,又推出 B 牌产品,两个牌子相互竞争,尽管单个品牌的销售量会下降,但两者的总销量比一个牌子的要多,有利于提高本企业产品的市场占有率,扩大企业的知名度;同类产品多种品牌可以在零售商店里占据更多的陈列空间,易于吸引顾客的注意力;多品牌策略适合顾客转换品牌的心理,有助于争取更多的顾客;激发品牌间在企业内部相互促进,共同提高,扩大销售。

多品牌策略必须有计划、有目标地使用,不可滥用。没有显著的特点,没有一定销售目标,或各种品牌只拥有很小的市场份额,则不宜牌子过多。例如我国内地销往香港的蜂王浆曾出现过七十多种品牌,不仅顾客无从挑选,经销商也难以宣传推广,还引起国内各厂家间的价格竞争,影响了经济效益。

(6) 新品牌策略　当企业进入一个新的产品种类时,如果企业现有的品牌对于该种产品没有一个合适的,则企业可建立一个新的品牌名称;或者在企业认为其现有的品牌的影响力正在逐渐丧失,因而需要建立一个新的品牌;企业还可以通过收购其他公司获得新品牌。

和建立多种品牌一样,太多的新品牌也会导致企业资源过度分散。在一些行业,消费者和零售商都已经意识到,品牌太多,而且各个品牌之间几乎没有什么区别。因此,一些大的消费品营销商们正开始采用主打品牌的战略,也就是剔除较弱的品牌,而将资源集中于同类产品中处于主导地位的强势品牌。

(7) 品牌重新定位策略　随着市场状况的不断变化,当出现下列情况时,有必要做出品牌重新定位策略:

① 竞争者的品牌定位已接近本企业的品牌,侵占了本企业品牌的一部分市场,致使本企业品牌的市场占有率连续下降。

② 企业发现原品牌产品已不能完全符合目标市场消费者的偏好。

③ 企业发现具有某种新型偏好的消费者群正在形成或已经形成,面临着巨大的市场机会。

企业采用品牌重新定位策略时,要考虑两个方面的因素:一是要全面考虑把自己的品牌从一个市场部分转移到另一个市场部分的成本费用。一般来说,重新定位距离越远,其成本费用就越高;二是要考虑把自己的品牌定在新的位置上能获得多少收益。

4.1.5　产品包装策略

正如俗语所说:"佛要金装,人要衣装。"商品也需要包装,再好的商品,也可能因为包装不适而卖不出好价钱。据有关统计,产品竞争力的30%来自包装。而随着人们生活水平的提高,对精神享受的要求也日益增长,在激烈的市场竞争中,包装对于顾客选择商品的影响越来越明显。包装是商品的"无声推销员",其作用除了保护商品之外,还有助于商品的美化和宣传,激发消费者的购买欲望,增强商品在市场上的竞争力。

1) 包装的概念

产品包装有两层含义:一是指产品的外部包扎和容器,即包装器材;二是指对产品进行包装的操作过程,即包装方法。包装是产品实体的一个重要组成部分,一般分为三个层次:

(1) 内包装　是产品的直接容器,如牙膏的软管、饮料的瓶子等。

(2) 中层包装　用来保护内包装和促进销售,如白酒外的纸盒。

(3) 外包装　也称运输包装,主要是便于储存、搬运、辨认商品,如装运酒类的纸箱。

2) 包装的作用

(1) 保护商品,方便运输　这是商品包装的基本作用。商品在从生产领域向消费领域转移的过程中,要经过运输、装卸、储存、销售等环节,良好的包装可以起到使商品在空间转移和时间转移过程中避免因震动碰撞、风吹日晒而受损,保护商品完好。包装还为商品的销售和购买提供了方便。

(2) 美化商品,区别商品　消费者在选购商品的时候,首先看到的是商品的包装,精美的包装会对消费者产生极大的吸引力,精美的包装本身就是一件艺术品。同时,不同的包装也使产品之间有了档次差异,使不同企业的产品有了区别,消费者可以根据包装辨别商品。如"卡地亚"珠宝的包装,"古驰"服装的包装。

(3) 促进销售,增加利润　一件好的包装本身就是一幅宣传广告,人们往往是根据包装来选择商品的,尤其在自选商场更是如此。因此,包装被誉为"无声的推销员",它默默地起着宣传商品、介绍商品、激发消费者购买欲望的作用。

3) 包装策略

(1) 类似包装策略　是指企业生产经营的所有产品,在包装外形上都采用相同或相似的图案、色彩等共同的特征,使消费者通过类似的包装联想起这些商品是同一企业的产品,具有同样的质量水平。类似包装策略不仅可以节省包装设计成本,树立企业整体形象,扩大企业影响,而且还可以充分利用企业已有的良好声誉,有助于消除消费者对新产品的不信任感,进而有利于企业带动新产品销售。该策略适合于质量水平相近的产品,不同档次和不同种类的产品一般不宜采用这种包装策略。

(2) 等级包装策略　该策略是指企业对自己生产经营的不同质量等级的产品分别设计和使用不同的包装。采用该策略的实施成本高于类似包装策略。但这种策略依产品的等级来配比设计包装,可使包装质量与产品品质等级相匹配,其做法适应不同需求层次消费者的购买心理,便于消费者识别、选购商品,从而有利于全面扩大销售。

(3) 分类包装策略　是指根据消费者购买目的的不同,对同一种产品采用不同的包装。如购买商品用作礼品赠送亲友,则可精致包装;若购买者自己使用,则简易包装。

(4) 配套包装策略　就是指企业将几种有关联性的产品组合在同一包装物内的做法。这种策略能节约交易时间,便于消费者购买、携带与使用,有利于扩大产品销售,还可以将新旧产品组合在一起,使新产品顺利进入市场。在实践中,切忌任意配套搭配。

(5) 再使用包装策略　也称双重用途包装策略,即包装内产品消费完毕后,包装物本身还可做其他用途。如瓷制的花瓶作为酒瓶来用,酒饮完后还可以做花瓶;再如用手枪、熊猫、小猴等造型的塑料容器来包装糖果,糖果吃完后,其包装还可以作玩具。由于这种包装策略增加了包装的用途,可以刺激消费者的购买欲望,有利于扩大产品销售,同时也可使带有商品商标的包装物在再使用过程中起到延伸宣传的作用。

(6) 附赠品包装策略　是指在包装物内附有赠品以诱发消费者重复购买的做法。该包装策略对儿童和青少年以及低收入者比较有效。

(7) 更新包装策略　就是改变原来的包装,它是指企业包装随着市场需求的变化而改变包装的做法。实施新的包装策略,可以改变商品在消费者心目中的地位,进而收到迅速恢复企业声誉的目的。

4.1.6　新产品开发策略

随着科学技术日新月异的进步,市场竞争不断加剧,产品的生命周期日趋缩短,每个企业不可能单纯依赖现有产品来占领市场,必须不断适应市场潮流的变化,不断推陈出新,开发适销对路的新产品,才能继续生存和更好地发展壮大。因此,新产品开发是企业经营的一项重大决策,是产品策略中的一项重要内容。

1) 新产品概念和分类

从市场营销学的观点来看,所谓新产品,是指与现有产品相比,具有新的功能、新的特征、新的结构和新的用途,能满足消费者新的需求的产品。

根据产品的创新程度,可以将新产品分为以下四类:

(1) 全新产品　全新产品是指应用新原理、新技术、新工艺和新材料制造的前所未有的产品。全新产品往往意味着科技发展历史上的新突破。如电子计算机、青霉素等的问世。全新产品开发通常需要大量的资金、先进的技术水平和一定的需求潜力,而且耗时长,企业承担的风险较大。这样的全新产品,绝大多数企业很难提供。

(2) 换代新产品　换代新产品是指在原有产品的基础上,采用或部分采用新材料、新技术、新结构而制造出来的新产品。与原有产品相比,这种换代新产品增添了新的功能,给顾客带来了新的利益。如电视机由黑白革新成彩色甚至数字式,录音机由盘式革新为盒式等。

(3) 改进新产品　改进新产品是指对现有产品的结构、规格、造型、质量、特点、款式、型号等加以改进,或是由基本型派生出来的新产品。如各种不同型号的电视机;或是只对现有产品做很小的改进,突出了产品的某一个特点,使用一种新牌子、新包装的新产品,如××牌柠檬香型洗涤剂。与换代新产品相比,改进新产品受技术限制小,且成本相对较低,便于市场推广和消费者接受,但容易被竞争者模仿。

(4) 仿制新产品　仿制新产品是指企业对自己没有生产过的、市场上已出现的新产品进行引进或模仿、研制生产出来的产品。如数字化彩色电视机在国外较早就已上市,我国才开始生产,这种类型的产品就属于仿制新产品。有时在仿制时又可能有局部地改进和创新,但基本原理和结构是仿制的。

此外,企业将现行产品投向新的市场,对产品进行市场再定位,或通过降低成本,生产出同样性能的产品,对企业或市场而言,也可以称之为新产品。企业开发新产品一般是上述产品中的某种组合,而不是进行单一的产品改型。

2) 新产品开发程序

新产品开发过程由八个阶段构成,即寻求创意、甄别创意、形成产品概念、制定市场营销战略、营业分析、产品开发、市场试销和批量上市。

(1) 寻求创意　新产品开发始于创意。所谓创意，就是开发新产品的设想。虽然并不是所有的设想或创意都可变成产品，但寻求尽可能多的创意却可为开发新产品提供较多的机会。新产品创意的主要来源有：消费者、专家、经销商、竞争者、企业营销人员以及市场调研部门等。

(2) 甄别创意　在取得许多创意之后，要对这些创意加以评估，研究其可行性，并挑选出可行性较强的创意，这就是创意甄别。目的在于淘汰那些不可行或可行性较低的创意，使企业有限的资源集中到成功机会较大的创意上。甄别创意时，应考虑两方面的因素：一是该创意是否同企业的战略目标相适应，表现为利润目标、销售目标、销售增长目标、形象目标等几个方面；二是企业有无足够的能力开发这种创意。这些能力表现为资金能力、技术能力、人力资源、销售能力等。

(3) 形成产品概念　经过甄别后保留下来的产品创意还要进一步发展成为产品概念。产品概念是企业从顾客的角度对创意的详尽描述，是把创意具体化的过程。例如某食品厂提出拟利用葡萄为原料开发新产品的创意，这种创意可衍生出许多具体的产品概念，如葡萄汁、葡萄汽水、葡萄果酱、葡萄罐头、葡萄果冻等。顾客要购买的不是产品创意，而是具体的产品，企业要开发的也是具体的产品，所以要把产品创意转化为产品概念。企业对几种产品概念从销售量、生产条件、产品质量、产品价格、销售对象、市场地位、收益率等方面加以评估比较，再把选定的可行产品概念提交给一组消费者，请他们验证，听取和收集他们的意见。方法是利用文字描绘或制作实体模型，说明产品的特性、用途、外观、包装、价格等，请消费者针对此概念回答有关问题。比如，与同类产品相比，该产品有何特点，这种产品能否满足消费者的需求，对产品的外观、品质、性能、价格、包装等方面有何改进的建议，估计哪些顾客会购买本产品等。

(4) 制定市场营销战略　在发展出产品概念以后，需要制定市场营销战略，企业的有关人员要拟订一个将新产品投放市场的初步市场营销战略报告。报告书由三个部分组成：

① 描述目标市场的规模、结构、行为，新产品在目标市场上的定位，头几年的销售额、市场占有率、利润目标等。

② 新产品的计划价格、分销战略以及第一年的市场营销预算。

③ 计划长期销售额和目标利润以及不同时间的市场营销组合。

(5) 营业分析　营业分析又称商业分析，即详细分析新产品开发在商业上的可行性。主要是测算、估计新产品的销售量、成本利润以及投资收益率等，判断它是否符合企业目标。如果符合，就可以进行新产品开发。

(6) 产品开发　如果产品概念通过了营业分析，研究与开发部门及工程技术部门就可以把这种产品概念转变成为产品，进入试制阶段。只有在这一阶段，以文字、图表及模型等描述的产品设计才变成实体产品。这一阶段应当搞清楚的问题是，产品概念能否变为技术上、经济上和商业上可行的产品。如果不能，除在全过程中取得一些信息情报外，所耗费的资金则全部付诸东流。

(7) 市场试销　产品试生产出来后，为检验产品是否真正能受到消费者的欢迎，企业可进行市场试销。目的是了解消费者对产品的意见和建议；了解市场的需求情况；收集资料，为选择有效的市场营销策略提供依据；发现产品缺陷，及时反馈，改进产品。

(8) 批量上市　试销成功后，新产品即可正式全面上市。为此，企业应采取有效的市场营销策略组合，使新产品顺利进入市场，并尽可能缩短投入期，早日进入成长期。

任务4.2 价格策略

【引导案例】

家乐福的定价策略

家乐福成立于1959年,是大卖场业态的首创者,是欧洲第一大零售商,世界第二大国际化零售连锁集团。现拥有11 000多家营运零售单位,业务范围遍及世界30个国家和地区。

家乐福能够获得如此成功,和它的价格策略分不开。在对家乐福的价格进行全面、深入、细致的剖析后就会发现,家乐福商品的价格并非像人们所普遍认为的那样低,很多商品的价格与国内零售企业的价格难分上下,有的价格还高于当地的国内商品。但它为什么能够在市场上树立低价、平价的公众形象呢?除了切实奉行"低价采购,低价销售"的经营原则之外,更重要的还在于它着眼于消费者的心理感受所形成的效应,娴熟运用定价艺术,采用高超的定价策略,实施完善的价格管理。具体表现在如下几点:

1) 先入为主,着力营造价格低廉的公众形象

先入为主,是人们对客观世界形成最初印象的一般规律。最初印象一旦形成,往往会留下深刻的烙印,形成思维定式,产生较长时间的持续效应。家乐福就善于运用这一基本规律,做到先入为主,在开业的最初几天把商品价格定得很低,并充分利用店堂招贴、抢眼的特价提示、特低价格商品的集中陈列展示等方法设法营造商品特别低廉的卖场氛围,当人们形成"便宜"的印象之后,再有计划地逐步提高某些商品价格。

2) 攻心为上,将低价形象植根于广大消费者心中

消费者购买商品时的心理动机是影响其购买行为的隐秘、复杂而微妙的内在因素,且因购买者特性、购物时间、购买地点及所要购买的商品等变量而异。家乐福特别擅长运用攻心战术,实施心理价格策略,制定能拨动消费者心弦的价格,并调动一切手段,从商店布局、特价商品目录的定期印刷和发送、商品陈列、店堂内铺天盖地的广告宣传,到价格标签及特价商品的周期性轮换等,大肆渲染低价气氛,将低价形象深深地植根于广大消费者的心中,从而激发消费者经常光顾的心理需求。

3) 精心挑选"磁石"商品,长年不断进行特价促销

选择一些低值易耗、需求量大、周转快、购买频率高的商品,作为吸引消费者的"磁石"商品,制定特别低的价格招揽消费者,是家乐福等大型连锁超市最主要的价格策略之一。家乐福每天都要推出几种精心选定的"磁石"商品,制定特别低廉的价格,节假日、双休日时这种商品更多一些,做到特价销售长年不断、周期性循环。一方面吸引大量的消费者来光顾,同时持续反复地向消费者传送价格低廉的信息,形成强烈的低价印象。由于这些特价商品消费者要经常购买,价格耳熟能详,又便于比较,往往成为家乐福特别低廉的标志性商品。

4) 特价商品,特别陈列

对商家而言,掌握商品陈列的艺术也有助于形成和保持价格低廉的形象。家乐福无时不对特价商品实行集中固定陈列,摆放在商店最显眼的地方,如人流集中的中央通道、货架两端、收款台通道旁等,并用大而独特的字体进行醒目标示,造成强烈的视觉效果,使人们记住了特价商品的特低价格,而忽略了其他商品正常的甚至稍高的价格。

5) 商品价格灵活多变

家乐福的商品价格不是固定不变的,而是根据影响商品价格多种因素的变化和市场需求状况及时调整。变则显低,也是人们意识感觉的一种习惯。价格的调整变动,使人们感觉到价格能准确地反映成本,定价客观准确,同时也会感到提高后的价格是正常价格,降低的价格是优惠价格,也有助于形成价格低廉的形象。

家乐福于1995年进入中国后,采用国际先进的超市管理模式,致力于为社会各界提供价廉物美的商品和优质的服务,受到广大消费者的青睐和肯定,其"开心购物家乐福""一站式购物"等理念已经深入人心。

价格通常是影响产品销售的关键因素。价格策略就是根据购买者各自不同的支付能力和效用情况,结合产品进行定价,从而实现最大利润的定价办法。价格策略是一个比较近代的观念,源于十九世纪末大规模零售业的发展。在历史上,多数情况下,价格是买者做出选择的主要决定因素;不过在最近的十年里,在买者选择行为中非价格因素已经相对地变得更重要了。但是,价格仍是决定企业市场份额和盈利率的最重要因素之一。在营销组合中,价格是唯一能产生收入的因素,其他因素表现为成本。

4.2.1 营销定价原理

1) 营销定价的内涵

从最狭义的角度来说,价格是对产品或服务所收取的金钱。较广义地来说,价格是指消费者用来交换拥有或使用产品或服务利益的全部价值量。价格曾经是影响购买选择的主要因素。虽然在近几十年来,非价格因素在买方购买行为中已经变得越来越重要,但在较贫穷的国家、在较贫困的群体和大宗商品的交易中,价格仍然是影响购买行为的主要因素。

定价即价格的形成,是营销组合中唯一能产生收益的要素(其他要素均表现为成本)。合理的定价不仅可使企业顺利收回投资,达到盈利目标,而且能为企业的其他活动提供必要的资金支持。然而,企业产品定价要受到许多因素的制约,而不能随意而为。并且,随着市场环境的不断变化,企业还需要适时地调整价格,以保持竞争优势和企业拥有的市场份额。

从理论上说,价格是商品价值的货币表现,以货币来表示的商品或服务的价值就称为该商品或服务的价格。一方面,价格的高低直接影响市场需求,影响产品在市场上的竞争地位和市场占有率,进而影响企业的销售收入和利润;另一方面,价格又是企业其他营销策略的函数,也是营销组合中最灵活的因素,须与营销组合的其他策略相辅相成地发挥作用。事实上,在很多时候,买卖双方一次交易能否达成,最终取决于对商品价格的认知能否取得共识。可见,价格是影响交易完成的主要因素。

在任何交易中,产品的提供者自然都希望以他认为合适的价格出售产品,而买主也希望支付他认为合理的价格。但双方对同一商品价格的认知却未必一致,由此导致交易失败的情况屡见不鲜。

卖方在制定商品价格时最关心的是补偿产品成本后仍有利可图。一般说来,产品的价格由生产该产品所正常消耗的各种资源、缴纳的税金和合理的利润构成;进入流通领域后,还要包括流通费用及流通环节所应缴纳的税金和利润。因此,产品价格由生产成本、流通费用、企业利润和国家税收四个要素组成,即

$$产品价格=生产成本+流通费用+利润+税金$$

其中,生产成本加流通费用所得的产品成本是产品价格的下限,产品价格只有在产品成本之上,企业才有获利的可能。

另一方面,买主并不了解产品的成本,他们通常根据自己对某种产品需求欲望的强烈程度或对比与该产品在使用价值上具有替代作用的商品价值来理解该产品的价值,从而形成该顾客愿意支付的商品价格。例如,一位正忙于面试、找工作的大学毕业生可能会乐于出较高的价格买一套体面的衣服,而另一个有稳定工作的人很可能会觉得这套衣服不值这个价钱,如果售货员以同样的价格向他推销这套衣服,结果很可能是"没有成交"。再如,从北京到天津的火车票价是60元,这个价格必然影响人们对从北京到天津的汽车票价的认知。如果汽车票价高于60元,人们就可能会放弃汽车改乘火车。

由此可见,消费者对商品的认知价格还具有以下两个特点:一是不同消费者对同一商品可能有不同的认知价格;二是即便对同一消费者而言,他对某商品价值的认知也会随着竞争产品价格的不同而不同。

因此,从总体上说,产品定价具有买卖双方双向决策的特征。企业不能仅凭自己的愿望而制定价格。

2) 影响营销定价的主要因素

(1) 定价目标　一般认为,企业定价目标似乎都是获取尽可能高的销售额和利润额,但这只是企业长远的整体目标,具体到某一时期为某一产品定价时,企业的目标是有差异的。归纳起来,企业有以下定价目标可供选择:

① 维持企业生存目标　当企业由于经营管理不善,或由于市场竞争激烈、顾客需求偏好突然变化时,会造成产品销路不畅,大量积压,资金周转不灵,甚至濒临破产。这时,生存比利润更重要,企业应以维持生存作为主要目标。为了确保工厂继续开工和使其存货减少,企业必须制定较低的价格,并希望市场是价格敏感型的。只要定价能收回变动成本或部分固定成本,企业即可维持生存。有时为了避免更大损失,甚至可使售价低于成本。这种目标只能是企业面临困难时的短期目标,长期目标还是要获得发展,否则企业终将破产。

② 最大利润目标　即企业以获取最大限度的利润为定价目标。实现最大利润是企业的最大愿望,最大利润是指企业在一定时期内可能并准备实现的最大利润总额,而不是单位商品的最高价格。最高价格并不一定能获取最大利润。在一定时期内,企业综合考虑市场竞争、消费需求量、销售管理开支等因素后,以总收入减去总成本的最大差额为基点,确定单位商品的价格,以便取得最大利润。以利润最大化为定价目标必须要求企业的产品在市场上处于绝对有利的地位,但是这种目标不可能长期维持,必然会遭到多方抵制、竞争、对抗,甚至导致政府的干预。

③ 保持或扩大市场占有率目标　市场占有率是企业的销售量(额)占同行销售量(额)的百分比,是企业经营状况和企业产品竞争力的直接反映,它的高低对企业的生存和发展具有重要意义。一个企业只有在产品市场逐渐扩大和销售额逐渐增加的情况下,才有可能生存和发展。因此,保持或提高市场占有率是一个十分重要的目标。许多企业宁愿牺牲短期利润,以确保长期收益,即所谓"放长线,钓大鱼"。为此,就要实行全部或部分产品的低价策略,以实现提高市场占有率这一目标。当具备下列条件之一时,企业就可考虑通过低价来实现市场占有率的提高:

A. 市场对价格高度敏感,因此低价能刺激需求的迅速增长。

B. 生产与分销单位成本会随着生产经验的积累而下降。

C. 低价能抑制现有的和潜在的竞争者。

④ 保持最优产品品质目标　企业也可考虑产品质量领先这样的目标,并在生产和市场营销过程中始终贯彻产品质量最优化的指导思想。这就要求用高价格来弥补高质量和研究开发的高成本。产品优质优价的同时,还应辅以相应的优质服务。

(2) 产品成本　成本是商品价格构成中最基本、最重要的因素,也是商品价格的最低经济界限。产品成本包括制造成本、营销成本、储运成本等,它是价格构成中一项最基本、最主要的因素。成本是产品定价的最低限度,产品价格必须能够补偿产品生产、分销和促销的所有支出,并补偿企业为产品承担风险所付出的代价。企业利润是价格与成本的差额,因而企业必须了解成本的变动情况,尽可能去掉产品的过剩功能,节省一切不必要的消耗,降低成本,降低价格,从而扩大销售,增加盈利。

从企业产品成本与销售量的关系来看,成本构成及其表现形态一般包括以下几种:

① 固定成本　这是指在既定生产经营规模范围内,不随着产品种类及数量的变化而变动的成本费用。如固定资产折旧、房地租、办公费用、管理层的薪金等,这些费用不论企业产量的多少都必须支出。但随着时间的推移,生产经营规模的扩大,这种成本也将发生变化,所以长期成本中没有固定成本。从长期看,一切成本都是变动成本。固定成本包括固定成本总额和单位固定成本。前者是指在一定范围内不随销量变化而变化的成本;后者指单位产品所包含的固定成本的平均分摊额,即固定成本总额与总销量之比,它随销量的增加而减少。

② 变动成本　这是指随着产品种类及数量的变化而相应变动的成本费用。如原材料、生产者的工资报酬及部分营销费用。在一定范围内,变动成本与产品销量呈正比关系变化,即成本随产品销量增长而增加。变动成本包括变动成本总额和单位变动成本。变动成本总额是指单位变动成本与销量的乘积;单位变动成本是指单位产品所包含的变动成本平均分摊额,即变动成本总额与总销量之比。

③ 总成本　这是固定成本和变动成本之和。当产量为零时,总成本等于未营业时发生的固定成本。

④ 平均成本　这是总成本与总销量之比,即单位产品的平均成本费用。企业获利的前提条件是价格不能低于平均成本费用。

(3) 市场需求　企业有一种判断定价是否合理的通俗说法:"摆得住,卖得出",即商品在柜台里能摆得住,不会被顾客一下子全部买走;同时也能卖得出去,不会积压。这个价格就是符合供求关系的合理价格。因此,企业给产品定价不但要考虑企业营销目标、生产成本、营销费用等因素,而且还必须考虑市场供求状况和需求弹性。

① 需求与供给的关系　一般情况下,市场价格以市场供给和需求的关系为转移,供求规律是一切商品经济的客观规律,即商品供过于求时价格下降,供不应求时价格上涨,这就是所谓市场经济"看不见的手"。在完全竞争的市场条件下,价格完全在供求规律的自发调节下形成,企业只能随行就市定价。在不完全竞争的市场条件下,企业才有选择定价方法和策略的必要和可能。

② 需求的收入弹性　需求的收入弹性是指因消费者收入变动而引起的需求的相应变动率。有些产品的需求收入弹性大,即消费者货币收入的增加导致该产品的需求量有更大幅度的增加,如高档食品、耐用消费品、旅游等会出现这种情况;有些产品的需求收入弹性小,即消费者货币收入的增加导致该产品的需求量的增加幅度较小,生活必需品的情况就是如此。也有的产品的需求收入弹性是负值,即消费者货币收入的增加将导致该产品需求量下降,如某些低档食品、低档服装就有负的需求收入弹性。因为消费者收入增加后,对这类产品的需求量将减少,甚至不再购买这些低档产品,而转向高档产品。

③ 需求的价格弹性　价格会影响市场需求。在正常情况下,市场需求会按照与价格相反的方向变动。需求的价格弹性,即产品价格变动对市场需求量的影响。不同产品的市场需求量对价格变动的反应程度不同,价格弹性大小不同。产品的需求弹性在理论上有完全无弹性、完全有弹性、缺乏弹性和富有弹性。在现实中,需求的价格弹性主要是缺乏弹性和富有弹性。所谓富有弹性,是指顾客对价格变动有较高的敏感性,此时市场需求与价格成反比。缺乏弹性则相反。一般说来,缺乏弹性有如下情况:

A. 产品无替代品或企业无竞争者。

B. 购买者对价格不敏感。

C. 购买者保守,且不努力寻找便宜的产品。

D. 购买者认可并接受较高的价格。

④ 需求的交叉弹性　在为产品大类定价时还必须考虑各产品项目之间相互影响的程度。产品大类中的某一个产品项目很可能是其他产品的替代品或互补品。所谓替代产品是指功能和用途基本相同,消费过程中可以互相替代的产品,如洗衣粉和肥皂。互补产品是指两种或两种以上功能互相依赖、需要配合使用的商品。一项产品的价格变动往往会影响其他产品项目销售量的变化,两者之间存在着需求的交叉价格弹性。交叉弹性可以是正值,也可以是负值。如为正值,则此两项产品为替代品,表明一旦产品 Y 的价格上涨,则产品 X 的需求量必然增加;相反,如果交叉弹性为负值,则此两项产品为互补品,也就是说,当产品 Y 价格上涨时,产品 X 的需求量会下降。

所谓替代性需求关系,是指在购买者实际收入不变的情况下,某项产品价格的小幅度变动将会使其关联产品的需求量出现大幅度的变动。而互补性需求量关系,则是指在购买者实际收入不变的情况下,虽然某项产品价格发生大幅度变动,但其关联产品的需求量并不发生太大变化。

(4) 竞争因素　产品价格的上限取决于产品的市场需求,下限取决于该产品的成本费用。在这个价格上限与下限的幅度内,企业能把产品价格定多高,则取决于竞争者同种产品的价格水平。

竞争因素对定价的影响主要表现为竞争价格对产品价格水平的约束。同类产品的竞争最直接表现为价格竞争。企业试图通过适当的价格和及时的价格调整来争取更多顾客,这就意味着其他同类企业将失去部分市场,或维持原市场份额要付出更多的营销努力。因而在竞争激烈的市场上,企业都会认真分析竞争对手的价格策略,密切关注其价格动向并及时做出反应。

市场竞争结构影响企业定价的自由度。从经济学的角度分析,市场竞争结构可分为完全竞争、完全垄断、垄断竞争、寡头垄断竞争四种类型:

① 完全竞争市场　这种市场上的产品价格是在竞争中由整个行业的供求关系自发决定的,无论是买主还是卖主,都只是价格的接受者,而不是价格的制定者。买卖双方都能及时得到市场信息,并完全凭理智决定买卖行为。事实上,完全竞争在市场竞争中是极少见的,目前,国际贸易中只有少数农副产品如粮食、棉花等交易符合这种竞争形式。完全竞争的条件,限制了企业的价格自由。

② 完全垄断市场　完全垄断是指市场上某种产品完全由一家卖主所独占。最典型的完全垄断甚至没有任何代用品参与竞争,市场价格完全由这个垄断企业根据自己的经营目标在法律允许的范围内制定。完全垄断在现实市场上极为少见。在完全垄断条件下,由于竞争被排除了,由独家企业自由定价,对经济发展和对消费者都带来不利因素。在现代市场

经济中应当提倡公平竞争,防止独家垄断。

③ 垄断竞争市场　垄断竞争是介于完全竞争与完全垄断之间的一种市场状态。在这种市场上,各企业对自己的产品有垄断权,但由于其他企业可能提供相类似的产品,从而企业之间存在或多或少的竞争。在这种条件下,企业可利用其产品的独特性制定或控制价格,从而在短时间内可以获得超额利润。但由于超额利润的诱导,使竞争者角逐,使供给增加,进而又使价格下降,结果企业也只能获得平均利润。也就是说,在垄断竞争条件下,企业也不能不接受约束而随意定价。

④ 寡头垄断竞争市场　在这种市场上,同行企业的数目不多,其中少数大企业生产和销售的产品在该行业中占有较大的比重,因而可把这几家大企业称为寡头。各企业相互依存、相互制约,产品的价格不是通过市场供求来决定,而是通过各企业之间的妥协来决定。

随着市场竞争的激化,以营销组合为核心的全面竞争日益成为发展的趋势。这种竞争包含了产品、渠道及促销等各个方面。因此,企业在定价时不仅要关注竞争者的价格策略,而且对其产品策略、渠道策略和促销策略也不能忽视。

(5) 国家政策　由于产品的价格直接关系到人民生活和国家安定,所以各国政府都在不同程度上加强对物价的管理,控制物价总水平的波动幅度。目前我国对绝大多数产品价格已经放开,但对关系国计民生的产品价格仍然进行监管。政府可以通过行政的、法律的、经济的手段对企业定价及对社会整体物价水平进行调节和控制。因此政府政策也是企业定价时必须考虑的因素。

行政手段主要是在某些特殊时期,对某些特殊产品采用限价措施,包括最高限价和最低限价。限价措施在一定时期内对于保护消费者和生产者利益具有积极的作用,但长期采用则不利于供求规律发挥效用。采用立法手段管理价格主要是为了保护竞争,限制垄断,防止各种不合理的价格歧视。经济手段是政府反通货膨胀的重要措施,它通过财政政策和货币政策的各种措施,如增加或减少税收等方式影响企业的成本和利润。

4.2.2　定价方法

在影响定价的几种因素中,成本因素、需求因素与竞争因素是影响价格制定与变动的最主要因素。企业通过考虑这三种因素的一个或几个来定价,但是,在实际工作中企业通常根据实际情况侧重于考虑某一方面的因素并据此选择定价方法,此后再参考其他方面因素的影响对制定出来的价格进行适当的调整。因此,企业的定价导向可以划分为三大基本类型,即成本导向、需求导向和竞争导向。

1) 成本导向定价法

成本导向定价法,就是以成本作为定价的基础。这里所讲的成本,指产品的总成本,包括固定成本和变动成本两部分。成本导向定价法中最常用的有成本加成定价法、目标利润率定价法两种具体方法,其特点是简便、易用。

(1) 成本加成定价法　这是成本导向定价法中应用最广泛的定价方法,即根据单位成本与一定的加成率来确定产品的单位价格,具体有如下两种方式:

① 以成本为基础的加成　即企业在产品的单位总成本(包括单位变动成本和平均分摊的固定成本)上加一定比例的利润(即加成)来制定产品的单位销售价格。

该方法的计算公式是:

$$单位产品价格 = 单位产品成本 \times (1 + 加成率)$$

例如：某生产录音机的企业，单位成本为 320 元，其售价由成本加成 20% 来确定，则其单位售价为：320×(1+20%)=384(元)。

② 以售价为基础的加成　有的企业（如零售商）往往以销售额中的预计利润率为加成率来定价。如假设某零售商的单位进货成本为 1 600 元，该企业想要在销售额中有 20% 的利润，其加成价格的计算如下：

$$单位产品价格 = \frac{单位成本}{1-销售额中的预计利润率} = \frac{1\ 600}{1-20\%} = 2\ 000(元)$$

由此可以看到，成本加成定价法的关键是加成率的确定。在这方面，企业一般是根据某一行业或某种产品已经形成的传统习惯来确定加成率。不过，不同的商品、不同的行业、不同的市场、不同的时间、不同的地点加成率是不同的，甚至同一行业中不同的企业也会有不同的加成率。一般地说，加成率应与单位产品成本成反比；加成率应和资金周转率成反比；加成率应与需求价格弹性成反比（需求价格弹性不变时加成率也应保持相对稳定）；零售商使用自己品牌的加成率应高于使用制造商品牌的加成率。

成本加成定价法之所以被普遍使用，主要是因为以下因素：

A. 成本的不确定性一般比需求少。

B. 只要同一行业的所有企业都采用这种定价方法，它们的价格将趋同，价格竞争的变数较少。

C. 人们觉得成本加成定价法对买卖双方都比较公平，尤其是在买方需求强烈时，卖方没有利用有利条件谋求额外利益，而仍能获得公平的投资收益。

但成本加成定价法的缺点也很明显：它忽视了市场竞争和供求状况的影响，缺乏灵活性，难以适应市场竞争的变化形势。特别是如果加成率的确定仅从企业角度考虑，则很难准确得知可获得的销售量。

（2）目标利润率定价法　目标利润定价法也称为目标收益定价法、投资报酬定价法，这是制造企业普遍采用的一种定价方法。该方法的操作过程是企业在单位总成本、预计销售量等指标的基础上，考虑企业的投资所能获得的投资报酬率来制定价格。公式为：

$$单位产品价格 = 单位成本 + \frac{总投资额 \times 投资报酬率}{预计销售量(单位)}$$

目标利润率定价法的要点是使产品的售价能保证企业达到预期的目标利润率。企业根据总成本和估计的总销售量，确定期望达到的目标收益率，然后推算价格。这种定价方法需要运用"收支平衡图"，在图中反映不同销售水平上的预期总成本和总收益情况。图 4.2.1 展示了一张假设的收支平衡图，其中，E 为收支平衡点。在该图中，固定成本不随产量而变化，是一条直线；变动成本随产量的变化呈正比例变化；总成本是变动成本与固定成本之和，因此，总成本在固定成本线上随产量增加而逐渐上升。总收入以原点为起点，随销售增加而逐渐上升，其斜率的大小相当于产品价格。

例如：某企业某产品的生产能力为年产 100 万件，在生产能力范围内不论产量多少其固定成本都是 600 万元，单位变动成本 5 元。现预测下一年度的销售量为 80 万件，该企业要求达到 20% 的目标利润，则对其

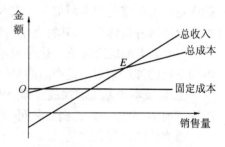

图 4.2.1　目标利润率定价法

产品应如何定价?

目标利润定价法的步骤:

① 首先测算出各种不同产量时的总成本,画出总成本曲线。固定成本在产量为0～100万件时都是600万元,所以在图上是一条水平线。变动成本是随产销量的增加而直线上升的一条直线。固定成本加变动成本即为总成本曲线。

② 根据预测,销售量80万件时总成本为
$$600+(800\,000\times 0.000\,5)=1\,000(万元)$$

③ 确定目标利润额。当产量为80万件时,总成本为1 000万元,按企业既定的目标利润率20%,可求出企业的目标利润为
$$1\,000\times 20\%=200(万元)$$

④ 求出应确定的价格
$$P=总收入/产量=(1\,000+200)/80=15(元)$$

即如果企业定价为每件15元,且售出80万件,则按此价格可实现20%的目标利润,赚得200万元。

目标收益率定价法计算比较简单,实现一定的销售额后即可获得预期的利润。但企业根据销售量倒推价格,而价格又是影响销售量的一个重要因素,销售量的估计也许不太准确,这是运用此种方法定价的一个明显缺陷。

2) 需求导向定价法

需求导向定价是指按照顾客对商品的认知和需求程度制定价格,而不是根据卖方的成本定价。这类定价方法的出发点是顾客需求,认为企业生产产品就是为了满足顾客的需要,所以产品的价格应以顾客对商品价值的理解为依据来制定。若成本导向定价的逻辑关系是:成本+税金+利润=价格,则需求导向定价的逻辑关系是:价格-税金-利润=成本。需求导向定价的主要方法包括认知价值定价法、反向定价法和需求差异定价法三种,其中,需求差异定价法将专门论述。

(1) 认知价值定价法　这是利用产品在消费者心目中的价值,也就是消费者心中对价值的理解程度来确定产品价格水平的一种方法。消费者对商品价值的认知和理解程度不同,会形成不同的定价上限,如果价格刚好定在这个限度内,那么消费者既能顺利购买,企业也将更加有利可图。

如美国卡特匹勒公司用理解价值为其建筑机械设备定价。该公司可能为其拖拉机定价10万美元,尽管其竞争对手同类的拖拉机售价只有9万美元,卡特匹勒公司的销售量居然超过了竞争者。当一位潜在顾客问卡特匹勒公司的经销商,买卡特匹勒的拖拉机为什么要多付1万美元时,经销商回答说:

90 000美元是拖拉机的价格,与竞争者的拖拉机价格相同;

+7 000美元是最佳耐用性的价格加成;

+6 000美元是最佳可靠性的价格加成;

+5 000美元是最佳服务的价格加成;

+2 000美元是零件较长保用期的价格加成;

110 000美元是总价格;

−10 000美元折扣;

最终价格为100 000美元。

顾客惊奇地发现,尽管他购买卡特匹勒公司的拖拉机需多付1万美元,但实际上他却得到了1万美元的折扣。结果,他选择了卡特匹勒公司的拖拉机。

实施这一方法的要点在于提高消费者对商品效用认知和价值的理解度。企业可以通过实施产品差异化和适当的市场定位,突出企业产品特色,再辅以整体的营销组合策略,塑造企业和产品形象,使消费者感到购买这些产品能获取更多的相对利益,从而提高他们可接受的产品价格上限。

(2) 反向定价法 所谓反向定价法,是指企业依据消费者能够接受的最终销售价格,计算自己从事经营的成本和利润后,逆向推算出产品的批发价和零售价。这种定价方法不以实际成本为主要依据,而是以市场需求为定价出发点,力求使价格为消费者所接受。分销渠道中的批发商和零售商多采取这种定价方法。

3) 竞争导向定价法

竞争导向定价是以市场上竞争对手的同类产品价格为主要依据的定价方法。企业定价时,主要考虑竞争对手的产品价格。如果竞争对手的价格变了,即使本企业产品成本与需求量没有发生变化,也要随之改变产品价格;如果竞争对手的价格没有发生变化,即使本企业产品成本或需求发生了变化,也不应改变价格。竞争导向定价要以提高产品的市场占有率为目的,制定有利于企业获胜的竞争价格。在具体运用中,常用的方法有两种,即随行就市定价法和投标定价法。

(1) 随行就市定价法 随行就市定价法是企业根据同行业平均价格或者同行业中实力最强竞争者的产品价格制定本企业产品价格的定价方法。在测算成本有困难、竞争者不确定或难以估计采取进攻性定价会引起对手什么反应时,这种方法提供了一个有效的解决方案,可为企业节省时间,减少风险,避免竞争,有利于同行间和平共处。这种定价方法特别为小型企业广泛采用。

(2) 投标定价法 这是在建筑包工、大型机械设备购买和安装、社会集团大批量购买时常用的方法。所谓投标定价法是指企业以竞争者可能的报价为基础,兼顾本身应有的利润所确定的价格。

企业确定投标价格是以取得承包合同,又能得到尽可能大的利润为目标。但两个方面是有矛盾的,为了取得承包合同,报价必须低于所有竞争者,但又不能太低,如果低于成本,企业将得不到利润反而受到损失,即使取得合同也将失去意义。

实际上,企业常通过计算期望利润的办法来确定投标价格。所谓期望利润,是某一投标价格所取得的利润与估计中标的可能性的乘积,期望利润最大的投标价格,就是企业最佳的投标报价。例如某企业估算各种投标价格的期望利润如表4.2.1所示。

表 4.2.1 不同投标价格的期望利润　　　　　　　　　单位:万元

投标价格	企业利润	估计的中标概率	期望利润
(1)	(2)	(3)	(4)=(2)×(3)
950	10	81%	8.1
1 000	60	36%	21.6
1 050	110	9%	9.9
1 100	160	1%	1.6

本例中,期望利润最高为21.6万元,所以企业应报的投标价格为1 000万元。以期望利润作为定价标准的方法,适用于经常有机会参加投标的大型企业。

(3) 拍卖定价法　这是由卖方预先发布公告,公布时间、地点、拍卖物、拍卖起步价等,经买方看货后,卖方通过拍卖市场公开叫价,买方相互竞争,将商品卖给出价最高者的一种定价销售方式。拍卖定价主要用于品质不易标准化的商品的定价,如各类藏品、土地、房屋、企业,或不能长期保存、季节性强、淘汰周期短的各类商品。

4.2.3　定价策略

在激烈的市场竞争中,定价策略是企业争夺市场的重要武器,是企业营销组合策略的重要组成部分。企业必须善于根据环境、产品特点和生命周期的阶段、消费心理和需求特点等因素,正确选择定价策略,争取顺利实现营销目标。

企业在确定与实施定价策略时,必须遵循如下基本原则:第一,必须在国家政策规定的范围内进行,树立全局观念,主动考虑社会总体利益。第二,必须兼顾企业营销的近期目标与远期目标。第三,必须以正当合法的手段进行价格竞争。第四,必须主动考虑顾客的长远利益。

1) 新产品定价策略

在激烈的市场竞争中,企业开发的新产品能否及时打开销路、占领市场和获得满意的利润,这不仅取决于适宜的产品策略,而且还取决于其他市场营销策略手段的协调配合。其中新产品定价策略就是一种必不可少的营销策略。常见的新产品定价技巧和策略有以下几种。

(1) 撇脂定价策略　撇脂定价又称定高价,是指在产品生命周期的最初阶段,把产品的价格定得很高,以获取最大利润,犹如从鲜奶中撇取奶油。企业之所以能这样做,是因为有些购买者主观认为某些商品具有很高的价值。从市场营销实践看,在以下条件下企业可以采取撇脂定价策略:首先,市场上有足够的购买者,他们的需求缺乏弹性,即使把价格定得很高,市场需求也不会大量减少;其次,高价使需求减少,因而产量也相应减少,单位成本增加,但仍然能给企业带来利润;第三,在高价情况下,仍然独家经营,别无竞争者,因为在短期内仿制很困难,类似仿制品出现的可能性很小,竞争对手少。

撇脂定价的优势非常明显,在顾客求新心理较强的市场上,高价有助于开拓市场;主动性大,产品进入成熟期后,价格可分阶段逐步下降,有利于吸引新的购买者;价格高,限制需求量过于迅速增加,使其与生产能力相适应。

当然,运用这种策略也存在一定的风险,高价虽然获利大,但不利于扩大市场、增加销量,也不利于占领和稳定市场;价格远远高于价值,在某种程度上损害了消费者利益,容易招致消费者的抵制,甚至会被当作暴利来加以取缔,损坏企业形象;容易很快招来竞争者,迫使价格下降,好景不长。

(2) 渗透定价策略　又称定低价策略,是指企业把创新的新产品价格定得相对较低,以吸引大量顾客,提高市场占有率。这种定价策略适用于新产品没有显著特色、产品存在着规模经济效益、市场竞争激烈、需求价格弹性较大、市场潜力大的产品。低价可以有效地刺激消费需求、阻止竞争者介入从而保持较高的市场占有率、扩大销售而降低生产成本与销售费用。采用渗透定价策略的条件:首先产品的市场规模较大,存在着强大的竞争潜力。其次产品的需求弹性大,稍微降低价格,需求量会大大增加。第三是通过大批量生产能降低生成本。

(3) 满意定价策略　又称适价策略,是一种介于撇脂价和渗透价之间的价格策略。该策略是指企业将新产品的价格定得比较适中,以便照顾各方面的利益,使各方面都满意。由于撇脂定价策略定价过高,对消费者不利,可能遇到消费者拒绝,具有一定风险;渗透定价策略定价过低,虽然对消费者有利,但容易引起价格战,且由于价低利薄,资金的回收期也较长,实力不强的企业将难以承受;而满意价格策略采取适中价格,基本上能够做到供求双方都比较满意,因此不少企业采取满意定价策略。有时企业为了保持产品线定价策略的一致性,也会采用满意定价策略。满意定价策略由于获得的是平均利润,既可吸引消费者,又可避免价格竞争,从而在市场上站稳脚跟,获得长远发展,但要确定企业与顾客双方都比较满意的价格比较困难。

2) 产品组合定价策略

产品组合是指一个企业所生产经营的全部产品线和产品项目的组合。对于生产经营多种产品的企业来说,定价须着眼于整个产品组合的利润实现最大化,而不是单个产品。由于各种产品之间存在需求和成本上的联系,有时还存在替代、竞争关系,所以实际定价的难度相当大。

(1) 产品线定价　通常企业开发出来的是产品大类,即产品线,而不是单一产品。当企业生产的系列产品存在需求和成本的内在关联性时,为了充分发挥这种内在关联性的积极效应,需要采用产品线定价策略。在定价时,首先,确定某种产品价格为最低价格,它在产品线中充当招徕价格,吸引消费者购买产品线中的其他产品;其次,确定产品线中某种产品为最高价格,它在产品线中充当品牌质量象征和收回投资的角色;再者,产品线中的其他产品也分别依据其在产品线中的角色不同而制定不同的价格。如果是由多家企业生产经营时,则共同协商确定互补品价格。选用互补定价策略时,企业应根据市场状况,合理组合互补品价格,使系列产品有利销售,以发挥企业多种产品整体组合效应。

(2) 系列产品定价　有时企业向顾客提供一系列相关的产品和服务,如一家宾馆既为顾客提供住宿、餐饮服务,也提供娱乐、健身服务,那么,可考虑将住宿、餐饮的价格定低些,以吸引顾客,而将娱乐、健身的价格定高些,以获取利润。

(3) 互补产品定价

互补产品是指两种或两种以上功能互相依赖、需要配合使用的商品。具体的做法是:把价值高而购买频率低的主件价格定得低些,而对与之配合使用的价值低而购买频率高的易耗品价格适当定高些。如将照相机的价格定得适当低一点,胶卷的价格提高些;电动剃须刀架的价格定低一些,而刀片的价格适当提高;手机的价格可适当降低,电池的价格可适当提高。

3) 心理定价策略

消费者的购买行为由消费心理支配,而消费心理是非常复杂的,它受到社会地位、收入水平、兴趣爱好等诸多因素的影响和制约。企业若能在产品定价时对此予以充分考虑,就会制定出较有吸引力的价格。常用的消费者心理定价策略有以下几种:

(1) 尾数定价　尾数定价即利用消费者数字认知的某种心理,尽可能在价格数字上保留零头,使消费者产生价格低廉和卖主经过认真的成本核算才定价的感觉,从而使消费者对企业产品及其定价产生信任感。例如,将本应定价100元的商品,定价为99.8元,这种方法多用于需求价格弹性较大的中低档商品。

（2）整数定价　整数定价是指针对消费者的求名、求方便心理,将商品价格有意定为以"0"结尾的整数。在日常生活中,对于难以辨别好坏的商品,消费者往往喜欢以价论质。而将商品的价格定为整数,使商品显得高档,正好迎合了消费者的这种心理。例如,一件高档西服,如果完全追随竞争者同类商品平均价格,定价应797元,但有经验的商家则会把零售价格标为800元,这样不仅不会失去顾客,还能增强顾客的购买欲望。因此,对那些高档名牌商品或消费者不太了解的商品,采用整数定价可以提高商品形象。另外,将价格定为整数还省去了找零的麻烦,提高了商品的结算速度。

（3）声望定价　企业利用消费者仰慕名牌商品或名店的声望所产生的某种心理来制定商品价格,故意把价格定成整数或高价,以显示其商品或企业的名望。质量不易鉴别的商品的定价最适宜采用此法,因为消费者有崇尚名牌的心理,往往以价格判断质量,认为高价格代表高质量。如德国拜耳公司和我国同仁堂的药品,尽管价格较高,但是仍比一般的低价药畅销。

（4）招徕定价　招徕定价指零售商利用部分顾客求廉的心理,特意将某几种商品的价格定得较低以吸引顾客。某些顾客经常来采购廉价商品,同时也选购了其他正常价格的商品。这些价格定得低的商品称为牺牲品。企业还常利用季节转换或某些节日举行大减价,以吸引更多的顾客。

4）需求差别定价策略

需求差别定价,也称歧视定价,是指企业按照两种或两种以上不反映成本费用的比例差异的价格销售某种产品或服务。需求差别定价有以下四种形式:

（1）以顾客为基础的差别价格　同一产品,对不同的消费者制定不同的价格和采用不同的价格方式。其中,有的是由于不同的消费者对同一产品的需求弹性不同,宜分别不同的消费者群体制定不同的价格。如美国轮胎企业卖给汽车厂的产品价格便宜,因为需求弹性大;卖给一般用户价格贵,因为需求弹性小。电力工业对工业用户收费低,因为需求弹性大;对民用收费高,因为需求弹性小。如果对工厂的收费高于厂内发电设备运转费用,工厂就会自行发电。

（2）产品形式差别定价　对于同一品质的产品,由于其款式、结构、颜色、式样、需求群体、需求量等方面的不同,可以确定不同的价格。例如,33英寸彩电比29英寸彩电的价格高出一大截,可其成本差额远没有这么大;一件裙子70元,成本50元,可是在裙子上绣一组花,追加成本5元,但价格却可定到100元。这种策略定出来的价格,价格差异不反映成本差异。

（3）以地域为基础的差别定价　如果同一产品在不同地理位置的市场上存在不同的需求强度,那么就应该定出不同的价格,但定价的差别并不与运费成比例。例如,影剧院不同座位的成本费用都一样,却按不同的座位收取不同价格,因为公众对不同座位的偏好不同;火车卧铺从上铺到中铺、下铺,价格逐渐增高。旅游景点的旅馆、饭店定价通常比一般地区高。

（4）以时间为基础的差别定价　当产品的需求随着时间的变化而有变化时,对同一种产品在不同时间应该定出不同的价格。例如,电影院在白天和晚上票价有别,旅游业在旺季和淡季制定不同的价格,月饼在中秋节前后价格迥然不同。流行商品在流行初期借助轰动效应定高价,流行期一过,为了商品尽快脱手,价格必须逐渐降低,甚至大幅度降价。

5) 折扣定价策略

企业为了鼓励消费者及早付清货款、大量购买、淡季购买，可以酌情降低其基本价格，这种价格调整叫作价格折扣。价格折扣主要有以下几种：

(1) 现金折扣　现金折扣是为了鼓励顾客尽早付款，加速资金周转，降低销售费用，减少企业风险，而给购买者的一种价格折扣。财务上常用的表示方式为"2/10,n/30"，其含义是双方约定的付款期为 30 天，若买方在 10 天内付款，将获得 2% 的价格折扣，超过 10 天，在 30 天内付款则没有折扣，超过 30 天要加付利息。现金折扣的前提是商品的销售方式为赊销或分期付款，因此，采用现金折扣一般要考虑三个因素：折扣比例；给予折扣的时间限制；付清全部货款的期限。

(2) 数量折扣　也称批量折扣，根据购买者购买数量的大小给予不同的折扣。数量折扣可以分为累计数量折扣和非累计数量折扣两种形式。累计数量折扣规定顾客在一定时间内，购买商品若达到一定数量或金额，则按其总量给予一定折扣，其目的是鼓励顾客经常向本企业购买，成为可信赖的长期顾客。非累计数量折扣也称一次性数量折扣，该折扣规定一次购买某种产品达到一定数量或购买多种产品达到一定金额，则给予折扣优惠，其目的是鼓励顾客批量或集中购买，促进产品的快速销售，加快资金周转。

(3) 季节折扣　季节折扣也称季节差价。一般在有明显的淡季、旺季产品或服务的行业中实行。这种价格折扣是企业给那些购买过季商品或服务的消费者的一种减价，使企业的生产和销售在一年四季保持相对稳定。例如，草坪和园艺设备制造商在秋季和冬季给予零售商季节折扣，鼓励它们在春季和夏季这样的旺季到来之前购买。旅馆、客栈和航空公司在淡季实施季节折扣。

(4) 业务折扣　业务折扣也称同业折扣或功能折扣，是生产厂家给予批发和零售企业的折扣。折扣的大小因中间商在商品流通中的不同功能而各异。例如，生产厂家报价："100元，折扣 40% 及 10%"，表示给零售商折扣 40%，即卖给零售商的价格是 60 元，给批发商则再折 10%，即 54 元。因为批发商和零售商功能不同。

6) 价格调整

企业制定价格并不是一劳永逸的，随着市场环境的不断变化，还需要适时地进行价格调整。企业调整价格主要有两种情况：一是适应市场供求环境的变化而主动调价；二是在竞争者调价行为的压力下被动调价。

(1) 降价策略　虽然降价会影响同行之间的关系，引起价格竞争，但在某些情况下不能不降价。如生产能力过剩需要扩大销售，而且通过改进产品、加大促销力度等其他营销方式难以扩大销售；市场竞争加剧，迫使企业降价以维持和扩大市场份额；企业相对于竞争者有成本优势，降价可以扩大销售，并可进一步降低成本；经济不景气，消费需求减少，降价可以刺激需求。

企业降价既可以直接降低基本价格，也可以在基本价格不变的情况下，采取增加免费项目、改进产品性能和质量、增加折扣种类、提高折扣率以及馈赠礼品等策略来实际降低产品价格。

(2) 提价策略　提价会引起顾客及中间商的不满，但在某些情况下不能不提价。如成本上涨迫使企业提高价格；企业产品供不应求，通过提价抑制部分需求；为补偿改进产品的费用而提高价格；出于竞争需要，将自己产品的价格提高到同类产品之上，以树立高品质形象。

企业提价不一定都是提高基本价格,也可以在价格不变的情况下,通过采取以下策略来实现提价:

① 减少免费服务项目或增加收费项目。

② 减少价格折扣。

③ 压缩产品分量。

④ 使用便宜的材料或配件。

⑤ 减少或改变产品功能以降低成本。

⑥ 使用低廉的包装材料或推销大容量包装的产品,以降低保障的相对成本。

(3) 市场对企业调价的可能反应　企业调整价格,会对顾客、竞争者等产生影响。因此,在实施调价前后,必须调查和估计市场有关方面对企业调价的可能反应,以便减少调价给企业带来的不利影响,力争实现调价目标。

① 顾客的反应　顾客的反应是判断企业调价是否成功的主要标准,因此应该加以认真分析和研究。

顾客对企业降价可能产生的心理反应有:该产品质量有问题,卖不出去;该产品已经老化,将要被新产品所代替;可能还要降价,等等再买;企业可能经营不下去了,要转行,将来的售后服务没有保证。

顾客对企业提价可能产生的心理反应有:该产品质量好;厂家想多赚钱;该产品供不应求,再不买就买不到了。

② 竞争者的反应　竞争者的反应也是企业调价所要考虑的重要因素,竞争者对本企业降价的不同认识将导致其采取不同的行动。竞争者可能对本行业的降价行为做出不同的理解:

A. 该企业想与自己争夺市场。

B. 该企业想促使全行业降价来刺激需求。

C. 该企业经营不善,想改变销售不畅的状况。

D. 该企业可能将推出新产品。

③ 企业应付竞争者调价的策略　在市场竞争中,如果竞争者率先调整了价格,那么企业应在采取行动之前,首先必须弄清竞争者为何调价,然后才能采取行动。一般做法是:如果认为提价对全行业有好处,则跟随提价,否则就维持价格不变,以最终迫使发动提价的企业恢复原价。具体的做法有:

A. 维持原价。如果认为本企业的市场份额不会失去太多,而且以后能够恢复,则可采取这种策略。

B. 在维持原价的基础上,同时采取一些非价格竞争手段,以提高顾客对本企业产品的理解价值。如提高产品质量、改善销售服务等。

C. 跟随降价。如果认为不降价会丧失大量市场份额,将来很难东山再起,则可采取本策略。

D. 提价并同时提高产品质量,树立本企业产品的高品质形象,以增强其竞争力。

E. 增加廉价产品项目进行反击。

4.2.4　定价程序

由于影响企业定价的因素众多,而适当的产品定价又事关重大,因此,遵循一个科学的定价程序显得十分重要。

（1）确定定价目标，因为定价目标不同，商品价位高低和采用的定价方法就会有所不同。

（2）估算成本，不仅要考虑生产总成本，还要考虑流通总成本。大多数情况下，随着产量的上升，产品平均成本会相应下降，尤其是在固定成本比重较大时更是如此。如果新产品的目标是替代市场上现有的某种产品，则企业还需制定产品的"目标成本"，以使新产品能符合"目标价格"的要求。

（3）分析市场需求。

（4）分析竞争对手的产品、成本和定价策略。如果说产品成本为企业定价确定了下限，市场需求为产品定价确定了上限，竞争对手的定价策略则是为企业树立了一个参考的标准，尤其是在为新产品制定价格时。

（5）选择基本定价方法，成本导向、需求导向和竞争导向是制定商品基本价格的方法，它们各有其合理性和便利性，也各有其最适合的条件。现实中，三方面因素都要考虑，但具体操作起来只能用一种方法。

（6）运用定价技巧和策略，确定最终价格。

（7）调整价格，随着外部环境因素和企业内部条件、战略和目标的变化以及产品生命周期的演变，适时调整产品价格。

任务 4.3　分销渠道策略

【引导案例】

LG 电子公司的渠道策略

LG 电子公司产品包括彩电、空调、洗衣机、微波炉、显示器等种类。进军中国市场以来，公司把营销渠道作为一种重要资产来经营。通过把握渠道机会、设计和管理营销渠道拥有了一个高效率、低成本的销售系统，提高了其产品的知名度、市场占有率和竞争力。具体做法是：

1）准确进行产品市场定位和选择恰当的营销渠道

LG 家电产品系列、种类较齐全，其产品规格、质量主要集中在中高端。与其他国内外品牌相比，最大的优势在于其产品性价比很高，消费者能以略高于国内产品的价格购买到不逊色于国际著名品牌的产品。因此，LG 选择大型商场和家电连锁超市作为主要营销渠道。因为大型商场是我国家电产品销售的主渠道，具有客流量大、信誉度高的特点，便于扩大 LG 品牌的知名度。在一些市场发育程度不是很高的地区，LG 则投资建立一定数量的专卖店，为其在当地市场的竞争打下良好的基础。

2）正确理解营销渠道与自身的相互要求

LG 对渠道商的要求包括：渠道商要保持很高的忠诚度，不能因渠道反水而导致客户流失；渠道商要贯彻其经营理念、管理方式、工作方法和业务模式，以便彼此的沟通与互动；渠道商应该提供优质的售前、售中、售后服务，使 LG 品牌获得客户的认同；渠道商还应及时反馈客户对 LG 产品及潜在产品的需求反应，以便把握产品及市场走向。渠道商则希望 LG 制定合理的渠道政策，造就高质量、统一的渠道队伍，使自己从中获益；LG 还应提供持续、有针对性的培训,以便及时了解产品性能和技术的最新发展;另外,渠道商还希望得到 LG 更多方面的支持,并能够依据市场需求变化,及时对其经营行为进行有效调整。

3) 为渠道商提供全方位的支持和进行有效的管理

LG 认为企业与渠道商之间是互相依存、互利互惠的合作伙伴关系,而非仅仅是商业伙伴。在相互的位置关系方面,自身居于优势地位。无论从企业实力、经营管理水平,还是对产品和整个市场的了解上,厂商都强于其渠道经销商。所以在渠道政策和具体的措施方面,LG 都给予经销商大力支持。这些支持表现在两个方面:利润分配和经营管理。在利润分配方面,LG 给予经销商非常大的收益空间,为其制定了非常合理、详细的利润反馈机制。在经营管理方面,LG 为经销商提供全面的支持,包括信息支持、培训支持、服务支持、广告支持等。尤其具有特色的是 LG 充分利用网络对经销商提供支持。在其网站中专门设立了经销商 GLUB 频道,不仅包括 LG 全部产品的技术指示、性能特点、功能应用等方面的详尽资料,还传授一般性的企业经营管理知识和非常具体的操作方法。采用这种方式,既降低了成本又提高了效率。

4) 细化营销渠道,提高效率

LG 依据产品的种类和特点对营销渠道进行细化,将其分为 LT 产品、空调与制冷产品、影音设备等营销渠道。这样,每个经销商所需要掌握的产品信息、市场信息范围缩小了,可以有更多的精力向深度方向发展,更好地认识产品、把握市场、了解客户,最终提高销售质量和业绩。

5) 改变营销模式,实行逆向营销

为了避免传统营销模式的弊端,真正做到以消费者为中心,LG 将营销模式由传统的 "LG→总代理→二级代理商→……→用户"改变为"用户→零售商→LG+分销商"的逆向模式。采用这种营销模式,LG 加强了对经销商特别是零售商的服务与管理,使渠道更通畅。同时中间环节大大减少,物流速度明显加快,销售成本随之降低,产品的价格也更具竞争力。

LG 电子通过渠道策略,一方面在移动通信产品和家庭娱乐产品领域的持续盈利增长,另一方面提高家用电器、空调等产品的市场占有率。2018 年《财富》世界 500 强排行榜发布位列 178 位,2019 年《财富》世界 500 强位列 185 位。

制造商与制造商、制造商与中间商、中间商与中间商之间甚至制造商与其直销办事处的冲突是不可避免的。完全没有渠道冲突和客户碰撞的制造商,其渠道的覆盖与市场开拓肯定有瑕疵。渠道冲突的激烈程度还可以成为判断冲突双方实力及商品热销与否的"检验表"。通过分销策略的制定有可能会产生一种新的渠道运作模式,从而取代原有的渠道模式,从长远看分销策略的制定和创新对消费者是有利的。

4.3.1 分销渠道概述

市场上大多数产品都不是由生产者直接供应给最终顾客或用户的。在生产者和最终用户之间有着大量执行不同功能和具有不同名称的营销中介机构存在。所谓分销渠道,是指产品由生产者向最终消费者流动所经过的途径或环节,或者说是指企业将产品传递给最终购买者的过程中所使用的各种中间商以及实体分配机构的集合。承担实际完成将产品或服务送达目标顾客的一系列机构组成的通道称为分销渠道。在产品的流通过程中,生产者出售产品是渠道的起点,消费者购进产品是渠道的终点。分销渠道决策的内容就是对这些中介机构的选择和管理。

1) 分销渠道的概念及职能

在市场营销理论中,有两个与渠道有关的术语经常不加区分地交替使用,这就是市场营销渠道和分销渠道。

所谓市场营销渠道,是指配合起来生产、分销和消费某一生产者的产品和服务的所有企业和个人。也就是说,市场营销渠道包括某种产品供、产、销过程中的所有有关企业和个人,如供应商、生产者、商人中间商、代理中间商、辅助商以及最终消费者或用户。

所谓分销渠道,是指某种产品和服务在从生产者向消费者转移过程中,取得这种产品和服务的所有权或帮助所有权转移的所有企业和个人,即指产品从生产者转移到消费者或使用者所经过的途径。因此,分销渠道包括商人中间商(因为他们取得所有权)和代理中间商(因为他们帮助转移所有权),此外,还包括处于渠道起点和终点的生产者和最终消费者或用户。但是,不包括供应商、辅助商。

通常分销渠道具有以下几个特征:

(1) 分销渠道反映某产品(服务)价值实现全过程所经由的整个通道,其起点是制造商,终点是最终消费者或工业用户。

(2) 分销渠道成员是一群相互依存的组织和个人。

(3) 分销渠道的实体是购销环节。商品在分销渠道中通过一次或多次购销活动转移所有权或使用权,流向消费者或工业用户。购销次数的多少,说明了分销渠道的层次和参与者的多少,表明了分销渠道的长短。值得一提的是代理商并未与被代理商发生购销关系,没有取得商品的所有权,仅仅是帮助被代理商销售而已。分销渠道的长短决定于比较利益的大小。

(4) 分销渠道是一个多功能系统。它不仅要发挥调研、购销、融资、储运等多种职能,在适宜的地点,以适宜的价格、质量、数量提供产品和服务,满足目标市场需求,而且要通过分销渠道各个成员的共同努力,开拓市场,刺激需求,同时还要面对系统之外的竞争,自我调节与创新。

分销渠道的概念可用图 4.3.1 描述。

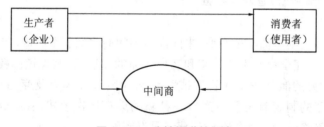

图 4.3.1 分销渠道的概念

从经济理论的观点来看,分销渠道的基本职能在于把自然界提供的不同原料根据人类的需要转换成有意义的产品组合。分销渠道对产品从生产者转移到消费者所必须完成的工作加以组织,其目的在于消除产品服务与消费者之间在时间、地点和所有权上的分离。分销渠道成员承担了许多关键职能,包括:

(1) 信息　收集和发布营销环境中相关者和相关因素的市场研究和情报消息,用于制定计划和帮助调整。

(2) 促销　开发和传播有说服力的供应商消息。

(3) 联系　寻找潜在消费者并与之进行联系。

(4) 调整　根据购买者的需求进行调整以提供合适的产品,包括生产、分类、组装与包装等行为。

(5) 谈判　达成有关价格以及其他方面的协议,完成所有权或使用权的转换。

(6) 实体分配　运输和储存货物。

(7) 融资　获得和使用资金,补偿分销渠道的成本。

(8) 风险承担　承担渠道工作中的风险。

2) 分销渠道的流程

(1) 实体转移流程　如图 4.3.2 所示,它是产品实体在渠道中从制造商向消费者转移的运动过程,其主要部分是产品运输和储存。物流的持续、有效是渠道保证运行质量与效率的重要条件。一般来说,渠道成员在任何时候都要持有存货,但过量存货又会造成过高的备货成本。因此,合理组织商品储运或物流,是提高分销渠道效率和效益的关键之一。

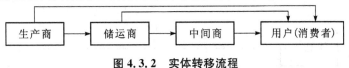

图 4.3.2　实体转移流程

(2) 所有权转移流程　如图 4.3.3 所示,它是指产品所有权或持有权从一个渠道成员转到另一成员手中的流转过程。这一流程通常伴随购销环节在渠道中向前移动。在租赁业务中,该流程转移的是持有权和使用权。

图 4.3.3　所有权转移流程

(3) 货款转移流程　如图 4.3.4 所示,例如,顾客通过银行账户向代理商支付货款账单,代理商扣除佣金后再付给制造商,并支付运费和仓储费。

图 4.3.4　货款转移流程

(4) 信息转移流程　如图 4.3.5 所示,即各成员之间相互传递信息的流程。这一流程在渠道的每一环节均必不可少。通常分销渠道中两个相邻的机构之间要进行信息交流,互不相邻的机构之间有时也会有一定的信息交流。

图 4.3.5　信息转移流程

(5) 促销转移流程　如图 4.3.6 所示,是渠道成员的促销活动流程,具体而言,是指通过广告、人员推销、宣传报道、销售促进等活动由一个渠道成员对另一个渠道成员施加影响的过程。促销流从制造商流向中间商,称之为贸易促销,直接流向最终消费者则称之为最终使用者促销。所有渠道成员都有对顾客的促销责任,既可以采用广告、公共关系和营业推广等大规模促销方式,也可以采用人员推销等针对个人的促销方式。

图 4.3.6 促销转移流程

3) 分销渠道的基本模式

(1) 分销渠道的长度模式 分销渠道的长度是指产品从生产者到最终消费者(用户)的转移过程中所经历的中间环节数。经过环节、层次越多,销售渠道越长。由于顾客需求的差异,消费品与工业品的分销渠道长度模式也有一定差异。

① 消费品分销渠道长度模式 消费品的分销渠道,概括起来主要有以下几种模式,如图 4.3.7 所示。

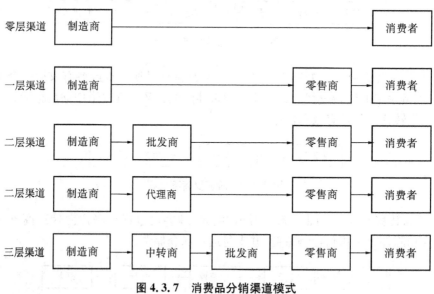

图 4.3.7 消费品分销渠道模式

A. 零层渠道(制造商→消费者):这是最短的销售渠道,也是最直接、最简单销售方式。特点是产销直接见面,环节少,流通费用较低;同时有利于把握市场信息。但不利于以规模化为基础的专业性分工,降低了整体效率。

B. 一层渠道(制造商→零售商→消费者):这是最常见的一种销售渠道。其特点是中间环节少,渠道短,有利于生产者充分利用零售商的力量,扩大产品销路。缺点在于,一是需要对零售商进行有效的控制;二是大规模专业化生产与零散的消费之间的矛盾,因零售的储存不可能太大而不能很好地解决。

C. 二层渠道(制造商→批发商或代理商→零售商→消费者):这是一种传统的,也是常用的模式。大多数中小型企业生产的产品零星、分散,需要批发商先将产品集中起来供应给零售商;而一些小零售商进货零星,也不便于直接从生产企业进货而需要从批发商处进货。所以许多中小型生产企业和零售商都认为这是一种比较理想的分销渠道。这种渠道适用于一般选购品、消费量较大的杂货、药品、玩具等。

D. 三层渠道(制造商→中转商→批发商→零售商→消费者):这是最长、最复杂、销售环节最多的一种分销渠道,主要用于生产者在不熟悉的市场上分销其产品,如外贸业务。

② 工业品分销渠道长度模式 工业品的分销渠道长度模式一般有四种,如图4.3.8所示。

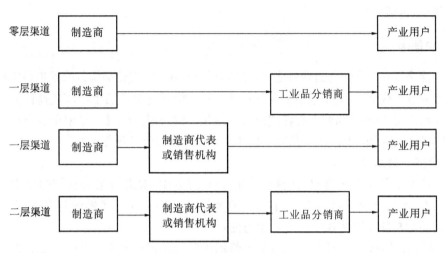

图 4.3.8 产业市场营销渠道

A. 零层渠道(制造商→产业用户):这种分销渠道是工业品分销的主要选择,尤其是生产大型机器设备的企业,大都直接将产品销售给产业用户。

B. 一层渠道(制造者→工业品分销商→产业用户):这种渠道模式常为那些生产普通机器设备及附属设备的企业所采用。如建材、机电、石化等行业也常通过工业品分销商将产品出售给用户。这种渠道属于一层渠道,也是比较简单的营销渠道,是短渠道。

C. 一层渠道(制造者→代理商→产业用户):这种渠道模式用代理商代替工业品分销商有利于销售有特殊技术性能的工业品和新产品。生产企业要开发不够熟悉的新市场,设置销售机构的费用太高或缺乏销售经验,也可采用这种渠道。

D. 二层渠道(制造者→代理商→工业品分销商→产业用户):这是工业品分销渠道中最长、最复杂的一种模式,中间环节多,流通时间长。这种渠道模式与上一种基本相同,只是由于某种原因,不宜由代理商直接卖给用户而需要通过分销商这一环节。特别是某些工业品虽然技术性很强,但是单位销售量太小或市场不够均衡,有的地区用户多,有的地区用户少,就有必要利用分销商分散存货,通过经销商向用户供货就更方便。

以上消费品和工业品分销渠道长度模式中,零层渠道又称为直接渠道,一层渠道、二层渠道及三层渠道都称为间接渠道。

(2) 分销渠道的宽度模式 分销渠道的宽度取决于商品流通过程中每一个层次利用同种类型中间商数目的多少。数量越多,渠道越宽;反之,则越窄。企业分销渠道宽度通常可分为三种,即密集分销、选择分销和独家分销。

① 密集分销 是指制造商尽可能地通过许多负责任的、适当的批发商、零售商推销其产品。消费品中的便利品和产业用品中的供应品通常采取密集分销,以便广大消费者和用户能随时随地买到这些产品。

② 选择分销 是指制造商在某一地区仅通过少数几个精心挑选的、最合适的中间商推销其产品。选择分销适用于所有产品,但相对而言,消费品中的选购品和特殊品最适合于采

取选择分销。

③ 独家分销 是指制造商在某一地区仅选择一家中间商推销其产品，通常双方协商签订独家经销合同，规定经销商不得经营竞争者的产品，以便控制经销商的业务经营，调动其经营积极性，占领市场。

4.3.2 中间商

中间商是指在生产者与消费者之间，参与商品交易业务，促使买卖行为发生和实现的具有法人资格的组织或个人，主要包括批发商和零售商。中间商是商品生产和流通社会化的必然产物。在销售渠道中，中间商占有特别重要的地位，从某种意义上讲，分销渠道策略所研究的内容，就是如何选择中间商，将产品有效地从生产企业转移到消费者和用户手中的问题。

1) 中间商的功能

中间商在商品由生产领域到消费领域的转移过程中，起着桥梁和纽带的作用。由于中间商的存在，不仅简化了销售手续，节约了销售费用，而且还扩大了销售范围，提高了销售效率。中间商的功能主要体现在以下几个方面：

(1) 提高流通效率 图 4.3.9 表明了使用中间商的经济效益。图(a)表示 3 个生产者直接将产品售予 3 个顾客，需要进行 9 次交易；图(b)表示在同样条件下，通过一个中间商，则交易次数降到 6 次。交易次数的减少，使得产品流通的效率大大提高。这样，中间商的介入帮助减少了工作量。依此类推，卖者和买者的数量越多，中间商介入所减少的交易次数及节约的社会总劳动就越多。这是中间商最重要的贡献。

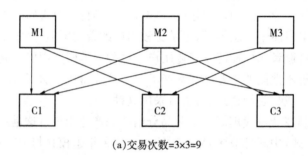

(a)交易次数=3×3=9

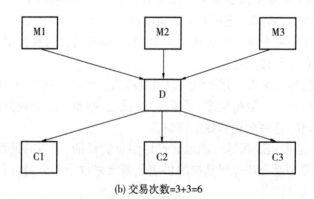

(b)交易次数=3+3=6

M—生产者　C—消费者　D—分销商

图 4.3.9　中间商节约社会总劳动示意图

(2) 调节生产与消费之间的矛盾　中间商起着社会生产的"蓄水池"作用。一方面,中间商的存在可以缓和供需之间在时间、地点和商品数量、种类等方面的矛盾;另一方面,中间商的存在能为生产者和消费者带来方便。对消费者而言,中间商充当了他们的采购代理,中间商可以在合适的时间和地点提供所需要的产品、灵活的付款方式和条件以及周到的售后服务;而对于生产者或贸易企业来说,中间商的存在使企业的销路有了保证,降低了流通成本。

(3) 有效分担企业的市场营销职能　大多数生产者缺乏将产品直接销售给最终顾客所必需的资源与能力,而这些正是中间商所擅长的。中间商由从事市场营销的专业人员组成,他们更了解市场,更熟悉消费者,对各种营销技巧掌握得更熟练,更富有营销实践经验,并握有更多的营销信息和交易关系。因此,由他们来承担营销职能,工作将更有成效,营销费用相对较低。尤其是企业打算进入某个陌生的地区市场时,中间商的帮助更为重要。

2) 中间商的类型

中间商由专门从事商品流通经营活动的企业和个人组成,他们的基本职能是作为生产和消费之间的媒介,促成商品交换。中间商古来有之,而且,随着社会分工的发展,中间商的内部职能也在细化,形成了批发和零售两大类。批发的功能是将购进的商品批量转售给各类组织购买者,包括生产企业、服务企业、零售商、其他批发商和各种社会团体机构;零售的功能则是将商品卖给最终市场上的个人消费者。也就是说,区分批发与零售的关键,不在于一次交易的数量,而主要在于买方的购买目的。

以批发经营活动为主业的企业和个人称为批发商;以零售经营活动为主业的企业和个人则称为零售商。批发商享有分销上的规模优势,并拥有专业化分工带来的专有技术与资源,是产品流通的关键性环节。比如当年长虹与郑百文的结盟,以及空调行业中苏宁的特殊作用等,都说明了这一问题。零售商的根本作用在于使产品直接、顺利地进入顾客手中,并真实、有效、及时地反馈最终顾客的信息,是分销渠道的重要环节。

(1) 批发商　批发商主要有三类:商人批发商、经纪人和代理商、自营批发机构。

① 商人批发商　又称独立批发商,是指自己进货,取得产品所有权后再批发出售的商业企业,是批发商中最主要的部分。根据其职能和提供的服务是否完全,可以分为完全服务批发商和有限服务批发商两大类。

A. 完全服务批发商:执行批发商业的全部职能,其提供的服务主要有保持存货、雇用固定的销售人员、提供信贷、送货和协助管理等。它又可分为主要向零售商销售并提供广泛服务的批发商人和主要面向制造商销售产品的工业分销商两大类。

B. 有限服务批发商:这类批发商为了减少成本费用,降低批发价格,只执行部分服务。有限服务批发商又可分为六种类型:

(a) 现购自运批发商:他们不赊销、也不送货,顾客要自备货车去批发商的仓库选择商品,当场付清货款,自己把商品运回来。现购自运批发商主要经营食品杂货,顾客多为小食品杂货店、饭馆等。

(b) 承销批发商:他们拿到顾客(包括其他批发商、零售商、用户等)的订货单,再向制造商进货,并通知制造商将物品直运给顾客。因而他们不需要仓库,也没有库存。

(c) 货车批发商:他们从生产者那里装运货物后立即运送给顾客,不需要仓库与库存,主要经营易腐和半易腐商品,执行推销员与送货员的职能。

(d) 托售批发商:他们在超级市场和其他零售商店设置专销柜台,展销其经营的商品。

商品卖出后,零售商才付给货款。这种批发商的经营费用较高,主要经营家用器皿、化妆品、玩具等。

(e) 邮购批发商:指那些借助邮购方式开展批发业务的批发商。他们主要经营食品杂货、小五金等商品,其顾客主要是偏远地区的小零售商等。

(f) 生产合作社:主要由农民组建,负责组织农民到当地市场上销售的批发商。合作社的利润在年终时分配给农民。

② 经纪人和代理商　经纪人和代理商是从事采购或销售或两者兼备,但不取得商品所有权的商业单位。与商人批发商不同,他们对所经营的商品没有所有权,所提供的服务比有限服务商人批发商还少,其主要职能在于促成产品的交易,借此赚取佣金作为报酬。与商人批发商相似的是,他们通常专注于某些产品种类或某些顾客群。

经纪人和代理商主要可分为商品经纪人、制造代理商、销售代理商、采购代理商和佣金商。

A. 商品经纪人:经纪人的主要作用是为买卖双方牵线搭桥,协助他们进行谈判,买卖达成后向雇用方收取费用。他们并不持有存货,也不参与融资和承担风险。

B. 制造代理商:制造代理商也称制造商代表,他们代表两个或若干个互补的产品线的制造商,分别和每个制造商签订有关定价政策、销售区域、订单处理程序、送货服务和各种保证以及佣金比例等方面的正式书面合同。他们了解每个制造商的产品线,并利用其广泛关系来销售制造商的产品。

C. 销售代理商:销售代理商是在签订合同的基础上,为委托人销售某些特定商品或全部商品的代理商,对价格、条款及其他交易条件可全权处理。这种代理商在纺织、木材、某些金属产品、某些食品、服装等行业中十分常见。在这些行业中,竞争非常激烈,产品销路对企业的生存至关重要。

D. 采购代理商:采购代理商一般与顾客有长期关系,代他们进行采购,往往负责为其收货、验货、储运,并将货物运送给买主。他们消息灵通,可向顾客提供有用的市场信息,而且还能以最低价格买到好的货物。

E. 佣金商:佣金商又称佣金行,是指对商品的实体具有控制力并参与商品销售协商的代理商。通常备有仓库,替委托人储存、保管货物。此外,佣金商还替委托人发现潜在买主,获得最好价格、分等、再打包、送货,给委托人和购买者以商业信用(即预付货款和赊销)、提供市场信息等职能。佣金商卖出货物后,扣除佣金和其他费用,即将余款汇给委托人。

③ 自营批发机构　这是指由制造商和零售商自设机构经营批发业务。主要类型有制造商与零售商的分销部和办事处。分销部有一定的商品储存,其形式如同商人批发商,只不过隶属关系不同;办事处没有存货,是企业驻外的业务代办机构,有些零售商在一些中心市场设立采购办事处,主要办理本公司的采购业务,也兼做批发业务,其功能与经纪人和代理商相似。

此外,还有一些存在于其他特殊经济部门、行业的专业批发商,如为农产品集散服务的农产品收购调运商,为石油集散的中转油库,为某些特殊购销方式服务的拍卖公司等等。

(2) 零售商　作为个人消费者,我们在市场上接触的主要是零售商。零售商是以零售经营为主业的企业和个人。零售业务与批发业务的本质区别就在于零售面对个人消费者市场,是整个营销网络系统的出口,也是商品流通的最后环节。随着社会经济的发展,科学技术的进步,零售的组织形式和经营方式千变万化,层出不穷,成为变化最大、最快的行业之一。

从经营形式上看,目前零售商的类型主要分为商店零售、无店铺零售和零售组织三种。

① 商店零售　商店零售又称为有店铺零售,特点是在店内零售商品与服务。最主要的类型有专用品商店、百货商店、超级市场、便利店、超级商店、折扣店和仓储商店等七种。

A. 专用品商店:是专业化程度较高的零售商店。特色是专门经营某一大类产品,但规格、花色、品种较齐全。如五金交电商店、照相器材专卖店、书店、花店等均属此类。

B. 百货商店:百货商店的特点是经营产品的范围广泛,种类繁多,规格齐全,分类组织与管理,且一般设立在城镇交通中心和商业中心。

C. 超级市场:超级市场通常规模很大、成本低、薄利多销,采用自助的服务方式,因而商品价格也较低廉。主要经营各种食品、洗涤用品、家居日常用品等。

D. 便利店:便利店是设在居民区附近的小型商店,主要销售家庭日常用品、食品等周转速度快的便利品。一周营业七天,每天营业时间很长,方便顾客随时购买。顾客在这里购买主要是为了临时补缺,所以即使价格相对比较高,人们也愿意支付。

E. 超级商店、联合商店和特级商场:超级商店比传统的超级市场更大,主要销售各种食品和日用品,提供各项服务。联合商店的面积比超级市场和超级商店更大,呈现出一种经营多元化的趋势,主要向医药领域发展。特级商场比联合商店还要大,综合了超级市场、折扣店和仓储零售的经营方针,其花色品种超出了日常用品,包括家具、各种家用器具、服装和其他品种,其基本方法是原装产品陈列,尽量由商店人员搬运,同时向愿意自行搬运大型家用器具的顾客提供折扣。

F. 折扣店:折扣店以薄利多销的方式通过比较低的价格销售标准商品。一个真正的折扣店具有以下特点:第一,商店经常以低价销售商品;第二,商店突出销售全国性品牌,因此价格低廉并不说明产品的质量低劣;第三,提供最基本的零售服务,设备简单;第四,店址趋向于在租金低的地区,能吸引较远处的顾客。

G. 仓储商店:仓储商店是一种集仓储、批发、零售于一体的自选商场。这种商场形似仓库,内部不做豪华装饰,是一种不重形式,以大批量、低成本、低售价和微利促销、服务有限为特征的零售形式。其特点是:以工薪阶层和机关团体为其主要服务对象;通过减少中间环节、节约装潢费用、店址选在非中心地区等各种手段,降低营运成本,减少经营费用,为顾客提供价廉物美的商品,达到以低价大量销售商品的目的;先进的计算机管理系统,既为商场提供了现代化的管理手段,也减少了雇员的人工费用支出。

② 无店铺零售　无店铺零售是指不经过店铺销售商品的零售形式。由于科技发展及竞争关系,越来越多的生产商采用无店铺零售的方式出售商品,其中最普遍的有直销、直复营销、自动售货等。

A. 直销:是指生产者自己或通过推销人员(直销员)向消费者销售产品的零售方式,也叫人员推销,包括集市摆卖、上门推销、举办家庭销售会等。许多工业产品的销售都采用这种方式。现在越来越多的消费品也采用这种销售方式,如银行、保险等服务行业、大型工具书、生活用品等。新产品特别适合于人员面对面的推销,因为这给予消费者了解产品的机会,增加了购买的可能性。如雅芳公司推广其"家庭主妇的良友、美容顾问"概念,在全世界约有100万名直销商,每年创造20亿美元以上的销售额,成为全世界最大的化妆品公司和头号直销商。对于零售业来说,直销是一种价格昂贵的销售,不仅需要支出一笔较大的上门推销费用,而且这些推销人员单位时间所完成的平均销售额也远比店铺售货员低。此外,支付直销人员的佣金通常要占商品价格的20%～30%,并且还要支付招聘、培训、管理、激励销售人员的费用。

传销是依靠会员(传销商)以销结网、以网促销、按绩效分层分享利润的销售方式。传销以强烈的利益驱动机制产生极高的销售效应,但其行为难以监管、控制,容易为不法经营者钻空子,损害下线及消费者利益。

B. 直复营销:直复市场营销是一种为了在任何地方产生可度量的反应和达成交易而使用一种或多种广告媒体的互相作用的市场营销系统。直复营销者利用广告介绍产品,顾客可写信或打电话订货。订购的物品一般通过邮寄交货,用信用卡付款。直复营销者可在一定广告费用开支允许的情况下,选择可获得最大订货量的传播媒体,使用这种媒体是为了扩大销售量,而不像普通广告那样是为了刺激顾客的偏好和树立品牌形象。直复营销的传统形式主要有邮购目录、直接邮寄、电话营销和电视营销。随着经济与技术的进步,特别是 Internet 和电子商务的出现,网络已成为直复营销的最佳工具。网络营销也必将成为最重要的直复营销方式。今天,邮购与电话订购、电视购物、网上购物等方式,已逐步渗入当今消费者的生活,并渐渐成为主流。

C. 自动售货:使用硬币控制的机器自动售货是二战后出现的一个主要的发展领域。自动售货已经被用在相当多的产品上,包括习惯性购买的产品(如香烟、软饮料、糖果、报纸和热饮料等)和其他产品(如袜子、化妆品、胶卷、书、光盘等)。自动售货机被广泛安置在工厂、办公室、大型零售商店、加油站、街道等地方,向顾客提供24小时售货、自我服务和无须搬运产品等便利条件。但由于投资和成本较高,所以出售商品的价格比一般水平要高出15%～20%。对顾客来说,机器损坏、库存告罄以及无法退货等也是令人头痛的问题。自动售货机提供的服务越来越多,如投币式自动点唱机、新型电脑游艺机和银行的 ATM 自动提款机等。

③ 零售组织 零售组织是以多店铺联盟的组织形式来开展零售活动的。参与组织的商店可以是同一个所有者开办的若干店铺,也可以是不同所有者的若干商店。通过商店之间的联合,可以避免过度竞争,提高零售的规模经济效益,节约成本。具体形式主要有连锁商店和特许经营。

A. 连锁商店:指在同一个总公司的控制下,统一店名、统一管理、统一经营、实行集中采购和销售,还可能有相似的建筑风格和标志的由两个或两个以上分店组成的商业集团。连锁店由于规模大,具有大量采购大量销售的能力,因此可获得规模经济效益。但缺点是如果权力过于集中,灵活性和应变能力较差。

连锁商店可以是超级市场的连锁、专用品商店的连锁、百货商店的连锁,也可以是旅店连锁、快餐店连锁。应该说,连锁是一种组织形式,而非经营方式。

由于各国法律规定的不同,有些连锁商店的成员也并不都属于同一所有者,或服从同样程度的统一管理。根据所有权和集中管理程度的不同,连锁店可分为直营连锁店、自愿连锁店和零售合作组织几种。其中,直营连锁店为同一所有者,统一店名,统一管理;自愿连锁商店是由批发商牵头组成的以统一采购为目的的联合组织;零售合作组织是独立零售商按自愿互利原则成立的统一采购组织。这两种组织与上述连锁店的区别就在于这两种组织的所有权是各自独立的。

20世纪90年代以来,连锁商店在我国也获得了迅速发展。连锁的发展有助于克服零售企业店址固定、单店规模小、经营成本高的限制,使企业可通过统一进货、统一的标准化管理和广告宣传形成规模效益。连锁经营无论是对大公司还是对小公司都适合,在我国很有发展前途。

B. 特许经营:特许经营是指特许权授予人与特许权被授予人之间通过协议授权受许人使用特许人已经开发出来的品牌、商号、经营技术、经营规模的权利。为此,受许人必须先付一笔首期特许费,此后每年按销售收入的一定比例支付特许权使用费,换得在一定区域内使用该商号出售该商品或服务的权利,且必须遵守合同中的其他规定。特许经营被誉为当今零售和服务行业最有潜力和效率的经营组织形式,特别适合那些规模小而且分散的零售和服务业。与其他经营方式相比,特许经营有以下特点:

a. 在特许经营中,受许人对自己的店铺拥有自主权,人事和财务均是独立的,特许人无权干涉。这不同于连锁商店。

b. 特许人根据契约规定,在特许期间提供受许人开展经营活动所必需的信息、技术、知识和训练,同时授予受许人在一定区域内独家使用其商号、商标或服务项目等权利。

c. 受许人在特定期间、特定区域享有特许人商号、商标、产品或经营技术的权利,同时又须按契约的规定从事经营活动。如麦当劳要求受许人定期到公司的汉堡包大学接受培训;对所出售的食品有严格的质量标准和操作程序的要求,还有严格的卫生标准和服务要求,如工作人员不准留长发、女士必须带发罩等。

d. 特许关系中明确规定的一点是受许人不是特许人的代理人或伙伴,没有权力代表特许人行事,受许人要明确自己的身份,以便在同消费者打交道时不致发生混淆。这使得特许经营关系与代理有着本质的不同。

e. 在特许经营中,契约规定:特许人按照受许人营业额的一定百分比收取特许费,分享受许人的部分利润,同时也要分担部分费用。如麦当劳收取的特许费用约为受许人营业额的 12%,同时承担培训员工、管理咨询、广告宣传、公共关系和财务咨询等责任。

4.3.2 分销渠道的设计

1) 影响分销渠选择的主要因素

分销渠道是产品价值实现的途径。对它的决策关系到产品能否以最快的速度、最大的辐射面接近目标顾客,使其做出购买决策。影响企业选择分销渠道的因素主要有 4 个方面:

(1) 产品因素　产品因素对销售渠道的选择起决定性的作用,它涉及以下内容:

① 产品的单价　一般说来,产品的单价愈低,其销售渠道宜长且宽;反之则宜短且窄。例如,日用百货品的生产企业经常直接与批发商打交道,由批发商分发给零售商,再经零售商出售给消费者;而高级服装的生产企业,则愿意将产品直接交给大的百货公司或高级服装店出售。

② 产品的体积和重量　它主要通过影响运输与储存的费用来影响渠道的模式选择。一般情况下,较轻、较小的产品可选择较长、较宽的分销渠道;如果产品的体积和重量很大,像重型机器、水泥及其他建筑材料等,则因运输和储存较为困难,费用较高,所选的销售渠道要尽量短一些,避免中间储存和重复运输,最好是由生产企业直接卖给最终用户。如必须选择中间商,最好选择代理商,而不用批发商。

③ 产品的款式　在大多数情况下,款式容易发生变化的产品,如各类新式玩具和时装等,其销售渠道一定要短,避免产品过时;而款式不易发生变化的产品,销售渠道可适当长一些。

④ 产品的易毁性和易腐性　在正常情况下,易毁和易腐的产品都要选择最短的销售渠道,以免转手过多,在反复运输和搬动中造成不良后果。如玻璃器皿、精密仪器、鲜鱼和蔬菜等。

⑤ 产品的技术复杂性　技术复杂性越高的产品,对服务支持的要求也越高,同时顾客对产品了解和学习的难度也越大,因此应尽可能选择较短的渠道。

⑥ 产品的标准化程度　标准化程度越高的产品,其通用性也越强,因而可选择较长、较宽的渠道;反之亦然。

⑦ 产品的生命周期阶段　随着商品生命周期的演进,分销渠道要经历从短到长、从窄到宽的变化过程。

(2) 市场因素

① 市场容量以及顾客的购买量和购买频率　对于市场容量大、购买量较少、购买频率较高的产品,应选择较宽、较长的渠道,以扩大销售面;而对于市场容量大单次购买量也大、购买频率较低的产品,则可采取窄渠道、短渠道和直接销售渠道,以减少流通环节和流通费用,加快资金周转速度。

② 市场区域的范围　产品销售的市场区域范围越大,则销售渠道就越长、越宽;如果产品的市场范围很小或只在当地销售,那么最好选择直接销售。

③ 顾客的集中程度　如果顾客集中度高,宜选择较短、较窄的渠道;若顾客较为分散,则宜选择较长、较宽的分销渠道。

(3) 企业因素

① 企业商誉和资金　通常企业的商誉越好,资金越雄厚,就越有条件自主选择各种销售渠道,甚至可以建立自己的销售网络体系,不需要借助中间商的力量;反之,一些知名度较低且资金薄弱的中小企业,则必须依赖中间商提供各种销售服务。

② 企业的经营能力　如果企业自身有足够的销售力量,或者有丰富的销售经验,就可以少用或不用中间商;反之,若企业的销售力量不足,或者缺乏产品销售经验,那就要依靠批发商或零售商来帮助推销产品。

③ 企业的服务能力　若生产企业有较强的服务能力,能够为最终消费者或用户提供更多的服务,可以选择较短的分销渠道。

④ 企业的控制能力　企业要更有效地控制分销渠道,应选择较短的分销渠道。

(4) 环境因素

① 总体经济形势　整个社会经济形势好,分销渠道模式选择余地就大。当经济不景气时,市场需求下降,企业必须尽量减少不必要的流通环节,利用较短的渠道。

② 国家的政策法规　国家的有关政策和法律因素对分销渠道也有重要影响,如反不正当竞争法、反垄断法规、税法等,都会影响分销渠道选择。我国对烟酒、鞭炮、汽油、食盐等产品的销售有专门的一些法规,这些产品的分销渠道就要依法设计。

2) 分销渠道的设计

分销渠道的设计必须立足于长远。设计分销渠道时,一般要经历三个阶段,主要涉及渠道结构及中间商类型、中间商数量、渠道成员的权利与责任等方面的抉择。

(1) 确定渠道模式　生产企业在进行分销渠道的设计时,首先要决定采取什么类型的渠道,是直销还是通过中间商销售,即是采用直接销售渠道还是采用间接销售渠道。这需要从销售业绩和经济效果两方面来考虑。这两个方面并非总是一致的,究竟以何为重,应视企业的营销战略而定,并以此为标准考察和比较渠道。

如果企业决定通过中间商分销其产品,就要决策所用中间商的类型:是批发商还是零售商?什么样的批发商和零售商?用不用代理商?具体选择哪些中间商?

企业可以采用本行业传统类型的中间商和分销渠道,也可以开辟新渠道,选择新型中间商。如第二次世界大战前,钟表作为精密的工艺制品,在西方国家大多通过珠宝店销售;战后,随着钟表工业大批量生产的发展,价格大幅度下降,机械制作的中低档钟表已不被珠宝店接受,天美时公司转而开辟了超市和杂货店销售,这种大批量生产体制与大批量流通和大众化消费相适应,终于取得了成功。

企业在具体选择中间商时还要考虑以下因素:

① 市场覆盖面　中间商的市场覆盖面是否与生产企业的目标市场一致,如某企业现打算在西北地区开辟市场,所选中间商的经营地域就必须包括这一范围。

② 中间商是否具有经销某种产品必要的专门经验、市场知识、营销技术和专业设施　如经销计算机等高技术产品,要求中间商具备必需的技术人才;一些中间商在销售食品方面极富经验,另一些在经营纺织品方面历史悠久;有些产品需要人员推销,还有些产品需要现场演示。总之,不同中间商以往的经营范围和经营方式不同,能够胜任的职能也不同,制造企业必须根据自己的目标对中间商完成某项产品营销的能力进行全面评价之后才能做出选择。

③ 预期合作程度　有些中间商与生产企业合作得比其他中间商好,能积极主动地为企业推销产品,并相信这也符合他们自己的利益。

④ 中间商的目标与要求　有些中间商希望制造商能为产品做大量的广告或开展其他促销活动,扩大市场的潜在需求,使中间商更易于销售;还有些中间商希望供购双方建立长期稳定的业务关系,制造商能为自己提供随时补充货源的服务,并在产品紧俏时也保证供货;也有些中间商不希望与某一家制造商维持过于密切的关系。制造企业在做出选择前,对这些应有清晰的了解。

(2) 确定中间商的数量　中间商的类型的确定,实际上也决定了分销渠道的长度。因为不同类型中间商承担营销职能的范围不同,而每一产品在整个营销过程中所需完成的销售工作量是不变的,如果选择了能承担大部分职能的中间商,环节就可相应减少;反之,如果选择的中间商只能完成有限的营销职能,其他职能必得由另外的中间商承担,则环节必然就多。分销渠道宽度的选择主要取决于产品类型:便利品显然需要密集分销,选购品一般适合选择性分销,特殊品可选择独家分销。

① 密集分销策略　密集分销是指企业在营销渠道的每一层次选择尽可能多的中间商销售其产品。这种分销方式可以使企业的产品达到最大的展露度,使顾客能够最方便地买到本企业的产品。但这种分销方式可能会使用一些效率不高的中间商,使产品的分销成本上升。这种分销方式在消费品中的日用品、冲动购买品,生产资料中的供应品中使用得较普遍。

② 选择性分销策略　选择性分销是指企业在营销渠道的每一层次只挑选一部分中间商来销售其产品。这种分销方式使用较普遍,它可以适用于各种类型的产品,尤其是消费品中的选购品,工业品中的标准产品和原材料。在这种分销方式中,企业通过对中间商的精选,去掉那些效率不高的中间商,可使企业的分销成本降低;对于精选的中间商,企业容易与之保持良好的关系,使中间商能更好地完成企业所赋予的营销职能。另外,这种方式可以使

企业把精力集中于这些精选的中间商,增强对营销渠道的控制能力。

③ 独家分销策略　独家分销是指企业在一个地区只选择一家中间商销售其产品。选择独家分销,要求企业在同一地区不能再授权其他中间商销售本企业产品;对所选的中间商,企业要求其不得再经营与之竞争的产品。这种分销方式在消费品中的特殊品,尤其是一些名牌特殊品、需要提供特殊服务的产品中使用较多。采取独家分销,对企业来说,可以提高对营销渠道的控制能力,刺激中间商努力为本企业服务。但这种分销方式对企业来说风险较大,如果中间商选择不当,则有可能失去某一地区市场。

3) 确定渠道成员的权利和责任

为保证分销渠道的畅通,企业必须就价格政策、销售条件、市场区域划分、相互服务等方面明确中间商的权利和责任。

价格政策要求企业必须制定出其产品具体的价格,并有具体的价格折扣条件,如数量折扣、促销折扣、季节折扣等政策。这样可以刺激中间商努力为企业推销产品,扩大产品储备,更好地满足顾客的需求。销售条件要求企业制定出相应的付款条件,如现金折扣,对中间商的保证范围,如不合格产品的退换、价格变动风险的分担等方面的保证。这样有利于中间商及早付款,加速企业的资金周转,同时可以引导中间商大量购买。区域销售权利是中间商比较关心的一个问题,尤其是独家分销的中间商。因此,企业必须把各个中间商所授权的销售区域划分清楚,以便于中间商拓展自己的业务,也有利于企业对中间商的业绩进行考核。

企业与中间商的职责问题对营销渠道的正常运转具有重要的影响,同时也对交易条件的制定具有重要影响。企业必须制定相应的职责与服务范围,明确企业要为中间商提供哪些方面的服务,承担哪些方面的职责;中间商要为企业提供哪些方面的服务,承担哪些方面的职责。一般情况下,相互的职责和服务内容包括供货方式、促销的相互配合、产品的运输和储存、信息的相互沟通等。

4.3.3　分销渠道的管理

分销渠道的管理,实质上是在制造商决定采用间接渠道销售其产品时,对渠道成员,即中间商的选择、激励和评估。

1) 选择中间商

中间商选择是否得当,直接关系到制造商市场营销效果。选择中间商首先要广泛搜集有关中间商的业务经营状况、资信、市场范围、服务水平等方面的信息,确定审核和比较的标准。选定了中间商还要努力说服对方接受你的产品,因为并不是所有的中间商对你的产品都感兴趣。投资规模大,并有名牌产品的制造商完成决策并付诸行动是不太困难的,而对那些刚刚兴起的中小企业来说就不是一件容易的事情了。一般情况下,选择中间商必须考虑以下条件:

(1) 中间商的市场范围　市场是选择中间商最关键的因素,首先要考虑预先确定的中间商的经营范围所包括的地区与产品的预计销售地区是否一致。其次,中间商的销售对象是否是制造商所希望的潜在顾客,这是最根本的条件。因为制造商都希望中间商能打入自己已确定的目标市场,并最终说服消费者购买自己的产品。

(2) 中间商的产品政策　中间商承销的产品种类及其组合情况是中间商产品政策的具体体现。选择时一要看中间商有多少"产品线",二要看各种经销产品的组合关系,是竞争产品还是促销产品。一般认为,应该避免选用经销竞争产品的中间商。但如果产品的竞争优势明显也可以选择经销竞争者产品的中间商。因为顾客会在对不同的产品作客观比较后，决定购买有竞争力的产品。

（3）中间商的地理区位优势　区位优势即位置优势。选择零售中间商最理想的区位应该是顾客流量较大的地点。批发中间商的选择则要考虑它所处的位置是否利于产品的批量储存与运输，通常以交通枢纽为宜。

（4）中间商的产品知识　许多中间商被规模巨大，而且有名牌产品的制造商选中，往往是因为它们对销售某种产品有专门的经验。选择对产品销售有专门经验的中间商就会很快地打开销路。因此生产企业应根据产品的特征选择有经验的中间商。

（5）预期合作程度　如果中间商乐意与制造商合作，中间商就会积极主动地推销其产品，对双方都有益处。有些中间商希望制造商也参与促销，扩大市场需求，并相信这样会获得更高的利润。生产企业应根据产品销售的需要确定与中间商合作的具体方式，然后再选择最理想的合作中间商。

（6）中间商的财务状况及管理水平　中间商能否按时结算，包括在必要时预付货款，取决于财力的大小。整个企业销售管理是否规范、高效，关系着中间商市场营销的成败，而这些都与制造商的发展休戚相关。

（7）中间商的促销政策和技术　采用何种方式推销产品及运用选定的促销手段的能力直接影响销售规模。有些产品广告促销比较合适，而有些产品则适合通过销售人员的推销。有的产品需要有效的储存，有的则应快速运输。要考虑到中间商是否愿意承担一定的促销费用以及有没有必要的物质、技术基础和相应的人才。选择中间商前必须对其所能完成某种产品销售的市场营销政策和技术的现实可能程度做全面评价。

（8）中间商的综合服务能力　现代商业经营服务项目甚多，选择中间商要看其综合服务能力如何，有些产品需要中间商向顾客提供售后服务，有些在销售中要提供技术指导或财务帮助（如赊购或分期付款），有些产品还需要专门的运输与存储设备。合适的中间商所能提供的综合服务项目与服务能力应与企业产品销售所需要的服务要求相一致。

2）激励渠道成员

中间商需要激励以尽其职，使他们加入渠道的因素和条件已构成部分的激励因素，但尚需制造商不断地督导与鼓励。制造商不只是利用中间商销售产品，也是把产品销售给中间商。激励本来就是很复杂的问题，因为造成制造商与其经销商合作及冲突的因素有很多。

激励渠道成员使其良好表现，必须从了解个别中间商的需要及其心理入手。一些中间商常被制造商批评，主要缺点有：不能只强调某一特定品牌，其推销员对于产品的知识过于浅薄，未能充分利用供应商的广告资料，疏忽某些顾客（他们可能是个别产品的好顾客，而不是中间商产品组合的好顾客），甚至其粗略的记录保存系统有时居然把品牌名称遗漏。

然而这些从制造商观点出发看到的缺点，如换成中间商的观点则很容易理解。

（1）正确理解中间商

① 中间商并非受雇于制造商以形成其分销连锁中的一环，而是一个独立的市场，并且，经过一些实践后，有些会安于某种经营方式，执行实现自己目标所必需的职能，在自己可以自由决定的范围内制定自己的政策。

② 中间商经常以担任其顾客的采购代理人为主要工作，其次才是供应商的销售代理人，顾客向他购买任何产品，他都有兴趣出售。

③ 中间商试图把所有产品组成一组相关的产品组合，并将该组合销售给各个顾客。其

销售努力在于取得该产品组合的订单,而非单项产品的订单。

④ 除非给予很大好处,中间商不会为所销售的品牌保存其个别的销售记录。那些可供产品开发、定价、包装及促销规划使用的信息,常被中间商未标准化的记录所抹杀,有时甚至有意对供应商加以隐瞒。

⑤ 要激励中间商,就必须从被激励者观点来看待整个情况。

大多数制造商都以为激励只是想方设法得到独立中间商或不忠诚、怠惰中间商的合作。他们幻想出来一些正面激励因子,如高利润、私下交易、奖赏、合作广告津贴、展示津贴、销售比赛,如果这些未能发生作用,他们就改负面惩罚,例如:威胁要减少中间商利润,减少给他们的服务,甚至终止双方的关系。这些方法的根本问题是制造商从未好好地研究经销商的需要、困难以及经销商的优缺点。相反地,他们只是靠草率的"刺激—反应"式的思考把很多繁杂的工具凑合起来。

一些老道的制造商则常会与经销商建立长期合伙关系。这就需要制造商详细了解他能从经销商那里得到什么,以及经销商可以从制造商获得些什么。所有这些,都可用市场涵盖程度、产品可获性、市场开发、寻找顾客、技术方法与服务以及市场信息来测量。制造商希望得到渠道成员对这些政策的同意,甚至依其遵守情形建立报酬机制。例如,一家企业不直接给25%的销售佣金,而按下列标准支付:

能保持适度的存货,给5%;

能满足销售配额的要求,再给5%;

能有效地服务顾客,再给5%;

能及时地通报最终顾客的购买水平,再给5%;

能正确管理应收账款,最后再给5%。

(2) 制造商对中间商的主要激励措施

① 开展促销活动。制造商利用广告宣传推广产品,一般很受中间商欢迎,广告宣传费用可由制造商负担,亦可要求中间商合理分担。制造商还应经常派人前往一些主要的中间商处,协助安排商品陈列,举办产品展览和操作表演,训练推销人员,或根据中间商的推销业绩给予相应奖励。

② 资金支助。中间商(特别是经销商)一般期望制造商给予他们资金支助,这可促使他们放手进货,积极推销产品,一般可采取售后付款或先付部分货款待产品出售后再全部付清的方式,以解决中间商资金不足的困难。

③ 协助中间商搞好经营管理,提高市场营销效果。

④ 提供信息。市场信息是开展市场营销活动的重要依据。企业应将所获得的市场信息及时传递给中间商,使他们心中有数。为此,企业有必要定期或不定期地邀请中间商座谈,共同研究市场动向,制定扩大销售的措施;企业还可将自己的生产状况及生产计划告诉中间商,为中间商合理安排销售提供依据。

⑤ 与中间商结成长期的伙伴关系。一方面,企业要研究目标市场上产品供应、市场开发、账务要求、技术服务和市场信息等方面的情况,以及企业与中间商各自能从对方得到什么,然后,根据实际可能,与中间商共同商定这些情况,制定必要的措施,签订相应协议,如中间商能认真执行,企业要考虑再给一定的补助。另一方面,可在组织方面与中间商进一步加强合作,把制造商和中间商双方的要求结合起来,建立一个有计划的、内行管理的纵向联合销售系统,制造商可在此系统内设立一个中间商关系计划部,由这个部与中间商共同规划销

售目标、存货水平、商品陈列、培训员工计划以及广告宣传计划,其目的是使中间商认识到,作为一个精明的纵向联合销售系统的一员,可以从中获利。

3) 评估渠道成员

制造商除了选择和激励渠道成员外,还必须定期评估他们的绩效。如果某一渠道成员的绩效过分低于既定标准,则须找出主要原因,同时还应考虑可能的补救办法。当放弃或更换中间商将会导致更坏的结果时,制造商则只好容忍这种令人不满的局面;当不致出现太坏的结果时,制造商应要求工作成绩欠佳的中间商在一定时期内有所改进,否则,就要取消他。

如果一开始制造商与中间商就签订了有关绩效标准与奖惩条件的契约,就可避免种种不愉快。在契约中应明确经销商的责任,如销售强度、绩效与覆盖率;平均存货水平;送货时间;次品与遗失品的处理方法;对企业促销与训练方案的合作程度;中间商对顾客须提供的服务等。

除了针对中间商绩效签订契约外,制造商还须定期发布销售配额,以确定目前的预期绩效。制造商可以在一定时期列出各中间商的销售额,并依销售额大小排出选择名次。这样可促使后进的中间商为了自己的荣誉而奋力上进;也可促进先进的中间商努力保持已有的荣誉,百尺竿头,更进一步。

需要注意的是,在排列名次时,不仅要看中间商销售水平的绝对值,而且还须考虑到他们各自面临的各种不同可控制程度的变化环境,考虑到制造商的产品大类在各中间商的全部货物搭配中的相对重要程度。

测量中间商的绩效,主要有两种办法可供使用。

第一种测量方法是将每一中间商的销售额绩效与上期的绩效进行比较,并以整个群体的升降百分比作为评估标准。对低于该群体平均水平以下的中间商,必须加强评估与激励措施。如果对后进中间商的环境因素加以调查,可能会发现一些可原谅的因素,如当地经济衰退;某些顾客不可避免地失去;主力推销员的失去或退休等。其中某些因素可在下一期补救过来。这样,制造商就不应对经销商采取任何惩罚措施。

第二种测量方法是将各中间商的绩效与该地区的销售潜量分析所设立的配额相比较。即在销售期过后,根据中间商实际销售额与其潜在销售额的比率,将各中间商按先后名次进行排列。这样,企业的调查与激励措施可以集中于那些未达既定比率的中间商。

4.3.4 物流管理

产品由企业到达顾客手中,不仅要通过所有权的转移,还要经过订货、运输、装卸、仓储、存货管理等活动,实现产品实体的空间转移。其中最为重要的有运输和仓储,它们和企业的销售渠道相辅相成,构成了企业销售系统的物流系统。完成产品转移的基本要求是:既要按时按质完成全过程的运送,又要降低运送过程中的费用。

1) 物流的职能

物流(Physical Distribution),又叫实体分配,是指通过有效地安排商品的仓储、管理和转移,使商品在需要的时间内到达需要的地点的经营活动。物流的任务,包括原料及最终产品从起点到最终使用点或消费点的实体移动的规划与执行,并在取得一定利润的前提下,满足顾客的需求。

物流的职能,就是将产品由其生产地转移到消费地,从而创造地点效用。物流作为市场营销的一部分,不仅包括产品的运输、储存、装卸、包装,而且还包括在开展这些活动的过程中所伴随的信息的传播。它以企业销售预测为开端,在此基础上来制定生产计划和存货水平。

(1) 运输　运输是指用设备和工具,将物品从一地点向另一地点运送的物流活动。其中包括集货、分配、搬运、中转、装入、卸下、分散等一系列操作。它是在不同地域范围间,以改变"物"的空间位置为目的的活动,对"物"进行空间转移。

(2) 储存　储存是指保护、管理、储藏物品。储存是包含库存和储备在内的一种广泛的经济现象,是一切社会形态都存在的经济现象。在任何社会形态中,对于不论什么原因形成停滞的物资,也不论是什么种类的物资,在没有生产加工、消费、运输等活动之前或在这些活动结束之后,总是要存放起来,这就是储存。与运输的概念相对应,储存是以改变"物"的时间状态为目的的活动,从克服产需之间的时间差异而获得更好的效用。

(3) 装卸搬运　装卸是物品在指定地点以人力或机械装入运输设备或卸下。搬运是指在同一场所,对物品进行水平移动为主的物流作业。在实际操作中,装卸与搬运是密不可分的,两者是伴随着一起发生的。

(4) 包装　包装是指为了在流通过程中保护商品、方便储运、促进销售,按一定技术要求而采用的容器、材料及辅助物等的总体名称。也指为了达到上述目的而在采用容器、材料和辅助物的过程中施加一定技术方法等的操作活动。

(5) 流通加工　流通加工是指物品从生产地到使用地的过程中,根据需要施加包装、分割、计量、分拣、刷标志、拴标签、组装等简单作业的总称,使物品产生物理、化学或形状的变化,目的在于促进销售、维护产品质量和提高物流效率。

(6) 配送　配送是指在经济合理区域内,根据用户要求,对物品进行拣选、加工、包装、分割、组配等作业,并按时送达指定地点的物流活动。

2) 物流系统

每一个特定的物流系统都包括仓库数目、区位、规模、运输策略以及存货策略等构成的一组决策,因此,每一个可能的物流系统都隐含着一套总成本,可用数学公式表示如下:

$$D = T + F_w + V_w + S$$

式中:D——物流系统的总成本;

　　　T——该系统的总运输成本;

　　　F_w——该系统的总固定仓储成本;

　　　V_w——该系统的总变动仓储成本;

　　　S——因延迟销售所造成的销售损失的总机会成本。

物流系统总成本的大小关键在于存货水平控制与运输成本控制。

一般来讲,在选择和设计物流系统时,企业有以下几种选择:

(1) 单一工厂,单一市场　大多数制造商是单一工厂的企业,并且只在一个市场上进行经营活动。这个市场可能是一个小城市,如对于小面包店、小印刷厂等;也可能仅限于一个地区,如地方性的酿酒厂。这些单一工厂通常设在所服务的市场的中间,以节省运输的时间和费用。但设厂于偏远地区,也可能获得土地、劳动力、能源与原料等成本的降低。企业在评价时,还应考虑当前成本与长期成本的平衡。

(2) 单一工厂,多个市场　当一个工厂在几个市场上进行销售时,企业有几种物流方案可供选择:

① 直运　即直接运送产品到最终顾客手中。其前提是顾客订单的单位规模应达到一

定的水平,以尽可能降低运输成本;同时,还需要考虑送货速度的限制。多用于特制品、定制品的运输。

② 整车批量运输 此时运输成本低于直运,但需要考虑在当地市场的储存费用。当节约的运费大于因存货的增加而加大的储存费用时,这种方案可行。多用于大众消费品的运输销售。

③ 地区装配 即运输零配件到当地市场,在当地设厂组装。其优点是运费低且可以获得当地公众的支持;缺点是增加了企业总固定成本,从而增加了长期的经营风险。

(3) 多个工厂,多个市场 企业还可以通过多个工厂及仓库组成的分销系统(而不依靠大规模的工厂)来节省生产成本费用。这些企业面临两个最佳化的任务:一是短期最佳化,即是在既定工厂和仓库位置上,制定一系列由工厂到仓库的运输方案,使运输成本最低;二是长期最佳化,即从长远着眼决定新建工厂的数量与区位,使总物流成本最低。

3) 存货与运输策略

(1) 存货策略 存货水平是影响顾客满意程度的一个重要的物流策略。营销人员都希望自己的公司存货充足,以便立即为顾客的订单供货。但是,公司如果存货过多,其成本效益就会出现问题。为了保持适当的存货水平,必须确定两个问题,即订多少货(订货量)和何时订货(订货点)的问题。

① 订货量 订货量是指企业每次订货的数量。在任何情况下,企业的订货数量都会遇到两个相互矛盾的因素,即订货费用和存储费用。要使总费用最少,常用的计算方法是经济订货批量法。其公式为

$$Q=\sqrt{2DS/IC}$$

式中:Q——经济进货批量;

D——年销售量;

S——固定进货费用;

I——平均年仓储费用率(元/单元库存价值);

C——单位商品成本(商品价格+运杂费)。

② 订货点 存货水平随着不断的销售而下降,当降到一定数量时,就需要再订货、进货,这个需要再进货的存量就称为订货点。其计算公式为

$$R=d \cdot m$$

式中:R——订货点;

d——每日销售量;

m——产品备运天数。

有时,为了防止运输延迟,还需要考虑安全库存 M,即 $R=d \cdot m+M$。

(2) 运输策略 运输策略是一种重要的物流策略。目前,主要的运输形式有六种:铁路运输、公路运输、水运、空运、管道运输和集装箱运输。

① 铁路运输 特别适用于长距离的运输沉重、庞大的物品,这些物品价值相对较低。铁路运输主要优点是运输量大,运输费用比较低;缺点是由于铁路设施投入巨大导致固定成本高,运输速度比较慢,不灵活,不能送货上门。

② 公路运输 特别适合于中短途运输,其主要优点是灵活、迅速,可直达顾客单位;缺点是运量有限,价格较高。

③ 水运 水运比较适合于运输体积大、价值低、不易腐烂变质的产品,如各种矿产品。

水运的主要优点是运输量大,运输成本较低;缺点是需要具备配套的条件,如相应的码头等,运输速度比较慢,另外受气候条件的影响大。

④ 空运　空运的优点是起运点较低,运输速度快;最大的缺点在于运费昂贵。适用于高档、易腐的鲜活产品等的运输。

⑤ 管道运输　这是一种专门由生产地向市场输送专一产品的运输方式。在管道内,物流运动是连续不断的,没有中断,没有库存(除了用容器装的以外)和中间储存场所。处理和劳工费用也较低。尽管管道很可靠,但只有一些特定的物品可以通过它来运送,如气体和石油类产品。

⑥ 集装箱运输　集装箱是一种规格标准化,便于机械装卸、搬运和仓储的货箱。大运输中使用集装箱,可以充分利用运输工具的载重量和容积,装卸省时,可以充分发挥运输场地的设备、人力资源等要素的效率,为运输业的规模化、标准化经营创造了条件。

对企业而言,确定运输策略的实质,就是在运输成本、时间、市场机会、存货成本之间寻求一种平衡。由于不同的运输方式在运费、单位运量、速度、准时性等方面都存在差异,同时仓储、转运能力等也要考虑,因此,运输的相对成本并不是一成不变的,必须根据具体情况不断调整。

4) 物流现代化

被认为是第三利润源的物流在经济全球化和信息技术革命的带动下欣欣向荣。速度和效率是现代物流最引以为豪的特点。互联网发展到今天,已在相当程度上对物流起到催化剂的作用。以网络、通讯、计算机等为载体的现代物流,使各种过去运输业、仓储业所熟悉或视为当然的经营手段遭受挑战和修正,因此物流业的经营策略不得不采取相应的变革,以适应物流的现代化。物流的现代化主要体现在信息化、网络化、自动化、智能化和柔性化等五个方面。

(1) 信息化　物流信息化是电子商务时代的必然要求。物流信息化表现为物流信息的商品化,物流信息收集的数据库化和代码化,物流信息处理的电子化和计算机化,物流信息传递的标准化和实时化,物流信息存储的数字化等。因此,条码技术、数据库技术、电子订货系统、电子数据交换、快速反应及有效的顾客反映、企业资源计划等技术将会在我国的物流系统中得到普遍的应用。

(2) 网络化　物流领域网络化的基础也是信息化。这里网络化有两层含义:一是物流配送系统的计算机通信网络,包括物流配送中心与供应商或制造商的联系要通过计算机网络,另外与下游顾客之间的联系也要通过计算机网络通讯;二是组织的网络化即企业内部网。主要用于企业内部各部门之间的信息传输。物流网络化是物流信息化的必然。

(3) 自动化　自动化的基础是信息化。物流系统的自动化可以提高劳动生产率,减少物流作业的差错;还可以方便物流信息的实施采集与追踪,提高整个物流系统的管理和监控水平等。

(4) 智能化　这是物流自动化、信息化的一种高层次的应用。物流作业过程大量的运筹和决策,如库存水平的确定、运输路径的选择、自动导向车的运行轨迹和作业控制、自动分拣机的运行、物流配送中心经营管理的决策支持等问题都需要借助于大量的信息才能解决。

(5) 柔性化　柔性化本来是为实现"以顾客为中心"的理念而在生产领域提出的,但要真正做到柔性化,及真正的能根据消费者需求的变化来灵活调节生产工艺,没有配套的柔性化的物流信息系统是不可能达到目的的。

任务 4.4 促销策略

【引导案例】

值得借鉴的屈臣氏促销招数

对于李嘉诚的印象,许多人都认为他是一个地产商人,事实上从 20 世纪 80 年代开始,他就不再是单纯的地产商,他用了 60 多年时间建立起了一个庞大的商业帝国,旗下集团主要有地产、零售、能源以及通信、基建五大业务。说起屈臣氏,相信大家都不陌生,而这个知名零售巨头就是李嘉诚旗下的。屈臣氏集团(香港)有限公司创建于 1828 年,距今已是有近 200 年历史。据悉,该公司业务遍布 24 个国家/地区,全球门店数超过 1.2 万家,是全球大连锁的经营体系之一。而单单是屈臣氏这个板块,李嘉诚就拥有 10 多万员工。屈臣氏每年服务过 40 亿的人流。屈臣氏巨大的人流让许多电商平台都自愧不如。而它的促销方式也值得借鉴学习。

招数 1:超值换购。在每一期的促销活动中,屈臣氏都会推出 3 个以上的超值商品,在顾客一次性购物满 50 元,多加 10 元即可任意选购其中一件商品,这些超值商品通常会选择屈臣氏的自有品牌,所以能在实现低价位的同时又可以保证利润。

招数 2:独家优惠。这是屈臣氏经常使用的一种促销手段,他们在寻找促销商品时,经常避开其他商家,别出新样,给顾客更多新鲜感,也可以提高顾客忠臣度。

招数 3:加量不加价。这一招主要是针对屈臣氏的自有品牌产品,经常会推出加量不加价的包装,用鲜明的标签标示,以加量 33%或加量 50%为主,面膜、橄榄油、护手霜、洗发水、润发素、化妆棉等是经常使用的,对消费者非常有吸引力。

招数 4:优惠券。屈臣氏经常会在促销宣传手册或者报纸海报上出现剪角优惠券,在购买指定产品时,可以给予一定金额的购买优惠,省五元到几十元都有。

招数 5:套装优惠。屈臣氏经常会向生产厂家定制专供的套装商品,以较优的价格向顾客销售,如资生堂、曼秀雷敦、旁氏、玉兰油等都会常做一些带赠品的套装,屈臣氏自有品牌也经常会推出套装优惠。例如,买屈臣氏骨胶原修护精华液一盒 69.9 元送 49.9 元的眼部保湿啫喱一支,促销力度很大。

招数 6:震撼低价。屈臣氏经常推出系列震撼低价商品,这些商品以非常优惠的价格销售,并且规定必须陈列在店铺最前面、最显眼的位置,以吸引顾客。

除此以外还有购某个系列产品满 88 元送赠品,购物 2 件额外 9 折优惠,VIP 会员卡等一系列促销方式,让屈臣氏成为中国实体商家零售之王。

为了实现产品的销售,企业往往会采取一定的促销策略。促销策略是指企业通过人员推销、广告、公共关系和营销推广等各种促销手段,向消费者传递产品信息,引起他们的注意和兴趣,激发他们的购买欲望和购买行为,以达到扩大销售的目的。一个好的促销策略,往往能起到多方面作用,例如,提供信息情况,及时引导采购;激发购买欲望,扩大产品需求;突出产品特点,建立产品形象;维持市场份额,巩固市场地位;等等。

4.4.1 促销组合

1) 促销与促销组合

促销是促进销售的简称,指企业以人员或非人员的方式,同目标顾客沟通,影响和帮助顾客认识购买某一产品或劳务的价值;或者是使顾客对企业及其产品产生信任与好感,进而引起顾客兴趣,激发其购买欲望,促使其采取购买行为的相关活动的总称。其实质是在企业与现实和潜在的顾客之间进行有关交换的信息沟通。

促销组合是指企业根据促销的需要,对广告、营业推广、公共关系与人员推销等各种促销方式进行的适当选择和综合编配。现代企业运用其促销组合来接触中间商、消费者及各种公众;中间商也可运用一套组合来接触消费者及各种公众;消费者彼此之间、消费者与其他公众之间则进行口头传播;同时,各群体也对其他群体进行沟通反馈。

就广义而言,市场营销组合中的各个因素都可归入促销组合,诸如产品的式样、包装的颜色与外观、价格等都传播了某些信息。本任务只讨论具有沟通性质的狭义促销工具。

(1) 广告　广告是一种高度大众化的信息传播方式,渗透力强,通过多次的信息重复,加深受众的印象。但在受众心目中有可信度低的固有弱点,是单向的信息灌输。

(2) 人员推销　这是企业与顾客的直接沟通,是人与人之间的沟通,既便于信息的有效传达,也利于双方的情感交流和建立长期合作关系。同时,人员推销还有利于顾客意见和建议的准确、迅速反馈。但人员推销的相对成本较高,从而限制了它的应用范围。多用于工业品与利润率较高的消费品的推销。

(3) 营业推广　通过提供信息,刺激和引导顾客接近产品;通过提供资历和优惠,激励与招揽顾客。

(4) 公共关系　用于树立企业良好的形象,作为一种间接的手段,可信度高,使顾客易于接受,且对受众的影响力大。

2) 影响促销组合的主要因素

企业促销组合的确定,首先会受到投入预算的限制,此外还受到以下因素的影响:

(1) 产品类型　各种沟通方式对不同产品的促销效果有所不同。拿消费品来说,最重要的促销方式一般是广告,其次是营业推广,然后才是人员推销;而对工业品来说,企业分配促销预算的次序,首先是人员推销,其次是营业推广,然后才是广告。换言之,广告比较适用于价格较低、技术不那么复杂、买主多而分散的消费品市场;人员推销比较适用于价格较高、技术性强、买主少而集中的产业市场和中间商市场;营业推广和公共关系是相对次要的促销方式,在两类产品的适用性方面差异不大。

不过,各种沟通方式相互具有补充作用。如在工业品的市场营销中,尤其是对较复杂的产品,人员推销通常比广告对促成实际销售的效果更佳,但广告传播信息的范围广,在扩大知名度和树立企业形象方面作用很大,因此也是一种不容忽视的促销方式。同样,在消费品的营销过程中,有效的人员推销也能够增强说服力,劝说消费者最终做出购买行为。

(2) 促销策略　企业促销活动有"推动"和"拉引"两种总策略。选择推动策略还是选择拉引策略来创造销售,对促销组合也具有重要影响。推动策略是指利用推销人员与中间商促销将产品推入渠道。生产者将产品积极推到批发商手上,批发商又积极地将产品推给零售商,零售商再将产品推向消费者。拉引策略是指企业针对最后消费者,花费大量的资金从事广告及消费者促销活动,以增进产品的需求。如果做得有效,消费者就会向零售商要求购买该产品,于是拉动了整个渠道系统,零售商会向批发商要求购买该产品,而批发商又会向生产者要求购买该产品。企业对推动策略和拉引策略的选择显然会影响各种促销工具的资金分配。两种策略的比较见图4.4.1所示。

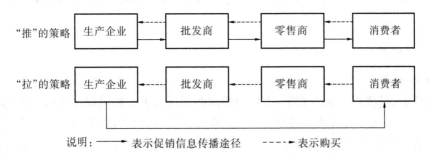

图 4.4.1　促销的"推"与"拉"的策略

（3）促销目标　确定最佳促销组合，尚需考虑促销目标。相同的促销工具在实现不同的促销目标上，其成本效益会有所不同。广告、公关、营业推广比人员推销在扩大知名度上效果要好，其中广告的效果最好。在促进购买者对企业及其产品的理解方面，广告的效果最好，人员推销居其次。购买者对企业及其产品的信任，在很大程度上受人员推销的影响，其次才是广告。购买者订货与否以及订货多少主要受人员推销影响，其次则受营业推广的影响。

（4）产品生命周期阶段　对处在产品生命周期不同阶段的产品，企业的营销目标不同，所采用的促销方式亦有所不同。在投入期，广告与销售促进的配合使用能促进消费者认识、了解企业产品。在成长期，社交渠道沟通方式开始产生明显效果，口头传播越来越重要。如果企业想继续提高市场占有率，就必须加强原来的促销工作。如果企业想取得更多利润，则宜于用人员推销来取代广告和销售促进的主导地位，以降低成本费用。在成熟期，竞争对手日益增多，为了与竞争对手相抗衡，保持住已有的市场占有率，企业必须增加促销费用。这一阶段可能发现了现有产品的新用途，或推出了改进产品，在这种情况下，加强促销能促使顾客了解产品，诱发购买兴趣。运用赠品等促销工具比单纯的广告活动更为有效，因为这时的顾客只需提醒式广告即可。在衰退期，企业应把促销规模降到最低限度，以保证足够的利润收入。在这一阶段，只用少量广告活动来保持顾客的记忆即可，公共关系活动可以全面停业，人员推销也可减至最小规模。图 4.4.2 比较了在产品生命周期不同阶段各促销工具的有效性。

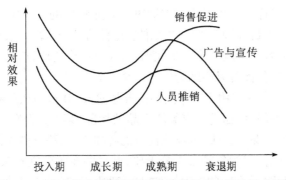

图 4.4.2　在产品生命周期不同阶段各促销工具的相对效果

（5）促销费用　四种促销方式的费用各不相同。总的说来，广告宣传的费用较大，人员推销次之，营业推广花费较少，公共关系的费用最少。企业在选择促销方式时，要综合考虑促销目标、各种促销方式的适应性和企业的资金状况进行合理的选择,符合经济效益原则。

4.4.2 广告策略

1) 广告的定义

所谓广告,是指在付款方式下,由特定的广告主通过大众传播媒体进行的商品或服务信息的非人员展示和传播活动。其目的是为了促使消费者、用户认识、偏爱直至购买本企业的产品。广告是当代社会最重要的促销方式之一,它深入我们的生活,甚至成为评价经济繁荣的一个指标。对大多数企业来说,广告是产品进入市场的敲门砖和入场券。

相对于其他促销方式,广告显示出下列鲜明的特性:

(1) 公开展示　广告是一种高度公开的信息沟通方式,它的公开性赋予产品一种合法性。

(2) 普及性　普及性使广告具有突出的"广而告之"的特点,在很短的时间内就可以与众多的目标顾客进行沟通。

(3) 夸张的表现力　广告可以借用各种艺术形式、手段与技巧,提供将一个企业及其产品感情化、性格化、戏剧化的表现机会,增大其吸引力和说服力。

(4) 非人格化　广告是非人格化的沟通方式,广告的非人格化决定了在沟通效果上,广告不能使消费者直接完成行为反应。广告被消费者接受的时间与消费者完成购买的时间之间往往存在时间差,在这一时间里,消费者将受到其他广告的冲击,从而有改变购买意图的可能。

广告的上述特性决定了一方面广告适用于创立一个企业或产品的长期形象,另一方面,它又能促进销售。从其成本费用看,将广告传达给处于广阔地域而又分散的广大消费者,每个显露点相对只需要较低的成本,因此广告是一种较为有效并被广泛使用的促销方式。

企业广告运作主要涉及以下阶段:首先要确定目标顾客的购买动机,然后据此做出所需的五项主要决策,即广告目标的确定、广告预算、广告信息决策、广告媒体选择及评价广告效果。

2) 确定广告的目标

广告的最终目标无疑是要增加产品销量和企业利润,但它们不能笼统地被确定为企业每一具体广告计划的目标。广告目标不仅取决于企业整体的营销组合战略,还取决于企业面对的客观市场情况,如目标顾客处于购买准备过程的哪个阶段。换言之,企业在实现其整体营销目标时,需要分若干阶段一步一步往前走,在每一个阶段,广告起着不同的作用,即有着不同的目标。广告的目标可以归纳为以下三个方面:

(1) 告知　这类广告主要用于一种产品的开拓阶段,其目的在于激发初级需求,即通过广告使消费者了解有关信息,如通告有关新产品的情况,某一产品的新用途,市场价格变化情况,产品的使用、维护、保养方法,企业能提供的各项服务,树立企业的良好形象等。

(2) 说服　这类广告在竞争阶段十分重要,其目的在于建立对某一特定品牌的选择性需求,使消费者偏爱和购买企业的产品。它主要适用于:帮助消费者认识本企业产品的特色,促使消费者对本企业产品产生品牌偏好;鼓励消费者转向购买本企业的产品;说服顾客购买;转变顾客对某些产品特性的感觉等。

(3) 提示　这类广告在产品的成熟期十分重要,目的是保持顾客对产品的记忆。即通过广告提醒消费者采取行动,如提示消费者在不同的时间、需要不同的产品;提示消费者购买某种产品的地点。即使在某些产品的销售淡季也要提示消费者,不要忘记该产品。

广告目标制约着广告预算、住处策略和媒体策略,不同目标的广告有着不同的要求,需要投入的成本也不同。

3) 制定广告预算

企业广告决策的第二个步骤,就是为每一产品制定广告预算。广告预算是企业为从事广告活动而投入的资源。

(1) 广告费用的构成　在广告预算中,广告费用的构成一般由三部分组成:

① 媒介费用　这是支付给媒体的费用,是广告费用中最大的一部分费用。若是将广告业务外包给广告公司,则还需要包括广告公司的佣金。

② 制作费用　无论采用哪种媒体,都要根据广告创意和方案进行制作,这涉及各种物质要素和人员投入,如创作人员、制作人员的报酬,印刷广告的印刷费用,电视广告的拍摄费用等。

③ 其他费用　如管理费、广告部门的员工费用、相关的调研费用等。

(2) 广告预算影响因素　广告预算的确定,除了按企业惯例、各种计算方法和精确的模型测算外,还要考虑下列一系列因素的影响对广告预算额的调整:

① 产品生命周期　对于生命周期不同阶段的产品,广告预算应有所不同。例如投入期的广告预算较高,而成熟期产品的广告预算就应按销售比例有计划地缩减。

② 市场份额　市场份额高的产品,企业只求维持其市场份额,因此广告预算在销售额中占的比重较低;当企业想通过竞争扩大某种产品的市场份额时,则需要大量广告投入的支持。

③ 竞争　当市场竞争激烈时,广告预算应较高,否则企业将无法维持市场份额。

④ 广告频率与区域　向消费者传递广告信息的重复次数及区域范围,与广告预算有直接关系。重复次数较多,区域范围较大,则广告预算会相对较高。

⑤ 产品替代性　如果产品与其他同类产品极为相似,就需要较高的广告预算,以树立差别形象;如果产品可提供独特的物质利益或特色,广告预算就可相对少些。

(3) 广告预算方法　一般来讲,企业确定广告预算的主要方法有以下四种:

① 量力而行法　尽管这种方法在市场营销学上没有正式定义,但不少企业确实一直采用。即企业确定广告预算的依据是他们所能拿得出的资金数额。也就是说,在其他市场营销活动都优先分配给经费之后,尚有剩余者再供广告之用。企业根据其财力情况来决定广告开支多少并没有错,但应看到,广告是企业的一种重要促销手段,企业做广告的根本目的在于促进销售。因此,企业做广告预算时不能只考虑企业需要花多少广告费才能完成销售指标。所以,严格说来,量力而行法在某种程度上存在着片面性。

② 销售百分比法　即企业按照销售额(销售实绩或预计销售额)或单位产品售价的一定百分比来计算和决定广告开支。

使用销售百分比法来确定广告预算的主要优点是:

A. 广告费用将随着企业所能提供的资金量的大小而变化,这可以促使那些注重财务的高级管理人员认识到企业所有类型的费用支出都与总收入的变动有密切关系。

B. 可促使企业管理人员根据单位广告成本、产品售价和销售利润之间的关系去考虑企业的经营管理问题。

C. 有利于保持竞争的相对稳定,因为只要各竞争企业都默契地同意让其广告预算随着销售额的某一百分比而变动,就可以避免广告战。

使用销售百分比方法来确定广告预算的主要缺点是:

A. 把销售收入当成了广告支出的"因"而不是"果",造成了因果倒置。

B. 用此法确定广告预算,将导致广告预算随每年的销售波动而增减,从而与广告长期方案相抵触。

C. 此法没能提供选择这一固定比率或成本的某一比率,而是随意确定一个比率。

③ 竞争法　指企业比照竞争者的广告开支来决定本企业广告开支多少,以保持竞争上的优势。在市场营销管理实践中,不少企业都喜欢根据竞争者的广告预算来确定自己的广告预算,造成与竞争者旗鼓相当、势均力敌的对等局势。如果竞争者的广告预算确定为100万元,那么本企业为了与其拉平,也将广告预算确定为100万元甚至更高。美国奈尔逊调查公司的派克汉(J. O. Peckham)通过对四十多年的统计资料进行分析得出结论:要确保新上市产品的销售额达到同行业平均水平,其广告预算必须相当于同行业平均水平的1.5～2倍。这一法则通常称为派克汉法则。

采用竞争对等法的前提条件是:

A. 企业必须能获悉竞争者确定广告预算的可靠信息,只有这样才能随着竞争者广告预算的升降而调高或调低。

B. 竞争者的广告预算能代表企业所在行业的集体智慧。

C. 维持竞争均势能避免各企业之间的广告战。

但是,事实上,上述前提条件很难具备。这是由于:

A. 企业没有理由相信竞争者所采用的广告预算确定方法比本企业的方法更科学。

B. 各企业的广告信誉、资源、机会与目标并不一定相同,可能会相差甚多,因此某一企业的广告预算不一定值得其他企业效仿。

C. 即使本企业的广告预算与竞争者势均力敌,也不一定能够稳定全行业的广告支出。

④ 目标任务法　前面介绍的几种方法都是先确定一个总的广告预算,然后再将广告预算总额分配给不同的产品或地区。比较科学的程序步骤应是:

A. 明确地确定广告目标。

B. 决定为达到这种目标而必须执行的工作任务。

C. 估算执行这种工作任务所需的各种费用,这些费用的总和就是计划广告预算。

上述确定广告预算的方法,就是目标任务法。企业在编制总的广告预算时,先要求每个经理按照下述步骤准备一份广告预算申请书:

A. 尽可能详细地限定其广告目标,该目标最好能以数字表示。

B. 列出为实现该目标所必须完成的工作任务。

C. 估计完成这些任务所需要的全部成本。这些成本之和就是各自的经费申请额,所有经理的经费申请额即构成企业所必需的总的广告预算。

目标任务法的缺点是没有从成本的观点出发来考虑某一广告目标是否值得追求这个问题。如企业的广告目标是下年度将某品牌的知名度提高20%,这时所需要的广告费用也许会比实现该目标后对利润的贡献额超出许多。因此,如果企业能够先按照成本来估计各目标的贡献额(即进行成本效益分析),然后再选择最有利的目标付诸实现,则效果更佳。实际上,这种方法也就被修正为根据边际成本与边际收益的估计来确定广告预算。

4) 广告信息决策

广告信息决策的核心是怎样设计一个有效的广告信息。信息应能有效地引起顾客注意,提起他们的兴趣,引导他们采取行动。

广告信息决策一般包括三个步骤:

(1) 信息的产生　广告信息可通过多种途径获得,例如,许多创作人员从顾客、中间商、专家和竞争对手的交谈中寻找灵感。创作者通常要设计多个可供选择的信息,然后从中选择最好的。

(2) 广告信息的评价和选择　应由广告主评价各种可能的广告信息。信息首先要突出目标顾客对产品感兴趣的地方,并须表明该产品不同于其他同类产品的独到之处。而且,广告信息必须是可信的,真实性是选择广告信息的一条极为重要的标准。

(3) 广告信息的设计与表达　在广告设计中,广告主题和广告创意是最为重要的两个要素。广告主题最重要的是突出产品能够给买者带来的利益。如人们购买软饮料时期望获得的利益包括营养、卫生、有利健康;口感好,是一种享受;符合潮流,被认为是现代生活方式的一个侧面等等。不同的顾客强调的利益可能有所不同,这正是市场细分的基础。一种产品,不可能满足所有顾客的意愿,因此一个广告最好只突出一种买主利益,强调一个主题,即使不止涵盖一种利益也必须分清主次。

一个广告有了明确的主题后,如果缺少表现主题的创意,仍不会引人注目,自然也就难以取得良好而广泛的宣传与促销效果。

广告的影响效果不仅取决于它说什么,还取决于它怎么说。不同种类的产品,其表达方式是有区别的。如巧克力的广告往往与情感相联系,着重情感定位;而有关洗衣粉的广告,则更侧重于理性定位。特别是对那些差异性不大的产品,广告信息的表达方式显得更为重要,能在很大程度上决定广告效果。

广告制作中要特别强调创造性的作用。不少学者花时间研究广告预算对销售的影响,但却忽略了一个事实:许多公司的广告预算相差不多,却只有少数公司的广告给消费者留下了深刻印象,这就是广告制作的差异或创意的成功。正如一位学者所说:"光有事实是不够的……不要忘记莎士比亚曾使用了一些陈旧而拙劣的故事情节,但他的生花妙笔却将腐朽化为神奇。"研究表明,在广告活动中,创意比资金投入更重要,因为只有给人以深刻印象的广告才能引起目标顾客的注意,进而增加产品销量。

在表达广告信息时,应注意运用适当的文字、语言和声调,广告标题尤其要醒目易记,新颖独特,以尽可能少的语言表达尽可能多的信息。此外,还应注意画面的大小和色彩、插图的运用,并将效果与成本加以权衡,然后做出适当的抉择。

5) 选择广告媒体

广告必须通过适当的媒体才能抵达目标顾客,而且,广告媒体常常占用了大量预算,因此,媒体的选择至关重要。

企业在选择广告媒体时,需要在以下几个方面做出决策:

① 确定广告媒体的触及面、频率及效果　为了正确地选择媒体以达到广告目标,企业必须首先确定媒体的触及面、频率和效果。触及面是指在一定时期内,某一特定媒体一次最少能触及的不同个人和家庭数目。频率是指在一定时期内,平均每人或每个家庭见到广告信息的次数。效果是指使用某一特定媒体的展露质量。

② 选择广告媒体种类　企业媒体计划人员还必须评价各种主要媒体到达特定目标沟

通对象的能力,以便决定采用何种媒体。主要媒体有报纸、杂志、直接邮寄、广播、户外广告等。这些主要媒体在送达率、频率和影响价值方面各有特点。

报纸的优点是弹性大、及时、对当地市场的覆盖率高、易被接受和被信任;其缺点是时效短、传阅读者少。杂志的优点是可选择适当的地区和对象、可靠且有名气、时效长、传阅读者多;其缺点是广告购买前置时间长、有些发行量是无效的。广播的优点是大量使用、可选择适当的地区和对象、成本低;其缺点是仅有音响效果、不如电视吸引人、展露瞬间即逝。电视的优点是视、听、动作紧密结合且引人注意、送达率高;其缺点是绝对成本高、展露瞬间即逝、对观众无选择性。直接邮寄的优点是沟通对象已经过选择、有灵活性、无同一媒体的广告竞争;其缺点是成本比较高、容易造成滥寄的现象。户外广告的优点是比较灵活、展露重复性强、成本低、竞争少;其缺点是不能选择对象、创造力受到局限等。

③ 媒体的选择 在选择媒体种类时,除了考虑各种媒体的主要优缺点外,还须考虑如下因素:

A. 目标沟通对象的媒体习惯 例如,生产或销售玩具的企业,在把学龄前儿童作为目标沟通对象的情况下,绝不会在杂志上做广告,而只能在电视或电台上做广告。

B. 产品特性 不同的媒体在展示、解释、可信度与颜色等各方面分别有不同的说服能力。例如,照相机之类的产品,最好通过电视媒体作活生生的实地广告说明;服装之类的产品,最好在有色彩的媒体上做广告。

C. 信息类型 如宣布近期的销售活动,必须在电台或报纸上做广告;而如果广告信息中含有大量的技术资料,则须在专业杂志上做广告。

D. 成本 不同媒体所需成本也是一个重要的决策因素。电视是最昂贵的媒体,而报纸则较便宜。不过,更重要的不是绝对成本数字的差异,而是目标沟通对象的人数构成与成本之间的相对关系。如果用每千人成本来计算,可能会表明在电视上做广告比在报纸上做广告更便宜。

6) 测定广告效果

企业制定广告决策的最后一个步骤是评价广告效果。广告计划是否合理在很大程度上取决于对广告效果的衡量。广告效果评价是完整的广告活动中不可缺少的重要内容,是企业上期广告活动结束和下期广告活动开始的标志。

广告效果是广告信息通过媒体传播之后所产生的影响。评估内容一般包括两个方面:

(1) 广告传播效果评估 这是指广告对于消费者知晓、认知和偏好的影响。这方面的评估在广告推出前后都应进行。广告推出前,企业可邀请专家和具有代表性的目标顾客对已制作的广告进行评估,了解广告的整体影响和不足之处。推出后,企业可再对顾客进行抽样调查,了解顾客对广告的具体反应。

(2) 广告销售效果评估 这是指广告推出后对企业产品销售的影响。一般来说,广告的销售效果较之传播效果更难评估,因为除了广告因素以外,销售还受到价格或竞争者等许多因素的影响,影响因素越少,效果越能控制,广告对销售的影响也就越容易评估。采用邮寄广告时,销售效果最易评估;而在建立企业形象时,销售效果最难评估。

4.4.3 营业推广策略

所谓营业推广,是指企业运用各种短期诱因,鼓励购买或销售企业产品或服务的促销活动。包括除了人员推销、广告、公共关系以外的、刺激消费者购买和经销商效益的各种市场营销活动,如陈列、演出、展览会、示范表演以及其他推销努力。

企业的销售促进策略包括确定目标、选择工具、制定方案、预试方案、实施和控制方案,以及评价结果等内容。

1) 营业推广的基本过程

(1) 确定营业推广目标　营业推广目标是由基本的市场营销沟通目标推衍出来的,而后者又是由产品的更基本的市场营销目标推衍出来的。从这个角度讲,营业推广的特定目标将依目标市场的不同而有所差异。就消费者而言,目标包括鼓励消费者更多地使用产品和促其大量购买,争取未使用者试用,吸引竞争者品牌的使用者等。就零售商而言,目标包括吸引零售商经营新的产品项目和维持较高水平的存货,鼓励他们购买过季商品,储存相关产品项目,抵消各种竞争性的促销影响,建立零售商的品牌忠诚度,获得新的零售商的合作与支持等。就推销人员而言,目标包括鼓励其支持一种新产品或新式样、新型号,激励其寻找更多的潜在顾客,刺激其推销过季商品等。

(2) 选择营业推广工具　有许多不同的营业推广工具可以用来实现不同的目标,而且各种不同的新工具仍不断地被发展出来。选择营业推广工具,必须充分考虑市场类型、营业推广目标、竞争情况以及每一种销售促进工具的成本效益等各种因素。

(3) 制定营业推广方案　企业市场营销人员不仅要选择适当的营业推广工具,而且还要做出一些附加的决策以制定和阐明一个完整的促销方案。主要决策包括诱因的大小、参与者的条件、促销媒体的分配、促销时机的选择、促销的总预算等。

(4) 预试营业推广方案　虽然营业推广方案是在经验基础上制定的,但仍应经过预试以确认所选用的工具是否适当,诱因规模是否最佳,实施的途径效率如何。面向消费者市场的营业推广能够轻易地进行预试,可邀请消费者对几种不同的可能的优惠方法做出评价,给出评分,也可以在有限的地区范围内进行试用性测试。

(5) 实施和控制营业推广方案　对每一项营业推广工作都应该确定实施和控制计划。实施计划必须包括前置时间和销售延续时间。前置时间是从开始实施这种方案所必需的准备时间。它包括最初的计划工作,设计工作,材料的邮寄和分送,与之配合的广告的准备工作,销售现场的陈列,现场推销人员的通知,个别分销商地区定额的分配,购买和印刷特别赠品或包装材料,预期存货的生产,存放到分销中心准备在特定的日期发放,还包括给零售商的分销工作。

(6) 评价营业推广结果　企业可用多种方法对销售促进结果进行评价。评价程序随着市场类型的不同而有所差异。例如,企业在测定对零售商促销的有效性时,可根据零售商销售量、商店货档空间的分布和零售商对合作广告的投入等进行评估。企业可通过比较销售绩效的变动来测定消费者促销的有效性。在其他条件不变的情况下,销售的增加可归因于销售促进的影响。

2) 选择营业推广工具

在促销过程中,营业推广是通过刺激和强化市场需求的各种促销方式来实现的。有许多不同的营业推广工具可以用来实现不同的目标。选择营业推广工具,必须充分考虑市场类型、营业推广目标、竞争情况以及每一种销售促进工具的成本效益等各种因素。下面我们仅从市场类型和营业推广目标的角度进行分析。

(1) 企业用于消费者市场的营业推广工具　如果营业推广目标是抵制竞争者的促销,则可设计一组降价的产品组合,以取得快速的防御性反应。如果企业产品有明显的竞争优势,目标在于吸引消费者率先采用,则产品样品可作为有效的营业推广工具。企业可以向消费者赠送免费样品或试用样品,尤其是当企业推出新产品时。这些样品可以挨户赠送,通过邮寄赠送,在商店里散发,在其他商品中附送,也可以公开广告赠送。

(2) 零售商用于消费者市场的营业推广工具　零售商关心的是顾客的光顾、购买以及吸引更多的人进入店中,营业推广工具的选择便以此目标为中心。折价券、特价包、赠奖、交易印花、购(售)点陈列和商品示范表演、竞赛、兑奖、游戏等在零售业最常用。

折价券就是给持有人一个凭证,他在购买某种商品时可凭此免付一定金额的钱。折价券可以邮寄,附在其他商品中,或在广告中附送。这是一种刺激成熟品牌产品销路的有效工具,也可以鼓励买主早期试用新品牌。

特价包就是向消费者提供低于正常价格的销售商品的一种方法,其做法是在商品包装或标签上加以附带标明。它们可以采取减价包的形式,即将商品单独包装起来减价出售,例如原来买一件商品的价格现在可以买两件。也可以采取组合包的形式,即将两件相关的商品并在一起减价出售,例如牙膏和牙刷等。特价包对于刺激短期销售十分有效。

赠奖就是以相当低的价格出售或免费赠送商品作为购买特定商品的刺激。它有三种主要形式:一是随附赠品,可以附在商品或包装中,或包装物本身就是一个能重新使用的容器;二是免费邮寄赠品,即消费者交出买过这种商品的包装、标签或其他证据,商店就免费给他寄去一个商品;三是低价赠奖,即以低于正常零售价的价格出售给需要此种商品的消费者。

交易印花是顾客通过购买而得到的一种特殊类型的赠奖。顾客通过印花兑换中心可以将其兑换成某些商品。最初采用交易印花的商人常常招徕了新的生意,其他商人被动地起而仿效,最后交易印花成了大家的负担,结果有些商人决定放弃它,用减价出售来取代之。

竞赛、兑奖和游戏是让消费者、中间商或推销人员有某种机会去赢得一些东西,如奖励现金、旅游或商品作为他们运气和努力的报答。竞赛要求向消费者提出某种参赛的项目,通过裁判员或评委会评出最优者。兑奖要求消费者将其姓名放进摇奖箱进行摇奖。游戏是指消费者每次购买时卖主赠送给消费者一些有助于他们获得奖品的东西。

(3) 企业用于中间商的营业推广工具　企业为取得批发商和零售商的合作,可以运用购买折让、广告折让、陈列折让、推销金等营业推广工具。购买折让是指购货者在规定期限内购买某种商品时,每买一次就可以享受一定的小额购货折让,以鼓励购货者大量购买商品尤其是那些通常不愿进货的新品种。中间商可以利用这种购买折让得到立即实现的利润、广告或价格上的补偿。

企业为酬谢中间商替其作商品广告,往往要给中间商以广告折让。中间商为生产企业的商品举办特别陈列,企业要给予中间商陈列折让。当中间商购买某种商品达到一定数量时,企业要为其提供免费品。当中间商推销企业产品有成绩时,企业要给予中间商推销金,或免费赠送附有企业名字的特别广告赠品,如钢笔、日历、笔记本、烟灰缸、领带等。

(4) 企业用于推销人员的营业推广工具　推销人员经常要将许多不同品牌的商品推荐给消费者使用,因此,企业常运用销售竞赛、销售红利、奖品等销售促进工具直接刺激推销人员。上面所讲的企业使用于中间商的营业推广工具也可使用于推销人员,包括中间商的推销人员和企业自有的推销人员。

3) 营业推广方案的设计

企业市场营销人员不仅要确定促销的目标、选择适当的营业推广工具,而且还要做出一些附加的决策以制定和阐明一个完整的促销方案。主要决策包括诱因的大小、参与者的条件、促销媒体的分配、促销时机的选择、促销的总预算等。

(1) 诱因的大小　市场营销人员必须确定使企业成本效益效果最佳的诱因规模。要想取得促销的成功，一定规模的最低限度的诱因是必需的。我们假设销售反应会随着诱因大小而增减，则一张减价15元的折价券比减价5元的折价券能带来更多的消费者试用，但不能因此而确定前者的反应为后者的3倍。事实上，销售反应函数一般都呈S形，也就是说，诱因规模很小时，销售反应也很小。一定的最小诱因规模才足以使促销活动开始引起足够的注意。当超过一定点时，较大的诱因以递减率的形式增加销售反应。通过考察销售和成本增加的相对比率，市场营销人员可以确定最佳诱因规模。

(2) 参与者的条件　销售促进决策的另一个重要内容，就是决定参与者的条件。例如，特价包是提供给每一个人，还是仅给予那些购买量最大的人。抽奖可能限定在某一范围内，而不允许企业职员的家属或某一年龄以下的人参加。通过确定参与者的条件，卖主可以有选择地排除那些不可能成为商品固定使用者的人。当然，应该看到，如果条件过于严格，往往导致只有大部分品牌忠诚者或喜好优惠的消费者才会参与。

(3) 促销媒体的分配　市场营销人员还必须决定如何将促销方案向目标市场贯彻。假设促销是一张减价15元的折价券时，则至少有四种途径可使顾客获得折价券：一是放在包装内；二是在商店里分发；三是邮寄；四是附在广告媒体上。每一种途径的送达率和成本都不相同。例如，第一种途径主要用于送达经常使用者，而第三种途径虽然成本费用较高，却可送达非本品牌使用者。

(4) 促销时间的长短　市场营销人员还要决定销售促进时间的长短。如果时间太短，则一些顾客可能无法重购，或由于太忙而无法利用促销的好处。如果促销时间太长，则消费者可能认为这是长期降价，而使优待失去效力，甚至还会使消费者对产品质量产生怀疑。阿瑟·斯特恩(Arthur Stern)根据自己的调查研究，发现最佳的频率为每季度有三周的优待活动，最佳时间长度为平均购买周期。当然，这种情况会随着促销目标、消费者购买习惯、竞争者策略及其他因素的不同而有所差异。

(5) 促销时机的选择　在现代企业里，品牌经理通常要根据销售部门的要求来安排销售促进的时机和日程，而日程安排又必须由地区市场营销管理人员根据整个地区的市场营销战略来研究和评估。此外，促销时机和日程的安排还要注意使生产、分销、推销的时机和日程协调一致。

(6) 促销的总预算　销售促进总预算可以通过两种方式确定：

① 自下而上的方式　即市场营销人员根据全年销售促进活动的内容、所运用的销售促进工具及相应的成本费来确定销售促进总预算。实际上，销售促进总成本 PC 是由管理成本 AC（如印刷费、邮寄费和促销活动费）加诱因成本 IC（如赠奖、折扣等成本）乘以在这种交易活动中售出的预期单位数量 QE 组成的，即

$$PC = (AC + IC)QE$$

就一项赠送折价券的交易来说，计算成本时要考虑到只有一部分消费者使用所赠的折价券来购买。就一张附在包装中的赠奖来说，交易成本必须包括奖品采购和奖品包装再扣减因包装所引起的价格增加。

② 按习惯比例来确定各项促销预算占总促销预算的比率　例如，牙膏的促销预算占总促销预算的30%，而香波的促销预算就可能要占到总促销预算的50%。在不同市场上对不同品牌的促销预算比率是不同的，并且受产品生命周期的各个阶段和竞争者促销预算的影

响。经营多品牌的企业应将其销售促进预算在各品牌之间进行协调,以取得尽可能大的收益。虽然不是所有的销售促进活动都能事先计划,但是协调却可以节省费用,例如一次邮寄多种赠券给消费者,就可以节省邮寄及其他相关费用。

企业在制定销售促进总预算时,尤其要注意避免如下失误:

① 缺乏对成本效益的考虑。

② 使用过分简化的决策规划,沿用上年的促销开支数字,按预期销售的一个百分比计算,维持对广告支出的一个固定比例,或将确定的广告费减去,剩余的就是可用于促销的费用。

③ 广告预算和销售促进预算分开制定等。

4.4.4 公共关系

公共关系,就是组织以公众利益为出发点,通过有效的信息传播、沟通,在内、外部公众中树立良好的形象和信誉,以赢得其理解、信任、支持和合作,为组织的发展创造一个良好的环境,实现组织的既定目标。当我们着眼于公共关系在促进销售方面的作用时,公共关系就成了促销组合的一部分。

1) 公共关系活动的对象

一般来说,企业公关活动的对象涉及以下几方面:

(1) 个体公众 它包括了销售目标对象和非销售目标对象。由于个体公众中,口头传播信息快且影响大,因此,一般企业,特别是消费品制造商,其公关活动主要是围绕着个体公众进行。如企业积极参加为个体公众提供服务的社会公益事业及使个体公众直接受益的各种赞助活动,从而赢得公众信任与好感。

(2) 社会团体 这是组织公众之一,包括工会、协会、学会、联合会及企业所在地的居民,地区环保组织,消费者协会等。这些团体具有强大的约束力和影响力。

(3) 新闻传媒公众 这是指掌握电视、广播、报刊、计算机网络等信息传播媒介的机构或部门以及从属于这些机构或部门的工作人员。由新闻传媒引导的社会舆论,能够固化人们的观念,传播企业信息。因此,企业有必要与之建立起有效畅通的联系渠道。

(4) 政府 对企业生产经营活动产生影响的众多政府机构,是政策、法规的制定与执行者,其权威性很高,调控资源能力强。他们对企业营销活动的开展有直接或间接的制约作用,而且这类公众的观念和态度将影响其他公众的看法。

(5) 相关企业 这是指与企业生产经营密切相关的一些企业单位,如供应商、中间商、金融机构、竞争者等。企业要与他们进行有效沟通,传播与接收信息,消除障碍,争取理解与支持,以保证企业营销活动的正常开展。

2) 公关意识

企业公关并非一个或几个公关人员就能完成,公关也需要全员公关。而全员公关的首要条件是企业的员工都需具备公关意识。具体地讲,这种意识包括以下几个方面:

(1) 真诚意识 这是指向公众讲真话、讲实话,言行一致,不虚情假意的意识。企业要以诚待人,诚信为本,不搞虚招。不能为了造势而弄虚作假、欺上瞒下、投机取巧、信口开河、随意承诺,而要与公众真诚地合作、沟通,只有真诚才能感动公众,改变公众的观念和行为。

(2) 形象意识 企业要教育员工,培养他们的企业形象价值意识,时刻维护企业形象,要清醒地认识个人行为会直接影响企业在公众心目中的形象,要努力通过自己的言行影响公众,争取公众对企业产生好感和信任。

(3) 公众意识　企业要尊重公众的需求,为公众着想,对公众负责,把公众的意愿作为决策的依据。当企业与公众发生冲突时,要学会从公众的立场和观点来思考问题,力争使对立观点能得到谅解,达成共识。

(4) 沟通意识　任何企业都需要公众的理解与支持,而争取理解和支持的有效方式之一是与公众沟通。一方面向外传播各种信息,使公众认识和了解自己,树立企业形象;另一方面及时收集公众信息,并以此为基础,调整企业的营销活动,为企业发展创造好环境。

3) 公关促销的主要方法

公关促销是通过提高企业形象,实现与公众有效沟通来促进产品的销售。主要方法有以下几种:

(1) 公共关系报道　这是由新闻工作者撰写的有关企业的公共关系材料,通过一定的媒体向公众发布的与企业有关的新闻、专题报道、现场采访、记事等。由于公共关系报道的真实性、可信性、知识性,因此,它是公关促销的最重要的活动方式。

(2) 编辑出版物　这里的出版物是指企业编辑出版的视听材料,如各种印刷品、音像资料等。企业通过大量的沟通材料去接近和影响其目标市场,这些材料包括企业报刊、情况简报、内部通讯、新品介绍、年度报告、专题文章、企业介绍、生产过程的展现、环境说明等。企业根据不同的公众对象,有选择地赠送上述材料,促进公众对企业的了解。

(3) 主题活动　企业可围绕某一主题,通过一些特殊事件来吸引公众对企业的注意。这些主题活动与事件包括各种记者招待会、讨论会、开幕式、庆典、比赛、论证会、郊游、展览会、运动会、文化赞助、演讲等。由于在进行上述活动的过程中,公众能够亲身感受到企业的状况与形象,所以影响力较强。

(4) 公益活动　企业可以通过赞助、向公益事业捐赠的方式,来提高其公众信誉。如支持企业所在地的一些社区活动,向希望工程、孤寡老人、残疾人员、受灾地区的灾民、失业人员、无力救治的危重病患者、见义勇为者捐赠;为改善生活环境、提高生活质量向社会有关团体、部门的捐献等。通过这些活动的开展,赢得公众的好评和称赞,建立良好的企业形象。

(5) 宴请与参观游览　在企业某个会议、纪念活动、主题活动之后,在庆祝、答谢协作者,接待来访客人等情况下,宴请对于关系营销导向的企业来讲尤其重要。它既能联络感情,又能开发各种业务工作。而参观游览对于树立企业形象十分有利。无论是内部人员到外部世界参观游览,还是邀请外部人员到本企业参观、进行调查研究,都能产生较好的口碑效应。

4) 公关促销的步骤

(1) 调查研究　一方面,了解与企业有关公众的意见和反映,如企业形象、地位、环境、公众舆论调查等,将有关信息反馈给企业的决策层;另一方面,将企业决策传递给公众,强化公众对企业的认识。

(2) 公关促销策划　策划的内容包括确定公关目标、围绕目标设计公关主题、确定公众细分策略、选择公关方法、编制预算等。

(3) 开展公关活动　在公关活动过程中,有关人员要根据环境变化及一些突发事件,对原有的公关活动策划的内容、计划进行修订,协调各方面关系,对计划的实施加以控制。

(4) 评估公关促销效果　评估的内容包括接受、理解信息的公众数量,改变观点态度的公众数量,发生期望行为、重复行为的公众数量等。

4.4.5 人员推销

人员推销是一种古老的促销方式,但同时也是现代促销的有效手段之一,尤其是在生产资料的销售中更占有重要的地位。推销人员是企业与顾客的纽带,实际上许多企业在人员推销方面的支出,要远大于在其他促销组合方面的支出。

1) 人员推销的特点

人员推销是企业的推销人员确认、激活和满足顾客的需要,促使顾客了解、偏爱本企业的产品与服务,从而实施购买,达到买方和卖方长期互惠互利的目标的一种促销手段。人员推销意味着推销人员必须满足顾客的要求,并帮助他们发现问题,解决问题,提供有益的产品及各种服务,这样,才能达到销售的目的。在人员推销中,推销人员起着决定性的作用。企业的推销人员可分为三种:一是企业自由的推销人员,即用属于本企业的工作人员来推销产品,其推销队伍成员可称为推销员、业务经理、销售工程师等;二是专业合同推销员,如制造商的代理商、销售代理商、兼职推销员、经纪人等;三是销售网点临时推销员,如在各种销售现场进行产品演示、咨询、表演等活动的促销小姐或促销先生。

2) 人员推销的步骤

推销工作一般包括以下步骤:顾客开发、推销前准备、约会与接近顾客、面谈与成交、售后服务、建立关系。

(1) 顾客开发 推销人员首先要寻找顾客,明确开发与进攻的主要目标,为此,推销人员要通过各种途径收集潜在顾客的名单。有了潜在顾客名单后,推销人员还需要按一定的标准进行选择,从中筛选出准顾客。其标准包括是否有需求、是否很容易接近、是否符合购买条件、是否具有支付能力以及是否具有购买决策权。可以通过向潜在顾客邮寄产品目录、赠送样品、设计调查问卷、打电话等方式进行筛选。

(2) 推销准备 在约见顾客之前,推销人员要做好以下几方面的准备工作:

① 了解顾客 推销人员要通过各种方式了解顾客的情况,包括个人信息和公司信息。

② 熟悉产品 推销人员要熟悉所推销的产品,并对它充满信心。除了产品的基本性能和特征外,还要熟悉产品的制造环节,能提供的各种服务及与本产品相关的知识与信息。

③ 知晓竞争产品 推销人员除了要熟悉自己的产品外,还要知晓竞争产品,以便进行对比分析,发现本企业产品的特色与优势,促使顾客购买。

④ 清楚产品给顾客带来的核心利益 推销人员要能够把产品的特征转变成产品的利益,并向顾客加以说明,亦即能进行 FABE 分析(F:Feature 即特征,A:Advantage 即优点,B:Benefit 即利益,E:Evidence 即证据)。

⑤ 推销策划 推销人员需要对推销介绍进行策划,常用的推销介绍的方式有:

A. 规范式:介绍的内容主要有:产品的主要特征及这些特征能给顾客带来的各种利益,开场、结束用语。

B. 要点式:推销人员仅需要熟悉开场、结束用语,中间部分涉及产品情况的介绍可以由推销人员按若干要点的方式灵活说明,没有固定的前后顺序。

(3) 接近顾客 接近顾客是为了引起其热情与兴趣,因此,需要努力营造一个温馨而友好的氛围。常见的具体方法有:

① 自我介绍法 推销人员自报公司名称和本人姓名,还可递交名片,这种方式很简单,但效果一般。

② 引见法　推销人员一开始就提及顾客朋友的姓名或用引见信、介绍信等,以迅速排除顾客害怕陌生的心理障碍。

③ 利益接近法　通过实物样品、免费试用、激发顾客的好奇心等方式使顾客集中注意力了解产品能带来什么利益。

④ 问题接近法　通过提问题的方式,了解顾客的需求和兴趣,吸引顾客,刺激其反应。在问题设计时,要避免顾客用"是"或"不是"来回答,因为这样不利于推销人员收集信息。

⑤ 馈赠接近法　推销人员利用赠品来引起顾客注意和兴趣,从而深入面谈。

(4) 面谈与成交　在此过程中,顾客往往会提一些如需求、财务、价格、货源、购买时间等方面的异议。在处理这些异议时,推销人员要保证做到:不与顾客争吵,采取积极的态度和推销技巧,分析顾客提出异议的原因,有效地克服异议。在推销访问进行了一段时间后,顾客会表露其购买意向,此时,推销人员要善于捕捉这些信息,抓住机会及时成交。可以通过以下几方面来观察顾客成交的欲望。

① 顾客的询问　顾客的购买动机往往可以通过其对产品或服务的直接询问表现出来。如贵公司在价格上是否还可优惠? 贵公司的服务承诺有哪些内容?

② 顾客的形体语言　如顾客满意点头,高兴的神情,赞许的眼色。

③ 异议中的问题　有时一些顾客虽然有购买意图,但仍有担心,此时,就会提出一些反对意见,这些反对意见很可能就是购买信号。如这种设备的计算功能没有必要,计算可由计算机进行,减少这一功能,其价格就可降低,下调后的价格我们有可能接受。

在推销过程中,一旦发现顾客有购买欲望,则要及时提出成交或通过优惠条件促使其成交,将有关交易内容及时总结,签订合同订单。

(5) 售后服务与建立关系　推销人员要重视售后服务工作,并以此为契机与顾客建立关系。对售后服务工作的重视,一方面可以联络感情,让顾客满意并重复购买;另一方面可以通过顾客来宣传产品和企业,发展新的顾客。因此,推销人员应经常与顾客保持联系,主动回访,了解情况,解决问题。

3) 人员推销管理

推销人员既是企业的代表,又是顾客的顾问和参谋,必须具有良好的思想素质、业务素质和身体素质。企业要制定有效的措施和程序,加强对销售人员的挑选、招聘、训练、激励和评价。

(1) 招聘推销人员　理想的推销人员应具备什么特质? 一般认为他们应该富有自信,精力充沛,工作热情,性格外向,能说会道,但实际上,也有很多成功的推销员性格内向,温文尔雅,不善言辞,所以关于特质问题的研究还在继续进行之中。不过,企业在招聘推销员之前还是应根据工作职责的要求制定若干标准,如以往工作经历、业绩、学历、智商、仪表、年龄等。

(2) 培训推销人员　应聘的推销员仅有较好的个人素质还不够,企业在推销员上岗前还必须对他们进行系统的知识和技能培训。培训内容主要有:

① 关于公司的情况,如公司的历史、目标、职能机构、财务状况、主要产品和设施。

② 关于产品的情况,如产品的性能、结构、质量、制作过程、用途和使用方法等。

③ 关于市场的情况,包括目标顾客的类型、需求特点、购买动机与购买行为。

④ 竞争对手的情况,如竞争者的产品、实力、营销策略等。

⑤ 推销技巧,包括了解推销员的工作任务,推销工作程序,如何制定推销计划、分配工作时间,如何选择访问对象,如何介绍产品、说服顾客、揣摩顾客心理和讲究语言艺术等。

⑥ 必要的法律知识和商务知识。

(3) 推销人员的配置 推销人员的配置即如何将推销人员分配于特定地区、产品或顾客。有三种主要的配置方式。

① 按地区配置 即按地理区域配置推销队伍,这是最常见、最简单的组织结构。通常给每位推销员划分一个地区,全面负责该地区内所有顾客和产品的推销。不过,由于不同地区的顾客密度、销售潜量和工作量不等,每位推销员负责地区的面积并不相同。今天,企业已利用计算机来划分销售区域,力图在工作量、销售潜量、出差时间和费用的合理匹配方面达到最佳。

② 按产品配置 地区式组织主要适用于产品和市场都较单纯的企业,当企业经营众多各不相同的产品,且这些产品的技术性较强时,较好的选择就是产品式组织了,即由一位或几位推销员负责一种产品在所有地区的销售。

③ 按顾客配置 对采取多元化业务战略的企业来说,产品式组织不一定是最好的选择,如果该企业生产的多种产品都被相同的顾客买去了,按产品分工,就会出现分属不同部门的推销员都跑到同一位顾客那里去推销产品的情况,此时,按用户行业或为某个大用户单独组建销售队伍更为合理。如联想电脑公司分别为金融、税务、教育等顾客配置了销售人员;IBM公司在底特律专为通用公司设立了一个销售处,在附近的迪邦又为福特公司设立了另一个销售处。

有时企业还可以采取复式推销结构,即混合运用上述三种方式,并根据市场和经营范围的变化,重新配置推销人员。

(4) 推销人员的监督与评估 对推销人员的管理不仅是招聘、培训、分给一个销售区域就完了,还有日常工作中的监督和业绩评估。

企业可从以下方面督促推销员的工作:

① 规定对顾客访问次数的标准。一般来说,销售量的增长与访问顾客的次数成正比,企业可根据购买潜力将顾客分类,然后规定一定时期内对各类顾客的访问次数。

② 规定访问、发展新顾客的定额。企业只有不断发展新顾客才能有效地增加销售,若听其自然,推销员可能会把大部分时间用于访问老顾客,因此有必要给推销员规定发展新顾客的任务。

③ 制定一定期间内访问顾客和组织专门活动的时间表,如一年组织两次研讨会,以督促推销人员提高时间利用率。

由于对推销人员的报酬要建立在对其工作实绩做出正确评估的基础上,因此,需建立有效的评价标准。常见的评价标准有:完成的销售额、毛利、销售访问次数、访问成功率、每次访问成本、平均顾客数、新顾客数、丧失顾客数、销售总费用与费用率等。不过,由于各销售区域的销售潜力及单个顾客购买规模、分布状况不同,很难用同一数量标准衡量不同推销员的工作,因此,通常配合使用以下方法:

① 横向比较 即将不同推销员在同一时期内完成的销售额等进行比较,但只有在他们各自负责区域的市场潜量、工作量、竞争情况、公司促销努力程度均差别不大的情况下,这种比较才有意义。

② 纵向比较 是将同一推销员现在与过去达到的销售额等指标进行比较。这种比较能反映出该推销员工作的改进程度。

③ 对推销员的工作态度、品行、素质等进行评价 包括他对本公司、产品、顾客、竞争对

手、所负责区域与工作职责的了解程度,言谈举止是否合乎要求等。

(5) 推销人员的激励与报酬　推销人员自身的积极性对其工作成效有极大的影响,适当的激励将使他们更努力地工作。企业有必要规定奖励的方式和标准,使推销人员认识到,通过更加努力地工作,他们将获得额外的奖励,包括加薪、提升、给予某种头衔、受到表扬、添置更好的办公设备、享受带薪假期、公费外出旅行等。

推销人员的报酬有三种形式:

① 薪金制　即固定工资制,适用于非推销工作占很大比重的情况。这种形式的优点是便于管理,给推销员以安全感,容易根据企业需要调整推销员的工作;缺点是激励作用差,容易导致效率低下,能人离开。不过,由于企业现在越来越依靠广告树立企业形象和产品形象,推销人员的个人努力在促成销售中的作用趋于减小,固定工资制有扩大的趋势。

② 佣金制　即推销员按销售额或利润额的一定比例获得佣金。佣金制可最大限度地调动推销人员的工作积极性,形成竞争机制;缺点是可能造成推销员只顾追求高销售额,忽视各种销售服务和企业长期利益等短期行为,以致损害企业声誉。而且,完全佣金制在对推销人员工作进行监督方面也面临较大困难。一些小企业和新建企业常采用佣金制,随着企业规模的扩大和管理的正规化,也将逐渐从完全佣金制转为薪金与佣金混合制。

③ 薪金与佣金混合制　这种形式将薪金制和佣金制结合起来,力图避免两者的缺点而兼有两者的优点。至于两者各占多大比例,则应依具体情况而定。

4) 推销技巧

(1) 推销工作程序　一般认为,推销工作有两种程序模式:

① AIDA 模式　即引起注意(Attention)→激发兴趣(Interest)→刺激需求(Desire)→生成购买欲望和行动(Action)。同时,推销人员不要忘记,使消费者为买到称心的产品而感到满意,也是推销工作的重要一环。

② DIPADA 模式　即发现需要(Discover)→激发兴趣(Interest)→加强信任(Porto)→使之接受(Accept)→刺激需求(Desire)→生成购买欲望和行动(Action)。

(2) 谈判与还价　研究发现,使讨价还价的谈判双方成功达成一致的关键在于:

① 将感情与问题分开　谈判是一个有关利益的沟通过程,切忌任意的攻击对方和感情用事,最好直接讨论利害关系所在,这样双方将会得到一个达成满意的机会。

② 将立场与利益分开　立场虽然是谈判决策的基础,但实际上利益才是立场的根源。记住这一点,就会发现以利益为本,调和所谓立场,往往会收到良好的效果。

③ 努力创造双赢的局面　做到这一点的关键是,双方要明白做一个更大的蛋糕,什么时候都比怎样切蛋糕更重要。

④ 坚持客观标准　对原则问题,在对方坚持其立场不退后时,应寻找并坚持客观标准。这往往更有助于问题的解决,原因是此时任何一方都没有向对方让步,而是向公正让步。

【项目小结】

(1) 产品是能够提供给市场,能满足需要和欲望的任何东西。产品既可能是有形实体,也可能是无形的服务。产品的形式并不重要,关键是它必须具备满足顾客需要和欲望的能力。现代市场营销理论认为,产品整体包含五个基本层次:核心产品、形式产品、期望产品、延伸产品和潜在产品。

(2) 大部分的企业都拥有多个产品项目,经营多个产品。如何将多个产品合理地组织起来,就是产品组合的问题。产品组合策略一般包括:有限产品专业性策略、单一产品策略、产品系列专业性策略、市场专业性策略、特殊产品专业性策略、多系列全面型策略。

(3) 品牌是商品的商业名称,包括品牌名称和品牌标志。品牌名称是指品牌中可以用语言称呼的部分,品牌标志是指品牌中可以被识别、认知,但不能用语言称呼的部分。经过商标注册获得专用权,受到法律保护的品牌或品牌的某一部分即商标。商标是企业的无形资产,驰名商标更是企业的巨大财富。企业必须增强商标意识,运用这一有价值的无形资产,使之更好地为企业经营服务。

(4) 从市场营销学的角度来说,所谓新产品,是指与现有产品相比,具有新的功能、新的特征、新的结构和新的用途,能满足顾客新的需求的产品。从产品创新程度分类,大体上包括全新产品、换代新产品、改进新产品和仿制新产品四类。新产品开发程序由八个阶段构成,即寻求创意、甄别创意、形成产品概念、制定市场营销战略、营业分析、产品开发、市场试销、批量上市。

(5) 定价是营销组合中唯一能产生收益的要素。合理的定价不仅可使企业顺利收回投资,达到盈利目标,而且能为企业的其他活动提供必要的资金支持。然而,企业产品定价要受到许多因素制约,不能随意而为。并且,随着市场环境的不断变化,企业还需要适时地调整价格,以保持竞争优势和企业拥有的市场份额。

(6) 影响产品定价最基本的因素是成本和消费者的需求。此外,还有许多因素影响企业的产品定价。从外部环境看,有宏观经济环境、国家政策、市场竞争及市场结构等;从企业内部看,定价目标和营销组合的其他策略都会对产品定价产生影响。

(7) 企业定价方法主要有三类:成本导向定价、需求导向定价和竞争导向定价。具体的定价策略包括新产品定价策略、产品组合定价策略、心理定价策略、需求差别定价策略、折扣定价策略。价格的调整主要有两种:主动调整和被动调整。

(8) 中间商是指在生产者与消费者之间,参与商品交易业务,促使买卖行为发生和实现的具有法人资格的组织或个人,主要包括批发商和零售商。以批发经营活动为主业的企业和个人称为批发商。批发的功能是将购进的商品批量转售给各类组织购买者,包括生产企业、服务企业、零售商、其他批发商和各种社会团体机构;以零售经营活动为主业的企业和个人则称为零售商。零售的功能是将商品卖给最终市场上的个人消费者。也就是说,区分批发与零售的关键,不在于一次交易的数量,而主要在于买方的购买目的。

(9) 分销渠道是产品价值实现的途径。对它的决策关系到产品能否以最快的速度、最大的辐射面接近目标顾客,使其做出购买决策。影响企业选择分销渠道的因素主要有四个方面:产品因素;市场因素;企业自身因素及政策因素。

(10) 设计分销渠道时,一般要经历三个阶段,主要涉及渠道结构及中间商类型、中间商数量、渠道成员的权利与责任等方面的抉择。

(11) 企业在具体选择中间商时还要考虑以下因素:市场覆盖面;中间商是否具有经销某种商品所必要的专门经验、市场知识、营销技术和专业设施;预期合作程度;中间商的目标与要求。

(12) 渠道宽度决策上有三种策略可供选择:密集分销;独家分销;选择分销。

(13) 促销是企业通过市场传播,传播企业或产品的形象、性能及特征等信息,帮助用户或消费者认识产品及其能给他们带来的利益,从而引起顾客注意,产生兴趣,并实施购买的过程。它通过广告、人员推销、营业推广、公共关系这四种主要工具与手段实现沟通的目的。

这四种形式的统一、独立活动就构成了促销组合。

【项目核心概念】

产品整体概念　产品组合　产品生命周期　品牌　商标　包装
新产品成本导向定价　分销渠道　中间商　密集型分销　选择性分销
物流　需求导向定价　竞争导向定价　成本加成定价法　需求差异定价法
促销组合　广告　营业推广　公共关系　人员推销

【项目同步训练】

课堂练习

1) 单项选择题

（1）人们购买制冷用空调主要是为了夏天降低室内温度,这属于空调产品整体概念中的（　　）。
　　A. 核心产品　　B. 有形产品　　C. 附加产品　　D. 直接产品
（2）向顾客提供基本效用和利益是产品整体概念中的（　　）。
　　A. 有形产品　　B. 附加产品　　C. 核心产品　　D. 期望产品
（3）产品组合的长度是指企业所拥有的（　　）的数量。
　　A. 产品品种　　B. 产品项目　　C. 产品品牌　　D. 产品线
（4）企业经营产品线的条数称为产品组合的（　　）。
　　A. 长度　　　　B. 宽度　　　　C. 深度　　　　D. 密度
（5）企业经营产品项目的总数称为产品组合的（　　）。
　　A. 长度　　　　B. 宽度　　　　C. 深度　　　　D. 密度
（6）企业推出新产品时采用高价格高促销的策略为（　　）。
　　A. 缓慢渗透　　B. 快速渗透　　C. 缓慢撇脂　　D. 快速撇脂
（7）企业产品线中所包含的产品项目数叫作产品组合的（　　）。
　　A. 宽度　　　　B. 长度　　　　C. 深度　　　　D. 关联度
（8）产品改良、市场改良和营销组合改良等决策适用于产品生命周期的（　　）。
　　A. 投入期　　　B. 成长期　　　C. 成熟期　　　D. 衰退期
（9）在产品生命周期的（　　），企业应积极主动地扩大分销渠道,为日后产品的销售奠定良好网络基础。
　　A. 投入期　　　B. 成熟期　　　C. 衰退期　　　D. 成长期
（10）若企业各个产品系列之间在生产技术、分销渠道及顾客等方面具有一致性,则称产品组合（　　）。
　　A. 比较深　　　B. 比较宽　　　C. 很广　　　　D. 关联性强
（11）营销学中换代新产品是指（　　）。
　　A. 应用新技术、新材料而研制成的新产品
　　B. 满足新的需要而仿制的产品
　　C. 对现有产品品质、款式、包装等进行改造的产品
　　D. 采用新技术、新材料对原有产品进行革新的产品

(12) 如果某产品的生产和销售正处于市场成长期,其营销重点应该是(　　)。
　　A. 延长产品寿命,巩固市场占有率
　　B. 努力开拓市场,提高市场占有率
　　C. 加大推销力度,获取最大限度利润
　　D. 加大推销力度,增进顾客对产品的了解
(13) 国内家电生产企业主要产品已进入产品生命周期的成熟期,它们选择的目标市场涵盖战略应当是(　　)。
　　A. 大量市场营销　B. 差异市场营销　　C. 集中市场营销　D. 无差异市场营销
(14) 假定某品牌微波炉单价由800元降至600元,销量由1万台增至1.5万台,则说明该产品的需求价格弹性为(　　)。
　　A. 无弹性　　　B. 缺乏弹性　　　C. 富有弹性　　　D. 单元弹性
(15) 企业产品定价的最终目的是(　　)。
　　A. 获得最大利润　B. 使顾客满意　　C. 价格具有竞争力　D. 符合政策要求
(16) 在市场竞争条件下卖主和买主只能是价格的接受者,而不是价格的决定者,这种竞争情况叫作(　　)。
　　A. 垄断竞争　　B. 寡头竞争　　　C. 完全竞争　　　D. 完全垄断
(17) 企业把创新产品的价格定得较低,以吸引大量顾客,提高市场占有率,这种定价策略叫作(　　)。
　　A. 撇脂定价　　B. 渗透定价　　　C. 目标定价　　　D. 加成定价
(18) 中国服装设计师李艳萍设计的女士服装以典雅、高贵享誉中外,在国际市场上,一件"李艳萍"牌中式旗袍售价高达1 000美元,这种定价策略属于(　　)。
　　A. 声望定价　　B. 基点定价　　　C. 招徕定价　　　D. 需求导向定价
(19) 在完全竞争情况下,企业只能采取(　　)定价法。
　　A. 成本加成　　B. 随行就市　　　C. 拍卖　　　　　D. 边际成本
(20) 饮用水厂向广大消费者免费赠送饮水机以扩大桶装饮用水的销售量是实施(　　)策略。
　　A. 招徕定价　　B. 俘虏产品定价　C. 捆绑式销售　　D. 选择产品定价
(21) 按照顾客一次购买总量或订购量而给予折扣的方法是(　　)。
　　A. 现金折扣　　B. 累计折扣　　　C. 非累计折扣　　D. 数量折扣
(22) 企业选定一些中心城市统一定价,再按最近城市距顾客距离收取运费为(　　)。
　　A. 统一交货定价　B. 分区定价　　C. 基点定价　　　D. 部分运费免收定价
(23) 中国电信规定每日21:00—24:00拨打国内长途电话按半价收费。这种定价策略属于(　　)。
　　A. 成本加成策略　B. 差别定价策略　C. 心理定价策略　D. 组合定价策略
(24) 企业将产品通过自己设置的商店卖给消费者,通常称此营销行为是(　　)。
　　A. 批发销售　　B. 间接销售　　　C. 直接销售　　　D. 寄售
(25) 协助买卖成交、推销产品,但对所经营产品没有所有权的中间商是(　　)。
　　A. 批发商　　　B. 运输公司　　　C. 代理商　　　　D. 零售商
(26) 生产者—批发商—零售商—消费者称为(　　)。
　　A. 一层渠道　　B. 二层渠道　　　C. 三层渠道　　　D. 四层渠道

（27）确定各层次配置同类型中间商数目属于（　　）渠道决策。
　　A. 直接渠道与间接渠道　　　　　B. 长渠道与短渠道
　　C. 宽渠道与窄渠道　　　　　　　D. 单渠道与多渠道
（28）企业在纵向上配置不同类型中间商层次数属于（　　）渠道决策。
　　A. 直接渠道与间接渠道　　　　　B. 长渠道与短渠道
　　C. 宽渠道与窄渠道　　　　　　　D. 单渠道与多渠道
（29）某企业的主要产品是香皂和洗衣粉。该企业最适合采取（　　）。
　　A. 选择分销策略　B. 独家分销策略　C. 人员推销策略　D. 密集分销策略
（30）渠道长度是指产品从生产领域流转到消费领域过程中所经过的（　　）的数量。
　　A. 渠道类型　　B. 同类型中间商　　C. 不同类型中间商　D. 储运服务商
（31）生产资料分销渠道中最重要的类型是（　　）。
　　A. 生产者→批发商→用户　　　　B. 生产者→用户
　　C. 生产者→代理商→用户　　　　D. 生产者→代理商→批发商→用户
（32）产品单价高、体积大而笨重，可考虑下列（　　）渠道。
　　A. 短而宽　　B. 短而窄　　　C. 长而宽　　　D. 长而窄
（33）受生产者或卖方委托代销产品的各中间商是（　　）。
　　A. 经纪商　　B. 销售代理商　C. 厂商代理商　D. 寄售代理商
（34）促销的实质是（　　）。
　　A. 扩大销售　B. 占领市场　　C. 信息沟通　　D. 参与竞争
（35）不同广告媒体所需费用是有差别的，其中最昂贵的是（　　）。
　　A. 报纸　　　B. 电视　　　　C. 广播　　　　D. 杂志
（36）儿童智力玩具一般宜选择（　　）作为广告媒介。
　　A. 报纸　　　B. 广播　　　　C. 电视　　　　D. 杂志
（37）企业确立提示性广告目标的目的是通过广告达到（　　）的目的。
　　A. 使消费者偏爱和购买企业的产品
　　B. 使消费者了解有关产品的信息
　　C. 消除顾客购买产品的后顾之忧
　　D. 使消费者经常想到本企业的产品
（38）POP 广告是指（　　）。
　　A. 产品广告　B. 促销广告　　C. 价格广告　　D. 售点广告
（39）企业业务员在闹市向消费者免费赠送样品的促销方式属于（　　）。
　　A. 广告　　　B. 人员推销　　C. 营业推广　　D. 公共关系
（40）企业开展公共关系活动的基础是（　　）。
　　A. 消费者公众　B. 政府公众　C. 金融公众　　D. 内部公众

2）多项选择题
（1）整体产品包括（　　）。
　　A. 核心层　　B. 形式层　　　C. 延伸层　　　D. 实体层
　　E. 包装层
（2）产品的包装具有（　　）的作用。

A. 保护产品　　B. 美化产品　　C. 方便使用　　D. 增加收益
E. 提高声誉

（3）企业在产品投入期采取慢渗透策略的条件是(　　)。
A. 消费者对价格很敏感　　　　B. 产品已广为人知
C. 竞争者容易进入　　　　　　D. 市场规模小但容量大
E. 企业促销能力薄弱

（4）企业产品组合的要素是(　　)。
A. 广度　　　B. 高度　　　C. 深度　　　D. 密度
E. 长度

（5）现代营销观认为,满足消费者需求的产品包括以下内容(　　)。
A. 优质产品　　B. 核心产品　　C. 物美价廉　　D. 形式产品
E. 附加产品

（6）企业在调整和优化产品组合时,依据情况不同,可选择以下策略(　　)。
A. 扩大产品组合　　　　　　B. 产品组合国际化
C. 缩减产品组合　　　　　　D. 产品延伸
E. 产品大类现代化

（7）产品生命周期包括(　　)。
A. 开发期　　B. 投入期　　C. 成长期　　D. 成熟期
E. 衰退期

（8）企业在产品投入期采用快速撇脂策略的条件是(　　)。
A. 产品鲜为人知　　　　　　B. 市场规模和容量都较小
C. 消费者对价格不敏感　　　D. 企业欲树立产品高质高价的形象
E. 竞争者容易进入该市场

（9）从企业营销角度分类,新产品包括(　　)。
A. 全新产品　　B. 换代新产品　　C. 改进新产品　　D. 仿制新产品
E. 品牌新产品

（10）在以下条件下,需求可能缺乏弹性(　　)。
A. 市场上没有替代品　　　　B. 购买者对较高价格不在意
C. 购买者改变购买习惯较慢　D. 互补品价格同向变化
E. 市场上没有竞争者

（11）企业的主要定价目标有(　　)。
A. 发展　　　B. 创新　　　C. 当期利润最大　　D. 市场占有率最大化
E. 应付竞争

（12）企业根据市场环境对原有产品价格调整的策略有(　　)。
A. 主动降价　　B. 主动提价　　C. 被动降价　　D. 被动提价
E. 稳定价格

（13）企业定价导向有(　　)。
A. 成本导向　　B. 供给导向　　C. 需求导向　　D. 收入导向
E. 竞争导向

（14）心理定价策略主要有(　　)。

A. 尾数定价　　B. 廉价　　　　C. 整数定价　　D. 声望定价
E. 招徕定价

(15) 撇脂定价策略的优点是有利于（　　）。
A. 了解市场反应　　　　　　B. 取得丰厚的利润
C. 迅速打开销路　　　　　　D. 维护和提高产品质量和信誉
E. 取得价格调整的主动权

(16) 针对消费者的折扣让价策略有（　　）。
A. 现金折扣　　B. 功能折扣　　C. 季节折扣　　D. 数量折扣
E. 实物折扣

(17) 下列商品中，适宜选择短渠道分销的有（　　）。
A. 鲜活商品　　B. 建筑材料　　C. 机器设备　　D. 日用百货
E. 通用材料

(18) 当企业生产经营的是（　　）产品时，宜采用短渠道分销。
A. 单价高　　　B. 耐久性强　　C. 技术性强　　D. 市场集中
E. 潜在顾客多

(19) 属于直接分销形式的是（　　）。
A. 本地零售店销售　　　　　B. 合同订购
C. 电话订购　　　　　　　　D. 邮购
E. 商家网络营销

(20) 当企业生产经营的是（　　）产品时，宜采用长渠道分销。
A. 单价低　　　B. 耐久性强　　C. 技术性强　　D. 市场集中
E. 潜在顾客多

(21) 根据展露宽度可将分销渠道分为（　　）。
A. 广泛分销　　B. 直接分销　　C. 间接分销　　D. 选择分销
E. 专营分销

(22) 适合广泛性分销的产品是（　　）。
A. 便利品　　　B. 选购品　　　C. 标准件　　　D. 精选品
E. 特殊品

(23) 营业推广的形式包括（　　）。
A. 商品降价　　B. 散发宣传材料　C. 免费使用产品　D. 有奖销售
E. 现场展示产品

(24) 人员推销的优点是（　　）。
A. 针对性强　　B. 双向信息沟通　C. 购销关系稳定　D. 可信度高
E. 拓展市场快

(25) 促销组合包含的策略有（　　）。
A. 人员推销　　B. 广告促销　　C. 让价竞销　　D. 营业推广
E. 公共关系

(26) 广告的具体目标有（　　）。
A. 告知　　　　B. 说服　　　　C. 通知　　　　D. 提醒
E. 宣传

(27) 营业推广以（　　）为对象。
　　 A. 消费者或用户　B. 中间商　　　　C. 制造商　　　　D. 供应商
　　 E. 推销人员
(28) 广告要素包括（　　）。
　　 A. 广告主　　　B. 广告商　　　　C. 广告信息　　　D. 广告媒体
　　 E. 广告费用
(29) 推销人员组织结构的形式有（　　）。
　　 A. 地区结构　　B. 产品结构　　　C. 需求结构　　　D. 市场结构
　　 E. 顾客结构
(30) 被称为四大广告媒体的是（　　）。
　　 A. 广播　　　　B. 电视　　　　　C. 互联网　　　　D. 报刊
　　 E. 杂志

3) 判断题
(1) 包装属于整体产品的延伸层。（　　）
(2) 产品质量是整体产品的核心。（　　）
(3) 售前、售后服务属于整体产品的重要组成部分。（　　）
(4) 商标是经注册，取得专用权的品牌。（　　）
(5) 产品的生命周期是指产品的市场寿命。（　　）
(6) 换代新产品是在原有产品原理基础上部分采用新技术、新材料或元件使其性能和功能显著提高的产品。（　　）
(7) 无论何时商品的单位成本都是其定价的最低经济界限。（　　）
(8) 企业以追求最大利润为目标时应采取高位定价策略。（　　）
(9) 买方市场在市场价格高于均衡价格时形成。（　　）
(10) 现金折扣是卖方给买方的现款回扣。（　　）
(11) 当企业以公开技术大量生产新产品时应采用渗透定价策略。（　　）
(12) 销售渠道的起点是批发，终点是零售。（　　）
(13) 中间商的介入增加了渠道环节，因而增加了社会商品流通中的交易次数。（　　）
(14) 上海某企业千里迢迢占领大西北市场采用的是长渠道策略。（　　）
(15) 价值高、体积大的产品宜采用短渠道策略。（　　）
(16) 代理商均不拥有商品所有权。（　　）
(17) 企业可通过长期使用营业推广或人员推销培养顾客忠诚度。（　　）
(18) 公共关系是注重长期效应的间接促销方式。（　　）
(19) 商品与劳务信息是广告主体。（　　）
(20) 营业推广与公共关系作为企业主导性策略必须配合使用。（　　）

4) 简答题
(1) 如何理解整体产品的概念？
(2) 简述产品组合策略类型。
(3) 简述产品成长期的主要特点及其对策。

(4) 简述产品成熟期的主要特点及其对策。
(5) 简述新产品开发程序。
(6) 影响企业产品定价的因素有哪些？
(7) 简述企业定价目标。
(8) 引发企业降价的因素有哪些？
(9) 企业调价策略有哪些？
(10) 简述分销渠道及其特征。
(11) 分销渠道设计的影响因素有哪些？
(12) 中间商的功能有哪些？
(13) 简述促销组合及其内容。
(14) 选择广告媒体应考虑的因素有哪些？
(15) 简述营业推广及其特点。

5) 案例分析题

案例一："奥普浴霸"的市场营销策略

澳大利亚奥普卫浴电器(杭州)有限公司是专业从事卫浴电器研发、生产和市场营销的国际化现代企业。其代表产品"奥普浴霸"(浴室取暖设备)在国内外颇受欢迎，仅此一项，奥普公司在中国地区的年销售额便超过2亿元。在中国市场，"浴霸"是在热水器大量进入家庭以后，人们在家中(冬季)因温度太低而无法洗浴，迫切需要解决浴室温度的上升，而及时推出并深受消费者欢迎的产品。奥普企业是如何制定市场营销策略呢？

1) 产品策略

奥普公司在产品开发上不求大、不求全，而是集中了所有的技术优势、资源优势、品牌优势，定位于卫浴电器产品的开发和推广。奥普相继开发出系列卫浴产品：牙具消毒器、智能电热水器、智能洁身器等系列高安全、高享受、满足消费者深层次需求的卫浴电器。奥普的战略目标是："集中优势资源努力建造一个品质卓越、品位高尚、品牌国际化的卫浴电器品牌"。

2) 价格策略

"奥普浴霸"采用了高价策略，奥普的高价策略是由它的品牌价值、高价值的产品、优质的服务、安全的质量等价值条件去支持的。没有合理的利润，对消费者的保证就成为空话，也无法开发研制新一代的产品。

3) 销售渠道策略

奥普的代理商制度是奥普公司在行业中领先的又一大法宝。奥普公司认为，代理商是奥普企业的自家人，市场的繁荣、品牌的构建是厂商共同努力的结果。奥普在与代理商的合作中，不仅给了他们合理的利润空间，同时也将他们视为企业的一员。建立彼此信任、理解、同舟共济的关系。

4) 广告策略

奥普公司认为广告是企业与消费者沟通的方式之一，产品是与消费者沟通的载体，广告所强化的信息应该与产品所传递的讯息形成照应和一致。将奥普品牌进行了科学的规划和系统整理，突出奥普是卫浴电器专家的品牌形象，体现"亲切、温暖、成熟、精致、安全"的品牌气质。

通过对上述案例分析，请回答以下两个问题：

(1) 奥普企业的市场营销策略重点表现在哪些方面？
(2) "奥普浴霸"为什么采用高价策略？

案例二：奇怪的定价

位于美国加州的一家珠宝店专门经营由印第安人手工制作的珠宝首饰。

几个月前，珠宝店进了一批由珍珠质宝石和白银制成的手镯、耳环和项链。该宝石同商店以往销售的绿松石宝石不同，它的颜色更鲜艳，价格也更低。很多消费者还不了解它。对他们来说，珍珠质宝石是一种新的品种。副经理希拉十分欣赏这些造型独特、款式新颖的珠宝，她认为这个新品种将会引起顾客的兴趣，形成购买热潮。她以合理的价格购进了这批首饰，为了让顾客感觉物超所值，她在考虑进货成本和平均利润的基础上，为这些商品确定了销售价格。

一个月过去了，商品的销售情况令人失望。希拉决定尝试运用她本人熟知的几种营销策略。比如，希拉把这些珠宝装入玻璃展示箱，摆放在店铺入口醒目的地方。但是，陈列位置的变化并没有使销售情况好转。

在一周一次的见面会上，希拉向销售人员详细介绍了这批珠宝的特性，下发了书面材料，以便他们能更详尽、更准确地将信息传递给顾客。希拉要求销售员花更多的精力来推销这个产品系列。

不幸的是，这个方法也失败了。希拉对助手说，"看来顾客是不接受珍珠质宝石。"希拉准备另外选购商品了。在去外地采购前，希拉决定减少商品库存，她向下属发出把商品半价出售的指令后就匆忙起程了。然而，降价也没有奏效。

一周后，希拉从外地回来。店主贝克尔对她说："将那批珠宝的价格在原价基础上提高两倍再进行销售。"希拉很疑惑，"现价都卖不掉，提高两倍会卖得出去吗？"

问题：

(1) 希拉对这批珠宝采取了哪些营销策略？销售失败的关键原因是什么？
(2) 贝克尔为什么提高售价？
(3) 结合案例，说明影响定价的主要因素、基本的定价方法及定价策略。

课后实训

选择合作企业，要求学生调查了解该企业的销售渠道，完成渠道终端的访问调查工作，最后撰写访问报告，对调查的销售渠道进行评析和建议，并进行汇报。

实训目标：通过某企业消费品的实地访问、调查，要求学生进一步了解销售渠道的结构、特点，培养学生进行销售渠道策划的基本能力。

实训组织：把学生分成若干组，各小组独立完成渠道终端的访问、调查工作，最后撰写访问报告，并要设计一种新的销售渠道。

实训考核："活动过程"考核与"实训结果"考核相结合。

实训成果：分组汇报，老师讲评并考核。

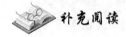补充阅读

央视的广告营销

长期以来，央视作为我国的媒介之王，因其资源的独占性而无人可以匹敌。但面对日益

泛滥的资讯和多样化的传播途径,央视开始了锐意的改革来应对挑战。在一系列的改革措施下,节目资源的优化促进了广告资源的优化。

2003年,央视加快了塑造精品栏目和名牌主持人的步伐,促进了节目质量的提高和收视率的上扬。数据表明,央视改版效果明显,如《新闻联播》的收视率提升了2个百分点,在每晚20:00点档和22:00点档形成了两个新的收视高峰,黄金时段大大延长,观众忠诚度得到了提升。同时,央视的广告经营部门开始更加注重顾客服务。如中标A特段的企业,不仅能够在这个收视率极高的段位做15秒广告,还享有套播的种种优惠,在包括新闻频道和2、3、4套等收视良好频道及时段中都可以安排免费播出。使得A特段的黄金含量大大增加。另外,在天气预报中的两条7.5秒广告也被调整为天气预报提示收看组合广告和两条10秒的广告。央视招标中的这种变化,使更多的企业增加了在《天气预报》与《焦点访谈》之间的A特段露面的可能性。经过调整,2004年CCTV1的重要时段如《焦点访谈》《晚间新闻报道》,CCTV2的一些主要的栏目和CCTV3、CCTV4的广告价位都有了不同程度的增长。

另一方面,央视广告的黄金时段开始按季度甚至月份来招标。企业可以根据自己的产品销售情况和产品的特点,来确定广告投放的方式。招标的进一步细化,使过去一年一次的局部时段招标发展到了季度标和单元标,今后还不排除出现单月标、旬标的可能性。

还有,央视对已有10年历史的广告招标政策进行了一些调整,增设了上午下午档电视剧的剧场冠名,这两个标的物按上下半年为单元招标。同时,增设"21点档电视剧中插广告",在21点档电视剧中只开设1分钟的广告时间进行招标,这远远低于广电总局规定的可以插播2分30秒的额度,起到了"限量增值"的效果。种种作法进一步提升了央视广告资源的独占性,其招标段位的附加价值也大幅提高。

业内人士指出,央视广告部当家人郭振玺的"腰部启动战略"是央视营销策略中的重要组成部分。2003年,统一润滑油一举成名,销售额同比增长了300%,短短一年,就从一个不为人知的品牌成为在人们心目中的"润滑油第一品牌"。业内人士分析,选择统一润滑油这种在业界处于"腰部"地位的品牌正是郭振玺的撒手锏。当"央视支持统一"的说法在坊间盛行之时,业界的领先者坐不住了。中石油旗下的昆仑润滑油不仅在央视的黄金时段大举投放广告,还在"标王"之争中投下血本。业内人士透露,乳业中的完达山、酒中的宁夏红和奥康皮鞋都是央视"腰部启动战略"的一部分,他们扮演黑马刺激了同行业的领导品牌,也为新的黑马树立榜样。

同时,央视广告部还组成多个专门沟通小组,与重点顾客和常年投放顾客一对一进行深度沟通。从2003年9月下旬开始,央视广告部在全国各地中心城市召开了11次说明会,介绍2004年招标情况。这些服务保证了重点顾客的投标积极性,促进了目标顾客广告投放额的增大。

[资料来源:http://www.emkt.com.cn/article/139/13967-7.html]

项目5 特殊领域营销

【教学目标】

☞ 知识目标

1) 了解:服务产品营销与有形产品营销的区别,开拓国际市场营销的意义,国际目标市场的选择程序和标准,网络营销的特点及其发展,直销的发展历程和现状。

2) 熟悉:服务市场营销组合的特殊性及组合要素,国际市场营销环境的组成和分析方法,进入国际市场的方式,网上市场调查和网络促销的方法,直销的特征及法规、直销的优势与销售效率。

3) 掌握:服务产品的概念与特征,服务质量管理的主要内容和方法,国际市场营销的概念和特点,国际市场营销组合策略,网络营销的特点、基本方法及其发展,直销的定义、分类及与相关概念的辨析。

☞ 技能目标

1) 能对服务产品进行"7P"营销组合的制定。

2) 能利用网络进行信息收集与分析,利用网络发布信息和进行企业网上营销操作。

3) 在国内营销组合策略的基础上,根据国际市场具体情况确定恰当的国际营销组合策略。

4) 具有从事直销工作的基本能力。

☞ 素质目标

在营销工作中能够根据企业面临的各种新环境进行分析,具有服务营销意识、从事国际市场营销工作的礼仪、进行网络营销及直销工作的职业道德及涵养。

【学习重点、难点】

☞ 学习重点

1) 服务的定义和基本特征,服务质量管理的主要内容和方法,服务"7P"营销组合策略。

2) 国际市场营销的环境,进入国际市场营销的方式,国际市场营销策略。

3) 网络营销的定义、特点及其发展,网上市场调查与网络促销的方法。

4) 直销的定义和分类,直销相关概念的辨析,直销的特征、优势与销售效率。

☞ 学习难点

1) 服务质量管理的主要内容和方法,服务有形展示策略、人员策略、服务过程策略。

2) 国际市场营销策略。

3) 网络营销方法。

4) 直销相关概念的辨析,直销的销售效率分析。

【引言】

随着社会发展和科技的进步,企业市场营销活动面临着新的营销环境,例如,服务经济时代的到来,计算机及网络信息技术的普及应用,经济全球化趋势,直销模式逐渐受到认可,在这些特殊的营销领域中,企业必须尝试运用服务营销、国际市场营销、网络营销、直销等新的营销原理来指导本企业的营销活动,从而更好地适应不断变化的营销环境。本项目分四个任务,分别介绍了服务营销、国际市场营销、网络营销、直销的基本原理和方法,具体包括服务的定义和基本特征,服务产品营销与有形产品营销的区别,服务质量管理,服务有形展示,服务定价、促销和渠道策略;国际市场营销特点和意义,国际市场营销环境分析,国际市场营销进入决策,国际市场营销组合策略;网络营销的定义及产生的时代背景,网络营销的内容和基本特征,网络营销的功能和优势,网络营销的各种方法;直销的基本概念,直销的分类,直销相关概念的辨析,直销的特征及魅力,直销的优势与销售效率,直销的发展历程和现状。

任务 5.1 服务营销

【引导案例】

海底捞用服务打造品牌

海底捞最负盛名的其实就是它的服务,通过对顾客无微不至的"超级服务",海底捞在全国范围内成功塑造了专业贴心的品牌形象。进入海底捞的消费者,常因为热情周到的服务和照顾而受宠若惊。进门点餐时服务员会送上热毛巾和围裙,用餐时端茶倒水帮忙涮锅也是随叫随到;对于长发女士总是会细心地提供橡皮筋,对于戴眼镜的顾客也会准备眼镜布,以免在用餐时有所干扰;同时,还会额外赠送一些小礼物、水果等赠品;在等候时提供美甲、擦皮鞋等一些"奇葩"的服务。

很多消费者在受到如此热情的服务之后,都大呼"过瘾"和"变态",因为这些无微不至的服务的确是独此一家,而且通过这些服务,大多数消费者的用餐体验提升很多,对海底捞也产生了深刻的印象和好感。

这样优质、深入人心的服务,主要是顾及了消费者在用餐时产生的多种需求,海底捞做到了面面俱到和人性化的照顾,真正让消费者有了宾至如归的体验。实际上,这不仅体现出了海底捞强烈的服务意识,更凸显出了一个专业化、素质高、制度优越的服务团队,正是这些服务人员,才得以让海底捞的服务营销大获成功。

服务经济的快速发展是现代经济的一个重要特征。各种形式的服务在成为许多企业专门经营的对象的同时,也成为传统的制造商用于与其竞争者抗衡的重要手段。于是,对服务产品的特点、服务营销策略及服务质量管理等问题的研究,便成为现代营销理论和实践的重要内容。

市场营销实践已经表明,服务企业在沿用传统的市场营销技巧时往往会步入"管理陷阱",因为他们面临着新的竞争形势和挑战。这就要求企业管理人员必须重新审视所面临的市场营销环境,以便制定正确的市场营销方案。与此同时,它还要求市场营销学界必须跳出传统的 4P 理论框架来发展服务产品的市场营销理论与技巧。这样,市场营销学的一个分支——服务营销学就逐步产生并发展起来了。

5.1.1 服务市场营销概述

1) 服务的概念

市场营销学界对服务概念的研究是从 20 世纪中期开始的。区别于经济学界的研究,市场营销学者以将服务视为一种产品为基础来进行研究。1960 年,美国市场营销学会(AMA)最先给服务下的定义为"用于出售或是同产品连在一起进行出售的活动、利益和满足感"。北欧最有影响的服务市场营销学者格鲁诺斯教授(Gronroos)是服务营销的开拓者之一,他为服务所做的定义是:"服务一般是以无形的方式,在顾客与服务对象、有形资源、商品或服务系统之间发生的,可以解决顾客问题的一种行为。"菲利浦·科特勒则认为:"服务是一方能够向另一方提供的基本上是无形的任何活动或利益,并且不导致任何所有权的产生。它的生产可能与某种有形产品联系在一起,也可能无关联。"

多年来,经过大量的论证探讨,营销学界对服务的基本性质取得了共识:

(1) 服务是一方向另一方提供的一种或一系列的行为。

(2) 这种行为必须对购买者有用,即它可满足某种欲望,带来利益。

(3) 服务不一定需要物质产品的介入,如果需要物质产品的参与,产品的所有权也不发生转移。比如,旅馆为顾客提供住宿服务,床铺将参与服务过程,但在服务过程中床铺始终属于旅馆,而不会转移给客人。

据此,可以将服务定义为:服务是一方向另一方提供的可以满足某种欲望或需求而不涉及所有权转移的行为。

2) 服务的基本特征

服务的基本特征概括起来有四点:服务的无形性、不可分离性、差异性和不可储存性,如图 5.1.1 所示。

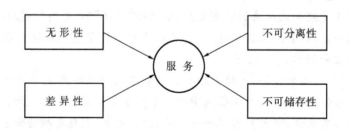

图 5.1.1 服务的基本特征

(1) 无形性 服务是无形的,是一种或一系列行为过程,它看不见也摸不着,很难对服务的过程和最终结果进行准确的描述和展示。甚至不同的顾客消费或使用同一种服务,他们感受到的满足程度也很可能不同,例如一场音乐会可能使一部分听众如痴如醉,而另一些听众昏昏欲睡。服务质量很难找到一个客观的评价标准,它完全取决于顾客自己的心理感受和主观评价,而不像有形产品,可以根据一些外在的技术标准来衡量。

服务的效果事先很难预测,顾客购买服务的风险很大。比如人们去理发,无法提前了解最后的效果如何。承受着高风险的顾客变得更加谨慎,会仔细比较、衡量各个企业的情况,选择一些口碑好、形象好的企业,然后再做出购买决策。良好的企业形象是服务部门成功的重要因素。

无形性增加了企业促销工作的难度。企业很难向顾客完整地展示服务,以刺激购买。促销工作主要是要化无形为有形,借助于各种方法、手段、实物,甚至人员来展示服务。

(2) 不可分离性　不可分离性是指服务的生产和消费通常是同时进行的。有形产品制造出来后,往往先储存,通过分销,最后消费。生产和消费在时间、空间上可以分离。服务产品则不同,服务的提供者和购买者都要参与服务过程,两者相互作用、相互影响,共同决定服务的最终质量。

首先,顾客的参与将影响服务过程。比如在法律咨询服务中,只有顾客正确地描述自己的问题,律师才能给出相应的解答。在教育过程中,学生必须主动参与教学活动,教学的目的才可能实现。服务营销必须研究顾客在多大程度上参与服务,以及如何参与服务的问题,在此基础上引导和激发顾客参与服务过程,保证服务质量。

其次,服务的具体提供者将直接影响服务水平。企业中直接同顾客接触、提供服务的人员称为一线人员,他们的服务态度和技术水平决定服务质量和企业声誉。因此,服务企业不仅涉及外部营销,还有内部营销的工作,即培养和训练一线人员,并最大限度地激发他们的工作热情。

第三,提供服务的地点很重要。生产和消费必须同时进行,要求服务必须尽可能地接近顾客。比如零售商店应设立在商业中心、居民小区或其他人口稠密、交通便利的地方。正因为一家服务企业很难在很多市场上销售自己的产品,所以这在一定程度上限制了企业的发展。

(3) 差异性　服务产品质量往往缺乏稳定性,难以像有形产品那样实行标准化的生产。服务质量是多个因素综合作用的结果,环境(时间、地点、物质条件)、服务的提供者和顾客的变化都可能引起服务质量的变化。比如,同一家律师事务所,不同的律师提供的咨询结论可能是不同的,不同的顾客对同一位厨师烹饪的菜肴味道有不同的反应等。

服务的差异性有碍企业树立持续、稳定的企业形象,如何控制服务质量是服务营销必须解决的问题。

(4) 不可储存性　服务一般是即时生产,即时消费,不能储存的。如果生产量大于需求量,多余的服务将会消失,而不能转换为下一个阶段的供给。比如航空公司不能将运输淡季飞机上空余的座位储存起来,用于满足高峰期的需求。

服务的不可储存性使服务产品的供求矛盾显得格外突出。在需求不足的情况下,设备、人员会被闲置,而在需求高峰时又可能无法满足全部的需求。如何使波动的需求同企业持续的生产能力相匹配,成为服务营销管理的又一个难题。

综上所述,服务的四个基本特征中,"无形性"是最根本的特征,其他特征都是由此派生出来的。服务同有形产品的差异决定了服务营销有自己特殊的策略和方法。

3) 服务市场营销与有形产品市场营销的区别

所谓服务市场营销是服务企业为了满足顾客对服务产品所带来的服务效用的需求,实现企业预定的目标,通过采取一系列整合营销策略而达到服务交易的商务活动过程。服务市场营销是现代市场营销的一个新领域,是随着服务业的不断发展,服务业与制造业的相互联系和相互渗透日益深入,以及市场竞争焦点逐步由以商品为中心转向以服务为中心的背景下从市场营销学中分离出来的一门新的学科。虽然服务市场营销与产品市场营销在基本的指导思想、目标、战略、营销要素、组合策略等方面存在密切的联系和共性,但服务的特征决定了服务市场营销同有形产品的市场营销有着极大的差异,具体表现在以下几个方面:

(1) 产品特点不同　有形产品表现为一个物体或一种东西;服务则是一种行为、利益、绩效和努力。

(2) 顾客对生产过程的参与程度不同　由于顾客直接参与生产过程,如何管理顾客,正确处理顾客与服务者的关系是服务营销管理的重要内容。

(3) 人是产品的一部分　服务主体是人,服务的过程是顾客与服务提供者广泛接触的过程,服务绩效的好坏不仅取决于服务提供者的素质,也与顾客的行为密切相关。

(4) 质量控制问题　由于人是服务的一部分,服务的质量难以像有形产品那样实行标准化控制,因而需要积极寻求建立有效的服务制度,向顾客提供可靠的质量保证。

(5) 产品无法储存　由于服务的无形性以及生产与消费的同时同地进行,使服务具有不可储存的特性,要通过供给和需求两方面的调整实现服务市场的供求平衡比较困难。

(6) 时间因素的重要性　正因为服务生产和消费过程是由顾客和服务提供者面对面进行的,服务供应就必须及时快捷,以缩短顾客等候服务的时间。

(7) 分销渠道不同　生产企业通常通过物流渠道将产品从工厂运送到消费者手中,而服务企业的分销渠道主要借助于特定的媒体或地点,或是把生产、零售和消费的地点连在一起来推广产品。

服务市场营销的核心理念是顾客的满意和忠诚,通过取得顾客的满意和忠诚来促进相互有利的交换,最终获取适当的利润和企业的长远发展。服务营销以注重保留与维持现有顾客、注重长远利益、注重服务的作用、注重与顾客通过沟通建立伙伴关系、注重质量、注重利益导向等理论为特色,伴随着服务业的发展而发展。

4) 服务营销组合——7P+3R

(1) 7P　传统的产品市场营销理论的核心之一就是 4P 营销组合,即产品、价格、促销和分销。由于服务有着与有形产品的不同特征和性质,进行服务营销就有必要对传统的市场营销组合进行修正。许多学者认为,服务营销组合应在原有的 4P 策略上再加上 3P,扩充为七个因素,即产品(Product)、价格(Price)、地点或渠道(Place)、促销(Promotion)、人员(People)、有形展示(Physical Evidence)和过程(Process),如表 5.1.1 所示。

表 5.1.1　服务营销 7P 组合

要素	内容
产品	服务范围、质量、水平、品牌、服务项目、保证、售后服务
价格	水平、折扣(包括折让和佣金)、付款条件、顾客认知价值、质量/定价、差异化
地点或渠道	所在地、可及性、分销渠道、分销范围
促销	广告、人员推销、营业推广、公共关系
人员	企业人力资源配置与激励、态度与行为、顾客参与
有形展示	环境(装潢、颜色、陈设、声音)、设备设施、实体性线索
过程	政策、手续、机械化程度、员工决断权、顾客参与度、顾客取向、活动流程

① 产品　服务产品是一种特殊的商品,包括提供服务的范围、服务质量、服务水平、品牌、保证以及售后服务等次级要素,这些次级要素的组合构成了企业的服务产品组合策略。

同类的服务产品对不同的企业而言,其要素组合的差异相当大,比如夜市上一家只供应几样菜肴的大排档和一家供应各色大餐的五星级大酒店的要素组合就存在着明显差异。

② 价格 价格是影响服务产品销售的最重要的因素之一。服务企业要特别重视价格在开拓服务市场中的作用。在价格方面要考虑包括价格水平、折让和佣金、付款方式和信用等因素。在区别一项服务和另一项服务时,价格是一种识别方式,顾客可以从一项服务的价格感受到其价值的高低,而价格与质量间的相互关系也是服务定价所必须考虑的因素。

③ 地点或渠道 由于服务产品的生产过程和消费过程的不可分离,提供服务者的所在地以及其他地缘的可达性就成为服务市场营销及营销效益的重要因素。其中,地缘的可达性不仅是指实物上的,还包括传导和接触的其他方式,所以分销渠道的类型及其涵盖的地区范围都与服务可达性密切相关。

④ 促销 促销包括广告、人员推销、营业推广、公共关系等各种市场营销的沟通方式。

⑤ 人员 在服务企业中担任服务的生产和操作性角色的人员,在顾客看来就是服务产品的一部分。美味佳肴的感觉并不总是单纯来自菜肴,可能与服装整洁、精神饱满、训练有素的侍应生不无关系。特别是在那些提供高接触度的服务业务的企业,人员的因素就更加重要了。一般来说,服务人员可能还要承担服务销售的工作。所以,必须重视服务人员的挑选、培训、激励和控制。此外,其他人员的作用也是不可忽视的,如顾客的态度会受到其他顾客,特别是与之关系密切的人员的影响。这时就应加强对舆论领袖的影响工作,同时,也涉及对顾客的有效管理问题。

⑥ 有形展示 服务产品的主体部分是无形的。为增强顾客的信任感,便于顾客把握产品,给予顾客有形展示是十分重要的。有形展示包含的因素有:实体环境,如装潢、颜色、陈设、声音等;服务提供时所需的装备实体以及其他实体性信息标识,如航空公司使用的标识、干洗店将洗好的衣物加上包装等。

⑦ 过程 由于生产和消费是同时进行的,过程在服务营销中也显得很重要。如顾客进门时的热情接待,对等待服务的顾客的周到安排,对偶尔的疏忽进行的得体解释,顾客离开时的"欢迎再来"等都十分重要。为了提高服务质量,有必要像产品设计一样,对服务进行周密的过程策划,也就是制定出规范的服务流程。

(2) 3R 服务市场营销学者提出以 7P 为核心的服务市场营销战略的根本目标是提高市场占有率,而市场占有率的提高必然带来利润的增长。然而近年来,随着科技的进步和消费文化与消费心理的变迁,市场环境发生了巨大的变化,市场竞争日趋激烈。在新的市场环境下,市场份额与利润的正比关系发生了动摇。美国哈佛大学的理查德和赛斯重新对市场份额关系进行了研究,发现在新的市场环境下,两者的关联性已大大减弱,并得出了顾客的满意和忠诚已成为决定服务企业营销利润高低的主要因素这一结论。在此基础上,提出服务企业应将营销重点放在如何保留顾客、如何使他们购买相关产品、如何让他们向亲友推荐本企业的产品,而所有这一切最终都落实到如何提高顾客的满意度和忠诚度的问题上。于是就产生了 3R,即留住顾客、相关销售和顾客推荐。

① 留住顾客 留住顾客是指通过持续地和积极地与顾客建立长期的关系,以维持与保留现有顾客,并取得稳定的收入。随着老顾客对公司与产品的熟悉,对这些顾客所需的营销费用将降低,因而这部分收入的利润将越来越高。特别是对于顾客参与的服务而言,费用的下降更为明显。有资料显示,吸引一位新顾客所花的费用是保留一位老顾客的 5 倍左右,同时,顾客的保留率每上升 5 个百分点,公司的利润将上升 75%。

② 相关销售 相关销售是指销售与产品相关性的产品和服务,尤其是与产品相关的配套服务。在制造业中,许多公司的大部分利润来自顾客服务,而不是其产品的销售。一些成功企业提供免费的顾客服务的一个重要原因,就是期望在未来向这些顾客销售相关产品,以获取可观的利润。

③ 顾客推荐 随着市场竞争的加剧,广告信息的膨胀,人们对大众传播媒介(如电视)越来越缺乏信任,而在进行购买决策时却越来越重视亲朋好友的推荐,尤其是已有产品使用经验者的推荐。实施服务营销,提高顾客的满意与忠诚的最大好处之一就是忠诚顾客对其他潜在顾客的推荐。根据 AMA 近几年所做的一项调查发现,高度满意与忠诚的顾客将向其他至少 5 个人推荐产品,而对产品不满意的顾客将告诉其他 11 人。可见,顾客的满意程度将对公司形成不同的效应,进而影响公司的获利能力。

应该看到,服务市场营销组合的 7P+3R 因素不是孤立存在的,而是彼此联系、相互影响的,没有适合消费者需要的产品和服务,自然就无法留住顾客。同样,要留住顾客,使顾客能向其他人推荐企业的产品或服务,也需要其他营销组合因素的密切配合。因此,服务营销者要善于适应市场营销环境,分析市场营销组合因素的相互关联程度,综合运用营销组合的各个因素,以便进行最佳的 7P+3R 服务市场营销组合。

5.1.2 服务质量管理

1) 服务质量的内涵及构成要素

服务质量是指服务的效用及其对顾客需求满足程度的综合表现,是服务的特色和品质的总和,它是由技术质量、功能质量、形象质量和真实瞬间构成的。同时,服务产品的质量水平并不完全由企业来决定,它同顾客的感受有很大的关系,即使被企业认为是符合高标准的服务也可能不为顾客所喜爱和接受。因此,可以认为服务质量又是一个主观范畴,它取决于顾客对服务的预期质量同体验质量的对比,所图 5.1.2 所示。

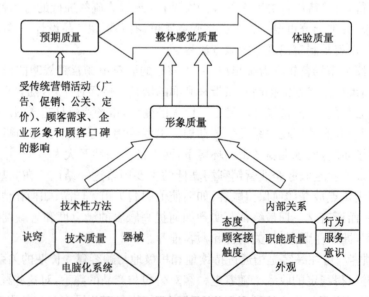

图 5.1.2 服务质量的构成模式图

如上图所示,顾客整体感觉质量由顾客的预期质量与体验质量的差距所体现。

预期质量即顾客对服务企业所提供服务预期的满意度。体验质量是顾客对服务企业提供的服务实际感知的水平。如果顾客对服务的感知水平符合或高于其预期水平,则顾客整体获得较高的满意度,从而认为企业具有较高的服务质量;反之,则会认为企业的服务质量较差。因此,在体验质量既定的前提下,预期质量将影响顾客对整体服务质量的感知。如果顾客的期望过高或是不切实际,那么即使从客观意义上看他们所接受的服务水平是很高的,他们仍然会认为企业的服务质量较差。预期质量主要受四种力量的影响,即市场营销沟通、顾客需求、企业形象和顾客口碑。

企业形象和顾客口碑只能间接地被企业控制,它们虽然受许多外部因素的影响,但基本上表现为企业绩效的函数。顾客需求千差万别,完全属于不可控制因素;而市场营销沟通包括广告、人员推销、促销和公共关系等,这些能够直接为企业所控制。市场营销沟通对预期质量的影响是显而易见的。比如在广告实践中,一些企业常常夸大其词,不切实际地鼓吹自己的产品,这样做的结果是在顾客心目中形成了对企业产品过高的期望,而当顾客实际接触到产品并发现产品质量并不像所宣传的那样,甚至还有很多缺陷时,顾客对产品质量的感知和评价将大打折扣。

同时,顾客整体感觉质量又是由服务的技术质量、职能质量、形象质量和真实瞬间构成。

技术质量是指服务过程的产出,即顾客从服务过程中所得到的东西。例如,宾馆为旅客休息提供的房间和床位,饭店为顾客提供的菜肴和饮料,航空公司为旅客提供的飞机、舱位等对于这一层面的服务质量顾客容易感知,也便于评价。例如,宾馆设备是否舒适,饭店的菜肴是否可口,民航的舱位是否宽敞等。

但是,技术质量并不能概括服务质量的全部。既然服务是无形的,而且提供服务的过程也就是顾客同服务人员打交道的过程,服务人员的行为、态度、言谈、穿着等将直接影响到顾客对服务质量的感知,所以,顾客对服务质量的感知不仅包括他们在服务过程中所得到的东西,还要考虑他们是如何得到这些东西的,这就是服务质量的职能层面,即职能质量。显而易见,职能质量难以被顾客进行客观的评价,它更多地取决于顾客的主观感受。

由于服务企业大都不需要中间商来协助分销产品,在服务的过程中,顾客往往能够接触到企业的各个方面,包括资源状况、组织结构和运作方式等,所以,企业的形象将不可避免地影响到顾客对服务质量的认知和体验,即形象质量。如果企业在顾客心目中享有较好的企业形象,那么顾客可能会原谅企业在推广服务过程中的个别失误。但是如果这类失误发生频繁,则必然会破坏企业形象。而若是企业原本就形象不佳,那么企业任何微小的失误都会给顾客造成很坏的印象。所以,人们有时把企业形象称为顾客感知服务质量的过滤器。

真实瞬间是服务过程中顾客与企业进行服务接触的过程。这个过程是一个特定的时间和地点,这是企业向顾客展示自己服务质量的时机。真实瞬间是服务质量展示的有限时机。一旦时机过去,服务交易结束,企业也就无法改变顾客对服务质量的感知;如果在这一瞬间服务质量出了问题也无法补救。真实瞬间是服务质量构成的特殊因素,这是有形产品质量所不包含的因素。顾客光顾一家服务企业时,他要经历一系列"真实的瞬间"。例如,乘坐飞机航班,乘客从抵达机场开始,直到取回行李离开机场为止,要经历许多这样的瞬间。因此,服务生产和传送过程应周密计划,执行有序,防止棘手的"真实的瞬间"出现。如果出现失控状况并任其发展,出现质量问题的危险性就会大大增加。

2)服务质量的测定

(1)服务质量测定的标准 长期以来,服务质量的测定一直作为一个难题困扰着理论研究者和企业市场营销人员。由于服务产品具有无形性和差异性等特点,顾客的满意度受到各种无形因素的影响,企业市场营销人员将难以把握顾客对服务产品质量的感知,所以,服务产品的质量就不像有形产品的质量那样,而是很难用固定的标准来衡量服务质量的高低。

美国学者白瑞、巴拉苏罗门、西斯姆等提出的服务质量模型基本解决了服务质量测定这一难题。他们通过对信用卡、零点银行、证券经纪、产品维修与保护这四个行业进行研究,最终提出服务质量的评价主要应从五个方面进行:

① 可感知性 无形产品的有形部分是顾客感知服务的最直接途径,比如到饭店就餐,首先看它的店面是否整洁卫生,就可以在很大程度上把握其服务质量。服务的可感知性从两个方面影响顾客对服务质量的认识:首先,它们提供了有关服务质量本身的有形途径;其次,它们直接影响顾客对服务质量的感知。

② 可靠性 可靠性是指企业准确无误地完成所承诺的服务的能力。例如邮政部门进行准确无误的投递是其服务质量的重要内容。可靠性就是要尽量减少企业服务过程中的失误。

③ 反应性 反应性是指企业是否具有随时对顾客提供快捷有效服务的能力。对于顾客的各种要求,企业能否及时满足,是否对顾客的反映采取了负责而恰当的措施。这些都影响顾客对企业的评价。

④ 保证性 保证性是指服务人员的友好态度与胜任能力,它能增强顾客对企业服务质量的信心和安全感。当顾客同一位友好和善且知识丰富的服务人员打交道时,他会认为自己找对了企业,从而获得信心和安全感。友好的态度和胜任能力两者不可或缺。服务人员若缺乏友善的态度自然会让顾客感到不快,而如果他们缺乏专业知识也同样会令顾客失望,尤其是在服务产品不断推陈出新的今天,服务人员更应该具备较高的专业知识水平和技能以确保自己的服务能力。

⑤ 移情性 移情性是指企业要真诚地关心顾客,了解他们的实际需要,甚至是私人方面的特殊要求并予以满足,使整个服务过程充满人情味。服务是否出自真诚十分重要,如果"微笑服务"的微笑不是发自内心,那么这笑容也并不能真正赢得顾客的好感;"顾客至上"不能只是口号,而必须是行动。服务人员只有具备"比顾客更了解顾客"的能力才能真正做到高质量的服务。

(2) 服务质量测定的方法 根据上述五个标准,白瑞等学者建立了 Servqual 模型来测定企业的服务质量。具体的测量主要是通过问卷调查、顾客打分的方式进行。该问卷包括两个相对应的部分,一部分用来测量顾客对企业服务的期望,另一部分包含着上述五个标准。在问卷中,每一个标准都具体化为 4~5 个问题,由被访问者回答。由于对某个问题,顾客从期望的角度和实际感受的角度所给分数往往不同,因此这两者间的差异就是企业在这方面服务质量的分数,即

Servqual 分数＝实际感受分数－期望分数

推而广之,评估整个企业服务质量水平,实际上就是计算平均 Servqual 分数。假定 N 个顾客参与问卷调查,根据上面的公式,单个顾客 Servqual 分数就是其对所有问题的 Servqual 分数加总再除以问题数目;然后,把 N 个顾客 Servqual 分数加在一起除以 N,就是企业平均 Servqual 分数。当然,若总评分数为负,说明企业的服务质量存在严重问题。

3) 服务质量策略

（1）提高服务质量策略　服务质量在服务营销中至关重要，如何提高服务质量是必须解决好的问题。企业服务质量的规定和执行贯穿于系统服务传递系统设计与运作的整个过程中，而不是单单依赖于事后的检查和控制。因此，服务的过程、设施、装备及工作设计等都将体现出服务水平的高低。而且，顾客对服务质量的评价是一种感知认可的过程，他们往往习惯于根据服务人员的表现及其与顾客的互动关系来进行评价，可见，人的因素在提高服务质量方面处于核心的地位。

提高企业的服务质量有两种常用的方法，即定点超越和流程分析。

① 定点超越　企业提高服务质量的最终目的是在市场上获得竞争优势，而获得竞争优势最简捷的办法就是向竞争对手学习。定点超越法是指企业将自己的产品服务和营销过程同市场上的竞争对手，尤其是最强大的竞争对手的标准进行对比，在比较和检验过程中逐渐提高自己的水平。

进行对比的主要方面包括：

A. 在策略方面，企业应将自身的市场策略同对手的成功策略进行比较。比如，竞争者主要集中在哪些细分市场，他们市场细分的标准是什么？竞争者采取的是低成本策略还是价值附加策略？竞争者的投资水平如何以及资金分配格局是怎样的？等等。通过诸如此类的一系列比较和研究，企业可以比较容易地发现过去可能忽略了的自己成功的因素或不足之处，从而制定出更合理、更符合市场条件和自身资源水平的策略。

B. 在经营方面，企业主要集中于从降低成本和提高差异化的角度了解竞争对手的做法，从而制定自己的经营策略。

C. 在业务管理方面，企业应对自己所经营的业务进行重新审视，比较自己和竞争对手在经营业务的品种、服务的深度和广度方面的差异，同时检查自己的各业务部门是否能充分发挥各自的服务职能。

② 流程分析　企业要想进一步提高自己的服务质量，还必须对整个服务流程进行系统分析。流程分析正是通过分解组织系统和架构，鉴别顾客同服务人员的接触点，并从这些接触点出发来改进企业服务质量的一种方法。

流程分析要根据企业服务传递过程来绘制服务流程图，它通常包括四个步骤：

A. 把服务的各项内容用流程图的方式画出来，清楚地展示整个服务过程和相关部门。

B. 把服务流程中那些容易出问题，导致服务失败的点找出来。

C. 确立各环节的执行标准和规范，而这些标准和规范应体现企业的服务质量标准。

D. 找出顾客能够看得见的服务展示，每一个展示就是一个服务接触点。

这些接触点在服务营销中具有重要意义，正是通过这些接触点，顾客才形成对企业的综合评价和整体印象，这些接触点是服务质量控制的关键点。

此外，由于服务产品的无形性和不可分离性等特征的存在，顾客在购买服务产品时往往显得犹豫不决，因为产品质量可能不符合顾客的期望水平。服务企业若能消除或减少这种风险，将大大有益于服务产品质量的提高。要增强顾客对服务质量的信任感，以下策略是可以考虑的：

① 集中强调质量　服务企业必须把质量管理提高到一个应有的高度，建立以质量为核心的服务企业文化，使服务质量在每一个环节、每一个部门、每一个员工那里都得到保证，则质量风险自然会逐渐减弱或消除。

② 加强员工培训　仅有"提供优质服务"的意识是远远不够的。企业必须重视员工的培训,让员工掌握相关的服务理论和服务技巧,改善服务态度,提供优质服务。

③ 广告宣传强调质量　正因为顾客对服务产品的质量心存疑惑,所以企业在设计、实施广告宣传时应针对这一状况,从可信的角度强调企业的质量。如银行在广告中宣传自己的历史悠久,其实就是在强调其信誉卓著,服务质量可信、可靠。

④ 利用推广技巧　从顾客的角度看,产品质量不好往往意味着金钱上的损失,所以企业可以充分利用销售推广技巧,这些销售诱因会使顾客认为金钱损失的风险降低,就有利于减少顾客的顾虑。如很多休闲娱乐中心、俱乐部等通过低价或免费入会的方式,发展自己的会员组织;一些服务产品采取免费试用的方式鼓励顾客尝试,进而形成稳定的顾客群。

⑤ 善用口碑　经验表明,顾客在购买服务时,相关群体的意见和看法有很大的影响,服务企业要善于运用相关人群的影响力来促进服务销售。

(2) 差异化策略　对于服务企业来说,实行差异化战略有助于争取顾客,扩大市场份额。如果顾客认为服务的差别程度不大,那么他们就会更关注价格。这时候,即使是历史悠久、信誉卓著的服务企业也可能会面临失去顾客的危险,因为顾客可能转向不出名但价格低的服务企业。

解决价格竞争最好的办法就是发展差别,形成服务特色。虽然有形产品和服务的营销竞争都存在被对手模仿而失去竞争优势的问题,但是由于服务的无形性使得服务特色往往不容易被模仿,因而可以确保较长时期的竞争优势。

服务企业可以从以下几个方面进行差异化:

① 人员　服务的核心因素是人。提高服务人员的服务技能和知识,形成有个性特点的服务。如迪斯尼的员工以友善和快乐而闻名,新加坡航空公司之所以享有盛誉主要是因为其优雅的空中小姐。同时,合理地选择顾客,也是创造人员差异化的重要环节。

② 环境　企业可以在服务场所的环境布置、服务设施的水平方面,创造一个提供服务产品的优越的环境,表现自己的特色。如越来越多的餐馆、酒吧、咖啡馆致力于别具一格的室内设计、景观等。

③ 程序　服务企业可以通过不断完善和修改服务程序而使服务具有企业特色,如现在很多商场增设专门的导购小姐。

④ 品牌　服务企业通过品牌来使自己区别于同行是一种普遍认可的方式。一个与服务的特点和优点相联系的名字,有助于人们辨别和确定一家公司在顾客心目中的地位。如"Visa"这个名字本身就表示国际通行,在信用卡服务已经市场化并在全世界流行的情况下,这一品牌的命名很成功,容易给顾客留下深刻印象。

4) 服务质量与顾客服务

顾客服务是一项极其复杂的工作,要求面面俱到,严格管理。任何一个环节上的小纰漏都可能使企业的整个经营付出惨重代价,甚至被淘汰出局。顾客服务由制造业向服务业的扩展,正是一个其复杂性和重要性不断提高的过程。以前,诸如航空公司、银行、邮局等服务机构主要强调操作,对市场的了解十分有限,也很少通过市场调查来衡量顾客的满意度。而如今,顾客服务已成为服务业经营中制胜的法宝,不断涌现的各种服务形式日新月异,变化无穷。

服务企业的活动按照其是否与顾客直接接触,分为前台活动和后台活动两种。顾客服务的基本要求是尽量扩大前台活动的范围和比例,使顾客接触到更多职责相关而又相互独立的服务人员,这样既能提高顾客的满意度,也便于企业进行追踪调查。

（1）顾客服务与顾客期望　顾客的期望在顾客对企业服务的判断中起着关键性的作用。顾客将他们所要的或所期望的东西与他们认为正在得到的东西进行比较，以此对服务质量进行评估。为了在服务质量方面取得信誉，企业必须按照顾客所期望的水平或超出这一水平为顾客提供服务。顾客是服务质量的唯一判断者。

期望与感觉之间的不一致是顾客进行服务质量评估的决定性因素，这一点已被广泛接受。然而，期望这个词作为一个比较的标准，通常表示两种不同的意思：顾客相信将会在服务中发生什么（预测）以及顾客想要在服务中发生什么（愿望）。

（2）管理顾客的期望　企业可以通过自己的质量保证进行管理，从而有效地影响顾客期望，使顾客的期望与其实际感觉趋于一致。

① 确保承诺反映现实　恰如其分的承诺可以使顾客的期望处在一个适当的水平，而过分的承诺则将提高顾客的期望水平，一旦无法实现，企业将失去顾客的信任。显然，企业应该将精力集中在基本服务项目上，并用明确的描述（广告、人员推销）和暗示性的方法（服务设施的外观、服务价格）为顾客提供反映客观现实的承诺保证。

② 重视服务的可靠性　在顾客对服务质量进行评估的多项标准中，可靠性无疑是最重要的。提高服务的可靠性能带来较高的现有顾客保持率，增加积极的顾客口碑，减少招揽新顾客的压力和再次服务的开支。可靠的服务能减少服务补救的需要，从而限制顾客的期望。

③ 强化与顾客的沟通　加强与顾客的沟通，有助于企业更清楚地了解企业的服务能力和服务水平；有助于消除顾客的误解以及对服务产品不必要的幻想，更多地获得顾客的谅解；有助于在出现服务失误时，减少顾客的失望，从而使顾客树立对企业的信任。

（3）超出顾客的期望　管理期望为超出期望奠定了基础，企业可利用服务传递和服务补救所提供的机会来超出顾客的期望。

① 进行优质的服务传递　在服务过程中，顾客亲身体验了企业提供的服务技能和服务态度，这有助于保持更现实的期望和更多的容忍、理解，从而使超出这些期望成为可能。每一次与顾客的接触都是一次潜在的机会，可以使顾客感到他得到了超出期望的服务。

② 利用服务补救　服务补救工作是一个很好的超出顾客期望的机会，也为企业提供了重新赢得顾客信任的机会。虽然在服务补救期间顾客对结果和过程方面的期望都会比平常更高一些，但在过程方面提供了更多超出期望的机会。同时，顾客在服务补救期间将比以往更加注意服务的传递过程。以全身心投入来对待顾客并且反应灵敏能使顾客安心，企业可利用补救来使顾客感到惊奇并通过特别的服务超出他们的期望。

最新研究表明，顾客对服务的期望存在着满意和渴望，所以对潜在的服务质量的评价也应该有两个方面：感觉到的服务与满意的服务之间的差距以及感觉到的服务与渴望的服务之间的差距。我们将前者称为服务合格度，后者称为服务优秀度，并对它们进行以下定义：

服务合格度（MSA）＝ 感觉到的服务－满意的服务

服务优秀度（MSS）＝ 感觉到的服务－渴望的服务

一个企业 MSA 和 MSS 的分数将从服务质量的角度确定其在竞争中的位置。

5.1.3　服务有形展示

服务因其无形性而大大不同于物品，物品以物质形态存在，而服务以行为方式存在。服务不能自我展示，这就决定了它与传统的产品营销有很大的差别。但是，想购买服务的顾客可以看到服务工具、设备、员工、信息资料、其他顾客、价目表等,对于顾客而言,所有这些有形物都是探求无形服务质量水平的线索。因为顾客必须在无法真正见到服务的条件下来理解它,而且要在做出购买决定前知道自己应该买什么,为什么买,所以他们一般会对这些有形物所传递的信息格外注意。对这些有形的线索加以管理,会增加顾客对相关服务的认识,影响顾客的服务购买行为。因此,对这些有形物的管理便成了服务营销的重要任务。

1) 有形展示的类型

传统的有形产品营销总是殚精竭虑地要将有形产品抽象化,如百事可乐将产品形象与"青春""快乐"等相联系。而服务营销却反其道而行之,要将无形的服务有形化,为达到这一目的,就要通过有形展示来实现。

有形展示是指那些可传达服务特色和优点的有形组成部分对顾客的充分展露,这些有形展示是支持和反映服务产品质量的有力证明。从构成因素的角度对有形展示进行划分,可分为三种因素类型:

(1) 实体环境　实体环境可分为三大类:周围因素、设计因素和社会因素。

① 周围因素　这一因素通常被顾客认为是构成服务产品内涵的理所当然的组成部分,它们的存在并不会使顾客感到格外地兴奋和惊喜,但如果失去这些因素或者这些因素达不到顾客的期望,就会削弱顾客对服务的信心。比如一家高档酒店应该处于城市的中心地段,如果在贫民区,就会削弱顾客对服务的信心。可见,周围因素是不易引起人们重视的背景性的环境因素,但又不可缺少,一旦这样的因素有所欠缺,就会马上引起人们的注意。

② 设计因素　这类因素通常是服务产品的有形层次,它可以使服务产品的功能更为明显和突出,以建立有形的、赏心悦目的产品形象。如酒店的建筑装饰风格、企业的形象标识等皆属于此。设计因素比周围因素更易引起顾客的注意,它有助于培养顾客的积极感觉,给顾客以强烈的心理暗示,且鼓励其采取接近行为,有较大的竞争潜力。设计因素可分为美学因素(如建筑装饰的风格、色彩)和功能因素(如陈设、舒适等)两类。

③ 社会因素　这一因素是指服务场所内一切参与及影响服务产品生产的人,包括服务员工和其他在服务场所同时出现的各类人士。如高档场所里出入的人士向人们清楚地展示该场所的服务层次。

(2) 信息沟通　信息沟通是另一种服务展示形式,这些沟通信息来自企业本身以及其他引人注意的地方。从赞扬性的评论到广告,从顾客口头传播到企业标识,这些不同形式的信息沟通都传递了有关服务的线索。有效的信息沟通有助于强化企业的市场营销战略。

(3) 价格　价格之所以成为服务产品有形展示的组成部分,是因为服务价格不仅是服务营销组合中唯一能产生收入的因素,还在于顾客把价格看成是关于服务产品质量、档次的一个线索。正因为价格是对服务水平和服务质量的可见性展示,服务的价格水平往往包含了服务企业对服务水平和服务质量的承诺,所以价格能增强顾客对产品的信任,同样也能降低这种信任。如演唱会门票的价格往往表明了演唱会的档次,过低的门票价格可能会让顾客认为这是草台班子的演出。

2) 有形展示的原则

(1) 应把服务同顾客容易认同的物体联系起来　有形展示使用的物体,应是顾客认为重要的,能引起他们积极的联想,是他们所寻求的服务的一部分。另外,这些有形物体所给予的承诺暗示要在服务中予以兑现。

(2) 注意服务人员的作用　服务人员的言谈举止都会影响顾客对服务质量的期望与判断。服务人员的外形在服务展示管理中也特别重要,因为顾客通常并不会对服务和服务提供者进行区分。例如许多人往往是冲着某一位明星而来看演出。

3) 服务环境的设计

在实施有形展示战略的过程中,服务环境的设计往往是企业市场营销管理的重点,因为顾客在接触服务之前,最先感受到的就是来自服务环境的影响,尤其是对于那些先入为主的顾客而言,环境因素的影响更是至关重要。所谓服务环境,是指企业向顾客提供服务的场所,它不仅包括影响服务过程的各种设备,而且还包括许多无形的要素,可以说凡是会影响服务表现水平和沟通的所有设施都属于服务环境。

设计出理想的服务环境是十分困难的。一方面,环境因素对人们的影响还不是很明确;另一方面,人们对环境的感受是主观的,不同的人有不同的爱好,即使是同一个人在不同的时间和地点也可能有不同感受,要设计出一个十全十美、人人满意的环境是不太现实的。

困难并不意味着就没有办法。我们完全可以根据市场细分和产品定位的方法,根据顾客的需求差异,找出最适合本企业的环境模式。麦当劳快餐店在这方面就做得比较成功:店门口巨大的金黄色标志引人注目,麦当劳大叔笑容可掬、和蔼可亲,店内装饰简洁明快,音乐轻松优美,餐桌餐具都干净整洁,给人一种轻松愉快的感受。这种设计使各个年龄段的人都可以在这里找到舒适的感觉。

5.1.4　服务定价、促销与分销

1) 服务定价策略

服务定价与有形产品定价之间有一定的差异。在服务领域对价格的用词很多,如运输叫运费,保险叫保费,银行叫手续费,演出叫票价,医疗叫诊疗费。用词的多样性说明在服务市场上企业同顾客间的约定不同,彼此的关系也比较复杂。因此,服务定价不仅仅是给产品的一个价格标签,在其他方面也有着重要的作用。

(1) 影响服务定价的主要因素　与有形产品相似,影响服务定价的因素主要有成本、需求和竞争,但是顾客的理解在服务定价中作用特别突出。服务的无形性以及其成本测定相对困难,顾客对服务产品价值的理解就成为定价的重要因素。如旅游景区的门票价格就主要是考虑顾客的认知价值来进行确定的。

(2) 服务定价的特殊性

① 成本确定更加困难　有形产品的成本核算已经由一套系统化的财务会计方法解决了,关于有形产品的成本资料是很容易得到的,但关于服务产品的会计方法尚不够成熟和完善。由于缺乏完整准确的会计资料,即使是服务企业自身有时也难以确定服务产品的成本。

② 认知价值十分重要　正因为服务成本难以确定,对顾客而言,服务成本就显得更加抽象了。因此,顾客在判断服务价格是否合理时,他们更多的是受服务中的实体因素影响,从而在心目中形成一个价值判断,然后与服务价格比较来确定是否物有所值。

③ 服务的时间性和服务的需求波动大　如前所述,作为服务的特征,时间性和需求波动大导致服务定价通常使用优惠价及降价方式,以充分利用剩余的生产能力。这种情况在航空旅行和旅游团定价中很常见。但经常使用这种定价方法,可能会加强顾客的期待心理,故意延迟消费以等候这种服务降价。为防止这种情况发生,可以给予提前订购服务的顾客以优待性定价。

④ 如果服务是同质的,则价格竞争更加激烈　当然政府可以对某些服务行业确定一个统一的价格。因此,为了防止过度竞争,应强化服务特色,提高服务质量。

⑤ 服务价格往往与服务的人、服务地点、时间关系密切　同样的服务由不同的人来提供,或在不同的地点和时间都会导致价格的不同。

（3）服务定价技巧　许多有形产品的定价技巧也可用于服务产品,其中,经常使用的定价技巧有:

① 差别定价　差别定价是一种根据顾客需求强度而制定不同价格的定价技巧,主要运用于建立基本需求,尤其是对高峰期的服务最为适用;也可用以缓和需求的波动,减少服务的时间性所带来的不利影响。差别定价的形式包括时间差异定价、顾客支付能力差异定价、服务品种差异定价以及地理位置差异定价等。

② 折扣定价　大多数市场上都可以采用折扣定价,服务企业通过折扣方式可达到两个目的:一是促进服务的生产和消费;二是鼓励提前付款、大量购买或高峰期以外的消费。

③ 偏向定价　当一种服务原本就有偏低的基本价,或服务的局部形成低价结构形象时,就会产生偏向价格现象。比如,为使更多的客人光顾,餐馆提供价廉物美的实惠套餐,但大多数客人一旦进入餐馆,还会点其他价格较高的菜。

④ 保证定价　这是一种保证必有某种结果产生后再付款的定价方式,比如职业介绍所一般等到当事人获得了适当的工作职位后才能收取费用。保证定价适用于以下三种情况:保证中的各种特定承诺可以得到肯定和确保;高质量服务无法在削价的竞争环境中获取应有的竞争力;顾客所寻求的是明确的保证结果,例如有保障的投资回报率等。

⑤ 高价位定价　这是当顾客把价格视为质量的体现时所使用的一种定价技巧。在某些情况下,某些服务企业往往有意做出高质量、高价位的姿态。已建立起高知名度的服务企业可以考虑采取这种定价方法。

⑥ 招徕定价　这是指在第一次订货或第一个合同时要价较低,以期获得更多的生意,而在后来的生意上采取较高要价的定价技巧。当顾客对目前的供应者不满意或不精通所提供的服务时,可采取这种做法。

⑦ 阶段定价　这种定价技巧与前一种类似,即基本报价较低,但各种例外事项则要价会较高。

⑧ 系列价格　价格本身维持不变,但服务质量、数量和服务水平则充分反映成本的变动。该定价技巧特别适用于固定收费的系列标准服务,即服务产品的质量、数量和水平的差异必须容易为顾客所了解,比如长途航空旅行。

需要强调的是,服务定价的成功有赖于其他管理措施的配合。而采取有效手段降低成本,是提高定价效果和赢得竞争优势的重要途径。

2）服务促销策略

服务促销是指为了提高销售,加快新服务的导入,加速消费者接受新服务的沟通过程。促销对象不仅限于顾客,也可以被用来激励员工和刺激中间商。

（1）促销目标　服务市场营销的促销目标与有形产品市场营销大致相同,主要是:

① 形象认知　即建立对该服务产品及服务企业和服务品牌的认识和兴趣。

② 竞争差异　即使服务内容和服务企业本身与竞争者产生区别。

③ 利益展示　即沟通并描述服务带来的各种利益、好处和满足感。

④ 信誉维持　即建立并维持服务企业的整体形象和信誉。

⑤ 说服购买 即说服顾客购买或使用该项服务，帮助顾客做出购买决策。

（2）服务促销与有形产品促销的差异 服务促销与产品促销存在着一些差异。这些差异既受服务业特征的影响，又受服务本身特征的影响。

① 服务行业特征造成的差异

A. 缺乏市场营销导向：有些服务业是产品导向型的，因而不太了解市场营销战略对业务有什么影响和帮助，只把自己当作服务的生产者而不是满足顾客需要的服务者。这类服务业的经营管理者只有接受必要的培训，提高专业技术水平，才能懂得促销在整体市场营销中应该扮演的角色。

B. 专业和习俗限制：在采取某些市场营销和促销方法时，可能会遇到专业和习俗上的限制。传统和习俗可能会阻碍某些促销工具的运用，使许多促销方法不能自由发挥。

C. 业务规模限制：许多小规模的服务企业，认为自己没有足够的财力用于开展市场营销或促销，所以不重视促销活动。

D. 竞争的性质和市场条件：许多服务企业认为现有范围内的业务已经能够充分利用生产能力，因而不去积极地扩展其服务范围。这些企业普遍缺乏远见，看不到促销有助于维持稳固的市场地位，而且具有长期性的意义。

E. 促销知识有限：通常服务企业对于可利用的促销方式只了解广告和人员推销，想不到利用其他各种各样行之有效而且花费不多的促销方式。

② 服务本身特征造成的差异 调查显示，买主对于有形产品市场营销和服务市场营销的反应行为有许多相同之处，但还是有很大的差异：

A. 消费者的态度：这是影响购买决策的关键。他们往往是凭着对服务与服务表现者或出售者的主观印象来购买服务，而这种对主观印象的依赖性在购买有形产品时则没有那么重要。

B. 采购的需要和动机：在采购的需要和动机上，制造业和服务业大致相同。不论是通过购买实体产品或是非实体产品，同类型的需要都可以获得满足。不过，有一种需求对产品或服务都很重要，那就是对个人关注的欲望。凡是能满足这种需要的服务企业，必能使其服务产品与竞争者产生差异。

C. 购买过程：在购买过程上，制造业和服务业的差异较为显著。有些服务的采购风险较大，部分原因是买主不易评估服务的质量和价值。另外，顾客也经常受到其他人的影响，尤其是会受到对采购和使用有经验的相关人群的影响。而这种现象对于服务市场营销有着十分重要的意义。也就是说，在服务的供应者和顾客之间，有必要形成一种专业关系，或在促销努力方面建立一种口头传播渠道。这两种做法都可以促使服务促销更富有成效。

（3）服务促销组合策略 服务企业促销最常用的手段是广告宣传和人员推销。

① 广告 对无形的服务产品做广告与对有形商品做广告有很大的不同。基于服务的一些特征，可以提出服务广告的如下原则：

A. 使用明确的信息：服务广告最大的难题在于如何以简单的文字和图形，传达所提供服务的领域、深度、质量和水平。

B. 强调服务利益：能引起注意的与有影响力的广告应该强调服务的利益而不是强调一些技术性细节。强调利益才符合市场营销观念，也与满足顾客需要有关。不过所强调的利益应与顾客追求的利益相一致。因此，要确保广告能产生最有利的影响效果，必须先要充分了解和明确顾客需要。

C. 慎重对待承诺：只承诺能提供给顾客的服务项目，而不应提出让顾客产生过度期望而企业又无力达到的承诺。服务企业必须实现广告中的诺言，这对于劳动密集型服务企业来说比较麻烦。因为这类服务企业的服务表现往往因服务实施者的不同而产生差异，这也就意味着有必要使用一种可以确保服务实现的最低标准。对不可能完成或维持的服务标准做承诺往往会对员工造成不当的压力。最好的做法是，只保证"最起码的服务标准"，如果能做得比这一标准更好，顾客会更高兴。

D. 对员工做广告：服务业雇用的员工很重要，尤其是在劳动密集型服务企业，以及必须由员工与顾客相互配合才能满足顾客需要的服务企业更是如此。因此，服务企业的员工也是服务广告的潜在对象。

E. 在服务生产过程中争取并维持顾客的合作：由于在许多服务业，顾客本身在服务的生产与供应中扮演着相当重要和积极的角色，所以在服务广告中，市场营销人员面临两大挑战：一是如何争取并维持顾客对该服务的购买；二是如何在服务生产过程中获取并保持顾客的合作。

F. 建立口碑：口碑是一项营销人员不能控制的资源，对于服务企业及服务产品的购买选择具有重要影响。服务广告必须有效地运用好这一沟通方式，可使用的具体方法有：动员满意的顾客向其他人传递他们的满意；制作一些资料委托满意的顾客转送给潜在顾客群；针对舆论领袖进行直接广告宣传活动；激励潜在顾客去找现有的顾客咨询。

G. 提供有形线索：服务广告者应该尽可能使用有形线索作为提示，以便增强促销效果。这种具体的沟通展示可以变成非实体的化身或隐喻。知名的人物或物体，如建筑、飞机，经常充当服务本身无法提供的"有形展示"。

H. 发布连续广告：服务企业可以在广告活动中持续连贯地使用象征、主题、造型或形象，以克服服务企业的两大不利之处，即非实体性和服务产品的差异化。有些主题对于改善服务促销效果最为明显，如效率、进步、身份、威望、重要性和友谊等。

I. 解除购后疑虑：产品和服务的消费者经常会对购买行动的合理性产生事后疑虑。因此，在服务促销中，必须保证买主购买选择的合理性，并且鼓励顾客将服务购买和使用后的利益转告他人。

② 人员推销　与广告一样，人员推销的原则、程序和方法，在服务业和制造业的运用大致类似。但在服务市场上，这些工作和活动的执行则与制造业市场有所不同。例如，服务企业有时可能必须雇用专门技术人员而不是专业推销人员来推销其服务。另外，服务的某些特征也使得对推销员的资格有特殊的要求。

在服务市场营销中，人际接触的重要性和影响力已被普遍认同，因此人员推销与人际接触已成为服务市场营销中最受重视的因素。一般来说，服务采购所获得的满足往往低于对有形产品采购的满足，而且购买某些服务往往有较大的风险，因而服务的人员推销与有形产品的人员推销相比，应采取一些更能降低风险的战略，尤其要坚持以下原则：

A. 发展与顾客的个人关系：服务企业员工与顾客之间良好的人际接触可以使双方相互满足。服务企业以广告方式表达对个人利益的重视，必须靠市场上真实的个性化关心来协助实现。

B. 采取专业化导向：大多数的服务营销中，顾客都相信卖主有提供预期服务结果的能力。在顾客心目中，销售人员的行为举止必须像一个真正的专家。因此，服务提供者的外表、动作、言谈举止和态度都必须符合顾客心目中一名专业人士应有的标准。

C. 重视间接销售：可以采用以下三种间接销售形式：一是在销售有关产品和服务时，注意引导顾客有效地利用现有服务来创造引申需求；二是利用公证人、见证人和舆论领袖来影响顾客的服务选择过程；三是自我推荐。

D. 建立并维持有利的形象：有效的市场销售依赖于良好形象的创造和维持。员工和企业形象虽各有不同，但广告、公共关系等促销活动所试图达到的目标是建立并维持一种与顾客心目中企业和员工的应有形象相一致的有利形象，因为顾客对企业及其员工的印象将直接影响他们的购买决策。

E. 销售多种服务而不是单项服务：在推销核心服务时，服务企业可从包围着核心服务的一系列辅助性服务中获得利益，同时这也可使顾客采购更加便利和简易。

F. 采购过程力求简化：顾客对服务产品在概念上可能不太了解，这可能是由于顾客不经常购买，也可能是因为顾客正处于某种特殊的境况，如使用殡葬服务等。针对这种情况，服务销售人员应力求使顾客的采购简易化，也就是说以专业方式照顾好并做好相应的处理，并尽量减少对顾客的要求。

3）服务分销渠道策略

（1）服务分销的方式　分销渠道是指服务从生产者转移到消费者所历经和涉及的一系列的企业或机构。一般认为，服务分销以直销最普遍，而且渠道短。虽然直销在某些服务市场尤其是专业服务业很常见，但服务企业采用一个或一个以上的中介机构构成分销渠道的情况也很多见。

① 直销　直销可能是服务生产者经过比较尝试而选定使用的分销方式，也可能由于服务和服务提供者不可分割所致。如果直销是经由选择而决定的，企业往往是为了可以获得某些特殊的竞争优势，如更好地控制服务的供应与表现、实现有特色服务的差异化、了解需求变化信息、掌握竞争产品最新动向等；如果直销是由于服务和服务提供者之间的不可分割性造成的，如法律服务或某些家政服务，这时的服务提供者可能遇到以下两个限制：一是在满足特定个人的需求时，企业难以实现业务扩充；二是直销有时意味着企业的购买者局限于地区性市场。

② 经由中介机构销售　服务企业最常使用的渠道是通过中介机构。服务企业渠道结构各不相同，而且有些相当复杂。服务市场的中介机构形式很多，常见的有以下五种：

A. 代理：一般是在观光、旅游、宾馆、运输、保险、信用、雇用和企业服务市场多见。

B. 专营：专门执行或提供一项服务，然后以特许的方式销售该服务。

C. 经纪：在某些市场，服务由于传统惯例的原因，必须要经由中介机构提供，如股票市场和广告服务等。

D. 批发商：如旅行社与宾馆、酒店的关系。

E. 零售商：包括照相馆、干洗店等。

中介机构可能的形式还有很多，在进行服务营销时，可能会涉及好几家服务企业，比如某人长期租用一栋房屋，这里面可能涉及的服务企业包括房地产代理商、公证人、银行、建筑商等。另外，在一些服务市场上，中介机构可能代表买主和卖主，如拍卖。

（2）服务渠道的类型　研究显示，服务渠道有两种类型，即独立服务渠道和结合型服务渠道。

① 独立服务渠道　独立服务渠道的兴起，是为了满足特定需要，而无须与另外的产品或服务相关联。一家顾问公司或一家旅行社，不与其他公司联合，而是与其他公司分开经

营,即属独立的服务企业。当然,独立服务企业也可以利用其他的中介机构。

② 结合型服务渠道 结合型服务渠道是服务结合在一个销售某一产品的渠道之中。结合型服务渠道一般是通过下述形式发展而来的:

  A. 收购:服务是整体产品组合的一部分,例如对耐用消费品采购的融资。

  B. 租用:服务在另一家公司的设施中提供和营运,使用人必须付租金或从营业额中提成给出租公司。

  C. 合同:两家或两家以上的独立公司以某种契约的方式合作营销一项服务。

(3) 服务分销方式的创新

① 租赁服务的增长 服务经济的一个有趣的现象就是服务租赁业的迅速发展,也就是说许多个人和企业都已经或是正在从拥有产品所有权转向产品的租用和租赁。采购也正从生产部门转移到服务部门,这也意味着许多销售产品的企业增添了租赁和租用精选。此外,新兴的服务机构也纷纷出现,投入租赁市场的服务供应。在产业市场,目前可以租用或租赁的品种包括汽车、厂房和设备、飞机、货柜、办公室装备、制服、工作服等;在消费品市场则有公寓、房屋、家具、各类电器、运动用品、录像、工具等。还有些过去的生产性企业开发了新的服务,提供其设备作为租用和租赁之用。在租用及租赁合同中,银行和金融公司以第三者的身份扮演了重要的中介角色。

② 特许经营的发展 在可能标准化的服务业中,特许经营已成为一种持续增长的现象。所谓特许经营就是指一个人(特许人)授权给另一个人(受许人),使其有权利用授权者的知识产权,包括商号、产品、商标、设备等进行分销,如酒店业、餐饮业等。

任务 5.2 国际市场营销

【引导案例】

海尔智家如何海外求生?

海尔智家覆盖了全球超过 100 个国家和地区,在全球布局了"10+N"的开放研发体系,全球 122 个制造中心,其中海外布局 54 个。

海尔智家的全球品牌建设开始于 20 多年前。1998 年,海尔集团就明确提出"国际化的海尔"战略目标,先凭借细分产品切入欧美日等成熟市场,同时快速在发展中国家布局。

首先,在新兴市场,2018 年,海尔智家斥资兴建俄罗斯和印度的两大生产基地:一个构成海尔进军东欧人口增长新市场的先头阵地,另一个则使得海尔成了中国企业进军印度市场的第一个吃螃蟹的人。

凭借自有品牌和本地化的攻城略地,海尔进入俄罗斯时是市场第 8 位,现在是份额第 4,销售额第 3,只落后于 LG 和三星,挤掉了德国和意大利等竞争对手,平均单价和市场高端的策略仍然保持一致。

印度市场,通过建厂和多年经营,海尔已经成功站稳市场第 4 位。

在欧美成熟市场,海尔成功对 GEA 并购整合。海尔 2016 年拿下 GEA 白色家电业务之后,成功让通用电气家电版块这一百年老店焕发全新的光彩。继 2017 年 GEA 增速创下十年新高之后,在 2018 年,GEA 美元收入继续实现双位数增长。

向北美市场注入海尔协同资源之后,海尔的全球化组合拳不断奏效。在北美家电市场同比持平、需求疲软的环境下,2018年的GEA成为全美增长最快的家电公司。2018年12月,GEA被美国《消费电子周刊》评为2018年全美最具影响力十大家电品牌之首。

海尔智家目前47%收入来自海外。据公开路演材料显示,2018年,海尔智家连续7年保持全球市场份额第1名,在大型家电市场占据13.3%的市场份额,在四个大洲位居前二。其中,亚洲市场份额第1;中东、北美、澳洲第2;拉美第6;欧洲第9。

经济全球化已成为现代世界经济发展的一种必然趋势。随着我国加入WTO及改革开放进程的加快,越来越多的跨国公司和外国企业将进入中国市场,同时,更多的中国企业将跨出国门,投入经济全球化的浪潮之中。这不仅给我国企业的市场营销带来更多的机遇,也对我国企业如何进行国际市场营销提出了严峻考验。因此企业在研究市场营销的同时,应进一步掌握国际市场营销的有关知识。

5.2.1 国际市场营销概述

1) 国际市场营销的特点和意义

(1) 国际市场营销的概念　国际市场营销是国内市场营销的延伸和扩展,是指企业在一国以上从事经营与销售活动。具体来说,是企业将产品或服务为满足外国消费者的需要,有效地实现企业目标而进行的市场调查、预测、决策、实施与反馈等一系列商务活动的总称。

(2) 国际市场营销的特点　市场营销一般原理的应用可以跨越疆界。如同在国内市场上组织营销活动一样,国际市场营销同样需要市场调研、市场预测、市场细分、市场营销组合等一系列营销过程的战略确定及战术实施。国际市场营销与国内市场营销有着密切的联系,表现在:

① 国际营销一般是在国内营销的基础上发展起来的。随着世界经济一体化趋势的加强,每个企业都不可避免地在全球市场中参与竞争,无论企业是否走出国门,都会受到国际市场的影响,国际营销活动将更加频繁,营销内容也将更加丰富多彩。

② 国内营销往往是国际营销的先导,为开展国际营销做好组织上和业务上的准备。

③ 企业国际营销越发展,企业的业务重心就日益由国内市场转向国际市场。对全球性跨国公司来说,不分国内外的市场营销已成为跨国公司实行全球业务战略的准则。

当然,由于国际营销所涉及的国家的政治制度、政策法令、经济水平、货币体系、社会文化、消费习惯、自然资源、竞争情况等与国内市场有很大的差异,大大增加了它的复杂性、多变性和不确定性,因此国际营销又具有与国内营销不同的特点:

① 国际营销面临更大的风险和更激烈的竞争。在国际营销中,可能产生的风险更多,比较常见的有信用风险、汇兑风险、运输风险、价格风险、政治风险和商业风险等。进入国际市场的企业大都是各国实力强大的企业,竞争更加激烈,企业承受的竞争压力也比国内大得多。

② 国际营销所涉及的问题复杂。在国际营销中,所涉及的货币与度量衡制度等大都不一样,商业习惯复杂,海关制度和贸易法规差异很大,保险与运输等环节不容易把握。

③ 国际营销工作的难度大。由于语言不通而沟通困难,法律、风俗习惯不同,贸易障碍多,市场调查不容易,了解贸易对手资信情况困难,交易接洽不便,签约、履约更加复杂。

④ 国际营销手段及参与者更多。在国际营销中,除了产品、价格、分销渠道、促销这四种传统营销组合要素外,还有政治力量、公共关系以及其他超经济手段等。除常规营销参与

者外,立法人员、政府代理人、政党、有关团体以及一般公众也被卷入市场营销活动之中。

(3) 国际市场营销的意义　虽然国际营销比国内营销复杂困难,但国际营销给企业的发展带来了巨大机遇:

① 在各国执行开放政策的前提下,企业产品进入国际市场变得容易,大大扩大了企业的市场范围。

② 企业参与国际分工、国际合作与国际竞争,使企业产生并不断增强其竞争意识和危机感,促使企业向内部不断挖潜,提高竞争力。

③ 市场的交融、竞争的冲击,企业会不断提高产品质量,增加产品品种,改善服务质量,更好地满足消费者多样化的需求,可以获得更高的利润。

④ 在某些情况下,国外市场上的竞争程度可能低于国内市场。这时,企业到国际市场上另辟蹊径,反而可以得到生存与发展,可能比国内营销获得更大的效益。

⑤ 可以延长产品生命周期。有些产品在国内市场处于成熟期甚至衰退期,但在其他国家的市场上可能处于导入期或成长期。例如,20世纪70年代末,黑白电视机在日本已经进入衰退期,在中国则处于成长期。这时,日本企业将其淘汰的黑白电视机大举出口到中国市场,使黑白电视机的生命周期延长了多年。

⑥ 市场多样化往往比产品多样化有更大的优越性。如美国里格利公司只有口香糖一个产品系列,但其生产和营销业务遍及全球。

⑦ 从事国际营销可以给企业带来更高的声誉。一个能在国际市场上站稳脚跟的企业,一般来说其知名度较高、信誉较好。这一笔巨大的无形资产,有助于加强企业的竞争地位。

开展国际营销具有巨大的现实意义,企业应抱积极的态度。当国际市场上具有良好的机会,而这些机会又适合本企业的资源条件时,应该尽快进入国际市场。态度消极、害怕竞争,推迟进入国际市场,会使企业处于被动地位,是不可取的。

2) 国际市场营销环境分析

国际营销是在一个非常复杂且瞬息万变的国际环境中进行的。企业要想在国际营销活动中取得成功,就必须深入了解各种特殊的国际营销环境因素,掌握各种经济信息,熟悉国际惯例,根据其变化不断调整营销策略。

国际市场营销的主要环境影响可以用图5.2.1表示。

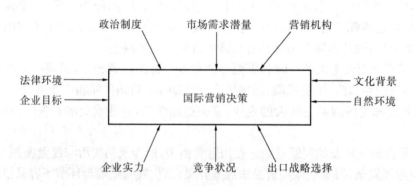

图 5.2.1　影响国际营销决策的主要因素

国际营销的各种环境因素,大体可以从政治法律、经济和社会文化等几个方面进行分类。

(1) 政治法律环境　政治法律环境，主要是指各国的国家政局变化和各国对外投资、对外贸易政策及其他相关政策法令对市场营销的影响。政治法律环境的具体内容主要包括以下几点：

① 政府类型和政治党派　这个国家是社会主义国家还是资本主义国家，是发达国家还是发展中国家，是一党制还是多党制，是民主政府还是专制政府，这些方面的差异都会决定国家政治主张和经济政策的差异。国际营销人员要了解现政府的构成及其政策，还必须考虑政府内部的政党体制和各政党的主张，尽可能考虑其政治发展的长远方向。

② 政治稳定性　执政党的更替往往意味着政府经济政策的变更或调整，因此政权更替过于频繁，外国企业在该国的经营活动就难以适应。政治冲突则通常会导致对国际企业员工和财产的冲击与伤害，而且也可能导致政府对涉外投资的态度和政策方面的变化。例如，1998年5月印度尼西亚的骚乱，导致许多华人企业损失严重。此外，还要考虑文化分裂和宗教对立导致的政治环境的不稳定。前者如比利时和加拿大因语言问题发生的混乱，后者如印度国内印度教与伊斯兰教、锡克教之间时常发生的冲突。

③ 政治干预　政治干预是指政府采取各种措施，迫使国外投资企业改变其经营性质、方式和政策的行为，对国际营销有着重大影响。其主要的干预措施有：

A. 没收、征用和国有化：政府的没收、征用和国有化是跨国经营企业所面对的最严重的政治风险。一般而言，最容易被没收、征用和国有化的行业是公共事业，其次是自然资源开采业和大规模农业。

B. 外汇管制：是指一个国家为防止资金的外流（或内流）、改善国际收支、维持本币汇率、维护本国经济利益，通过立法授权有关管理当局对外汇的收、支、存、兑等经济活动进行管制的政策措施。

C. 进口管制：又称贸易壁垒或非关税壁垒，是各国政府实行的进口数量限制和其他各种直接或间接限制进口的措施，目的在于控制货物进口的类型和数量。

D. 税收管制和关税壁垒：税收管制指对国内和国际企业实行不同的税收。关税壁垒是指通过关税控制货物进口的类型和数量。

E. 价格管制：有的国家对进口商品实行最高限价以减少进口商的利润达到减少进口的目的；有的国家对进口商品实行最低限价以降低进口商品的市场竞争力，从而达到减少进口的目的。

④ 国际关系　国际企业在东道国经营过程中，通常会与其他国家发生业务往来，因此东道国与其他国家的关系也必然影响国际企业的经营业务，其中最重要的是东道国与国际企业母国的关系。此外，东道国是否属于某个区域性政治或经济组织、是否参加某些国际组织，也影响东道国的政治、经济政策和对外贸易的政策与态度。

⑤ 国际法律环境　企业在开展国际营销活动时所面临的法律环境主要由三部分组成：国际公约、国际惯例和各国的涉外法律。

A. 国际公约调整的是相互交往国家之间的关系，其主体是国家而不是企业或个人，但是国家之间所签订的双边和多边条约、公约和协定也间接地影响着企业的国际营销活动。目前在国际上影响较大的多边条约和协定有：《联合国国际货物销售合同公约》《保护工业产权国际公约》《国际海运公约》等。

B. 国际惯例是指长期国际经贸实践中形成的一些通用的习惯做法与先例。它们通常由某些国际性组织归纳成文，加以解释而为许多国家所接受。惯例不是法律，但在国际商业活动中,各国法律一般允许各方当事人选择使用国际惯例。一旦某项惯例在合同中被采用,该惯例便对各当事人具有法律约束力。和国际营销活动有关的国际惯例主要有《国际贸易术语解释通则》《商业跟单信用证统一惯例》等。

C. 各国的涉外法律法规包括外资法、商标法、专利法、反倾销法、外汇管理法、商事仲裁法、环保法、产品责任法、反垄断法、保护消费者权益法等基本法律。企业在开展国际营销活动时必须了解东道国法律、法规性质及其具体内容,因为这些法律、法规对包括外国投资企业在内的企业的经营活动以及营销组合决策的各个方面都会有约束,如在产品的质量和包装等方面,在价格控制方面,在渠道的选择方面,在广告的信息内容和广告媒介的选择方面,在营业推广的手段、优惠尺度方面,对人员促销、公共关系活动的态度方面等。因此,借助于精通东道国法律的律师包括东道国律师的帮助,是营销决策必不可少的。

(2) 经济环境　国际营销的经济环境分为两个层次:第一层次是国际经济环境,它影响与制约着各国彼此之间的贸易与投资活动,也必然影响着国际企业的跨国经营;第二层次是有关国家的经济环境。国际经济环境十分复杂,涉及的因素很多,主要有各国的经济制度、经济发展水平、市场规模、金融环境等。

① 经济制度　在市场经济条件下,价格调节着市场供求关系,市场供求又自发地调节生产,调节资源的分配,企业完全根据自身的经济目标和条件来制定市场营销策略,企业的产品也容易进入市场。而在计划经济国家,就相对比较困难。

② 经济发展水平　经济发展水平不同,国民收入水平不同,对产品的需求就会有很大差异,从而对国际营销的各个方面都会带来影响。对消费品市场而言,一般来说,发达国家偏重于强调产品款式、性能及特色,对广告与营业推广手段运用较高,市场竞争表现为质量竞争多于价格竞争;经济发展水平较低的国家,则侧重于产品的功能与实用性,产品推广以人际传播居多,消费者对价格更为敏感。对工业品市场而言,发达国家着重于投资虽大却能显著提高劳动生产率、自动化程度较高的设备;经济相对落后的国家因为资金短缺,通常只能选择价值不太高、简单易操作的设备。显然,对不同经济发展水平的国家,市场营销策略有很大差异。

③ 市场规模　国际企业是否进入某国市场,首先需要考虑的是其市场规模,它主要由人口与收入所决定。从人口方面来看,总人口是最主要的指标,在其他条件相同的情况下,总人口数量越大,表明市场规模越大。其他指标,如人口增长率、人口年龄、人口性别等对不同的细分市场的规模起着决定作用。从收入方面来看,收入水平高低和收入分配分布是否均匀对于营销有着重要的影响。许多国家存在着收入的两极分化现象,处于两极的人口具有不同的购买力和需求,代表着不同的市场,国际企业的营销必须区分不同的市场,采取不同的策略。

④ 国际金融环境　企业在国际市场开展营销活动,其资金流动不可避免地受到国际金融市场的影响,企业在国际市场上的经营会因汇率变化、通货膨胀、货币兑换等而产生风险。对我国绝大部分从事国际营销的企业来讲,主要业务形式仍是进出口,因此,最主要的是汇率风险。所谓汇率风险,是指经济主体在持有或运用外汇的经济活动中,因汇率变动而蒙受损失的一种可能性。在进口(出口)交易中,如果外汇汇率在支付(或收进)外币货款时较合同签订时上涨(或下跌)了,进口商(出口商)就会付出(或收进)更多(或更少)的本国货币或其他外币,从而直接影响其在国际市场上的竞争力。企业国际营销需要有良好的国际金融环境,以利于企业融资、投资和做生意。但环境的变化不以企业的意志为转移,特别是

外汇汇率,每时每刻都在发生变化,产生着各种风险,需要企业认真对待,及时调整战略适应汇率变化,既保持在国际市场适度占有率和销售额,同时又要减少因汇率变动给企业带来的风险。

⑤ 经济基础结构　主要指运输条件、能源供应、通讯设施以及各种商业基础设施。各国的基础设施条件悬殊,对企业的国际营销活动影响很大。一般来说,一个国家的基础设施越发达,在该国的营销活动也就越顺利。如果该国的基础设施不够发达或极为落后,那么,企业就应该适应这个国家的条件或者干脆放弃这一市场。

此外,一个国家的自然条件、居民的消费模式、城市化程度等因素也从不同侧面影响着企业的国际营销经济环境。

(3) 社会文化环境　不同国家营销环境的差别主要体现为不同国家文化背景的差异性,可以说社会文化环境是国际营销实践中最富有挑战意义的环境要素。各国的社会文化之间的差异很大,且错综复杂,这些将直接或间接地影响产品的设计和包装、产品被接受的程度、信息的传递方式及分销渠道和推广的措施等。企业在国际营销时不能忽略这一点,对于因社会文化因素形成的消费习惯和消费心理必须加以适应,投其所好,避其所忌,才能成功。对社会文化环境通常考虑以下几个方面:

① 语言文字　语言是人类沟通交流的桥梁,不仅表达思想,而且传递感情,它反映了一种文化的实质。企业进行国际营销,必然要与东道国的政府、顾客、中间商、大众传媒等各方面进行沟通,如不熟悉东道国语言或不能正确使用它,就会产生沟通障碍。在广告、产品目录、产品说明书、品牌等方面的翻译中,经常会发现由于语言障碍而带来的麻烦。销售者对销售对象的语言不精通,就无法进行宣传,也就不会激发消费者的购买欲望,营销就难以达到目标。所以,学习、掌握、精通市场所在国的语言是很有必要的。国际市场营销者还应对语言、词汇的确切含义、内涵与外延范围、语言歧义现象、语言禁忌和习惯用法等进行广泛深入的了解和研究,才能避免不应有的失误。许多知名的国际大公司都曾遭遇过这样的事件:看上去没有问题的品牌名称或广告用语,因为不谨慎的翻译,使当地消费者认为商家非常愚蠢,结果不仅带来难堪,有时还会造成彻底的失败。比如美国的切维诺瓦(Nova)翻译成西班牙语,意思是"开不动"。福特推出 Fiera 卡车时,发现它在西班牙语里是指"丑陋的老妇人"。劳斯莱斯的"Silver Mist"在德国市场上没有延用它原有的名称,因为在德语中 Mist 是粪肥的意思。日本松下电器公司在德国推销 National 商标的产品时销路不畅,原来这个词和纳粹的民族社会主义开头的词完全一样,后来换成 Panasonic 商标,效果就大不一样了。

② 教育水平　教育水平的高低往往与经济发展水平相一致,同时与消费结构、购买行为存在密切关系。受教育程度高的消费者往往从事良好职业,有较高的购买力,他们对于新产品的鉴别能力和接受能力较强,购买时理性程度较高,对产品的质量和品牌比较挑剔,而且有的还有个性化要求;受教育程度低的消费者,对新产品认识和接受比较困难,在接受广告信息方面偏向于对图案、颜色、声响产生兴趣。所以教育水平可以作为市场细分的标准之一,而且对营销调研的效率、对营销组合策略的选择、对在当地寻求合适的营销人员的支持都有较大影响。

③ 社会组织　社会组织是指人与人相互联系的方式,它确定了人们的社会角色与关系形态。社会组织一般可分为亲属关系和社会群体两大类。亲属关系中最基本的单位是家庭。社会群体主要是指家庭以外的社会组织形式,包括年龄群体、性别群体和共同利益群

体。年轻人与年长者由于在价值观念、生活方式等方面的显著差异而分属于不同的子市场；男性与女性生理、心理上的差异也决定了对许多产品的不同需求,此外妇女社会地位也影响着其对购买的决策作用。至于共同利益群体,如消费者协会、行业协会、劳工组织等在现代社会的消费潮流中也常扮演着举足轻重的角色。

④ 价值观念　不同国家、民族和宗教信仰的人,价值观念存在着明显的差异。例如西方人多追求个人生活的最大自由,注重现实生活的享受,而东方人节俭、朴素,为未来的考虑会超过对现实生活的考虑。

⑤ 商业习惯　一个国家的商业习惯与该国的文化是密切相关的,商业习惯也是文化环境的组成部分。由于东道国的文化在商业活动中肯定会占据支配地位,所以,国际营销人员最为重要的是要学会调整自己,以适应东道国的商业习惯。例如在营销活动中,美国人希望速战速决,不拖延时间,并准时参加各种商业谈判会议和各种社会交往活动；在中东及南美国家,强调时间期限就会触犯当地的文化习俗,被认为是过分的无理要求；至于非洲,时间观念更是淡薄。

国际市场营销环境涉及面广,除了上述环境外,企业还需要认真研究国际竞争环境、科学技术环境、自然地理环境等。

5.2.2　国际市场进入决策

1）国际目标市场的选择

国际市场竞争日益激烈,国际企业在国际经营中如何面对纷繁复杂的国际市场环境,寻求市场机会,以尽可能少的风险、尽可能高的投资回报,成功开拓国际市场,其首要问题在于选择正确的目标市场。目标市场的选择需借助于必要的市场调研,并在大量信息的整理、分析基础上进行市场的宏观细分与微观细分,然后才能做出目标市场决策。

(1) 国际营销调研　国际营销调研,就是系统地收集、记录和分析国际市场信息,从中了解国际市场商品供求发展变化的历史和现状,把握其发展变化的规律,使国际企业能正确认识市场环境、评价企业自身行为,为国际营销决策提供科学依据。国际营销比国内营销风险大、涉及资金多,一旦决策失误,损失也更大,因此国际营销要求掌握的信息要更充分、及时、准确。同时,国际营销决策所需要的信息与国内营销所需要的信息会有差异,如选择何种方式进入国际市场,对产品设计与品牌应作怎样的修改等。这些决策的做出需要国际营销调研提供信息支持。此外,国际营销调研比国内调研可能更加困难复杂,这是因为有些信息在国内很容易得到,在国外却难以获得甚至根本不可能获得,尤其是发展中国家常常缺乏必要的、可靠的统计资料；由于统计方法和统计时间的差异以及汇率的变动,所获得的信息往往缺乏可比性；营销调研的方法也需要因国别、地区环境不同而不同,其成本当然也远远高于国内调研；如果跨国企业需要在多国市场上进行同一内容的调研,则调研的组织工作会更复杂。

企业根据自身需要确定营销调研的内容,制定营销调研方案,选择案头调研或是实地调研,最后写出市场调研报告。

(2) 国际市场细分　在国际营销调研基础上,必须对国际市场进行国际市场细分,才可以确定各自的目标市场。国际市场细分具有两个层次的含义,即宏观细分与微观细分。

宏观细分是解决在世界市场上选择哪个国家或地区作为自己进入的目标市场。这就需要根据一定的标准(地理标准、经济标准、文化标准)将整个世界市场划分为若干子市场,每一个子市场具有基本相同的营销环境。

微观细分类似于国内市场细分,即当企业决定进入某一国外市场后,它会发现当地市场顾客需求仍有差异,需进一步细分成若干市场,以期选择其中一个或几个子市场为自己的目标市场。

(3) 选择国际目标市场　企业在国际市场细分的基础上,要从若干个细分市场中选择一个或多个细分市场作为自己的国际目标市场。国际市场营销中选择目标市场也有两层含义:一是在宏观细分的基础上,在众多国家中选择某个或某几个国家作为目标市场;二是在微观细分的基础上,在已确定目标市场国家选择某个或某几个目标消费者群(消费品市场)或目标用户行业(工业品市场)作为目标市场,其选择策略有无差异营销策略、差异性营销策略和集中性营销策略。

2) 进入国际市场的方式

进入国际市场不是指通过什么渠道流入国际市场,而是指企业和产品如何跻身国际市场。进入国际市场的方式十分重要,它不仅涉及企业产品如何打入国际市场,还涉及企业开展国际营销的各种手段的应用和对国际市场的把握程度。我国企业进入国际市场的主要方式如图 5.2.2 所示。

(1) 出口进入模式　长期以来,出口一直被作为企业进入国际市场的重要方式,即产品在国内生产,然后通过适当的渠道销往国际市场。出口可分为间接出口和直接出口两种方式。

① 间接出口　间接出口是指企业通过国际贸易公司、出口代理商或外企驻本国采购处向国外市场出口产品,而企业本身并不从事实际的出口业务。从企业角度来说,这实际上是一种国内销售。

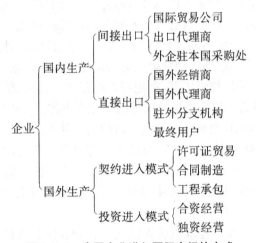

图 5.2.2　我国企业进入国际市场的方式

间接出口的优点:首先是进入国际市场快;其次是费用节省,既无须承担出口贸易资金上的负担,又不需要亲自去国外市场调研、建立专门的销售网点和配备专门的外贸人员;第三是风险小,不必承担外汇风险以及各种信贷风险;第四是灵活性大,长短期业务均可以。企业可借助于此方式逐步积累经验,为以后自己直接出口奠定基础。间接出口的缺点:企业不能获得国际营销的直接经验,对国外市场缺乏控制,所获得的市场信息反馈有限,利润也有限。这一方式是进入国际市场最容易的方式,比较适用于中小企业。大企业运用此方式,往往是作为多种方式之一,主要是针对潜力不大而风险很大的市场。

② 直接出口　直接出口是指企业不通过本国中间商,而是把产品直接卖给国外的中间商或最终用户。其主要途径有:利用国外的经销商、利用国外的代理商、设立驻外分支机构、直接供货于最终顾客。在直接出口方式下,企业的一系列重要活动都是由自身完成的,这些活动包括目标市场调查、寻找买主、联系分销商、准备海关文件、安排运输与保险等。

直接出口的优点:使企业摆脱国内中间商渠道与业务范围的限制,免去国内中间环节的费用;企业可以及时获得国际市场信息,及时制定更加切实可行的营销策略;企业拥有较大的国际营销控制权,可以建立自己的渠道网络,也有助于提高企业的国际营销业务水平。直接出口的缺点:成本比间接出口要高,需要大量的初始投入;需要增加外销机构和专门人才;在海外建立自己的销售网络需要付出艰苦努力;风险较大。

(2) 契约进入模式　契约进入模式是国际企业与东道国企业之间长期的非股权联系,前者向后者转让技术或技能。契约进入模式主要包括:

① 许可证进入模式　这是指企业在一定时期内向外国企业转让其工业产权,如专利、商标、产品配方、公司名称或其他有价值的无形资产的使用权,获得提成费用或其他补偿。许可证合同的核心就是无形资产使用权的转移。许可证进入模式是一种低成本的进入模式,其最明显的优点是政治风险小,而且它绕过了关税与进口配额等进口壁垒。其缺点是限制了企业对国际目标市场容量的充分利用,有可能将接受许可的一方培养成强劲的竞争对手,甚至还有可能因为权利义务问题而陷入纠纷之中。

② 特许经营进入模式　这是指企业(许可方)将商业制度及其他产权诸如专利、商标、包装、产品配方、公司名称、技术诀窍和管理服务等无形资产许可给独立的企业或个人(被特许方)。被特许方用特许方的无形资产投入经营,遵循特许方制定的方针和程序。作为回报,被特许方除向特许方支付初始费用以外,还定期按照销售额一定的比例支付报酬。特许经营进入模式与许可证进入模式很相似,所不同的是,特许方要给予被特许方以生产和管理方面的帮助,如提供设备、帮助培训、融通资金、参与一般管理等。特许进入模式的优缺点和许可证进入模式相似。在通过特许经营模式进入国际市场的企业中,美国的企业最多,可口可乐、百事可乐、麦当劳、希尔顿饭店等,都把特许经营作为进入国际市场的主要方式。

③ 合同制造进入模式　这是指企业向外国企业提供零部件由其组装,或向外国企业提供详细的规格标准由其仿制,由企业自身负责营销的一种方式。利用合同制造模式,企业将生产的工作与责任转移给了合同的对方,自己集中力量在营销上,因而是一种有效的扩展国际市场方式。但这种模式同时存在如下缺点:有可能把合作伙伴培养成未来的竞争对手,有可能失去对产品生产过程的控制,有可能因为对方的延期交货而导致本企业的营销活动无法按计划进行。

④ 管理合同进入模式和工程承包进入模式　管理合同进入模式是指管理公司以合同形式承担另一公司的一部分或全部管理任务,以提取管理费、一部分利润或以某一特定价格购买该公司的股票作为报酬。工程承包进入模式是指企业通过与外国企业签订合同并完成某一工程项目,然后将该项目交付给对方的方式进入外国市场。

(3) 投资进入模式　随着经济全球化及各国经济的发展,对外直接投资成为进入国际市场的一种重要方式。对外投资可分为两种形式:合资经营和独资经营。

① 合资经营　它是指国际企业在东道国选择一个或若干个企业共同投资、共同经营、共负盈亏,进行生产。合资经营的优点:企业可以利用合作伙伴的专门技能和当地的分销网

络,从而有利于开拓国际市场;有利于获取当地的市场信息,对市场变化做出迅速灵活的反应;由于有当地企业参与经营,进入的障碍较小,易于被东道国接受。合资经营的缺点:合资双方常会在投资决策、市场营销和财务控制等方面发生争端,合资企业保护技术秘密和商业秘密较难,可能将合作伙伴培养成为未来的竞争对手。

② 独资经营 它是指国际企业在国外市场上单独投资建厂,进行产销活动,独立经营,自负盈亏。独资经营的优点:企业可以完全控制整个管理与销售,经营利益完全归其支配,内部的矛盾和冲突较少;企业可以保护技术秘密和商业秘密,从而保持竞争力。独资经营的缺点:投入资金多,可能遇到较大的政治风险与经济风险,如货币贬值、外汇管制、政府没收等。

影响企业进入国际市场模式选择的因素包括目标国家的市场因素、目标国家的环境因素、目标国家的生产因素、企业产品因素和企业资源与投入因素五个部分。其中前三个因素是外部因素,后两个因素是内部因素。

5.2.3 国际市场营销组合策略

1) 国际市场营销产品策略

产品策略是国际市场营销组合中的核心,是价格策略、分销策略和促销策略的基础。由于企业面对的是错综复杂的国际市场营销环境,以及不同的各国消费者,这就使得企业将面临着许多在国内市场产品策略中未曾遇见过的问题。

(1) 产品进入国际市场策略 进入国际市场的产品必须树立产品的整体观念,以满足消费者综合的、多层次的利益和需求为中心来设计和销售产品。国际营销面对的是世界各国或地区不同的市场环境,因此,企业是在国际市场上销售与国内市场完全相同的产品还是部分改造现有产品以适应国际市场的需要,是完全改造现有产品还是制造一种全新的产品推向国际市场,是出口企业所面临的首要问题之一。

① 产品直接延伸策略 企业将国内销售的产品原封不动地销往国际市场,并且在国际市场采用相同的促销策略,树立相同的产品形象。采用这种策略的例子很多,如可口可乐、麦当劳快餐、柯达胶卷、好莱坞电影、索尼随身听等。这种策略一般适用于少数标准化程度较高的产品和传统特色产品。我国一些名酒和传统工艺品也可以采用这种策略打入国际市场。

产品直接延伸策略可获得规模经济效益,节省研究开发费用和其他技术投入,也可以节省营销费用,它可使消费者在世界各地都能享受到同样的产品,有助于树立企业及产品的国际形象。然而,面对有差异的市场,国际企业为了开拓市场,增加销量,可能不得不实施产品适应策略或产品发明策略。

② 产品适应策略 企业对现有产品做必要的修改,向世界范围内不同国家和地区的市场提供不同的产品,以满足不同国家或地区市场的特殊需求。如雀巢公司生产不同口味的咖啡,以迎合世界各地消费者的偏好。从实践来看,国际营销中采用最多的是产品适应策略,因它既能顾及各国不同的经济文化背景和不同的消费习惯,又能相对减少投资。

国际产品的适应性修改是多方面的,在营销实践中,许多产品的差异化、多样化主要是体现在外形上,如产品的形式、包装、品牌等方面,而产品的核心部分往往是一样的。有些产品并不需很大的变动,而只需改变一下包装或品牌名称便可进入国际市场。

③ 产品发明策略　是指企业创造发明新产品以适应国外市场的需要。这是一种高风险、高回报的国际市场营销产品策略。一般适合于实力雄厚的大型跨国公司。

(2) 国际市场产品生命周期　当我们把国内市场扩展到国际市场时,同一产品生命周期各个阶段在不同国家的市场上出现的时间是不一致的。由于各国在科技进步及经济发展水平等方面的差别而形成的同一产品在各国的开发生产、销售和消费上的时间差异,我们称为国际市场产品生命周期。

国际产品的生命周期一般呈现以下运行规律:经济发达国家首先致力于新产品开发,发明、制造新产品以满足本国消费者的需求。当产品进入成长期后,国内产品供过于求,因此将发明产品销售到其他较发达国家及发展中国家。同时,一些较发达国家和发展中国家在进口基础上,开始仿制、研制该产品,以较低的成本成功地生产出标准化产品投入市场,同经济发达国家的产品相抗衡,由进口国转为出口国。最先出口国的产品失去竞争优势,并逐步放弃市场上已趋饱和的产品,转向发展更新的产品和更新的技术,而从其他国家进口原产品。

我国企业应当充分认识和研究国际产品生命周期的运行规律,利用产品在不同国家市场所处的不同生命周期阶段不断调整市场结构,及时转移目标市场,延长产品生命周期,以达到长久占领国际市场的目的。可以利用产品生命周期理论来不断调整产品结构,及时推出新产品,淘汰没有前途的产品,加速出口产品的更新换代;技术实力雄厚的企业可以引进发达国家的新产品,依靠本国自然资源和劳动力优势,以较低成本研制生产,将产品出口到原产国,从而促使产品结构不断提高。

(3) 国际产品包装与品牌　国际企业在不同的海外市场销售产品,其包装是否需改变,取决于各方面的环境因素。从包装的保护和促销两个基本作用来看,如果运输距离长,运输条件差,装卸次数多,气候过冷、过热或过于潮湿,则对包装质量要求就高,否则难以起到保护产品的作用。如果东道国顾客由于文化、购买力、购买习惯的不同而可能对包装形状、图案、颜色、材料、质地有偏好,则从促销角度看应予重视和调整,以起到吸引与刺激顾客的作用。当今一些发达国家的消费者出于保护生态环境的强烈意识,重新倾向使用纸质包装,而在一些发展中国家,顾客仍普遍使用塑料包装,因为它较牢固且可重复使用。此外,产品包装还要考虑各国零售商的需要。

就品牌而言,大多数国际企业喜欢采用统一的国际品牌,这可达到促销上的规模经济。因为一个具有很强号召力的国际名牌,本身就是一笔可观的无形财富,如日本的"索尼""东芝",美国的"柯达""麦当劳"等,而重新树立一个品牌绝非易事。采用单一的国际品牌和商标有时也会遇到许多意想不到的阻力,需要设计者充分考虑国际市场消费者的消费需求共性,避免与各国的风俗习惯、宗教信仰、禁忌等相冲突。如在伊斯兰教地区,不能用猪、熊猫等图案作为商标内容,这样就需更改品牌名称。同一产品在不同的国家和地区采用不同的品牌和商标,其目的是为了迎合目标市场的风俗习惯和消费偏好,以增加品牌和商标的促销效果。当然,在不同的国家和地区对同一种产品采用不同品牌,有时也是细分市场和研究市场需求状况的需要。

2) 国际市场营销定价策略

国际产品价格的形成远比国内产品价格的形成复杂。当产品销往国际市场时,需要经过长途运输和多次装卸、存储,办理各种手续,承担很大的风险。在具体的业务中,各项进出口价格包含的费用是不一样的,同时各有关责任风险由谁承担,费用由谁支付也是不一样的。为了便于操作,通过长期的实践,一系列的价格术语逐渐形成,它们用来说明商品价格形成和买卖双方的权利和义务。目前国际市场上通用的价格术语主要有三种:装运港船上交货价(FOB)、成本加运费(CFR)和成本加运费加保险费(CIF)。

(1) 国际市场商品价格的构成

① 生产成本　生产成本是国际产品价格的首要组成部分。产品价格不能大幅度高于成本,否则市场竞争力就会减弱;但产品外销价格低于内销价格或低于第三国同类产品的国际市场价格,企业则可能涉嫌倾销,一旦倾销成立,反倾销惩罚和其他惩罚将使企业得不偿失。

② 关税和其他税收　关税是国际产品特有的价格构成项目,它的基本形式是出口税和进口税,许多国家还对进口产品征收消费税、增值税等。这些税收使国际产品价格大幅度提高。

③ 运输成本与保险费用　国际产品一般要经过长途运输,产品外运还需要投保以减少风险。

④ 中间商毛利　各国的销售渠道格局差异很大,中间商的毛利有时要超过制造商的毛利。

⑤ 汇率变动　国际贸易合同中的计价货币是自由选择的,由于货币的实际价值在不断波动,企业可能在不知不觉中遭受损失,也可能获得同等的意外收入。

此外,国际市场商品价格的构成还需要考虑通货膨胀的因素。

(2) 正确选择计价货币　在进行出口定价时,不仅要考虑价格的构成,还要为这一价格选择一种合适的货币。国际贸易中的计价货币通常有三种:出口国货币、进口国货币、第三国货币。为了避免因汇率变动而遭受损失,在选择计价货币时,应考虑以下几个方面:

① 出口国和进口国是否签订了贸易协定,是否规定使用某种计价货币。

② 一般选择可自由兑换的外汇作计价货币,如美元、日元、英镑、欧元等。

③ 在出口时争取采用硬货币计价,在进口时争取采用软货币计价。硬货币指币值稳定、对外信用好的货币;软货币指币值频繁波动且呈下降趋势的货币。

④ 如因各种条件限制,只能以软货币计价时,可以根据该货币币值疲软趋势适当加价,也可以在合同中订立保值条款,规定该货币贬值时按贬值率加价。

(3) 国际企业定价策略　国际企业对其产品在国际市场上销售是保持其统一价格,还是针对不同国家市场制定差别价格,这是一个非常值得研究的问题。统一价格有助于国际企业及其产品在世界市场上建立统一形象,便于企业总部控制企业全球的营销活动。然而各国的制造成本、竞争价格、税率都不尽相同,消费水平更有差异,要在环境差别明显的各国市场统一价格销售产品常常是不切实际的。波音飞机销往全世界各国的价格是统一的,这是因为它在各国市场上的竞争地位一致。

国际企业定价的最终目的是为了寻求利润的最大化。为了使其整个企业集团利润最大化,国际企业还经常采用转移价格策略。这是一种在母公司与各国子公司之间以及子公司之间转移产品和劳务时所采用的价格,目的是为了避税、减少风险和增加利润,避免资金在高通胀率、高税收、外汇管制严格的国家滞留。当然,它会损害某些国家的利益,有些国家政府已经针对国际企业的这一策略制定了相应的法律、法规,以要求国际企业制定内部转移价格时能遵守公平交易的原则,挽回或保护其正当的国家利益。对此,国际企业要注意了解和遵守,以免造成被动。

3) 国际市场营销渠道策略

分销渠道是由一系列中间商组成的,国际销售渠道可以分为三大环节或两个分销渠道。

国际销售渠道三大环节包括：第一，商品在出口国国内所经过的流程，由出口国国内各种中间商组成；第二，商品在进出口国之间的流程，由介于贸易双方的进出口中间商完成；第三，商品在进口国的国内所经过的流程，由进口国国内各种中间商组成。

国际营销的两个分销渠道是指国内销售渠道和国外销售渠道。长期以来，国际营销人员对国际营销渠道的第二个环节比较重视，但实践证明，对进口国国内销售渠道的研究也十分重要。

(1) 各国国内销售渠道的差异

① 渠道长度　由于贸易传统习惯和中间商的经济实力不同，各国的销售渠道长短也就不一样。美国的销售渠道较短，80%的工业生产资料直接由生产商销售给用户；而日本以长渠道著称于世，商品往往要经过多道批发环节。

② 服务　不同国家提供的服务不同。印度由于商人众多，经营利润低，竞争十分激烈，所以中间商都尽力提供各种额外的服务来招徕顾客。在菲律宾，一家大贸易公司可以代理几百家外国企业的产品，因此他们不可能对具体某一个产品提供太多的服务。

③ 进口渠道　这是国际营销者最感兴趣的问题之一。各国的进口渠道各有特点。在摩洛哥，商品批发和零售大多由家庭经营，外国商品一般都由卡萨布兰卡的大商人进口，然后分别销往其他城镇。在菲律宾，90%的进口商品是由马尼拉扩散到全国。在日本，贸易公司是商品进口最宽阔的渠道。

④ 经营商品的宽度　美国中间商经营的商品很多，但有的国家对中间商的经营范围严格控制。

⑤ 批发和零售模式。

(2) 国外中间商的选择　在国际市场销售产品，大多数产品的分销需要当地中间商的帮助，这就需要了解和选择国外中间商。根据各个国家企业进入国际市场的经验，选择一个好的中间商，往往比选择一个好的市场更重要。

如果企业决定使用国外中间商进入和开拓目标国家市场，那么在国际分销渠道设计和管理中就需要对具体的中间商做出选择，以保证所选择的中间商具有高效率，能有效地履行所期望的分销职能，从而确保企业国际营销目标的完成。国外中间商的选择，直接关系到国际市场营销的效果甚至成败，因为中间商的质量和效率将影响产品在国际市场上的销路、信誉、效益和发展潜力。在选择中间商时要有一个筛选的过程。操作中可通过以下几个基本条件充分评价每一个候选的中间商，如中间商的市场范围、中间商的财务状况及管理水平、中间商的专业知识、中间商的地理位置和拥有的网点数量、中间商的信誉、预期合作程度。

企业在选择国外中间商时一般应遵循的步骤是：收集有关国外中间商的信息，列出可供选择的中间商名单。依据企业开展国际市场营销的需要确定选择标准，向每位候选的中间商发出一封用其本国文字书写的信件，内容包括产品介绍和对中间商的要求等。从复信中挑选一批比较合适的候选人，企业再去信提出更为具体的询问，如经营商品种类、销售覆盖区域、公司规模、销售人员数量及其他有关情况，向候选人的顾客调查其信誉、经营、财务状况等情况。如果条件允许，派人访问所优选的中间商，进行更深入的了解，按照挑选标准，结合其他有关情况，确定中间商入选者名单，双方签订合同。对已选定的国外中间商的工作情况要经常地进行监督和管理，进行定期评估。随着情况和环境的变化，有必要对分销渠道进行适当的调整，如中止分销协议、更新渠道和改变整个分销体系等。

（3）影响选择国际分销渠道的因素　营销者在选择国际分销渠道时一般要考虑成本、财务、控制、市场覆盖面、适应性和连续性这六个因素。

① 成本　这里是指销售费用。一般认为，渠道越短成本就越低。如企业到国外设销售机构，跳过中间环节达到降低成本的目的。但有的商品必须经过几道中间环节，自己推销不仅需要大量投资，有时根本就不可能。

② 财务　这里是指商品流转和现金流转。如果企业要建立自己的国际市场分销渠道，使用自己的销售队伍，通常需要大量的投资。如果使用独家中间商，虽可减少现金投资，但有时却需要向中间商提供财务上的支持。

③ 控制　渠道设计会直接影响企业对国际市场营销的控制程度。企业自己投资建立国际分销渠道将最有利于渠道的控制，但会增加分销渠道成本。如果使用中间商，企业对渠道的控制将会相对减弱。

④ 市场覆盖面　企业必须考虑各类、各个中间商的市场覆盖能力。对于大中间商来说，其市场覆盖面非常大；而小中间商虽然为数众多，但单个中间商的市场覆盖面却非常有限。

⑤ 适应性　分销渠道必须适应商品的传统和不断变化的市场。

⑥ 连续性　企业要维持分销渠道的连续性，首先要慎重地选择中间商，并采取有效的措施提供支持和服务，同时在用户或消费者中树立品牌信誉，培养中间商的忠诚。其次，对已加入本企业分销系统的中间商，只要他们愿意继续经营本企业的产品，而且也符合本企业的条件和要求，则不宜轻易更换，应努力与之建立良好的长期关系。第三，对那些可能不再经营本企业产品的中间商，企业应预先做出估计，预先安排好潜在的接替者，以保持分销渠道的连续性。第四，应时刻关注竞争者渠道策略、现代技术以及消费者购买习惯和模式的变化，以保证渠道的不断优化。

4）国际市场营销促销策略

国际市场营销的促销和国内促销一样，有广告、人员推销、营业推广和公共关系等四种手段。

（1）国际广告

① 影响国际广告的因素　国际广告和国内广告有许多相似之处，如基本原理、形式、媒介、作用等，但也有不同之处，主要是国际广告面临的环境不同，受到一系列因素的限制。

A. 语言问题：一国制作的广告要在另一国宣传，语言障碍较难逾越，因为广告语言本身简洁明快，寓意较深，同样含义要在另外一种语言以同样方式准确表达实在是一件困难的事。虽然有些语言在多国通行，但接受广告不能只看原版片。只有使广告语言变成纯正的当地语言，变成可为当地顾客理解和接受的语言，才能使潜在消费者正确理解广告信息，达到广告的目的。

B. 对广告媒介的限制：不同国家或地区的政府对广告媒介的限制，以及各国各地区文化教育水平、广告媒介普及率的高低，直接影响到可供选择与使用的媒介的广告效果。如有些国家规定电视台每天播放广告的时间，也有些国家大众传媒的普及率太低，如许多非洲国家没有日报。

C. 政府对广告活动的限制：除限制媒介外，政府还会限制一些产品做广告，如香烟，有的还对广告信息内容与广告开支进行限制。

D. 社会文化方面的限制：由于价值观与风俗习惯方面的差异，一些广告内容或形式不宜在东道国传播。如香港人忌讳"4"，特别喜欢"6、8、9"三个数字，而西方人不喜欢"13"这个数字。

E. 广告代理商的限制：即可能在当地缺乏有资格的广告商的帮助。

② 广告标准化策略和差异化策略　广告标准化是指在不同国家使用相同主题的广告

宣传。广告标准化可以降低成本,使国际企业总部专业人员得以充分利用,也有助于国际企业及其产品在各国市场上建立统一形象,有利于整体促销目标的制定、实施和控制。其主要弊端是针对性差,因此广告效果也就不佳。广告的差异化是指在不同国家针对各自市场的特点,向其传送不同的广告主题和广告信息。这种策略可以适应不同文化背景的消费者,增强宣传说服的针对性。虽然广告成本较高,但若能有效促进销售量增长,则可以获得更多利润。其主要弊端是企业总部的控制减弱,可能会出现相互矛盾,影响企业形象。

(2) 国际市场人员推销　人员推销因其选择性强、灵活性高、能传递复杂信息、有效激发顾客购买欲望、及时获取市场反馈等优点而成为国际营销中不可或缺的促销手段,然而国际营销中使用人员推销往往面临费用高、培训难等问题。

国际市场推销人员通常有4种:

A. 企业专职外销人员:他们既要在国内接待外商,又要到国外专门从事推销和贸易谈判业务。这是国际市场人员推销的一般形式。

B. 企业临时派出的有特殊任务的推销人员:主要是到国外解决一些临时性问题。

C. 企业在国外分支机构的推销人员:这些推销人员不仅有本国人,往往还大量雇用当地人员或熟悉当地市场的第三国人员。

D. 受委托的国外代理商和经销商:在许多情况下,企业不是自己派员推销,而是请国外中间商代为推销,这就需要对国外代理推销人员进行适当的监督和控制。

① 推销人员的选拔　推销人员不仅可以从母国企业中选拔,也可从第三国招聘,但一般以招聘东道国人才作为优秀推销员的最主要来源,因为当地人对本国的风俗习惯、消费行为和商业惯例更加了解,与当地政府、工商界人士、消费者或潜在顾客有着各种各样的联系。但是,在海外市场招聘当地推销员会受到当地市场人才结构和推销人员的社会地位的限制,在某些国家或地区要寻找合格的推销人选并非易事。

② 推销人员的培训　理想的推销人员都是培训出来的,企业在招聘不到理想的推销人员时,必须在母国和东道国选择基本素质较高的人员进行培训。许多企业开拓国际市场成功的经验表明,培训可获得高效益的销售收入。培训内容主要包括产品知识、企业情况、市场知识和推销技巧等方面。

③ 推销人员的激励　在对国际推销人员推销业绩进行考核与评估的基础上,应加强对他们的激励。对国际推销人员的激励,可分为物质奖励与精神鼓励两个方面。物质奖励通常指薪金、佣金或者奖金等直接报酬形式,精神鼓励有进修培训、晋级提升或特权授予等多种方式。企业对推销人员的激励应综合运用物质奖励和精神鼓励等手段,调动海外推销人员的积极性,提高他们的推销业绩。由于国际推销人员可能来自不同的国家或地区,有着不同的社会文化背景、行为准则与价值观念,因而对同样的激励措施可能会做出不同的反应。所以对国际推销人员的激励,要充分考虑到不同社会文化因素的影响。

(3) 国际市场营业推广　营业推广主要是针对国际目标市场上一定时期为了某种目标而采取的短期的特殊的推销方法和措施。如为了打开产品出口的销路,刺激国际市场消费者购买,促销新产品,处理滞销产品,提高销售量,击败竞争者等等,往往配合广告和人员推销使用,使三者相互呼应,相互补充,相得益彰。比如,我国青岛啤酒为了打开香港市场的销路,在开展人员推销和广告促销的同时,曾经采用过以一个啤酒瓶盖换取一元港币的方法。于是,香港大饭店的服务员都热心以青岛啤酒为顾客服务,成为青岛啤酒的推销员,大大提高了销量,使青岛啤酒在香港这个竞争激烈的啤酒市场上占有了一定的地位。

在国际营销中,营业推广手段非常丰富。除了国内常用的方法外,还有几种重要的营业推广方法,如博览会、交易会、巡回展览、贸易代表团等,对介绍一些企业产品进入国际市场很有帮助。值得一提的是,这些活动往往因为有政府的参与而增强了其促销力量。事实上,许多国家政府或半官方机构往往以此作为推动本国产品出口、开拓国际市场的重要方式。

企业在国际市场上采用营业推广这一促销手段时,除了要考虑市场供求和产品性质、消费者的购买动机和购买习惯、产品在国际市场上的生命周期以外,还应注意不同国家或地区对营业推广的限制、经销商的合作态度、当地市场经济文化水平以及竞争程度等因素的影响。

(4) 国际营销公共关系　公共关系是一项长期性的促销活动,其效果也只有在一个很长的时期内才能得以实际的反映。但不管怎样讲,在国际营销中,它仍是一个不可轻视的促销方式,甚至已成为影响企业开展国际营销成败的重要因素。企业声誉是企业最重要的无形财富,开展国际市场公共关系的目的之一就是要提高企业的国际声誉,从而带来产品声誉的提高。

在国际营销中,国际企业面临的海外市场环境会让其感到非常陌生,它不仅要与当地的顾客、供应商、中间商、竞争者打交道,还要与当地政府协调关系,如果在当地设有子公司,则还需积累如何团结与文化背景截然不同的母国员工共创事业的经验。

在与东道国的所有公众关系中,与其政府关系可能是最重要的,因为如果没有当地政府的支持,国际企业很难进入该国市场,它对海外投资、进口产品的态度,往往直接决定着国际企业在该市场的前途。企业要通过公共关系加强与东道国政府官员的联系,了解他们的意图,懂得他们的法律,以求得企业经营活动的长期发展。国际企业处于不同的成长阶段,其公关任务不一。初始进入东道国阶段时问题多,公关任务繁重;进入经营阶段,就要关注东道国政局与政策动向,以及公司利润汇回母国的风险问题;在撤出阶段,也要注意与东道国保持良好关系以维护其他方面的利益。企业可以建立固定的公开往来制度,经常向东道国政府和社会组织说明本企业对公众和社会做出的贡献。为了达到这一目的,企业可以搞些公益活动,如为公用事业捐款,扶持残疾人事业,赞助文化、教育、卫生、环保事业等,利用各种媒介加强对企业有利的信息传播,扩大社会交往、不断调整企业行为,以获得当地政府和社会公众的信任与好感,树立为当地社会与经济发展积极做贡献的形象。

(5) 国际促销的特殊形式　由于国际市场营销的特殊性,企业在国际营销时还必须争取本国政府的支持。各个国家的政府都努力帮助本国企业开拓国际市场,其驻外使馆一般都为本国企业提供一般性的当地市场信息,国家领导人出访时往往有庞大的贸易代表团随行,经济贸易关系已经成为当今双边关系的一个重要内容。另外,许多政府部门经常主办一系列国际巡回展览,向世界各国的消费者介绍企业情况和产品信息,以促进本国商品的出口。企业应该积极影响政府制定有利于本国企业开拓国际市场的外交和经济贸易政策,充分利用这些机会,把产品和企业推向国际市场,最终使企业成长为国际性的大企业。

任务 5.3　网络营销

【引导案例】

46 秒售罄！三一重卡再创网销神话！

2018 年 6 月 28 日,三一重卡第二批 500 台抢购活动开启,全国近 70 000 名卡友参与抢购。仅耗时 46 s,全部 500 台三一重卡即销售一空,成交额超 1.4 亿元,刷新了之前创造的

53 s销售纪录。

三一重卡作为国内首款互联网商用车,除了拥有超大沙发床、冰箱、微波炉等房车级配置外,还能通过智慧终端,将车辆油耗控制、GPS路线定位等信息与驾驶员实时共享,是一款为司机量身定制的"智慧卡车"。此外,三一重卡还在全国各地建立了1 000多家服务站,打造了强大的售后保证。

2018年6月12日,李克强总理视察三一集团时,重点考察了三一重卡项目,认真听取了三一重卡董事长梁林河的详细汇报。当了解到三一重卡根据客户需求进行个性化研发定制,通过互联网销售创造了53 s卖出500台的成绩时,他兴奋地表示"很好"!

目前,随着首批产品的高质量交付,三一重卡也得到了市场上更多的关注与期待。据介绍,未来,三一重卡将依托自身优势,搭建"车辆供应平台、物流运输平台、司机生活平台、司机互助平台"四大平台生态圈,并牵头成立"卡车司机联盟",积极促进行业规范发展。

5.3.1 网络营销概述

1)网络营销的涵义

网络营销是企业整体营销战略的一个组成部分,是为实现企业总体经营目标所进行的、以互联网为基础,利用数字化的信息和网络媒体的交互性来辅助营销目标实现的一种新型的市场营销方式。它以现代营销理论为基础,借助互联网、计算机通信和数字交互式媒体,运用新的营销理念、新的营销模式、新的营销渠道和新的营销策略,以达到开拓市场、增加盈利为目标的经营过程。网络营销是电子商务在营销过程中的运用,是营销领域的电子化。网络营销贯穿于营销的全过程,从信息发布、市场调查、客户关系管理,到产品开发、制定网络营销策略、进行网上采购、销售及售后服务都属于网络营销的范畴。

正确理解网络营销的含义应把握以下几点:

(1)网络营销不是孤立存在的　网络营销是企业整体营销战略的一个组成部分,网络营销活动不可能脱离一般营销环境而独立存在,在很多情况下,网络营销理论是传统营销理论在互联网环境中的应用和发展。对于不同的企业,网络营销所处的地位有所不同,以经营网络服务产品为主的网络公司,更加注重于网络营销策略,而在传统的工商企业中,网络营销通常只是处于辅助地位。由此可以看出,网络营销与传统市场营销策略之间并没有冲突,但由于网络营销依赖互联网应用环境而具有自身的特点,因而有相对独立的理论和方法体系。在企业营销实践中,往往是传统营销和网络营销并存的。

(2)网上销售不等于网络营销　网上销售(在线销售)和网络营销是两个不同的概念,网上销售只是网络营销的一个重要组成部分,网络营销是为最终实现产品销售、提升品牌形象的目的而进行的活动,网上销售是网络营销发展到一定阶段产生的结果,但并不是唯一结果,因此网上销售本身并不等于网络营销。这可以从以下3个方面来说明。

① 网络营销的目的并不仅仅是促进网上销售,很多情况下,网络营销活动不一定能实现网上直接销售的目的,但有可能促进线下销售的增加,并且提高客户的忠诚度。

② 网络营销的效果表现在多个方面,如提升企业品牌价值,加强与客户之间的沟通,拓展对外信息发布的渠道,改善客户服务等。

③ 从网络营销的内容来看,网上销售也只是其中的一个部分,并且不是必须具备的内容,许多企业网站根本不具备网上销售产品的条件,网站主要是作为企业发布产品信息的一

个渠道,通过一定的网站推广手段,实现产品宣传的目的。

2) 网络营销的特点

(1) 虚拟性　运作于网络市场上的网上商店不需要实际的店面,甚至不需要商品,利用视频等多媒体技术,商家可在网上虚拟、动态地展示产品等相关信息,而不再需要业务人员将实体商品送到客户面前展示。

(2) 零库存　商家可以在接到顾客订单后再向制造的厂家订货。互联网时代,可以实现零库存,从而降低企业经营成本。

(3) 低成本　网上商店的成本主要来自网站建设成本、网店美工、网店推广费用以及网店运营费用。与传统店铺相比,它没有普通商店的店面租金、店铺装修、人员工资、水电费等方面的费用,从而节约了成本,因此,网上商店的商品价格比传统商店要低,这有利于增加网上商店的竞争力。

(4) 跨时空　网上商店不受工作时间的限制,可以提供 7×24 h 全天候服务,也可摆脱因员工态度或缺乏训练而引起顾客反感所带来的麻烦。同时,网上商店能够跨越地域的限制,传统店铺只能覆盖一定的范围,即存在一个营销半径,而网上商店的营销半径无穷大,消费者与网站在虚拟空间里的距离为零。互联网创造了一个全球社区,消除了不同国家和地区间贸易往来的时间和地域障碍;面对提供无限商机的互联网,国内的企业可以开展全球性营销活动,跨境电商已成现实。

(5) 互动性　客户可以通过网络对所购商品进行评价,对使用的商品提出反馈意见。发达国家的营销能够借助联机通信所固有的互动功能,鼓励顾客参与产品更新换代,让他们选择颜色、装运方式,自行下订单。在定制、销售产品的过程中,让客户参与越多,售出产品的机会就越大。

3) 网络营销的功能

一个完整的网络营销系统包括以下功能:

(1) 网上调研　企业可在网上设立留言板、在线论坛、网上问卷、E-mail 等手段主动出击,取得关于产品、服务、客户等信息的第一手资料,也可登录其他网站收集、整理行业市场动态、行业竞争对手状况、市场宏观环境等第二手资料,为新产品开发、市场开拓等企业战略决策提供依据。

(2) 信息发布　由于不受时间或版面的限制,企业可向访问者发布及时、详尽的信息。通过自己的网站,企业进行广告宣传,发布商品与服务信息,设立 FAQ 回答客户经常提出的问题,设立留言板与电子邮件信箱让客户留下建议与提问,并及时回答相关问题。

(3) 市场开拓　通过网上调研,网络营销可以帮助企业积极主动地去开发新的目标市场,寻找潜在的客户群体;网上宣传和信息发布可以吸引访问者成为自己新的客户。这使企业的市场范围逐渐扩大,新的市场不断被开发出来。

(4) 网上销售　对选中的产品或服务,客户可与商家直接在网上洽谈业务、协商合约、在线订购、在线支付。企业既可针对消费者直接销售,也可针对其他企业客户批量销售。海尔网站就具有 B2B 和 B2C 两种电子商务模式。

(5) 商务服务　商务服务包括支付结算、配送等一切与销售有关的业务,在涉外贸易中,还牵涉到检验检疫、融资保险、配额审批、通关申请等一系列复杂的商务业务处理。有的网站只处理单纯的销售业务,如"网上下单,网下支付";一些大型网站已逐渐整合相关的商务流程,以尽量方便客户。

(6) 客户关系管理　可将客户档案建立成一个专用的数据库,内容包括客户的联系方式,客户以往的订购和支付情况,客户对产品或服务的反馈意见,客户对特殊产品或服务的需要等等。通过数据分析,可自动生成客户总体的状况特征,可以自动实现对客户的定期回访,促进感情与信息交流,增加相互信任,维护客户关系。

(7) 营销集成　企业可以把所有订单输入自己专门的网络数据库进行订单的自动处理与传输,将采购、生产、销售三方面的信息系统集成。企业通过物料需求计划(MRP)系统将订单任务分解到各个生产环节的同时,采购部门和原料供应商做好原材料的供应工作。

5.3.2　网络营销常用的方法

1) 搜索引擎营销

搜索引擎营销(Search Engine Marketing,SEM)是一种新的网络营销形式。搜索引擎是指根据一定的策略,运用特定的计算机程序搜集互联网上的信息,在对信息进行组织和处理后,为用户提供检索服务的系统。目前世界上最有名的搜索引擎当属谷歌搜索,常用的中文搜索引擎有百度、搜狗、360搜索等。

2) 病毒性营销

病毒性营销也称为病毒式营销(Viral Marketing),通过用户的口碑传播,使信息像"病毒"一样扩散,利用快速复制的方式传向数以千计、数以百万计的受众,通过别人为你宣传,实现"营销杠杆"的作用。

病毒性营销目前已经成为一种独特的营销方法,是建立在"羊群效应"理论基础上,利用人们从众心理、随大流心理等特征,实现网络营销信息传递的目的和营销效果。

病毒性营销中的核心词是"营销","病毒性"只是描述营销信息的传播方式,使营销信息从一个人"传染"给很多人,像病毒一样迅速蔓延,因此病毒性营销成为一种高效的信息传播方式。

3) 口碑营销

口碑营销是指企业在品牌建立过程中,通过客户间的相互交流将自己的产品信息或品牌传播开来。比如我们买了一件新衣服,当感觉这件衣服很漂亮、买得很值时,就会情不自禁地向周围的朋友推荐。再比如我们想买一台笔记本电脑或是手机时,通常也会到处咨询朋友的意见,听听他们有什么好的建议。而被问到的朋友,往往都会非常兴奋和不厌其烦地帮我们分析和总结。

口碑源于传播学,口碑营销利用的人的炫耀与分享心理,从而引发人主动传播的欲望与积极性。由于口碑营销是通过朋友、亲戚的相互交流将产品信息或者品牌传播开来,所以具有极高的可信性。口碑营销不是孤立存在的,具体操作时也是需要论坛、微博、软文、新闻、事件等辅助和配合。

4) 微信营销

腾讯公司2011年1月21日推出微信后,微信已成为国内最受欢迎的社交平台。2012年8月20日,腾讯公司在微信中增加了微信公众平台功能,这个公众平台已成为企事业单位品牌营销的工具。不到一年的时间,微信公众平台发展神速,微信公众账号达到500万个,认证账号达到3万个。越来越多产品通过公众号来做,因为这里开发、获取用户和传播成本更低。马化腾宣布,2018年春节期间,微信全球月活用户数超10亿。

微信营销是网络经济时代企业或个人营销模式的一种创新,是伴随着微信的广泛应用而兴起的一种网络营销方式。用户注册微信后,可与周围同样注册的"朋友"形成一种联系,订阅自己所需的信息,商家通过提供用户需要的信息,推广自己的产品,从而实现点对点的营销。

微信营销主要体现在以手机或者平板电脑中的移动客户端进行的区域定位营销,如商家通过申请公众微信服务号,通过二次开发展示商家微官网、微会员、微推送、微支付、微活动、微报名、微分享、微名片等,已经形成了一种主流的线上线下微信互动营销方式。

5) 软文营销

软文是由企业的市场策划人员或广告公司的文案人员负责撰写的"文字广告"。与硬广告相比,软文之所以叫作软文,精妙之处就在于一个"软"字,好似绵里藏针,收而不露,克敌于无形,等到你发现这是一篇软文的时候,你已经冷不丁地掉入了被精心设计过的"软文广告"陷阱。它追求的是一种春风化雨、润物无声的传播效果。如果说硬广告是少林功夫,那么软文营销则是绵里藏针、以柔克刚的太极推手,软硬兼施、内外兼修,才是最有力的营销手段,也是博客推广的基础。

软文营销是指通过特定的概念诉求,以摆事实讲道理的方式使消费者走进企业设定的"思维圈",以强有力的针对性心理攻击迅速实现产品销售的文字模式和口头传播,如新闻、第三方评论、访谈、采访等。软文是基于特定产品的概念诉求与问题分析,对消费者进行针对性心理引导的一种文字模式,从本质上来说,它是企业软性渗透的商业策略在广告形式上的实现,通常借助文字表达与舆论传播使消费者认同某种概念、观点和分析思路,从而达到企业品牌宣传、产品销售的目的。软文营销往往都是与新闻营销、博客营销或是论坛营销相互配合使用的,这些方法组合出击,效果会大幅度提升。

软文营销往往是经过周密的策划,用一系列的文章打组合拳,这些文章环环相扣,由浅入深,一步一步达到目标。而且做软文营销时,具体的文章内容中不一定要直接推广产品,可能只是先普及某一种概念,或是为后面的计划做铺垫。

6) 二维码营销

二维码营销是指通过在各类媒体上发布二维码图片,引导消费者使用手机扫描二维码来达到推广产品资讯、推广商家活动,刺激消费者进行购买行为的新型营销方式。在电梯、公交、地铁的候车厅户外广告上,在电影海报上、报纸首页上、火车票上都会有二维码,用手机扫描二维码后,就出现相关网页的链接,常见的营销互动类型有网上商店、信息订阅、社会化媒体等。

二维码的诞生要早于微信,之前的二维码基本上是作为一种通用商品条码出现的,扫描二维码可以获得商品的来源、厂家价格和质量跟踪等具体信息。随着智能手机的应用推广,尤其是微信的出现让二维码顿时活跃起来,仅两三年的时间,二维码营销得到迅猛发展。

不少城市的街头餐饮服务、汽车服务和品牌服装等都在推广微信二维码市场营销,并把这种营销作为推广自己品牌的重要渠道。目前"微粉"用户比较热衷于扫描二维码,而"扫描二维码"这种潮流背后的驱动因素是用户的好奇心、二维码中包含的优惠打折以及二维码中包含的更加翔实甚至是独家的信息。这三大幕后推手促使微信用户逐渐习惯扫描二维码,这也为微信公众平台背后的商家打开了一条新的营销之路。

7) 大数据营销

大数据营销是基于电子商务平台的海量数据,依托数据挖掘技术来提高对客户购买特征的分析能力,有目的地推送给客户想要的商品与服务,进行精准营销的一种营销方式。

大数据(Big Data)指的是所涉及的资料量规模巨大到无法通过目前主流软件工具,在合理时间内达到撷取、管理、处理并整理成为帮助企业经营决策更积极目的的资讯。大数据最核心的价值就是在于对于海量数据进行存储和分析。相比起现有的其他技术而言,大数据的"廉价、迅速、优化"这三方面的综合成本是最优的。

8) 直播营销

直播营销是指在现场随着事件的发生、发展进程同时制作和播出节目的播出方式,该营销活动以直播平台为载体,达到企业获得品牌的提升或销量增长的目的。

最早的直播平台有六间房直播、YY 等。从 2013 年起,借助移动互联快速发展的优势,直播平台来势汹汹,先有斗鱼、虎牙等游戏直播平台纷纷涌现,主打细分垂直市场,紧接着出现了以映客为代表的移动客户端 APP 直播平台。电子商务直播平台有淘宝直播、京东直播。淘宝直播的"边看边买"功能,可以边看直播边购物,无疑不是一种享受和体验,让用户在不退出直播的情况下就能够直接下单主播推荐的商品。

2016 年是直播平台爆发元年,直播开始颠覆市场和大众社交方式。娱乐社交作为人的一种基本社会需求,其相关平台一直在互联网行业扮演着举足轻重的角色。社交 1.0 时代的博客、帖吧、BBS 论坛,造就了第一批"网红"的兴起。2.0 时代的微博、微信,有着更加广泛的受众群体,极强的用户黏性,培养了人们的社交习惯,捧红了自媒体市场,迎来了蓬勃发展的市场机会。而直播,将成为社交 3.0 的入口,满足当下社会 90 后、00 后"求关注""渴望出名""想火"的社交诉求。同时,借助移动互联技术和端口的流量,直播正在从一个聚集"网红"的平台,逐渐发展成为聚集快消、电商、大众商品、3C 等品牌及产品的"创新营销平台"。

5.3.3 网络营销策略

1) 产品策略

产品策略主要是指企业以向目标市场提供各种适合消费者需求的有形和无形产品的方式来实现其营销目标。其中包括对同产品有关的品种、规格、式样、质量、包装、特色、商标、品牌以及各种措施等可控因素的组合和运用。产品策略是企业为了在激烈的市场竞争中获得优势,在生产、销售产品时所运用的一系列措施和手段,包括产品定位、产品组合策略、产品差异化策略、新产品开发策略、品牌策略以及产品的生命周期运用策略等。

(1) 产品选择策略 适合网上销售的产品(服务)包括无形产品、实体产品和网上服务三类。无形产品指电脑软件、音乐、电影、图像、文献、电子贺卡等,它们可以直接通过网络下载。网上服务包括远程教育服务、票务服务、金融证券服务、保险服务、旅游宾馆预订,以及各种形式的信息服务等。实体产品的网上销售需要相应的物流配送系统作为支撑。由于网上顾客自身的某些特点以及其在购买体验上的局限性,使适合网上营销的产品具有以下一些特点:

① 产品标准化 这类产品的质量和性能具有统一的质量标准,产品之间没有多大差异,在购买前后质量都非常透明且稳定,不需在购买时进行检验或比较。这类产品有:书刊、电脑及相关产品、家电产品、通讯产品等。像柑橘等农产品由于大小、酸甜不一,且不耐运输储藏、容易腐烂,就比较难以适应网上销售。

② 重购性 有些产品虽需要使用之后才能对产品好坏做出评价,顾客通过重复购买,对产品的质量和性能逐渐熟悉,从而产生信任。这类产品有化妆用品、音像器材及制品、家居用品等。

③ 时尚性　由于网民中时尚新潮者居多,他们对时髦、前卫型产品或特色服务的需求越来越多。但这类产品和服务在现实生活中往往"可遇而不可求"或没有时间进行深入的了解,但在网上却很容易找到相关的信息。这类产品主要有时装、礼品等。

(2) 新产品开发策略

① 引导顾客参与产品设计　新产品的开发过程包括新产品的构思与概念形成、研制、试销与上市。网络营销的一个重要特性是与顾客的交互性,企业可以通过网络了解顾客的需求,为顾客提供个性化的产品订制服务,也可按照顾客需求来订制特殊产品,而根据该订制产品很可能开发出一个新的产品。顾客通过网络提出的批评意见、产品质量问题、对产品功能的询问等正面或负面信息都可以为老产品的改进或新产品的开发提供参考。有些企业把顾客当做伙伴,通过网络直接了解顾客的需求意图,甚至邀请顾客协助产品的设计、改进和生产,使生产出来的产品更易于被顾客接受,最大化满足顾客多样化需求。

② 采用敏捷制造系统实现"大规模量身订制"式生产方式　电子商务的发展改变了传统经济下无法大规模集结市场特殊需求,只能小批量生产特殊款式产品,"量身订制"意味着特权价格、高费用和超额利润的局面,使得"大规模量身订制"式生产方式成为可能。任何过去无法开通流水线生产的特殊款式的产品,通过网络进行全球范围的市场集结都可以形成"批量",柔性化敏捷制造系统可以将特殊产品转化为常规生产,按照相应的规模经济要求进行流水线生产。这样可以使企业表现出很强的整体柔性,根据市场变化灵活地调整经营策略,更重要的是集结这一全球市场所需要的费用正迅速下降。如品牌服装企业可以为广大特殊体形的顾客提供订制服务,只要顾客通过网络提供有关的尺寸,服装企业就可以生产。其实只是在裁剪过程有所区别,其他的加工流程如缝制、装口袋、订纽扣、熨烫等都是一样的。

(3) 网络品牌策略　品牌是一种名称、术语、标记、符号或设计以及它们的组合,其目的是辨认某种出售的产品或服务,并与竞争者区别开来。网络的虚拟性和低成本使越来越多的小企业和不知名的产品比较容易地加入到市场竞争的行列中来,OEM 生产方式为中小企业开展贴牌交易提供了商机,从而给传统强势品牌带来挑战。

品牌拥有巨大的号召力和震撼力,使品牌产品拥有一大批忠诚的顾客,引导消费趋势,在市场竞争中处于优势。竞争对手往往只能是"望牌兴叹",被迫处于市场补缺者的地位。维护品牌形象对企业实行品牌战略起着无可替代的作用。很难想象当前哪一个国际著名品牌企业没有自己的网站,当企业拥有品牌后,应利用网络媒体快速、廉价、覆盖范围大等优势,以很低的成本,迅速将产品品牌信息传递到目标市场。

网络品牌是指网络虚拟环境下企业的品牌塑造,也就是企业如何利用互联网塑造品牌。网络品牌主要体现在域名品牌上。有了域名后还要注重企业域名品牌的发展。网络品牌包含 3 个层次:

① 网络品牌要有一定的表现形态,如域名、网站(网站名称和网站内容)、电子邮箱、网络实名/通用网址等。

② 网络品牌需要一定的信息传递手段。如搜索引擎营销、许可 E-mail 营销、网络广告等都具有网络品牌信息传递的作用。

③ 网络品牌价值的转化。如网站访问量上升、注册用户人数增加、对销售的促进效果明显等,这个过程也就是网络营销活动的过程。

跨国界的网络营销对品牌文化内涵提出了更高的要求。网络营销要求企业为满足不同国家和地区顾客的需要,应赋予品牌不同的文化内涵,例如,雀巢咖啡在不同区域就实现不同的定位或改变产品个性。因此,企业应该针对不同网站影响的主要地区或客户群的差异,适应当地或目标客户群的文化特征。例如,宝洁公司为了避免其旗下几十个品牌之间的相互冲突,干脆为每个品牌单独建立了一个网站。

2) 定价策略

定价策略主要是指企业按照市场规律制定价格和变动价格等方式来实现其营销目标。由于信息的开放性,消费者很容易掌握同行业各个竞争者的价格,价格是否合理将直接影响产品或服务的销路,它是竞争的主要手段,关系到企业营销目标的实现。

(1) 影响定价的主要因素　主要有成本因素、供求关系和竞争因素等。在企业市场营销实践中,除上面3个主要因素外,营销的其他组合因素,如产品、分销渠道、促销手段、消费者心理、企业本身的规模、财务状况和国家政策等,都会对企业的营销价格产生不同程度的影响。另外,由于竞争者的冲击,网络营销的价格策略应适时调整,根据营销目的的不同,可分阶段制定价格,如在自身品牌推广阶段可以以低价吸引消费者,在考虑成本基础上,通过减少利润来占有市场;品牌优势发挥出来并形成一定销售规模时,可以通过规模生产降低成本来提高企业利润。

(2) 网上定价的策略　传统营销是以企业成本＋利润来定价。在网络营销中,价格策略转化为以消费者为满足意愿付出的代价为基础来定价,同时降低顾客的购买成本,产品和服务在研发时就要充分考虑顾客的购买力。网络"一对一"的营销特征使得顾客可在充分了解市场信息的基础上来选购或订制自己需要的产品或服务,顾客可以通过互联网络提出愿意付出的成本,企业根据顾客的要求提供柔性的产品设计和生产方案供用户选择,直到顾客认同确认后再组织生产和销售。B2B交易的价格往往是买卖双方通过广泛调查比较并经过网上反复询盘、还盘、磋商后最终确定的成交价格。这种定价模式符合真正意义上的以顾客为中心的成本策略。与成本相对应的是网络营销价格策略,网络营销价格策略主要有以下几个方面:

① 低价策略　由于互联网使得交易成本降低,所以一般消费者认为互联网的产品价格也应该较低。当企业为拓展网上市场,但产品已不具有竞争优势时,可以采用低价策略。网上定价可在网下价格的基础上进行打折,或者采用有奖销售和附带赠品销售。网站有时可实行部分产品超低价销售,目的也是招揽"人气",带动其他产品的销售。如当当从光盘生产厂家那里低价定制10万张光盘,以市场价1/10的价格售出,"赔本赚吆喝"的目的是为了制造轰动效应,促进其图书的销售。在网上公布价格时要注意区分消费对象,一般要区分消费者、零售商、批发商、合作伙伴,分别提供不同的价格信息发布渠道,否则会导致营销渠道混乱;同时还要比较同类站点公布的价格。

② 个性化产品定价策略　个性化产品生产分为两类,一类是面对工业组织市场的定制生产,这部分市场属于供应商与订货商的协作问题,如波音公司在设计和生产新型飞机时,要求其供应商按照飞机总体设计标准和成本要求来组织生产。另一类是按照消费者的个性化要求生产,利用网络技术软件,帮助消费者选择配置或者让客户自行设计能满足自己需求的个性化产品,同时承担自己愿意付出的价格。例如在Dell公司的网站上,顾客可以通过其网页了解本型号产品的基本配置和功能,根据实际需要和在能承担的价格内,配置出自己最满意的产品,然后下订单。

③ 按使用次数定价策略　随着经济的发展,人们对产品的需求越来越多,产品的使用周期也越来越短,许多产品购买后使用几次就不再使用,对此,企业可以采用按使用次数定

价的方式。顾客不需要完全购买产品,可以通过注册后直接使用产品,如用友软件公司推出网络财务软件,用户在网上注册后在网上直接处理账务,而无须购买软件和担心软件的升级、维护等非常麻烦的事情;在视频网站看电影,可以通过现在的视频点播系统 VOD 来实现远程点播或下载,按次数付费。

④ 拍卖竞价策略　网上拍卖竞价主要有竞价拍卖、竞价拍买、团购价 3 种方式。竞价拍卖主要用在 C2C 的交易中,包括二手货、收藏品。如一些公司将库存积压产品放到网上拍卖。团购价主要用于多个消费者结合起来向批发商(或生产商)以数量换取价格优惠的方式。由于网络为团购行为提供了实现的可能性,现在很多人非常乐于在网上进行团购,大到家居装潢材料,小到生活用品。

⑤ 免费价格策略　免费策略是最有效的市场占领手段。免费策略有 3 种形式:一类是产品和服务完全免费,即产品(服务)从购买、使用和售后服务所有环节都实行免费服务,如免费的信息报道、免费的软件下载、免费的电子邮件信箱等。另一类对产品和服务实行限制性免费,即产品或服务可以被有限次使用,超过一定期限或次数后,取消免费服务。如一些杀毒软件有免费使用期,鼓励大家下载试用。第三类是对产品和服务实行部分免费,如著名研究公司——艾瑞咨询的网站公布部分研究成果,如果要获取全部成果必须付款作为公司客户。第四类是对产品和服务实行捆绑式免费。

目前企业在网络营销中采用免费策略的目的一是先占领市场,目的达到后,再开设收费项目。阿里巴巴继续对会员注册和发布信息实行免费,甚至免费提供"贸易通"供客户下载。但在会员数超过百万,网站已形成气候后,推出"诚信通"和"中国供应商"两项收费业务。这两项业务的开展,一下子使免费会员的成交概率大为降低,迫使一些厂家购买收费服务。二是想发掘后续商业价值,它是从战略发展的需要来制定价格策略的,主要目的是先占领市场,然后再在市场上获取收益。同样的,Yahoo 公司通过免费建设门户站点,经过 4 年亏损经营后,通过广告收入等间接收益扭亏为盈,但在这 4 年中公司却得到飞速增长。免费策略还可以获得资本市场对公司的认可和支持,因为资本市场更看好其未来的增长潜力,而它的免费策略恰好是占领了未来市场。

⑥ 动态定价策略　网络动态定价是指在网络营销过程中,企业利用网络技术,根据单个交易水平的供给状况、不同时间消费者所能承受的价格差异,即时确定购买产品或服务的价格。定价工具有时基定价策略、消费者价值定价等。动态定价可以使企业提高对固定资产的利用率,降低成本,增加了竞争对手监督企业产品价格变化的难度,使竞争对手的价格紧随策略很难实施。

网络动态定价在产品生命末期的运用最为明显,此时企业急于减少损失而不是获得最大化收益,因此市场中产品固定的清仓价格通常较低,而通过网络拍卖的方式,可以尽快获得回笼资金。动态定价策略可以根据供应情况和库存水平的变化,迅速、频繁地实施价格调整,为顾客提供不同产品、各种促销优惠、多种交货方式以及差异化的产品定价。这种策略与潜在消费者需求紧密结合,企业可以根据登录文件和跟踪每位消费者的点击流,适时提供特别服务,与更多的潜在消费者实现交易。例如,在同一航班中乘客的机票价格不同,但对航空公司来说每次航班客满的收入总比座位空着要高(不同机票代理公司的价格不同,起飞前的余票价格往往很低)。

⑦ 比价策略　网站提供搜索引擎,收集同一类产品的销售量和价格信息,对价格进行比较,使顾客可以在一家网站"货比三家"。例如,当当网的智能比价系统,每天比一次,保证

比其他网站价格低10%。

⑧ 捆绑定价策略　即购买某种商品或服务时赠送其他产品与服务。厂家在网上通过购物车或其他形式进行报价,其实质是一种变相折扣或价格减让,目的是销售更多的产品。运用此种策略要注意,一是让顾客自己搭配商品,不可勉强搭售,以免顾客反感;二是巧妙运用多种相关商品组合,让顾客有更多的选择余地,顾客甚至可以自行设计搭配方案,然后买卖双方在网上协商定价。

⑨ 促销定价　每逢重大电商节日,例如：天猫的"双11"、淘宝的"双12"和京东的"6.18",各大商家为了促进销售、降低库存,往往采用促销定价策略,"满减送""包邮""打折销售""买一送一"等是商家常用的促销手段,以此吸引客户的"眼球"。

3) 渠道策略

渠道策略主要是指企业以科学合理地选择分销渠道和组织商品实体流通的方式来实现其营销目标。其中包括与分销有关的渠道覆盖面,商品流转环节、中间商、网点设置以及储存运输等可控因素的组合和运用。渠道策略主要涉及分销渠道及其结构、分销渠道策略的选择与管理、批发商与零售商及实体分配等内容。

网络营销渠道类型有网络直销渠道、网络间接营销渠道等。

(1) 网络直销渠道　网络直销情况下生产企业可以通过建立网络营销站点,顾客可以直接从网站进行订货,并通过网站直接支付结算。网上直销减少了流通环节,有效降低了成本;生产者可以通过网上营销渠道为客户直接提供售后服务和技术支持等。

(2) 网络间接营销渠道　是指在企业产品或服务销售过程中为提高各种服务起到一定促进作用的网络中间商。这些中间商由于在市场信息、规模、技术、知名度等方面的优势,能更有效地帮助单个企业实现销售,它们与企业是一种专业分工与合作的关系,承担着收集信息、促销宣传、关联营销、结算支付等职能。

4) 促销策略

促销策略是指企业如何通过人员推销、广告、公共关系和营销推广等各种促销方式,向消费者或用户传递产品信息,引起他们的注意和兴趣,激发他们的购买欲望和购买行为,以达到扩大销售的目的。企业将合适的产品,在适当地点、以适当的价格出售的信息传递到目标市场,一般是通过两种方式:一是人员推销,即推销员和顾客面对面地进行推销;另一种是非人员推销,即通过大众传播媒介在同一时间向大量顾客传递信息,主要包括广告、公共关系和营业推广等多种方式。这两种推销方式各有利弊,起着相互补充的作用。此外,目录、通告、赠品、店标、陈列、示范、展销等也都属于促销策略范围。一个好的促销策略,往往能起到多方面作用,例如,提供信息情况,及时引导采购;激发购买欲望,扩大产品需求;突出产品特点,建立产品形象;维持市场份额,巩固市场地位等。

网络促销方式分为推式战略和拉式战略两种:

(1) 推式战略　制造商采取积极措施把产品信息提供给网络中介商,网络中介商采取积极促销手段把产品信息发布给消费者,使消费者产生购买欲望,从而实现通过销售渠道推出产品,完成厂家与消费者的沟通与联系。

(2) 拉式战略　也称吸引策略,一般是通过使用密集型的广告宣传、销售促进等活动,引起消费者的购买欲望,激发购买动机,进而增加中间商的压力,促使零售商向批发商、批发商向制造商进货,最终满足消费者的需要,达到促进销售的目的。

拉式战略主要有以下几种方法：

① 进行广告宣传 苹果公司每次推出新款手机产品,都在其官网和相关媒体上大力宣传,吊足消费者胃口,刺激"苹果粉"购买欲望,达到"饥饿营销"效果。

② 实行代销、试销 代销和试销具有试验的性质,因为新产品初次投入市场时,销售情况难以预料,流通部门不愿大批量进购。通过这种方式,可以消除他们的疑虑,建立对企业产品的信心。

③ 利用创名牌、树信誉增强用户的信任感 在产品销售中,顾客最关心的是产品质量、使用效果和使用期限。有了名牌产品、高质量的服务自然对顾客具有吸引能力。

④ 召开产品的展销会、订货会。

任务5.4 直销

【引导案例】

创新举措驱动直销行业发展——安利

2018年9月19日,由《经济观察报》主办的2018中国创新峰会上,安利(中国)凭借从数字化、体验化、年轻化到以拓展忠实顾客、打造全新社交电商平台等创新举措,为直销行业发展提供价值驱动,荣获2018年度最具创新营销模式奖。

早在2014年,进入中国市场近20年的直销巨头安利,就已感受到转型和变革的挑战,并开启了战略创新的探索,从数字化、体验化、年轻化到近期以拓展忠实顾客、培养年轻领导人为核心战略,安利走出了盘整期,重回业绩增长轨道。

今天的安利,已是一家名副其实的互联网+企业,80%的业务都已迁移到了线上。2018年9月3日,安利的社交电商平台再度升级,安利式创业的2.0模式——"安利微购"平台正式上线,"安利云购"平台全面升级。安利全球执行副总裁及安利大中华总裁颜志荣说,希望通过"一部手机、一个兴趣、一群朋友"的"三个一"模式,帮助营销人员实现轻松创业。

1) 安利战略创新,重塑直销价值

安利进入中国经历长期快速发展后,面对外部商业环境变化,在2015年进入了调整期。"共享单车打通了城市交通的最后一公里;支付宝、微信让我们迅速迈入无现金社会,各大互联网企业都在争先恐后地布局线下商业实体,试水'新零售'",颜志荣曾这样感慨中国正在发生的快速变化。

时钟拨回至2015年8月,正值安利(中国)20岁生日,颜志荣结合安利全球"2025战略",给出了安利中国创新求变的方向:通过全面实施体验战略、数字化战略和年轻化战略,为直销体系插上移动社交电商的翅膀,推动传统直销模式转型升级,为营销人员打造O2O大众创业平台,力争到2025年实现安利平台上的成功创业者数量翻番。

历经3年的调整变革,以及近期围绕提升数字化体验、拓展忠实顾客、培养年轻营销领导人等目标,安利通过线下店铺的体验化升级,线上社交电商平台的建设,以及物流配送和售后服务的完善,打造出了全渠道的卓越体验支持体系,全面赋能营销人员转变作业形态,提升顾客体验。颜志荣说,"安利抓住了科技腾飞、消费升级的机遇,我们已经摸索出一套适合中国现状的打法"。

2) 赋能直销渠道创业者

微商和拼多多的迅速崛起,让人看到了社交电商的无限潜力。刚刚上线的"安利微购",

即是安利社交电商的入口,也是新创客的起跑线,它集简单、轻松、收益及时的优势,只需一部手机就能将爆款产品分享给消费者,分享社交电商市场的红利。

安利不仅是世界最大的直销公司,也是直销行业的奠基者和风向标。正是基于中国社交媒体、电商、O2O社群经济、线上支付、物流体系的高度发展,安利中国快速完成了自己的战略创新和模式升级。在线下,安利正将遍布全国的200余家传统店铺升级改造为体验馆、体验店,目前已建成94家;在线上,安利目前线上销售份额已超过80%,成为中国颇具规模的自有电商平台;在物流端,安利与京东合作,一、二线城市24小时即可送货到达,偏远地区也缩短到3天以内;售后服务方面,安利与海尔旗下日日顺合作,将安利家科系列产品的保修、维修提升到业界最高水准。

依托社交电商平台,安利的模式创新还在于打造安利的生活方式生态圈。因应中国城乡消费升级,结合社会潮流趋势和自身的产品优势,安利与营销队伍合作开发出各种生活方式社群活动,通过美体、美食、美颜三大生活圈,依托安利的全线优质产品和营销人员的个性化优质服务,为垂直细分顾客提供生活方式解决方案,帮助顾客变成更好的自己,成为朋友圈里的生活达人和意见领袖,并通过支持这些生活达人在安利平台自主创业,形成一个复制和演进的闭环。安利公司则通过产品解决方案、线下体验馆、电商平台、教育培训、内容生产、品牌建设、线上社群等,赋能营销人员根据自己的兴趣和优势经营自己的生态圈。

近年来,安利为贴近年轻消费者,在营销策略上与热播大剧、网综深入合作,如《那年花开月正圆》《如懿传》《口红王子》等,俘获了众多年轻粉丝。随着安利云购的升级和安利微购的上线,安利产品的购买行为,也更趋社交电商化,同时进一步加强安利与年轻创客和消费者之间的黏性和情感链接。

直销(Direct Selling)是一种古老而先进的营销模式,但是在现实生活中"直销"又是一个常被误解的概念。有些人会把直销和直效行销(Direct Marketing)混淆,更有些人把直销和非法传销、"老鼠会"相提并论。通过本节的学习,理解直销的确切含义,了解直销与相关概念的联系与区别,明确认识非法传销鱼目混珠、扰乱直销市场的行为,澄清直销被误解了的科学内涵。

5.4.1 直销概述

1) 直销的定义

直销是指直销员在固定零售场所以外,以面对面的方式向渠道终端或最终消费者推销产品的一种销售形式。直销以服务为目的,直销员与潜在顾客进行一对一的沟通;而直销所背负的社会使命就如同一般生意人一样,除了尽量生产开发最理想的产品,以满足消费者需要之外,更希望能引起消费者"再次消费"的动机。也就是说,直销过程中很多促销工具的使用目标都是使公司保持与顾客之间的公开对话,并且和顾客之间建立一种长期的良好关系。在此前提之下,售货前、售货中及售货后的服务,就成为直销员的工作重点。

2) 直销的分类

简单地说,直销可分为单层次直销和多层次直销两类。

(1) 单层次直销 单层次直销又称为传统直销,是最古老的销售方式之一,即由直销人员从厂商处直接进货,然后直接卖给消费者,而且无论他们是依据卖货额领取佣金还是领取工资,都与直销公司是合同关系,也就是说,由厂商到消费者之间只经过一个层次。比如入户访问推销或地摊销售,都属于这个范畴。由于流程简单,单层次直销减少了许多中间利润的转嫁,这也就是为什么同一品质、同一厂牌、同一款式的物品,在地摊上卖的比百货公司便宜得多的原因。而且,减少了中间环节,所销售的产品也可以减少被仿冒的几率。美国雅芳公司在20世纪90年代初刚刚进入中国的时候,采用的就是典型的单层次直销的模式。

(2) 多层次直销　多层次直销是指直销公司通过多层的、独立的直销员来销售商品。多层次直销是目前争议最大的一种直销方式。在这种销售方式下,每一个直销员除了可将商品销售之后从公司得到佣金外,还可以向公司推荐新的业务人员,发展自己的多层次直销网络,并根据其网络销售业绩的大小从公司得到一定的奖金。而且,每一个被推荐进入网络的新成员亦可循此模式,通过推销产品和发展自己的销售网络所取得的销售业绩而得到更多的奖金。

无论是单层次直销还是多层次直销,都属于直销的范畴。

销售方式的分类,可用图5.9.1予以表示。

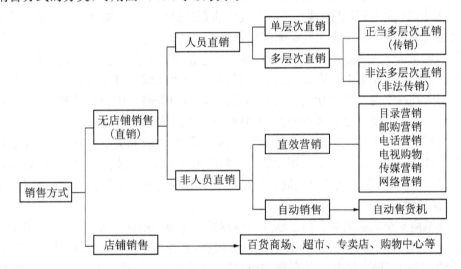

图 5.9.1　销售方式的分类

这个分类,体现了直销定义的两个特点:一个是从有无店铺方面进行的区分;另外一个就是进一步通过是否人员销售加以区别。这基本上反映了不同直销方式的特点。

3) 相关概念的辨析与界定

(1) 单层次直销和多层次直销的异同　单层次直销(Single-level Marketing)是指直销人员直接从生产厂家拿货卖给消费者。这在世界商品史上自古有之,并且持续至今。从古代走街串巷的货郎到今天登堂入室的销售人员,都属于这种销售模式。

多层次直销(Multi-level Marketing)制度是直销中很重要的一种营销手法,又称为"网络营销"(Network Marketing)、"结构营销"(Structure Marketing)或"多层次传销"(Multi-level Direct Selling)。多层次直销是能够成功地将产品与服务直接销售给消费者并使独立销售人员或直销商获得收入的方法。多层次直销的最大优势是其奖金制度。多层次直销人员有两种取得奖金的基本方法:

第一种,直销人员可以经由销售产品及服务给消费者而获得零售奖金。

第二种,直销人员可以自直属下线的销售额或购买额中赚取奖金,也可自直属下线之再下线组织的总销售额中赚取奖金。

因此，多层次直销提供直销人员独立创业的机会，不但销售产品及服务给消费者，也发展及训练下线组织从事直销事业。

多层次直销在国际市场又叫传销或者多层次传销。实际上直销刚刚进入中国的时候就叫传销，这两个词都是由英文 Direct Selling 翻译而来的，后来被我国主管部门禁止的"非法传销"实际上在海外称为"金字塔销售"。

本书所要研究的是以销售一般消费品为主，并以人与人之间的关系作为渠道实现其销售目的，也就是所谓的单层次直销和多层次直销。

① 单层次直销与多层次直销的相同点　与其他营销方法比较，人员直销，无论单层次还是多层次，都具有一些共同的优点：第一，它不受时间与空间的限制，随消费者与直销商的方便，在任何时刻、任何地点都可进行；第二，经由面对面的沟通，所有的沟通感官，如听觉、视觉、嗅觉和触觉都可以应用，同时消费者可以说明自己的需求，而由直销商针对顾客的需求提供产品或服务的信息，使消费者对产品或服务有充分的了解。因此从活动的角度来看，直销充分应用到"关系营销"的理念。一个成功的直销商必须学会如何和顾客建立长久的关系，并通过现有顾客不断地重复购买来维持稳定的业绩。

但是，正是由于人员直销的这些特点，给人员直销带来了很多争议。如由于直销人员可以在任何时间、任何地方销售产品，对其管理就是一个大问题。直销人员在没有监督时，为了销售产品，往往会对产品的功效夸大其词，引起人们的普遍不信任和反感，甚至投诉至管理部门；有的直销人员甚至有欺诈嫌疑，可能触犯相关法律。

A. 直销公司和直销人员的关系一般是经销关系，而非雇佣关系，即销售人员不是公司员工，而是独立的直销商。由于采用独立的直销商可以省掉一大笔固定的人事费用，所以绝大多数直销公司都采用独立的直销商。但是独立的直销商不是公司的员工，公司对他们的要求或控制管理较难。

B. 直销商是全职或兼职。由于独立直销商的工作很自由而且很有弹性，吸引了很多兼职的人加入。据美国直销协会 1995 年的一份调查，有超过一半以上的直销商有其他的工作；有大约 8% 的直销商是全职做直销（全职是以每周花 30 小时以上做直销工作为依据）；另有大约 42% 的直销商是兼职的方式（没有其他工作，但每周花不到 30 小时做直销）。

② 单层次直销和多层次直销的不同点

A. 不管是多层次还是单层次，其直销都是一种人员销售。单层次直销人员一般是公司的员工。但多层次直销有独立自主的中间商，可以享有与其能力、技术、投入精力和时间成正比的利润收入，或称奖金。这个方式可以加上直销商管理自己建立的另一直销网，只要销售良好，上层直销商将可获得管理服务报酬。

B. 单层次直销属于单纯性系统，就是销售层（又称作业层）只有一至二层，连同管理层不超过三层次的直销系统。单层次直销人员一般仅负责销售工作，公司有相应的市场促销活动和专门的售前支持及售后服务。多层次直销是比较复杂的组织，简单地说，就是销售层与管理层超过三个层次以上的直销系统，有时候其直销网非常复杂，此种多层次的作业，没有地区的划分，但以直系直销商为单位来管理。多层次直销人员要完成发现顾客、洽谈、签约、送货和售后服务，几乎没有公司促销广告及售前售后的支持。

C. 多层次直销奖金制度采用多层制度，即直销人员除了销售产品之外，还可以吸收、训练下线，借着奖金制度的设计，直销商可以自其下线的业绩中获得部分的奖金。多层次直销又称传销或多层次传销,其实就世界上通用的名词,单层次或多层次都是属于直销。由于多层次制度有更高的激励效果,使得大部分的直销公司都采用多层次制度。但是多层次制度的设计与执行必须非常小心,因为稍有不慎就会成为猎人头敛财的"老鼠会"或称非法的金字塔销售(Illegal Pyramid Operation),一般经济发达国家和地区都有有关法律来管制类似的营销公司。起初多层次直销制度风行于美国,后来拓展到加拿大、日本以及德国、意大利和中国香港等地。

(2) 多层次直销与直效营销的区别 "直效营销"起源于美国,也称"直复营销""直接营销"(Direct Marketing)。它是个性化需求的产物,是传播个性化产品和服务的最佳渠道。它以1872年蒙哥马利·华尔德创办第一家邮购商店为代表。20世纪二三十年代,直效营销由于连锁店的大力兴起而衰落,80年代以后,又由于信息化社会的迅速发展和人们图方便的购物心理而再次兴起。现在"直效营销"几乎遍及全球所有市场经济成熟和发达国家。

根据美国直效营销协会(ADMA)的定义,直效营销是一种相互作用的营销系统,它利用一种或多种广告媒体,在任何地方产生一种可衡量的反应或交易,如目录邮购、电视购物、网络购物等。

直效营销有以下三个显著区别于多层次直销的特征:

① 形式上的区别 多层次直销是绕过较多的中间环节,由生产厂家或是专门组建的直销公司招聘专职和兼职的销售人员,并进行严格培训,组成直销网络,形成一套严格的管理和激励制度,由销售人员把商品直接销售给顾客的一种零售方式。

而直效营销是指生产商不经过任何层次的中间商而直接将产品销售给消费者,采用直效营销方式的生产商承担了营销流程中所有环节的工作和风险。

直效营销不存在人员相互间的"推荐和被推荐"关系,由于商品的最终交易达成并不需要销售人员去对个体消费者进行"面对面"或者"一对一"的促销说明,所以也就没有必要通过人员相互间的激励模式——推荐和被推荐的利益关系去激发销售人员的热情。

② 媒介物的区别 多层次直销强调人,多层次直销的主要媒介是具有丰富经验的销售人员。按照营销学的观点,它是属于产品促销策略中的人员推销。

而直效营销强调的不是人,它基本上没有销售人员参与,并且尽量将销售人员数量降到最低限度。它的主要媒介是邮寄目录、电话、电视、直接响应广告或最近兴起的网络等,通过这些媒介来销售产品或服务。

直效营销不存在对人员的培训,没有必要通过对销售人员采取培训这种方式来最大限度地提高其忠诚度、综合素质和销售技能。

③ 情感上的区别 多层次直销是通过企业培训的销售人员与顾客面对面的交流来完成整个交易过程。从这个意义上来说,多层次直销不仅仅是一种销售方式,它同时也是一种情感沟通方式。通过这种销售方式,达到企业与顾客的互动。多层次直销更强调情感的付出与投入、交流和响应的快速性。

直效营销包括购货目录营销、邮购营销、电话营销、传媒(电视、杂志、报纸)营销以及最新出现的(计算机)网络营销。企业通过这些没有任何感情色彩的媒介,完成整个产品营销过程。直效营销更强调的是择货和购货的便利性,不带人员沟通的感情色彩。

(3) 多层次直销和非法传销的区别 在上面曾提到的"非法传销"就是海外所称的"金字塔销售(Illegal Pyramid Operation)"。那么什么是"金字塔销售"呢?"金字塔销售"实际上是一种骗局。其架构为:由所谓某"投资"或"买卖交易"办法来推广组织,利用几何级数的方式,赚取加入这些办法的新成员所缴交的费用,借以牟利。各国(地区)司法部门所发现的相关的诈骗方式,名称琳琅满目,包括"连锁信"(Chain Letters)、"滚雪球"(Snowballs)、"连锁式销售"(Chain Selling)、"金钱游戏"(Money Games)、"推荐式销售"(Referral Selling)、"投资乐透抽奖"(Investment Lotteries)、"老鼠会"(Rat Club)等等。全球有无数立法机关均明令禁止金字塔销售。

一般认为,隐蔽的金字塔销售公司表面上与正当的多层次直销公司一样都是直售商品,但金字塔销售公司往往有如下特点:

① 传销商加入时要投入很高的入会费。

② 公司不是根据销售额给予传销商奖励,而是根据发展下线给予奖励。

③ 硬性规定传销商要买大量的商品(存货负担)。

④ 对传销商退货予以限制(存货负担)。

⑤ 夸大收入,骗人入伙。

正当的多层次直销公司的入会费都不高,不是根据发展下线给予奖金,而是根据销售额给予奖金,没有存货负担,不限制退货,不夸张骗人。

需要重点说明的是,对于非法传销,人们已经能够进行判断,本书研究的重点是多层次直销,不仅从是否合法去鉴别,而且侧重于从市场营销学和经济学的角度去探讨、分析。

4)直销的特征

有一位营销专家说过:"直销是一种传播与销售相结合的销售形式。就方式而言,没有是非问题,只是选择如何做好工作的问题。直销是一种文化,培训是文化,组织管理也是文化,很值得研究。"确实,直销是一种文化,其独特的文化内涵主要表现在以下几个方面:

(1)直销推广的是新的经营理念 直销作为一种新兴的营销方式,它所要推广的不仅仅是一种信息,还是一种新的经营理念,如健康理念、财富理念、合作理念、成功理念和自由理念等。

(2)销售者、消费者、经营者三位一体 社会化大生产将再生产过程分解为生产、流通和消费三个阶段,这应该说是社会的一大进步,从此,生产者专门管理生产,销售者专门管理销售,社会分工体现得很明显。然而,问题由此产生。首先,生产者要花很大精力去调查市场,研究消费者需求,从而开发出适应市场需求的新产品;产品开发出来以后,又要花大笔费用去宣传产品,以争取在市场上占有一席之地。其次,销售者要以消费者为导向,购进产品,再向消费者推销产品,这就冒着产品积压可能造成损失的风险。这样,无论是对生产者还是销售者,甚至是消费者,都是极其不利的。

那么,是否有一种能使生产者、销售者和消费者都各有所得而又不冒太大风险的经营方式呢?那就是直销——多层次直销。

应该说多层次直销是吸收了单层次直销和传统经销方式的优点而产生的一种销售方式,是对单层次直销和传统经销方式的综合和升华。其突出的表现就在于,让消费者参与销售,让经营者与销售者沟通,消费者、销售者以及经营者合三为一。

(3)直销是一项合乎人性的事业

① 直销特别是多层次直销与传统销售方式的不同之处就在于它是利用人际关系来销售产品的,即在亲朋好友中销售产品。这不免会引来"杀熟""骗人"的指责,但事实上以这种心态去从事直销是不会长久的。直销界有句名言:"好商品与好朋友分享",就是要让你的朋友感受你是在给他介绍一个好商品和好机会,大家来一起分享产品的好处和创业的乐趣。

别人的误解都是暂时的,作为一个直销员,如果能够做到凡事以朋友的利益为前提,真心真意地为对方着想,那你一定会得到朋友的认可。

② 在传统的企业中,工作通常是面对机器或者威严的上司,这很容易让人产生抵触情绪。但直销却不同,它是以人为中心,以人的需求为中心,以人际关系为纽带的,让你有一种团体归属感。而且,多层次直销是以互利互爱为出发点的。因为每个人都需要机会,每个人都在寻找机会,而直销上线正是在给下线提供机会。所以,对朋友们而言,向他们推销,推荐他们入网,是在帮助他,而非利用他。所以说,多层次直销又是一个互惠互利的事业。

③ 做直销最终就是做人,是对人性的一种考验。你的私心杂念越少,你的结果就越好。随着组织的壮大、级别的提高,你的一言一行就得十分注意。做直销,最终不是做产品,也不是做制度,而是做人,是完善你的人格,使你珍惜自己的信誉。多层次直销最珍贵的是什么?不单是你的业绩和收入,而是你的下线,你的直销网。最终,你收获的不仅仅是财富,还有自己符合人性的改进。直销让你的人格趋于完美。

(4) 直销是以商会友,以友促商　多层次直销与其他销售方式的一个重要的区别在于销售后的行为。无论何种销售,包括一些采取上门推销方式的销售,其目的都仅仅在于把商品销售出去。当一次销售完成后,销售者或生产者至多再打电话或上门问一下使用情况,而不会有更多的售后服务了。而多层次直销的销售者除了商品销售之外,尤以"交友"为主要目的。简单地讲,就是在多层次直销的情况下,每一位直销员在达成一笔交易将商品销售出去以后,要使消费者深信自己所买的产品是真正优秀的产品,然后建议消费者也参加到销售这种产品的行列中来。即销售出产品只是其中的一项目的,而直销员们的最终目的是和顾客成为朋友,以便使其永续地消费产品,甚至最终加入直销的行列中来。直销正是通过这种人际关系的不断扩展来发展自己的事业的。

(5) 直销给每个人的机会均等　市场竞争给人们的最大感受就是其残酷性。许多人在竞争失败后才想到要寻找新的机会。还有一些人本来就缺乏竞争中所需要的学历等条件,传统企业不能给他们一个公平的机会,让他们去展示自己的才华,因而,许多有能力的人都被埋没了。然而,在直销行业中,无论你的学历如何,背景如何,你都可以进去试一试,在平等公正的规则下,尽情发挥自己的才干。可以说,多层次直销开创了一个全新的天地,它选择自己的中间商——直销员时,给了他们一条同样的起跑线,让他们只花微不足道的资金就可以实现自己的经商梦。这也就是说,无论何人,无论他从事何种职业,无论他有多大的经济实力,只要他愿意,都可以成为直销员。机会对任何人都是一样的。然而这个梦做得如何,那就靠个人的努力了。只要你肯努力,肯付出,直销就会给你一个满意的结果。

(6) 直销中可以兼享天伦之乐　在传统事业中,住家与店面或公司通常是分开的,这是为了人们的私生活不受干扰。当然,为了享受天伦之乐,把住家与店铺结合在一起,也无可厚非,但因传统生意是无法选择顾客的,所以居家安全性也会相对降低。而在直销行业中,夫妻搭档是最普遍的事,也是最佳组合。不少男人觉得面子上过不去,其实不然,在直销里,夫妻店最好开,做起来最好。

直销事业的经营者最重视人际关系,如果家庭都不和睦,怎么待人接物? 所以,做直销的人通常都要取得家人的同意后才会做得很好。尤其是夫妻亲密合作,搭配良好,在向外人做产品推荐时,更容易取得信赖,同时,也就促进了夫妻关系的改善。夫妻两个人共同分担直销过程中的困难,共同享受直销所带来的喜悦,这也使得夫妻之间更加密不可分。成功的直销者在接受嘉奖时,很少见到一个人单独出来领奖的,原因也就不难理解了。

与家人同心协力做直销,不像做零售一样要盯牢店面,却可以有"在家开店面"的优点。只要保持适当的产品库存量(不必囤货,但最好有一些样品供参观),随时可以邀人到家中喝喝茶、聊聊天,轻轻松松就把生意谈妥了。这也可以说是令传统行业望尘莫及的一个特点。

5.4.2 直销的优势与销售效率分析

1) 直销的优势

直销之所以能以惊人的速度在全球推广,是因为直销自身拥有其他传统销售方式所不具有的明显优势。首先,直销的优势在于省去了传统销售中的中间环节,商品价格相对便宜,满足了人们对物美价廉商品的消费追求。其次,直销既为消费者节约了时间,又提供了方便,使人能在短时间内简单明了地获取商品信息,而且足不出户便能得到称心如意的商品。第三,直销改变了传统销售方式,发展为高层次的关系营销,可形成基本而稳定的最终消费者和用户,或使消费者成为公司产品的习惯购买者,双方之间创造了更加紧密的工作关系和依赖关系。第四,直销突破了营业场所和地理位置的局限,变坐店等客为广泛寻客,由被动销售变为主动销售,既弥补了市场发育方面存在的某些不足,又实现了商品从企业到用户的最快流通。第五,通过直销,厂家还能准确了解顾客信息,更好地跟踪服务。

归纳起来,直销除了上述几个最基本的优势外,在营销过程中还具体表现出以下四个方面的优势特征:

(1) 可以从事个性化销售

① 引导消费者正确选购　有些商品,例如保健品和护肤品都有它独特的功效和功能,这些功能并不是在包装盒上能够很清楚地说明的。面对商店琳琅满目的同类商品,在没有人介绍,甚至没有看到广告的情况下,顾客一般都不会主动购买某种不了解的保健品。

帮助消费者选购产品,不仅仅局限在对产品的介绍方面,直销员还可以根据顾客的需要有针对性地推荐产品。销售人员在向顾客推荐保健品的时候,先要了解顾客的身体状况,然后才针对性地帮顾客挑选产品配合使用,并详细介绍产品的各种功效。这在一般的商场售货人员是无法做到的。

② 指导产品的正确使用　理性购买仅仅是第一步,接下来的使用方法是否恰当仍会影响产品的效果。尤其是美容护肤用品,不但讲究使用的"程序",也非常讲究使用方法。正如一位直销公司的负责人在谈到这种指导性的重要时所说:"我们在销售的时候,并不只是把一个产品卖给顾客,我们会教顾客怎么使用护肤品。正确使用是非常重要的,否则,如果使用方法错误的话,不仅得不到好的效果,甚至会有反作用。"

在一般人看来,保健品一般是吃得越多越好,但某公司曾就其产品做过白鼠实验,每次服用量超过一定限度后,效果反而变差。

直销由于采用的是面对面的销售方式,直销人员便可以详细地指导消费者正确使用产品。尽管有些商场售货员或者促销员也可以做到,但往往不能与顾客充分沟通。而直销人员在长时间的交往中,往往会与消费者形成信任关系,在使用方法方面的指导效果会更好。

③ 减少或避免了假冒伪劣产品的可能性　由于直销采用的方式是与顾客面对面地进行交流,产品本身就是最直接的推销员,再加上直销员本人就是产品的消费者,而眼前的消

费者又有可能成为公司以后的直销员。这样的关系使提供优质的产品已不仅仅是一种责任,而是公司实现自我扩大的必然手段。

④ 直销从业人员可以得到专门的培训　同样是销售人员,直销人员相对于商场售货人员的优势之一,就是可以接受专门的、较多的培训。

对直销人员进行培训是直销管理的核心之一。这种培训除了业务拓展培训外,更重要的是产品相关知识及健康知识的培训,以便能更好地服务消费者。

某公司总裁介绍说:"在我们的系统教育里,都要做护肤培训,甚至我们的专卖店还常驻一个美容师。每开一个专卖店,都必须要有一个店员到总公司来接受美容护肤的培训。"

有的公司提出:"业务人员是消费者的健康顾问","销售代表是消费者的'美容顾问'"。要成为"顾问",不但要对公司产品有相当程度的了解,而且对相应的健康知识、美容知识也要有充分的了解。

在公司,除了通过专职讲师对业务人员进行培训外,还会制作大量教育光盘、文字资料等作为培训之用,这在业内称为"辅销资料"。正是有了这种培训,销售人员才能指导顾客正确选购和使用产品,并提供相应的售后服务。

(2) 可以减少中间环节及成本　在传统营销方式里,各级批发商都是按公司组织的。一级批发企业的科室设置有内贸、外贸、生产加工、保卫、行政、后勤、外联等,像这样的庞大机构,需要多少的人力、物力和财力? 即使二、三级批发公司规模稍小,但也五脏俱全,费用不会低,况且各级批发还要占用大量的流动资金,所有这些费用最终都要转嫁到顾客身上。对于直销而言,上述费用就不会发生。直销公司仅需要一批精干的直销商组成一个庞大的网络就可以完成对产品的销售。当然,公司得给直销商付直销费,但这比传统销售环节中发生的费用要少 $1/2\sim 2/3$。

另外,现在的产品,尤其是新产品,如果不借助强有力的广告等促销手段来推进,要想全面占领市场,几乎是不可能的。而广告促销需要投入大量资金,一个企业每年投入几百万元甚至上千万元做广告是常事。而直销,则根本就不用做大量广告,仅需少量的资料费、组织费和培训费就可以把产品销售出去,只需在销出产品后,给予直销者业绩奖励即可,无须投入大量的促销费用。

(3) 可以提供长期的一对一的售后服务　有位化妆品直销公司总裁说:"消费者买了护肤品,80%会遇到问题的。不是说皮肤会出现什么问题,而是她一定要提出很多问题,例如使用的问题、效果的问题等。但消费者不可能隔三岔五地跑到商场来咨询,而我们一直有人跟踪做售后服务,所以我觉得直销的优势就在这里。"

提供售后服务的一个重要目的在于跟进了解产品的使用效果。许多消费者对产品寄予厚望,也希望能很快见到效果,但使用一段时间后没明显的感觉,往往会对产品失去信心。事实上,产品使用时间的长短也会对效果带来影响,有时候因为更换产品,而导致了功亏一篑的结果。不过,对某种产品来说也不是使用时间越长越好。比如使用护理用品一段时间后,肤质会发生改变,这就需要更换新的产品来继续护理,而有的消费者并不了解,长期使用同一种产品,结果事与愿违。部分产品在使用过程中会出现排毒等状况,这会使消费者在使用过程中感到不适,如果没有专人指导,往往会担心是产品的问题而不再使用,对产品失去信任。

直销对企业和消费者来说,是一个双赢的选择。从消费者角度来看,企业对其进行健康咨询,使健康知识得到普及,不但进一步增强了顾客的保健意识,而且还为其选购保健产品提供了科学的指导,使之购买到适合自己的保健产品;从企业来说,通过对消费者的健康咨询,可以促进其对健康产品的需求,带来市场容量的扩大,而通过指导消费者科学地选购产品,使其从产品中受益,则有利于培养企业的忠诚顾客,给企业带来销售的良性增长。

"吸引一个新顾客所耗费的成本大概相当于保持一个老顾客的 5 倍",这已经是营销界的共识。在大多数企业正在绞尽脑汁去吸引新顾客的时候,直销无疑给市场提供了一份佐证:无论对于企业还是消费者,直销都是一种理性的选择。

(4) 可以快速得到市场需求的信息 一个直销公司总是拥有成千上万个直销商,有的公司达几百万人之多,这些直销商又面对着上亿的消费者,因此,他们可以把市场上的最新需求迅速地传达给公司,公司便根据这些需求来组织生产或改进产品,以满足市场需求。可以这样说,直销网络就是公司最大的市场调研网络。它深入到了市场的每一个角落里,可以自动地把市场中任何新信息及时反馈到公司,即使公司并未组织调研。凡做过直销的人都知道,直销商几乎无时无刻不在关注市场、关注顾客的动向,然后及时报告公司,以促进公司改进产品,为自己的直销创造最好的条件。

总之,直销为人们展开了一幅新的营销模式,这也符合社会前进的必然趋势。人们跟着广告走的时代已经过去,人们需要更直接、更清楚、更简捷地认识产品,直销正好满足了人们的这种需要。直销也使得商家可以用最简捷的方式了解用户的需求。直销使消费者和商家有了直接的对话,使消费者把自己对产品的感受呈现给商家,真正做了"上帝"。在这个过程中,商家和消费者都得到了自己想要的,而且省去了诸多步骤,提高了效率。由此可见,直销有着旺盛的生命力,是双赢几率最大的营销模式,并且与每个人的生活息息相关。

2) 直销的销售效率分析

(1) 人员销售的适用条件 不可否认,直销具有人员直销的优势,但并不是所有产品都适合使用人员直销的方式。对于何种情况适合人员销售,布恩和库尔茨在其《当代市场营销学》中进行了分析。他们认为,人员销售适用于以下情况:

① 消费者在地域上相对集中。
② 订购的数额较大。
③ 产品价格昂贵,技术复杂,需要进行特别处理。
④ 产品分销渠道短。
⑤ 几乎不面向潜在顾客。

表 5.4.1 是对人员销售和广告促销的影响因素比较。

表 5.4.1 影响销售的重要因素比较

变 量	有利于人员销售的因素	有利于广告的因素
消费者	地域相对集中、数量相对较少	地域相对分散、数量多
产品	技术复杂、使用复杂 需特别处理 顾客定制	标准化、使用简单 不需特别处理
价格	相对昂贵	相对较低
渠道	相对较短	较长

然而,直销公司的目标顾客广泛,产品使用也不算复杂,为什么这些公司还要使用人员

直销的方式呢?

　　直销具有优势,这种优势在于销售人员能够面对面地与顾客进行深入沟通并提供周到的服务。但是这种优势的获得,需要考虑它的成本,如果是通过较高成本获得的优势,那么这种人员销售的效率是不高的。

　　(2) 销售效率的概念及其评估　　对于直销而言,销售人员要完成寻找目标顾客、谈判、成交、送货、服务全过程,并进行促销活动(如产品演示),同时还要建立销售网络,进行培训等,这些都会影响到销售人员的销售效率。在这里通过对直销的销售效率进行研究,希望能进一步加深对直销的理解。

　　对于销售效率这个概念,在销售领域讨论较少,一个主要原因是销售概念不断扩大化,不像企业利润通过财务报表可以准确计算,销售效率很难定量分析。

　　一般而言,销售效率是指在单位时间、单位销售成本下产生的销售额,简单用公式表示就是:

$$销售效率 = 销售额 / 销售成本$$

式中:销售额是指销售商品的总收入;销售成本是指为了销售商品所支出的费用。

　　对于一个企业的整体销售效率,销售额主要是指卖出产品(或服务)收回的资金,简单地说,销售额=销售数量×产品价格。销售成本是指企业为了销售商品所支出的费用,包括销售部门薪资、奖金、市场费、电话费用、餐饮费、交通费、差旅费等直接用于销售方面的费用。

　　对于个人销售效率,销售额就是销售人员的业绩,销售成本是销售人员薪资、奖金、电话费、交通费、差旅费等。

　　影响销售效率的原因主要是销售额和销售成本两个方面。

　　对于传统销售方式,要想检验企业的销售效率,首先需要明确销售结构中的几个要素。每个企业的销售部门都可以通过以下三个基本要素来进行评估:

　　① 对销售人员和销售支持的投入　　人员支出包括工资与津贴。销售支持的支出通常包括聘用、培训、销售会议、销售资料、销售系统及相关设备等支出项目。对于只有为数不多的销售人员的小型销售部门来说,全年总支出大约只需几千元,而一个大型的多层次的销售队伍其支出可以达到几百万元之巨。

　　② 销售活动所需的资金投入　　销售活动通常是指企业采取的销售程序。这种活动作用于市场并能够为企业带来销售额与利润。销售程序中一般包括获取顾客线索、市场调研、需求分析与顾客拓展。

　　③ 销售队伍创造的销售业绩　　通常用销售额、利润额和市场占有率来表示,在衡量标准上有绝对数量、预期目标完成比例或者与上年相比的增幅。由于销售部门的决策会对企业产生长期与短期的影响,因此有必要对这些数据进行短期与长期两种分析。

　　传统销售方式有专门的市场部、技术支持部、顾客服务部,因此,传统营销讲究整体配合、分工合作,使销售效率大大提高。

　　提高销售效率的要点应是:低支出、高销售额与高利润、销售活动得当、销售活动单位回报率高并具有高度的成本效率。

【项目小结】

　　(1) 服务和服务营销在现代经济生活中具有重要的意义。服务是一方向另一方提供的一种或一系列的行为。这种行为必须对购买者有用，即它可满足某种欲望，带来利益。服务不一定需要物质产品的介入，如果需要物质产品的参与，产品的所有权也不发生转移。服务的基本特征概括起来有四点：无形性、不可分离性、差异性和不可储存性。服务产品营销与有形产品营销存在区别，服务营销组合策略在传统"4P"营销组合基础上增加至"7P+3R"策略，即产品、价格、渠道、促销、有形展示、人员、过程及留住顾客、相关销售、顾客推荐。

在服务营销中，服务质量管理至关重要。服务质量由技术质量、功能质量、形象质量和真实瞬间构成，同时，它又是一个主观范畴，它取决于顾客对服务的预期质量同体验质量的对比。服务质量测定的标准包括五个方面：可感知性、可靠性、反应性、保证性、移情性。根据上述五个标准，白瑞等学者建立了Servqual模型来测定企业的服务质量。企业提高服务质量的策略主要包括标准跟进和流程分析。另外，应对顾客期望加强管理，利用服务传递和服务补救来超出顾客期望。

服务营销的重要任务是加强对周围因素、设计因素和社会因素等有形展示进行设计，同时，制定有效的服务价格、促销、渠道、人员及过程策略。

（2）国际市场营销是在国内市场营销的基础上发展起来的，国际市场营销与国内市场营销是互相联系而又有区别的概念。国际市场营销环境主要从国际市场的经济环境、政治法律环境、社会文化环境等几个方面进行分析。在国际市场营销环境分析后，要依据市场规模等不同标准对国际市场进行宏观细分和微观细分，进而选择确定国际目标市场。国际市场的进入主要有产品出口、契约进入和投资进入等方式。在国际市场这种复杂的市场营销环境中，必须制定相适应的产品策略、渠道策略、价格策略、促销策略等营销组合。鉴于国际营销环境的复杂性等特点，国际营销组合策略的具体手段、内容也有别于国内市场营销组合的策略。

（3）网络营销是企业整体营销战略的一个组成部分，是为实现企业总体经营目标所进行的、以互联网为基础，利用数字化的信息和网络媒体的交互性来辅助营销目标实现的一种新型的市场营销方式。它以现代营销理论为基础，借助互联网、计算机通信和数字交互式媒体，运用新的营销理念、新的营销模式、新的营销渠道和新的营销策略，以达到开拓市场、增加盈利为目标的经营过程。网络营销是电子商务在营销过程中的运用，是营销领域的电子化。网络营销贯穿于营销的全过程，从信息发布、市场调查、客户关系管理，到产品开发、制定网络营销策略、进行网上采购、销售及售后服务都属于网络营销的范畴。

（4）直销是企业或生产者根据供货合同直接将产品提供给顾客，或者企业直接向顾客或消费者销售产品，其定义体现了三个明显特征：以人为本、以法律为准、以文为基。直销可分为单层次直销和多层次直销两类。单层次直销、多层次直销、直效营销、非法传销等之间存在区别。直销是一种文化，其存在独特的文化内涵。直销之所以能以惊人的速度在全球推广，是因为直销自身拥有其他传统销售方式所不具有的明显优势。影响直销销售效率的两个主要因素是销售额和销售成本。

【项目核心概念】

服务　服务质量　服务市场营销　服务市场营销组合　国际市场营销
国际营销环境　国际目标市场　国际市场产品生命周期　网络营销
网络营销策略　直销　单层次直销　多层次直销

【项目同步训练】

课堂练习

1）单项选择题

（1）某位商务人员乘坐某航空公司的飞机,在飞行的过程中他还享受了该航空公司提供的食物、饮料和航空杂志,则该商务人员接受的服务属于(　　)。
　　A. 有形商品与服务的混合　　　　B. 主要服务伴随小物品
　　C. 伴随服务的有形商品　　　　　D. 纯粹服务

（2）服务的最显著特点是具有无形性,它给服务营销带来的影响是(　　)。
　　A. 服务质量控制的难度较大　　　B. 服务不容易向顾客展示或沟通
　　C. 供求矛盾大　　　　　　　　　D. 顾客参与服务过程

（3）同样一位医生在两个不同时间分别为两位不同的病人做阑尾炎手术后,这两位病人对手术后的感知效果可能会完全不同,这是由于服务(　　)。
　　A. 无形性　　　B. 不可分离性　　　C. 差异性　　　D. 不可储存性

（4）许多酒店对未能按事先约定前来入住的顾客仍要收费,这是由于服务的(　　)。
　　A. 无形性　　　B. 不可分离性　　　C. 差异性　　　D. 不可储存性

（5）按照规定,移动通信运营商应该向有需求的移动用户提供长途、漫游通知详细清单和本地通话清单的查询,但是由于工作繁杂,服务人员有时不能迅速地提供此项服务。这时,服务质量评价中的(　　)就降低了。
　　A. 可靠性　　　B. 保证性　　　C. 反应性　　　D. 关怀性

（6）美国比恩邮购公司,为建立自己的特色,加强了一线服务人员的培训,并将服务部人员分为三组:一组专门接听顾客电话,第二组专门处理顾客电话中的问题,第三组专门处理顾客信件。该公司这种做法的目的是为了增强服务的(　　)。
　　A. 保证性　　　B. 反应性　　　C. 可靠性　　　D. 移情性

（7）某酒店服务员着装整洁、笑容可掬、仪态优雅,这些增强了服务质量评价的(　　)。
　　A. 可靠性　　　B. 保证性　　　C. 移情性　　　D. 可感知性

（8）"要打多少次电话才能解决哪怕是一个微不足道的问题？""电话被转接给多少个人才能到达负责任的部门？",以上问题的解决反映了服务质量测量标准的(　　)。
　　A. 可靠性　　　B. 反应性　　　C. 保证性　　　D. 移情性

（9）电力公司对居民用户和企业用户分别实行不同的电价,这是一种基于(　　)的差别定价。
　　A. 服务产品　　B. 服务顾客　　C. 服务地点　　D. 服务时间

（10）普通门诊和专家门诊收取不同的挂号费,这是一种基于(　　)的差别定价。
　　A. 服务产品　　B. 服务顾客　　C. 服务地点　　D. 服务时间

（11）某酒店的商务套房定价为998元,豪华套房为1709元,贵宾套房为2186元,这是一种(　　)。
　　A. 阶段定价　　B. 差别定价　　C. 折扣定价　　D. 招徕定价

（12）服务机构或网点的建筑物、周围环境、内部装修等属于(　　)。
　　A. 服务过程　　B. 服务分销渠道　　C. 服务有形展示　　D. 服务沟通

（13）移动通信公司除自办营业厅外，还通过代办点发展用户，这种渠道类型属于（　　）。
　　　A．特许经营　　　B．代理商　　　C．经纪人　　　D．电子渠道
（14）下列（　　）选项不属于企业国际营销所面临的文化环境。
　　　A．社会组织　　　B．价值观念　　　C．语言　　　D．城市化水平
（15）下列（　　）选项不属于企业国际营销所面临的经济环境。
　　　A．经济制度　　　B．经济发展水平　　　C．国际关系　　　D．市场规模
（16）两个或两个以上国家或地区的经济组织或个人，按一定资金比例共同投资兴建企业叫作（　　）。
　　　A．国外装配　　　B．合资经营　　　C．许可证贸易　　　D．补偿贸易
（17）下列属于间接出口的形式是（　　）。
　　　A．利用国外的经销商　　　B．利用国外的代理商
　　　C．利用国内的出口代理商　　　D．设立驻外办事处
（18）希尔顿集团通过与对象国法人签订合同，并以此负责对方的全部或者部分宾馆管理服务，从而进入对象国市场。这种国际市场进入方式通常可以被认为是（　　）。
　　　A．许可贸易　　　B．特许经营　　　C．管理合同　　　D．合同生产
（19）企业与国外某家生产企业签订合同，规定对方按照本企业的要求生产，然后由本企业负责该产品的销售，这种国外生产的方式是（　　）。
　　　A．许可贸易　　　B．合同制造　　　C．国外组装业务　　　D．国外合营企业
（20）Dell公司通过网络直接销售个人电脑的网络营销模式属于（　　）。
　　　A．企业—企业（B to B）模式　　　B．企业—消费者（B to C）模式
　　　C．消费者—消费者（C to C）模式　　　D．消费者—政府（C to G）模式

2）多项选择题

（1）服务产品与有形产品相比，其不同之处主要体现在（　　）。
　　　A．服务产品不容易向顾客展示
　　　B．服务产品更容易沟通交流
　　　C．顾客在购买服务产品时难以评估其质量
　　　D．服务易于实现标准化
（2）服务营销组合比传统的营销组合新增加的营销要素包括（　　）。
　　　A．服务过程　　　B．服务水平　　　C．人员　　　D．有形展示
　　　E．服务质量
（3）服务质量测定的标准包括（　　）。
　　　A．可靠性　　　B．反应性　　　C．保证性　　　D．移情性
　　　E．可感知性
（4）根据服务有形展示的构成要素，把服务有形展示分为（　　）。
　　　A．实体环境　　　B．信息沟通　　　C．服务过程　　　D．价格
　　　E．服务人员
（5）影响国际市场营销的文化环境因素主要包括（　　）。
　　　A．社会组织　　　B．风俗习惯　　　C．宗教信仰　　　D．价值观念
　　　E．语言

（6）基于网站的网络营销和传统营销在渠道上有很大的差别,主要表现在（　　）。
　　A. 结构简单　　　B. 容易管理　　　C. 基于信息　　　D. 覆盖面广
　　E. 成本较低
（7）网上定价的策略（　　）。
　　A. 低价策略　　　　　　　　　　B. 个性化产品定价策略
　　C. 按使用次数定价策略　　　　　D. 拍卖竞价策略
　　E. 免费价格策略

3) 判断题
（1）消费者在购买服务时要比购买有形产品时所承担的风险大。（　　）
（2）服务营销组合中的人员(People)是指服务人员。（　　）
（3）服务的移情性是指企业能迅速应对顾客提出的要求、询问和及时、灵活地处理顾客的问题。（　　）
（4）服务质量强调的是顾客感知的服务质量。（　　）
（5）服务质量是在服务企业与顾客交易的真实瞬间实现的。（　　）
（6）顾客对服务质量的评价不仅要考虑服务的结果,而且涉及服务的过程。（　　）
（7）服务质量较有形产品的质量更难被消费者所评价。（　　）
（8）国际贸易与国际营销的内涵是一致的（　　）
（9）网络营销渠道是通过互联网展开营销的一种渠道形式,这种形式既可以为顾客带来便利,也可以为顾客带来产品信息。（　　）

4) 简答题
（1）什么是服务？服务的特征是什么？如何理解服务的定义？
（2）试分析服务市场营销组合要素。
（3）如何有效控制服务质量？
（4）请举例说明如何理解服务的有形展示。
（5）试举例说明服务本身的特性限制了哪些促销方式和促销工具的使用？
（6）简述影响顾客期望的因素。
（7）什么是国际市场营销？与国内市场营销相比,它具有哪些特点？
（8）简述企业国际营销环境的构成。
（9）企业进入国际市场的方式有哪些？影响选择进入国际市场的方式的因素有哪些？
（10）简述国际市场营销产品策略的内容。
（11）企业在选择国际分销渠道时一般要考虑哪些因素？
（12）企业国际市场价格由哪些部分构成？
（13）简述国际市场营销促销策略的内容。
（14）网络营销的具体方法有哪些？
（15）分析网络营销给企业管理带来的影响。
（16）以某一企业为例,分析其网络营销的长处与不足,并提出改进方案。
（17）何谓直销？直销与非法传销有何根本区别？
（18）直销如何分类？各类别之间有何不同？

（19）多层次直销与直效营销有何区别？
（20）直销具有哪些特征？

5）案例分析题

案例一：四季度假饭店的服务营销组合

日本游客尤其是商务游客大量涌入美国，每年约达300万人。日本饭店为了追随这个市场，纷纷到美国投资，总投资额已经超过160亿美元。美国饭店为了争夺这一利润丰厚的市场，重新设计了服务标准，加强了服务营销管理，吸引日本客人上门，使他们有"宾至如归"的感觉。以下是四季度假饭店的一系列服务营销措施：

（1）安排专职对日服务人员。在日本游客较多的旅游地，设置一个日本游客服务会，并安排日语流利、有丰富对日经验的专职经理，专门负责接待日本游客。

（2）提供翻译服务。与"日本语翻译服务系统"联网。这个24 h昼夜服务的系统可以提供三向电话，使日本客人、饭店服务人员和口译电话员可以同时通话，便于解释美国的习俗和消除沟通上的障碍。

（3）调整总台服务人员。在总台增加懂日语的服务人员。日本商务团体通常有等级次序，这在入住排房、签名等问题上有所表现。懂日语并略懂日本习俗的服务员可以在办理入住手续时处理好这个问题。此外，在客人入住后，总经理立即派人送上有其亲笔签名的欢迎卡。

（4）提供当地的观光游览指南。饭店有日语版的城市旅游指南和地图，还设计了一个"信息袋"，里面有各种"游客须知"，如支付小费、娱乐及观光等注意事项。饭店总裁说："我在东京时，总是带上一盒有饭店名的火柴，在我找不到回饭店的路时就拿出来给司机看。我们送给客人印有饭店名称和地址的名片，也出于这个目的。"

（5）适当提供日式菜肴。日本客人在别国旅游时，一般对当地菜肴持谨慎态度。因此，饭店提供地道的日本料理，如早餐必有绿菜、米粥和泡菜等。在客房和餐厅也有日语菜单。考虑到新鲜水果在日本比较贵，饭店为他们提供免费水果，很受日本客人欢迎。

（6）方便客人的商务活动。许多日本人在美经商，对信息和办公方面要求较高。饭店除了提供一般的商务设施，还帮助客人了解经济信息，如股市行情等。饭店还欢迎他们使用日本信用卡。

（7）提供舒适的家居便服。在回到客房时，日本客人喜欢换上拖鞋和和服。饭店在客房除提供这些，还提供日式浴衣和浴室，以适合日本人习惯。

（8）提供各种娱乐设施。日本人喜欢高尔夫运动，尤其是著名高尔夫球俱乐部举办的培训，饭店尽量为他们安排。天气不好还提供室内运动。

（9）提供特别服务。比如，日本人生病时需要医护人员护理，孩子需要人照看等。饭店为此提供懂日语的医生和保姆。

（10）让员工熟悉日本文化。日本客人对服务质量期望很高。饭店的服务员对日本礼节不习惯。为消除这种隔阂，饭店专门培训员工，并请日本礼仪专家做顾问。

根据以上资料回答下列问题：
① 四季度假饭店哪些措施体现了服务营销中"人"的要素？
② 四季度假饭店哪些措施体现了服务营销中"过程"的要素？
③ 四季度假饭店哪些措施体现了服务营销中"有形展示"的要素？

案例二：海尔的国际化

海尔集团是中国家电行业产品系列最全、产品销量最大的企业之一。随着企业不断发展壮大，海尔集团提出要创世界名牌进入世界500强的宏伟目标。海尔集团始终坚持"靠质量与技术求生存、图发展"的原则，在充分吸收世界先进电子技术的基础上进行创新提高，形成了在人才、技术科技创新、品牌信誉、经济实力等方面有强大的优势，多项技术标准都高于国际标准。为此，在国际市场竞争中拥有了与世界水平同步的高科技含量的产品后，开始分阶段向国际市场拓展。

海尔产品国际市场拓展的第一阶段：将国内生产的海尔产品销往国外。经过几年的努力，海尔冰箱在亚洲销往德国的冰箱品牌中数量第一；海尔空调为国内同行业销往欧共体的数量第一；海尔洗衣机为销往日本的数量第一；等等，使得海尔产品在国际市场上占有重要的地位。

海尔产品向国际市场拓展的第二阶段：在美国等目标国家建立家电产品生产基地，即在目标国家成立独资公司或合资公司，生产海尔品牌的家电产品，直接在目标国家进行销售，促进海尔产品向着国际化水平迈进。

根据以上资料回答下列问题：

① 海尔集团向国际市场拓展的第一阶段采用了何种进入国际市场的模式？该模式有哪些方式？

② 海尔集团向国际市场拓展的第二阶段采用了何种进入国际市场的模式？该模式有哪些方式？

课后实训

请你为我国某一大中型家电企业（如海尔集团），设计其网络营销方案。内容包括网络市场调研的方法步骤、网络营销计划、网络营销广告的形式、网络营销评价分析指标等。

实训目标：将网络营销理论知识运用于营销实践，能够进行网络营销策划。

实训组织：学生每8人组成一个策划小组。

实训考核：网络营销知识。

实训成果：制作PPT分组汇报，老师点评并考核。

〔资料来源：摘自《成功营销》杂志，2004年第2期，吉米周。〕

 补充阅读一

可口可乐公司的全球化营销

可口可乐公司已经在世界200多个国家和地区销售自己的产品。近年来，随着它在美国本土市场上吸引力的减退，可口可乐公司开始全面展开全球化营销，并占有了世界软饮料市场上绝大多数的市场份额。今天，在世界五大软饮料品牌中，可口可乐公司占了4个：可口可乐、健宜可乐、雪碧和芬达。公司利润的70%来源于海外销售。可口可乐公司在国际市场上的成功对它的市场强势地位的确立起到了重要作用。

目前，可口可乐公司把重点放在亚洲市场，尤其是中国、印度和印度尼西亚。这三个新兴市场的人口几乎占世界总人口的一半，而且年轻人口众多，收入在不断增长，更为重要的是，这

些市场上软饮料的需求还远远没有被开发出来。例如,中国消费者人均每年喝5罐碳酸饮料,而美国是人均343听,这就意味着巨大的成长机会。有着2亿人口的印度尼西亚,国民普遍信仰伊斯兰教,因此,这个国家被可口可乐公司的一位高级经理称为"软饮料的天堂"。

为此,可口可乐公司在亚洲斥以巨额的投资。例如,在世纪之交,可口可乐公司投入20亿美元建造了亚洲最先进的瓶装厂和分销系统。在这些新兴的市场上,可口可乐公司展示了卓越的国际营销技巧。它精心设计调整自己的广告策划,为每一个市场设计有针对性的营销活动。例如,在中国春节晚会上的广告是一条游行的龙的造型,这条龙从头到尾都是用红色的可乐罐做的。可口可乐公司在印度也积极地塑造了一个本地形象——成为板球世界环的指定赞助商。板球是印度的全国性体育运动,可口可乐公司请印度的板球迷而不是演员来推销产品。结果是,在中国,可口可乐公司的销售增长率达到惊人的29%,在印度是17%。

雪碧的爆炸性增长充分说明了可口可乐公司巨大的全球推广力量。雪碧的广告都是面对市场上的年轻人。它的广告词说:"形象并不重要,饥渴才是一切。不要抗拒饥渴!"这个广告活动正好迎合了青少年叛逆的一面,符合他们需要树立个性的要求。雪碧的品牌经理说:"雪碧的含义和我们在全球塑造的理念是一致的。几乎在我们进入的每一个市场,年轻人对此的理解都惊人地相似。"但是,正如可口可乐公司一贯的做法,它会根据各地消费者的不同特点来调整广告信息。例如,在中国,它的语气就比较柔和——"晶晶亮,透心凉!"由于这种非常明智的受众定位和很强的市场定位技术,雪碧的全球销售在过去的3年里增长了35%,成为世界第四大软饮料品牌。

可口可乐公司在全球取得的成功使它成为历史上最持久的赢利公司。几十年来可口可乐公司的赢利情况好得令人难以置信——如果你在1919年花40美元买了一股可口可乐的股票,则如今它的价值是近484.7万美元。

[资料来源:Philip Kotler,Gary Armstrong.市场营销管理.第9版.北京:清华大学出版社,2003]

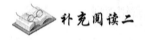补充阅读二

营销之误

阿什利是科普拉家多年前养的一条宠物狗。因为当初主人选择用它的名字作为本家庭的代表登记在本地电话簿上,所以尽管它已死去多年,仍会收到各式各样的商业电话和信件。它的主人——李·科普拉被这些莫名其妙的狂热活动弄得困惑不已,于是写了下面这篇报道:(节选)

谁会猜想假如一个宠物变成人会怎样?要是阿什利会说话,它可以告诉你。阿什利是一条家养混血狗,是英国动物保护协会的特别成员,有一部分小猎犬的血缘及一部分长耳猎犬的血缘。它已经死去很多年了,但仍然作为本地电话簿上我们家的代表。选择它充当这个角色十分偶然,因为我希望自己的名字不被列入电话簿,以免在家中接到商业电话。当我对每年60美元的费用犹豫不决时,满面春风的电话公司销售代表建议我可以用我孩子的名字登记电话号码。当时我正在吃三明治,而阿什利正在厨房里跟着我团团转,盼望着能够掉下来些渣屑。"我可以用任何一个名字登记电话号码吗?"我一边跨过阿什利一边问这个销售代表。"当然可以!"他回答。从此,开始了一条狗长达十年收到各类电话及信件的历程。

"一本关于南北战争之后的科普拉家族的特别好的新书就要面世了!而您,阿什利·科

普拉,就在其中。"一封来信如此吹嘘并让阿什利马上寄去10美元,以免错过这个"千载难逢"的机会。而这只是阿什利收到的成百上千要钱的信件中的一封。

这些索要钱财的信件中,最具有讽刺意味的是来自于英国动物保护协会和布法罗动物园寄来的动物互助计划。墓园公司的信件令我们纳闷,如果他们知道他们正试图让一条狗去买一块墓地以求得家人"心灵的平静",他们会做何感想。还有本地的草坪服务公司,他们问一条每天在草坪上打滚的狗"您的草坪是否有足够的吸引力",会希望得到什么回答。更可笑的是后来又有一封邮件,向阿什利推销"保卫家庭的可靠电子保安系统"。我们的一个孩子问,这难道不是阿什利的职责吗?

孩子们很快就对他们的狗不断收到信件和电话习以为常为,即便是在它死后。"他正在餐厅的桌子下打盹,"一个孩子会这样告诉电话营销人员。"他正在后院叫唤,"另一个孩子最喜欢这样回答。我太太可没有这份闲心,她总是简单地回答:"他死了。"但有一次,发生了这样一件事。

那天我们最小的一个孩子接到了一个调查公司雇员的电话,恳切地要找阿什利。"我就是,"小儿子礼貌地回答,很是同情那个打来电话的人。他认认真真地告诉对方自己的年龄,并回答了几个问题,直到他想起有一个约会就要迟到了,"我可以再给你打电话吗?"调查员问。"可以!"小家伙一边说一边匆匆挂了电话。不用说,第二天那个调查员再次打来了电话找阿什利。这一次是我太太接的电话,并以惯常的方式做出了她的标准式回答。对方惊呼不已,弄得我太太一头雾水,直到儿子向她解释头一天的故事才明白是怎么回事。有时我们也会对我们这条狗的命运感到忧虑。你看,它好几次中断了那种让它抄写20份并且发送给另外20个人的连环信件。若按信中的说法它这样做可是冒着遭遇不测的风险——信上说有人在把这种信件扔掉的9天后就一命呜呼了。

我说过信用卡吗?阿什利总是根据它"自动"获取的5 000美元的信用额度及时付账。这真让我怀疑美国信用卡行业的审核能力究竟如何。

当然,阿什利绝不是一条普通的狗。它是一条意大利狗。不然怎么解释一封千里迢迢从意大利阿尔塔木拉寄来的请阿什利·科普拉先生为一家孤儿院捐款的信呢?还有向它推销"尊贵的具有几百年前意大利风格的家族徽章"的信件?

想一想,为了从一条狗身上榨取钱财,浪费了多少时间、精力和金钱!假如阿什利向玫琳凯的销售小姐展示一下它使用了赠送的护肤品之后的效果,那会是怎样的情景?

当然,阿什利对寄来的狗食优惠券还是心存感激的。

[资料来源:Philip Kotler,Gary Armstrong. 市场营销管理. 第9版. 北京:清华大学出版社,2003]

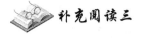
补充阅读三

界定直销与传销及变相传销的十项标准

安利(中国)公司在经营运作中总结出对直销与传销及变相传销严格界定的十项标准,请读者分析参考。

1) 是合法经营不是非法运作

1995年,安利经官方批准以直销方式在中国开业。1998年传销禁令发布后,安利又符合455号文的各项要求而率先获得官方批准,以"店铺销售加雇佣推销员"方式转型经营。

开业至今,安利一直积极、主动地接受各级官方部门的监督和管理。安利不仅与那些专门从事传销欺诈的非法经营者有着天壤之别,而且与其他打擦边球的企业也有着本质的不同。

2) 是永续经营不是短期投机

作为一家拥有40多年历史的著名跨国企业,安利致力于在中国的长远发展和永续经营。安利在中国的总资产额超过1亿美元,在广州兴建占地9.1万 m² 的现代化基地;累计投入2.4亿元人民币,在全国设立了百余家店铺;投巨资建设现代化的物流系统,设立全新的技术研究中心。而传销及变相传销组织一般没有投资或只有少量投资,在进行短期的市场投机捞到钱后或在遭受官方打击时,组织者便会卷款潜逃。

3) 是公开透明不是隐蔽蒙骗

安利在中国的营运公开透明,相关内容均报请官方批准。遍布全国的店铺,可为想了解安利的人士提供指引,并提供周到、细致的服务。此外,安利还突破口碑相传的传统,采取广告宣传、产品展示等大量传统企业的推广方法,让社会大众认识安利、接触安利。而传销及变相传销的经营方式和运作手段极具隐蔽性和欺骗性,往往通过各种"地下"方式进行运作,以规避官方监管和社会监督,从而实现快速敛财的目的。

4) 是销售产品不是拉人排网

安利是一家产销合一的企业,拥有稳定的消费群体,销售产品是公司收益的唯一来源。公司积极引导销售代表销售产品、服务顾客。同时,为配合中国官方现行政策环境,公司明文规定销售代表不得介绍他人加入成为销售代表,以避免产生令人误解的网络。传销及变相传销的出发点和经营方向是靠拉人头获利,参加者通过交纳高额入门费或认购一定数量的产品作为加入条件,公司的利润主要来自入门费,其实质是一种人为排线布网的金钱游戏。

5) 是明码标价不是层层加价

安利直销的所有产品的价格与自己到店铺购买的价格完全一致。公司守则制度明文规定,销售代表必须按照公司统一制定的价格向最终消费者推销产品,不得自行定价。传销及变相传销往往歪曲产品的市场价格,任意定价,并以远远偏离市场价格的高价推销产品,更有甚者将产品层层转手、层层加价。

6) 是劳动所得不是层层盘剥

安利提供的是一个多劳多得的创业机会,不存在一夜暴富的可能。安利销售代表的报酬完全基于个人销售额,在公司代扣代缴各项税款后统拨统发,报酬的多少与其加入的时间先后无关,根本不存在先参加者以后参加者的购货或销货金额回报为诱饵招揽人员加入,上线从下线的入门费或所谓的业绩中提取报酬并层层盘剥的现象。

7) 是规范管理不是无序流窜

安利与每位销售代表均签有劳务合同,所有销售代表直接接受公司的规范管理。每位销售代表均隶属于公司的某一店铺,接受所属店铺的管理指导,并只能在该店铺所属的行政区域内推销产品,服务顾客。公司严禁销售代表跨区流动经营。传销及变相传销为了达到敛财的目的,大多通过各种手段煽动或强制加入者聚集一地,组织传销人员进行大规模、跨地域的无序流窜,极易造成各种社会危害。

8) 是务实诚信不是夸大欺骗

安利要求销售代表树立务实诚信、勤劳致富的观念,消除不劳而获的思想。销售代表在销售过程中，严禁夸大产品的功效。公司全面主导所有培训，培训中不得涉及政治、宗教、信仰或有违背社会主义精神文明的内容。传销及变相传销的一个突出特点是经常召开秩序混乱、煽动性极强的聚会。会上，组织者或演讲者多以浮夸、蛊惑的言语大力鼓吹不切实际的梦想，诱惑新人参加。

9) 是完善保障不是欺诈敛财

安利销售代表可以自由地加入或退出，完全基于其个人的意愿，没有任何限制。与此同时，公司制定有完善的退货保障制度。安利的一般顾客在购货后7天内退回仍具有销售价值的产品，可获100%现金退款。安利的优惠顾客在购货后10天内退回具有销售价值的产品可获得100%现金退款或等值购货额。传销及变相传销大多没有或只有极为苛刻的退货条件，参加者所购产品往往极难退还，没有任何制度保障。

10) 是造福社会不是危害社会

进入中国以来，安利秉承"为您生活添色彩"的经营理念，以优质的产品和优良的服务为广大消费者送去了健康和美丽；本着"同享丰盛"的理想，为7万多名销售代表提供了就业机会；坚持诚信纳税的原则，累计向社会缴纳了22.6亿元税款；怀着"回馈社会、关爱民生"的热忱，累计向社会公益事业捐款4 500万元。这些都是以欺诈敛财、危害社会为主要特点的传销及变相传销不可能做到的。

从以上十个方面可以看出，安利与非法传销及变相传销是有根本区别的。它告诉人们，一个直销企业只要严格按照这十个标准去做就是依法直销、依法创业、依法创新、依法创富的。

参考文献

[1] 王效东.市场营销理论与实务.北京:北京师范大学出版社,2009
[2] 林文杰.市场营销原理与实训.北京:北京理工大学出版社,2009
[3] 唐平.市场营销学.北京:清华大学出版社,2007
[4] 许以洪,李双玫.市场营销学.北京:机械工业出版社,2007
[5] 郑玉香,刘泽东.市场营销学新论.北京:中国林业出版社,2007
[6] 杨明刚.市场营销100.上海:华东理工大学出版社,2004
[7] 刘婷婷,满媛媛.市场营销学.上海:上海财经大学出版社,2007
[8] 郭芳芳,陈顺霞.市场营销学习题集.上海:上海财经大学出版社,2005
[9] 曲然.市场营销学学习指南及习题集.北京:清华大学出版社,2008
[10] 杨丽佳.市场营销案例与实训.北京:高等教育出版社,2006
[11] 梁文玲.市场营销学.北京:中国人民大学出版社,2010
[12] 吴健安.市场营销学(第五版).北京:清华大学出版社,2013
[13] 杨岳全.市场营销策划.北京:中国人民大学出版社,2006
[14] 叶万春.服务营销学.北京:高等教育出版社,2007
[15] 徐鼎亚.营销理论与实务.上海:上海交通大学出版社,2010
[16] 张秋林.市场营销学——原理、案例、策划.南京:南京大学出版社,2007
[17] 杨群祥.市场营销概论——理论、实务、案例、实训.北京:高等教育出版社,2011
[18] 黄彪虎.市场营销原理与操作.北京:北京交通大学出版社,2012
[19] 李玉海,李逊.营销策划实务.北京:北京邮电大学出版社,2013
[20] 胡德华.市场营销实务.北京:人民邮电大学出版社,2012
[21] 世界经理人网站 http://marketing.icxo.com
[22] 世界经理人文摘 http://cec.asiansources.com
[23] 《销售与市场》网络版 http://www.cmmo.com.cn
[24] 中国经营网 http://www.cb.com.cn
[25] 中国市场营销网 http://www.ecm.com.cn/index.asp
[26] 中国营销传播网 http://www.emkt.com.cn/
[27] 南京财经大学市场营销精品课程 http://yxwl.njue.edu.cn/jpkcscyxx/ziyuan2.htm
[28] 郭国庆.市场营销学通论.北京:中国人民大学出版社,1999
[29] 吕一林.市场营销学.北京:中国人民大学出版社,2000
[30] 钱增泉.市场营销学.第2版.南京:东南大学出版社,2001
[31] 刘金花,彭克明.市场营销学.北京:清华大学出版社,2002
[32] 甘碧群.国际市场营销学.北京:高等教育出版社,2001
[33] 罗农.国际市场营销.北京:中国金融出版社,1998

[34] 乔均. 市场营销学. 南京:河海大学出版社,1998
[35] 易纲,海闻. 市场营销管理——理论与策略. 上海:上海人民出版社,1997
[36] 兰苓. 市场营销学. 北京:中央广播电视大学出版社,2000
[37] 吴健安. 市场营销学. 北京:高等教育出版社,2000
[38] 高振生. 现代市场营销学. 北京:中国物资出版社,1998
[39] 王海云,常昌武. 新编市场营销学. 北京:中国人民公安大学出版社,2002
[40] 方光罗. 市场营销学. 大连:东北财经大学出版社,2001
[41] 周庆,雷秉舜. 市场营销学. 重庆:重庆大学出版社,2002
[42] 裴蓉. 市场营销学. 第2版. 北京:民主与建设出版社,2003
[43] 仇向洋. 营销管理. 北京:石油工业出版社,2003
[44] 瞿彭志. 网络营销. 北京:高等教育出版社,2001
[45] 王立新. 网络营销. 北京:机械工业出版社,2002
[46] (美)菲利普·科特勒. 营销管理. 第10版. 北京:中国人民大学出版社,2001
[47] (美)保罗.A.郝比格. 跨文化市场营销. 北京:机械工业出版社,2000
[48] (美)纳雷什·马尔霍特拉. 市场营销研究应用导向. 第3版. 北京:电子工业出版社,2002
[49] Philip Kotler,Gary Armstrong. 市场营销管理. 第9版. 北京:清华大学出版社,2003
[50] 刘金章. 直销学概论. 第3版. 南京:东南大学出版社,2019